Ostsee
Wismar
Upahl
Bad Kleinen
Schwerin
Lauenburg
Elbe
Gorleben
Schnackenburg
Wittenberge
Salzwedel
ELBE
Magdeburg
Dessau
Lutherstadt Wittenberg
Halle
Leipzig
Elbe
Lommatzsch
Radebeul
Altkötzschenbroda
Dresden
Pirna
Bad Schandau
Erzgebirge
Anklam
Bugewitz
Ueckermünde
Stettin
Tantow
Oder
Schwedt
POLEN
ODER UND NEISSE
Seelow
Berlin
Frankfurt/Oder
Ratzdorf
Neiße
Cottbus
Görlitz
Zittau
0 25 50 km

HASNAIN
KAZIM

DEUTSCH
LAND
TOUR

AUF DER SUCHE
NACH DEM, WAS
UNSER LAND
ZUSAMMENHÄLT

EIN POLITISCHER
REISEBERICHT

PENGUIN VERLAG

FSC
www.fsc.org
MIX
Papier | Fördert gute Waldnutzung
FSC® C014889

Penguin Random House Verlagsgruppe FSC® N001967

1. Auflage

in der Penguin Random House Verlagsgruppe GmbH,
Neumarkter Str. 28, 81673 München
Karten: Peter Palm, Berlin
Bildbearbeitung: Lorenz + Zeller GmbH, Inning a. Ammersee
Umschlaggestaltung: Hafen Werbeagentur, Hamburg
Umschlagabbildungen: Peter Rigaud
Satz: satz-bau Leingärtner, Nabburg
Druck und Bindung: Friedrich Pustet GmbH & Co. KG, Regensburg
Printed in Germany
ISBN 978-3-328-60177-7

www.penguin-verlag.de

Meinem Weggefährten,
Kameraden und Freund Carsten Klein

Inhalt

Zum Geleite

Es waren magische Momente. Wir bretterten mit unseren Fahrrädern durch unser Dorf, liefen durch die Obstplantagen, fuhren an die Elbe, waren frei und glücklich. Manchmal trauten wir uns sogar, die Ortsgrenze zu überqueren. Das war dann das ganz große Abenteuer. Meine Mutter sagte mir, ich solle zu Hause sein, wenn's dunkel wird. Im Winter also früh, im Sommer spät, zumindest an den Wochenenden und in den Sommerferien. Die anderen Kinder hatten auch keine genaueren Vorgaben als ich. Wir aßen Kirschen von den Bäumen, später, im Herbst, Äpfel. Wir radelten ins Freibad am Deich, kauften uns an der Bude Pommes rot-weiß und hin und wieder eine Frikadelle, für fünfzig Pfennig Gummizeug, Eis, manchmal sogar beides. Abendbrot aßen wir mal bei dem einen, mal bei der anderen. Wer uns suchte, fand uns dort, wo unsere Räder im Vorgarten lagen. Manchmal dachten wir mit und riefen zu Hause an, um Bescheid zu sagen, von Wählscheibentelefon zu Wählscheibentelefon, die Telefonnummer vierstellig: sieben vier sieben sieben.

Wie alt mögen wir gewesen sein? Acht? Vielleicht neun? Sicher nicht zehn. Das Böse war weit weg, in unserer wunderbaren Schwimmbad-Pommes-Welt und auch im großen weiten Universum. Rocky Balboa kämpfte dagegen, Maverick auch, Colt Seavers, Howie Munson und Jody Banks sowieso, und wir bejubelten sie dafür. Ach, diese Eindeutigkeiten! Hier die Guten, da die Bösen! Begeistert spielten wir diese Kämpfe nach, klärten wie TKKG und Drei Fragezeichen Verbrechen auf, mit Wasserpistolen und Wasserbomben, unsere Fahrräder waren mal Panzer, mal Kampfjet. Sie konnten auch Polizeiauto, Rennwagen oder Pick-up sein, Raumschiff von Captain Future oder, eher bei den Mädchen, Pferd.

Unsere Eltern sagten nichts gegen unsere Spiele. Mag sein, dass manche nicht gut fanden, dass wir Wasserpistolen und Erbsenpistolen und Pistolen mit diesen roten Knallerringen hatten, die immer so gut rochen, wenn man geschossen hatte. Ich bekam davon aber nichts mit. Und soweit ich weiß, ist aus niemandem von uns ein Killer geworden. Ich glaube sogar, niemand von uns besitzt heute überhaupt eine echte Schusswaffe. Wasserpistolen allerdings, finde ich immer noch, gehören in die Grundausstattung eines jeden Menschen.

Insgeheim wünschten wir uns in unserer kindlichen Naivität, dass das Böse zu uns käme, damit wir es bekämpfen und Helden sein könnten, wie bei Tom Sawyer und Huckleberry Finn. Mal einen Mord aufklären! Einem Verbrecher das Handwerk legen! Aber weil das Böse nicht kam und wir mit unseren Fahrrädern nicht zu ihm fahren konnten, fantasierten wir es uns herbei. Vermuteten in diesem oder jenem Haus einen Schatz. Oder irgendeinen Spuk. Sahen in dem griesgrämigen Alten, der in dem düsteren Haus lebte, einen Bösewicht. Oder in dem Lumpensammler, der sein altes, bepacktes Fahrrad – was schleppte er da eigentlich in den Taschen mit sich herum? Diebesgut? Waffen? Einen abgeschnittenen Kopf? – durch das Dorf schob und wirres Zeug knurrte, wenn wir ihm zu nahe kamen.

Woher stammten diese Zuschreibungen? Hatte sie uns jemand in den Kopf gesetzt? Übernahmen wir sie von anderen? Von den Erwachsenen oder von Freunden? Oder entsprangen sie unserer eigenen Fantasie?

Wir suchten das Neue. Das Unbekannte. Das Überraschende. Wir freuten uns über jede Seitenstraße, jeden Hinterhof, jeden Winkel, den wir entdeckten, denn wir sehnten uns nach der Fremde, nach einem Land, in dem uns niemand kannte und wo wir uns behaupten konnten.

Mit zunehmendem Alter kam mir zwar das Gefühl der Unbeschwertheit abhanden; ich glaube, das gehört zum Erwachsenwerden dazu. Was aber nie verloren ging, war die Sehnsucht nach dieser Freiheit, die ich auf meinem gelben Rad empfunden hatte, Sechzehn-Zoll-Reifen, ohne Gangschaltung, durchs Dorf fahrend, vagabundierend, streunend, ziellos und doch mit dem guten Gefühl, auf einer großen Mission zu sein, nämlich irgendwie die Welt zu retten oder wenigstens irgendwo einen Apfel zu klauen.

Ich beschloss, dieser Sehnsucht nachzugehen. Mich auf den Sattel zu schwingen und in die Freiheit zu radeln, wie damals als Kind, ohne Ziel und doch nicht ohne Plan. Gewiss nicht, um Verbrecher zu jagen oder das Böse aufzuspüren und zu bekämpfen, aber mit der Absicht, das Land zu erkunden, Neues zu entdecken, zu verstehen. Im Grunde genommen, da weiterzumachen, wo ich als Kind aufgehört hatte. Mich im besten Sinne des Wortes gehen zu lassen. In den Tag hinein zu fahren. Ohne festes Ziel, sich in der Welt verlierend, getrieben von der Lust, alles stehen und liegen zu lassen und einfach davonzufahren, gewiss auch eine Art Flucht. Losfahren und schauen, wohin es einen treibt. Wem man begegnet. Dem Zufall Raum lassen. Nicht jeden Tag das Gleiche, immer wieder. Schauen, welche Gedanken von einem Besitz ergreifen. Ein Driften, ein Schweben, fast schwerelos, ich weiß, jetzt übertreibe ich, man verweilt hier, bleibt dort, löst sich wieder, zieht weiter, endlos viel Zeit, frei von Zwängen, ohne Verpflichtungen.

Als Auslandskorrespondent habe ich viele Länder kennenlernen, sie mir systematisch erschließen dürfen: in alle Regionen, Provinzen, Bundesländer reisen, die Regierenden treffen, mit Oppositionellen sprechen, Akteure der Zivilgesellschaft beobachten, Kulturschaffende kennenlernen, Literatur lesen.

Jetzt wollte ich mir endlich Deutschland vornehmen.

Dem Land wie zum ersten Mal begegnen.

Eine Deutschlanderschließung.

Radelnd.

Denn mit dem Fahrrad sieht man viel, bekommt viel mit. Man nimmt Kontakt zu seiner Umgebung, zur Natur, zur Landschaft auf, man ist zu Lande unterwegs, auf dem Boden, geerdet sozusagen, nicht so wahnsinnig langsam wie zu Fuß, weswegen das Wandern nicht meine Art der Fortbewegung ist, aber eben auch nicht so schnell wie mit dem Auto, mit dem man so viel verpasst und übersieht und vorbeirauschen lässt. Und schon gar nicht wie mit dem Flugzeug, wo man innerhalb von Stunden andere Zeitzonen erreicht, das Fortbewegen also gar nicht im wahrsten

Sinne des Wortes erfährt oder, genauer, erfliegt, sondern sich wie in eine fremde Welt katapultiert vorkommt.

Mit dem Rad kann man gut hundert Kilometer am Tag schaffen, das ist nicht wenig, aber auch nicht übermäßig ambitioniert, wenn man einigermaßen in Form ist. Am Ende einer solchen Etappe weiß man, was man geleistet hat. Man hat für seine Strecke gearbeitet. Wissenschaftler haben berechnet, dass keine Fortbewegungsart so effizient, dass nirgends der Einsatz von Energie im Verhältnis zur zurückgelegten Strecke so günstig sei wie beim Fahrradfahren. Das will ich gerne glauben! Und dann macht es auch noch so viel Spaß (außer man fährt bergauf oder hat Gegenwind; Regen hingegen macht mir nicht so viel aus)! Die frische Luft! Der Fahrtwind! Die tolle Aussicht! Das Fahrrad lässt Zeit und Raum zum Denken, ohne sich in den Untiefen der Grübelei zu verlieren, weil man dazu dann doch zu sehr aufs Fahren, auf die Straßen und Wege und den Verkehr achten muss. Man findet Ruhe in der Bewegung, Konzentration in der Zerstreuung, Erkenntnis im Entkommen. Das Rad gesteht einem zu, die Umgebung wahrzunehmen und gleichzeitig seinen Gedanken nachzuhängen.

Ich mag Fahrräder. Sie ziehen mich als Objekt an. Wenn schöne Fahrräder vorbeifahren, muss ich ihnen zwanghaft hinterherschauen. Welche Marke? Welches Modell? Welche Ausstattung? Das hat schon zu manchen missverständlichen Situationen geführt. Fahrräder sind eben nicht nur effizient, sondern können auch wahnsinnig schön sein. Sie sind so einfach und so praktisch, technisch ist da kaum noch etwas zu verbessern. In dieser Kombination – Effizienz, Schönheit, Einfachheit, Ausgereiftheit – sind sie geradezu genial. Eine Erfindung des Himmels!

Wunderbar.

Ich besitze mehrere Fahrräder. Ein Luxus, ich weiß, aber einer, den ich mir guten Gewissens leiste. Ich habe alle Räder selbst gekauft im Laufe der Jahre, da ist nichts gesponsert, und schon gar nicht habe ich mir für dieses Buch was schenken lassen von einem Radhersteller, damit ich dessen Produkt noch bewerbe. Ich bin ja nicht ... Aber ich will nicht lästern.

So habe ich zwei Räder, die man Reise- oder Expeditionsräder nennt, beide haben einen Rahmen aus Stahl. Das größere davon ist bullig und schwer, wie ein Traktor, wahrscheinlich könnte man damit einen Dschungel durchqueren, jedenfalls hält es sich selbst auf unebenen Schotterpisten ruhig auf der Straße und verzeiht so manches Schlagloch. Das kleinere ist wendig, bergauf geht es damit wie im Flug, mehr Geländewagen. Beide sind toll.

Ich habe auch ein Rennrad, wobei es mehr Alltagsrad mit Rennlenker ist. Es taugt auch für die Stadt, für den Ausflug in den Wald, für die Fahrt über Feldwege. Heute nennt man so etwas »Gravelbike«. Der größte Vorzug dieses Rades ist, dass es unglaublich elegant ist. Ästhetisch kommt da kein anderes Rad ran: anthrazitfarbener Stahlrahmen aus Finnland, Lenker und Sattel aus cognacfarbenem Rindsleder, Gepäckträger und Schutzbleche chromglänzend. Dazu schwarze Slicks, Reifen ohne Profil. Die Einzelteile habe ich mir selbst ausgesucht und zusammenbauen lassen. Zum Reisen ist dieses Rad okay, zum Schnellfahren auch, aber geradezu perfekt ist es zum Flanieren. Zum Sehen und Gesehenwerden. Ein Rad, nach dem sich Köpfe umdrehen, jedenfalls die von Fahrradliebhabern.

Dann ist da noch mein oranges Klapprad, zu dem man heute »Faltrad« sagt, was auch schicker klingt und es wahrscheinlich teurer macht. Was früher eine Angelegenheit für Camper war, ist heute ebenfalls ein Zeichen der Avantgarde. Meines nenne ich »Orange«. Meine Orange begleitet mich auf Lesereisen, sie gilt im Zug als Handgepäck, ich bin also nicht auf einen reservierten Fahrradstellplatz angewiesen. (Das wird sich auch bei meinen Recherchen für dieses Buch als Vorteil erweisen, aber dazu später mehr.) Wenn ich zu Lesungen unterwegs bin, sind das nicht immer die größten Metropolen. Mit der Orange bin ich vor Ort mobil und kann die Umgebung erkunden, unabhängig von oft komplizierten kommunalen Verkehrssystemen oder von nicht vorhandenen öffentlichen Verkehrsmitteln. Überteuerte Taxitarife lassen mich lächeln – ich bin kostenlos unterwegs. Ich finde, die Kombination Bahn und Faltrad ist ein *match made in heaven*. Man kommt an und fährt gleich weiter. Fahrpläne? Tarifzonen? Pfff! Besser geht's nicht.

Aber jetzt bin ich vom Weg abgekommen. Jedenfalls geht es mir auch um Deutschland. Darum, mir mein eigenes Land besser und anders zu erschließen, ein Land, mit dem ich immer mal wieder hadere, das ich aber auch mag – und das ist immer ein bisschen heikel zu sagen, dass man Deutschland mag, man gilt in bestimmten Kreisen ja schnell als was weiß ich, aber Tatsache ist, dass ich Deutschland wirklich mag, ohne was weiß ich zu sein. Darum, Menschen mit unterschiedlichen Sichtweisen auf unser Land kennenzulernen, neue Räume zu verinnerlichen.

Als Suchender unterwegs sein zu dürfen, das ist ein Privileg. Seiner Neugier hemmungslos nachgehen zu dürfen, das ist befriedigend.

Ich habe zwar schon alle Bundesländer bereist, aber kenne ich Deutschland, dieses »alte Wunderland«, diesen »weitläufigen Garten«, wie Mark Twain Deutschland beschreibt*, wirklich? Was weiß ich von den Menschen? Von dem, was sie umtreibt? Was sie als Gesellschaft zusammenhält? Worüber sie streiten? Was diese Gesellschaft spaltet? Und was, um Himmels willen, ist die oft beschworene, aber für mich nie wirklich befriedigend definierte »deutsche Leitkultur«? Was hat der Cuxhavener gemein mit der Bad Schandauerin? Was die Görlitzerin mit dem Duisburger?

Obwohl ich hier geboren und aufgewachsen bin, habe ich den Eindruck, dass mir dieses Deutschland immer fremder, entrückter, in seinen Debatten seltsamer wird. Überall Drama, überall Zukurzgekommene, überall das Klagen über Ungerechtigkeiten. Die anderen haben's immer besser! Und warum haben so viele Menschen ständig Angst vor irgendwem? Und schaffen es nicht, ihre Ängste so zu artikulieren, dass sie sie nicht auf ganze Gruppen projizieren, verallgemeinern, Vorurteile bedienen?

---

* Ich empfehle sehr den Text »Die schreckliche deutsche Sprache« von Mark Twain, in dem er schreibt: »Meine philologischen Studien haben mich davon überzeugt, dass ein begabter Mensch Englisch (außer Rechtschreibung und Aussprache) in 30 Stunden, Französisch in 30 Tagen und Deutsch in 30 Jahren lernen kann.« Zu den Absonderlichkeiten der deutschen Sprache gehörten laut Twain, der im Jahr 1878 während seiner zweiten Europareise auch Deutschland besuchte, kilometerlange Wörter, Sätze, bei denen nach einer Viertelstunde ganz zum Schluss das Verb komme, »und hinter das Verb stellt der Verfasser noch *haben sind gewesen gehabt haben geworden sein*«. Wunderbar!

Mal drohe ein »Rechtsruck«, eine »konservative Revolution« gar, beklagen manche und verweisen auf Wahlerfolge von Rechtspopulisten. Dann wieder warnen andere vor einer »Ökodiktatur«, vor »Klimafaschisten« und einer »linksgrünen Elite«, die »alles verbieten« wolle und »längst die Agenda« setze, in der Politik, in den Medien, überall, und das machen sie unter anderem an »zunehmender Sprachregulierung« fest.

Aber was stimmt denn nun? Und stimmt es überhaupt?

Ich stelle immer wieder fest, dass es vielen, wenn sie miteinander streiten, nicht darum geht, den anderen für seine Sicht zu gewinnen, ihn zu überzeugen, sondern es geht leider oft darum, den anderen zum Schweigen zu bringen, ihn fertig- oder mundtot zu machen, ihn dumm dastehen zu lassen oder, schlimmer noch, ihm das Leben schwer zu machen.

Ich möchte zuhören, lernen, debattieren, auch mal widersprechen und streiten, klar. Ich möchte mich treiben lassen und Menschen kennenlernen, die vielleicht ganz anders denken als ich. Die eine andere Lebensrealität haben. Als Schreiber muss man auch Welten verstehen, in denen man nicht lebt. Menschen treffen, denen man sonst nicht begegnet. Ich möchte, wie man heutzutage sagt, »raus aus der Komfortzone«, »raus aus der Blase«, mich unterschiedlichen Meinungen und Haltungen aussetzen, mit kritischem Ohr und offenem Herzen. Ich möchte diese unterschiedlichen Menschen fragen, was sie auszusetzen haben an unserer Gesellschaft und wie wir sie ihrer Meinung nach besser gestalten könnten. Ich möchte herausfinden, warum sie denken, wie sie denken. Wie wir Probleme lösen können. Und wie wir, wo es sie gibt, Spaltungen überwinden, Gräben zuschütten, Mauern einreißen können. Oder auch Grenzen ziehen, wenn nötig. Ich möchte nicht in einem geistigen Bunker verharren, sondern dazulernen, meine eigenen Positionen hinterfragen und, wenn nötig, korrigieren.

Auf die Frage »Lieben Sie Deutschland?« hat der dritte Bundespräsident, Gustav Heinemann, geantwortet: »Ich liebe meine Frau.« Für mich ist »lieben« auch ein unpassendes Wort im Zusammenhang mit den Emotionen zu einem Land; es gibt Menschen und Dinge die ich sehr mag, von mir aus: liebe, meine Frau natürlich sowieso; aber es gibt in diesem

Land auch Dinge, Gedankengut und, ja, auch Leute, die ich überhaupt nicht schätze. Unterm Strich: Ich mag dieses Land, ich mag die Menschen. Sehr sogar. Ich glaube, die meisten sind nicht böse. Sie drücken sich bisweilen unbeholfen oder unüberlegt aus. Einige sind, glaube ich, ängstlich, frustriert, wieder andere ein bisschen kleingeistig, aber das ist alles menschlich genug, um es hinnehmen zu können. Manche allerdings, befürchte ich, sind tatsächlich menschenverachtend, niederträchtig, böse. Ich möchte herausfinden, ob und inwieweit das wirklich so ist.

Alles in allem mag ich die Art, wie man hier lebt. Ich mag die Möglichkeiten, die dieses Land bietet. Ich mag, dass ich hier zur Schule und zur Universität gehen durfte, ohne dafür bezahlen zu müssen. Ich mag die Vielfalt, die dieses Land durchaus bietet, die Sicherheit, die Natur, die Städte, die Dörfer, vor allem: die Sprache.

Stimmt mein Deutschlandbild?

Um das zu überprüfen und um das Freiheitsgefühl wiederzuerlangen, das mir das Fahrradfahren beschert, kündigte ich beim SPIEGEL, wo ich viele Jahre als Auslandskorrespondent tätig war. Es gab Freunde und Kollegen, die das nicht verstanden. »Wie kannst du so einen Job aufgeben für ein bisschen Fahrradfahren?«, fragte mich eine Kollegin. Ein Kollege merkte an: »Ein Sabbatical hätte doch auch ausgereicht.« Eine andere sagte: »Verstehe deinen Schritt absolut! Viel Glück!«

Ich radele also durch Deutschland. Am besten entlang der Flüsse, wo es – ein sehr deutsches Wort – Radfernwege gibt. Dabei treibt mich kein sportlicher Ehrgeiz. Es muss nicht eine bestimmte Strecke innerhalb einer vorgegebenen Zeit zurückgelegt werden. Ich will keine Rekorde aufstellen, nicht mal eine persönliche Bestzeit erreichen. Und es muss auch nicht die gesamte Strecke mit dem Fahrrad gefahren werden – wo es die Notwendigkeit gibt, hüpfe ich auch mal mit dem Rad in einen Zug. Ich habe Zeit. Ich fahre einfach los. Und spreche mit Menschen, die mir begegnen. Erst die Elbe: lang, sehr lang, das Gebiet drum herum oft dünn besiedelt, geradezu menschenleer. Dann die Ruhr: das Gegenteil von der Elbe, dicht besiedelt, viele Menschen, eigentlich eine einzige Metropolregion. Der Rhein natürlich, wie sollte man Deutschland beschreiben, ohne den Rhein entlanggefahren zu sein? Der längste Fluss des Landes steckt in den Namen gleich zweier Bundesländer, fließt durch vier Bundesländer – Baden-Württemberg, Rheinland-Pfalz, Hessen und Nordrhein-Westfalen – oder sogar durch fünf, wenn man den Bodensee zum Rhein zählt, an dem Bayern immerhin einen Uferanteil hat, das Rheinland ist nach ihm benannt, irgendwie scheint das Rheinische einer ganzen Kultur gleichzukommen. Die Oder und die Neiße, Grenzflüsse, Grenzerfahrungen. Der Neckar, jener Fluss, an dem ich, wie auch an der Elbe, viele Jahre gelebt habe. Und die Donau natürlich, der Fluss, an dem ich jetzt zu Hause bin, allerdings weiter östlich, in Wien.

Und als ich so losfahre, fühle ich mich ein bisschen wie Joseph von Eichendorffs »Taugenichts«: »Ich hatte recht meine heimliche Freude, als ich da alle meine alten Bekannten und Kameraden rechts und links, wie gestern und vorgestern und immerdar, zur Arbeit hinausziehen, graben und pflügen sah, während ich so in die freie Welt hinausstrich.«

Nordsee
Ostsee
Cuxhaven
Otterndorf
Kehdingen
Lübeck
Stade
Hollern-Twielenfleth
Steinkirchen
Hamburg
Upahl
Wismar
Bad Kleinen
Schnakenbek
Schwerin
Artlenburg
Lauenburg
Lüneburg
Hitzacker
Gorleben
Schnackenburg
Wittenberge
Salzwedel
N
W
O
S
ELBE
Braunschweig
Magdeburg
Potsdam
Berlin
DEUTSCHLAND
Dessau
Lutherstadt Wittenberg
Halle
Leipzig
Lommatzsch
Altkötzschenbroda
Radebeul
Dresden
Pirna
Bad Schandau
0 25 50 km
TSCHECHISCHE
REPUBLIK

HOCH IM NORDEN | ENTLANG DER ELBE VON CUXHAVEN NACH BAD SCHANDAU

Losfahren

Früher war nicht alles besser. Die Elbe ist ein gutes Beispiel dafür.

Ich beginne also mit der Elbe. Mit jenem Fluss, an dessen Ufer ich aufgewachsen bin. In den ich als Kind gar nicht so oft meine Füße gehalten habe, weil es hieß, er sei dreckig, ja vergiftet, in der Tschechoslowakei und in der DDR werde weiß Gott welche Brühe eingeleitet. Ein einziges Mal habe ich, zusammen mit einem Schulfreund, in der Elbe geangelt. Wir waren dreizehn Jahre alt, und statt gemeinsam für eine Mathearbeit am nächsten Tag zu lernen, fingen wir einen Aal, der ein blumenkohlartiges Geschwür am Kopf hatte. Die Mathearbeit fiel dann nicht so gut aus. Habe ich bereut, nicht gelernt und stattdessen geangelt zu haben? Schon. Aber von der Mathearbeit weiß ich inhaltlich kaum mehr etwas, an den Aal erinnere ich mich heute noch.

Eine Schulfreundin erzählte mal einen Witz: »Was heißt ›schmutziger Fluss‹ auf Spanisch? El bäh!« War jetzt nicht wirklich lustig, aber wir verstanden schon, was die Alten uns eingetrichtert hatten: besser fernhalten von dieser Brühe namens Elbe.

Ganz abgesehen davon, dass die Schiffe, die an meinem Dorf Hollern-Twielenfleth vorbeizogen, auf dem Weg von Hamburg in die weite Welt, ganz schön große Wellen verursachten, die uns Kinder umwerfen konnten. Was wir, die Warnungen der Erwachsenen ignorierend, allerdings genossen, wenn wir uns am Elbstrand, das Atomkraftwerk Stade in Sicht, doch mal bis zu den Knien ins Wasser wagten. Die Erwachsenen warnten uns außerdem vor »gefährlichen Strömungen« und vor »Strudeln«, und auch wenn ich mir nicht so recht vorstellen konnte, was das bedeutete, verstand ich: Selbst als guter Schwimmer kann man in der Elbe ertrinken. Wenn die Erwachsenen davon redeten, fielen die Worte »stark« und »tückisch«. Das hat sich damals bei mir eingebrannt. Stark und tückisch.

Die Strömungen sind nach wie vor gefährlich. Manche sagen, durch mehrere Elbvertiefungen in der Unterelbe, also zwischen Hamburger Hafen und Mündung, damit immer größere Schiffe den Hafen ansteuern können, sogar noch gefährlicher. Immer wieder gibt es Meldungen von Todesfällen. Aber wahr ist auch: Das Wasser gilt jetzt als viel sauberer, man kann darin baden und, mit aller gebotenen Vorsicht, schwimmen. Elbbadestrände! Wunderbar!

Die Elbe ist, nach dem Rhein, der zweitlängste Fluss innerhalb Deutschlands. (Die Donau ist, über ihre Gesamtlänge, mehr als doppelt so lang wie der Rhein und der zweitlängste Fluss Europas nach der Wolga, aber innerhalb der deutschen Grenzen auf Platz drei.) Als ich über meine Deutschlanderkundungen nachdachte, wurde mir klar, dass ich von meinem Heimatfluss kaum etwas kenne. Ein bisschen was vom Teil hinter Hamburg, weil ich schon mal in Lauenburg war, bis zur Mündung in die Nordsee in Cuxhaven. Im Wesentlichen also die Unterelbe, den gezeitenabhängigen Teil. Ebbe und Flut sind mir seit Kindheit vertraut. Das meiste von der Elbe aber – Oberelbe und Mittelelbe – kannte ich nicht. Also beschloss ich, diesen Fluss als Erstes entlangzufahren.

Sollte ich in die Richtung fahren, in die das Wasser fließt? Also von Bad Schandau in Sachsen hoch in den Norden, bis Cuxhaven? (Zur Quelle in Tschechien, im Riesengebirge, wollte ich nicht, ich wollte meine Touren auf Deutschland beschränken.) Eigentlich empfiehlt sich das, denn das Wasser fließt ja abwärts, man kann also davon ausgehen, dass auch die Radstrecke in diese Richtung eher bergab als bergauf geht. Allerdings rieten mir Freunde, lieber in Cuxhaven zu starten, denn dann sei die Wahrscheinlichkeit größer, Rückenwind zu haben. Als Jugendlicher bin ich mit dem Fahrrad täglich mehrere Kilometer zur Schule gefahren. Ich weiß, was Gegenwind bedeutet.

Cuxhaven also. Ausgerechnet Cuxhaven. Hier, wo die Elbe in die Nordsee mündet, beginnt meine Landeserkundung. In Norddeutschland. Natürlich gibt es eine Unwetterwarnung, wie sollte es anders sein? Sturmtief Ulf fegt über die Region und sorgt für heftige Böen. Dazu dieser Piesel. Furchtbar! Kein richtiger Schauer, kein ordentlicher Guss, da kippt nix runter wie aus Kübeln im Monsun – wenn schon, denn schon! –, sondern Tröpfchen wehen waagerecht und schneiden einem wie eine Wolke aus kleinen Klingen ins Gesicht. Dieser ewige Möchtegernregen, mehr feuchte Luft als Niederschlag! An Tagen ohne Wind stehen die Tropfen einfach dumm in der Gegend rum, und das geht mir gehörig auf die Nerven, weil kein Schirm hilft und auch keine Regenkleidung. Die Tropfen finden immer einen Weg durch die Ritzen bis auf die Haut. Damit muss man hier rechnen, das gehört dazu, ja, Scheiße.

Ich habe Cuxhaven nie gemocht. Cuxhaven ist vom Ort meiner Kindheit ein bisschen weiter entfernt als Hamburg: etwa siebzig Kilometer. Cuxhaven in die eine Richtung, elbabwärts, Hamburg in die andere, elbaufwärts. Cuxhaven, das man wie alle »Havens«, die an der Küste liegen – Wilhelmshaven, Bremerhaven oder eben Cuxhaven, übrigens auch Kopenhagen, auf Dänisch København –, mit v schreibt, während die »Hafens« im Binnenland – zum Beispiel Ludwigshafen oder Friedrichshafen – mit f geschrieben werden, ist ein typisches Beispiel dafür, dass ein Ort nichts dafür kann, ob man ihn mag oder nicht. Cuxhaven hat seine Vorzüge, natürlich. Die Küste, die Nordsee, die Ahnung von der großen weiten Welt dahinter. Nächster Halt: New York. Selbst das kleinste Kaff hat große Bedeutung, wenn es das Tor zu einem großen Meer ist.

Mein Nichtmögen – Abneigung ist vielleicht zu viel – gegenüber Cuxhaven beruht darauf, dass ich schlechte Erinnerungen habe. Mein Vater, in den Sechzigerjahren aus Pakistan nach Deutschland gekommen, als Seemann für eine deutsche Reederei, wurde Mitte der Achtzigerjahre von der Ausländerbehörde in Stade dazu verdonnert, an der Seefahrtschule in Cuxhaven ein Patent zu machen. Wir waren damals noch pakistanische Staatsbürger. Es hieß: Entweder besteht er den Lehrgang und schafft alle Prüfungen – oder wir, er und seine gesamte Familie, müssen Deutschland verlassen. Mein Vater war damals Mitte vierzig, und in diesem Jahr würde er natürlich kein Geld verdienen und seine insgesamt vierköpfige Familie – sich selbst, meine Mutter, meine Schwester und mich – nicht ernähren können. Wir müssten also von Ersparnissen leben und uns von der Verwandtschaft in Pakistan und in den USA helfen lassen.

Mein Vater hat in Cuxhaven sein Patent gemacht. Er hat alle Prüfungen bestanden. Er hat sich dort, obwohl wir kaum Geld hatten, zusammen mit einem anderen Lehrgangsteilnehmer eine Wohnung genommen. Ich erinnere mich, dass wir ihn ab und zu dort besucht haben, in einem ziemlich spießigen Wohngebiet: Unten lebte eine übellaunige Frau mit ihren Kindern, die obere Etage vermietete sie. Mein Vater in einer WG mit einem anderen Seemann – so sehr meine Eltern bemüht waren, uns Kinder nichts spüren zu lassen, war die Stimmung doch gedrückt. Wenig Geld. Die Angst vor der Abschiebung. Die tagelange Trennung vom Vater, obwohl die besser war als seine Seefahrerei, denn da war er monatelang weg.

Deutsche Staatsbürger wurden wir trotzdem noch nicht, sondern hangelten uns weitere fünf Jahre von Aufenthaltsgenehmigung zu Aufenthaltsgenehmigung. Erst 1990 sollten wir, überraschend, eingebürgert werden.

Ich verbinde mit Cuxhaven diese Trostlosigkeit. Dieses uns gegenüber feindselige Behördendeutschland. Dieses Ausgegrenztwerden. Wenig Geld haben, auf den Pfennig achten müssen, die ständige Autofahrerei zwischen Stade und Cuxhaven auf der hässlichen B73, die Angst, meine Freunde und meine Heimat zu verlieren, wenn wir abgeschoben würden.

Natürlich kann Cuxhaven nichts dafür. Mein Urteil ist unfair, es ist nicht mal ein Vorurteil, denn in Vorurteilen – wie zum Beispiel dem, dass man sich vor Autofahrern mit dem Kennzeichen CUX in Acht nehmen müsse, die könnten nämlich nicht Auto fahren und agierten meist erratisch – steckt oft ein wahrer Kern, aber hier beruht alles nur auf meinen dunklen Erinnerungen, nichts auf der Stadt. Cuxhaven ist nicht hässlich, die Menschen sind nicht unfreundlich, das Wetter, nun ja, reden wir nicht darüber, aber die alten Gedanken haben sich in meinem Kopf eingebrannt. Dieses Gefühl von damals. Anders als viele meiner Freunde bin ich deshalb später, als Erwachsener, nie nach Cuxhaven gefahren. Nicht für einen Tagesausflug an den Strand, schon gar nicht für einen längeren Urlaub, obwohl dieses Städtchen gut dafür geeignet ist.

Jetzt ist ein guter Anlass, den Reset-Knopf zu drücken und mit Cuxhaven neu anzufangen. Die Vergangenheit hinter sich zu lassen. Alles auf null in Cuxhaven. Ich beschließe also, mit dem Zug von Wien nach Cuxhaven zu fahren, mein Reiserad mitzunehmen und dort die Deutschlanderkundungen zu beginnen.

Unerwartet stirbt in Hollern-Twielenfleth wenige Tage vor meiner Abreise ein Familienfreund, der Vater meiner Kindergarten- und Schulfreundinnen Marina und Sabine, und so mache ich einen Abstecher dorthin, um bei der Beerdigung von Heiner dabei sein zu können. Heiner mit dem trockenen Humor. Heiner, der eigentlich Karl-Heinz hieß und sich darüber amüsierte, dass ich mein Buch über Dialoge mit Wutbürgern »Post von Karlheinz« genannt hatte – und der sich kaputtlachte, als ich ihm versicherte, ich sei überzeugt, nicht alle Karlheinze seien schlecht. Heiner, der Polizist, dessen Uniform wir Kinder, vor allem die Jungen, im Dorf bewunderten, von dem wir wissen wollten, wie er Verbrecher festnahm, von dem wir uns vorstellten, wie er sich mit ihnen wilde Verfolgungsjagden lieferte, und den ich bis heute vor Augen habe, wenn wieder einmal die Polizei kritisiert wird. Oft ja zu Recht, aber leider eben oft auch zu undifferenziert und pauschal, denn die Polizei, das war eben auch der feine Mensch Heiner. So ist jeder geprägt von seinem Umfeld.

Mit der Bummelbahn fahre ich nach Cuxhaven. Es ist ein privates Bahnunternehmen, die Deutsche Bahn fährt hier schon lange nicht mehr.

Vor dem Hotel, das ich schon vor Wochen gebucht habe, steht ein älterer Herr und versucht, einen silbernen Koffer aus seinem silbernen SUV zu hieven. An einer Seite seines ansonsten kahlen Kopfes wehen lange silberne Haare im Wind, wie Lametta. Ich kann meinen Blick nicht abwenden von dieser seltsam lustigen Erscheinung. Und dann sehe ich etwas, das mich sehr erfreut: Der Silbertyp greift mit seiner rechten Hand in die rechte Gesäßtasche seiner Jeans, zieht einen braunen Kamm hervor, fährt mit ihm einmal über den Kopf und legt auf diese Weise die langen Haare, die ihm noch an der Seite wachsen, über den ansonsten kahlen Kopf. Wie ein Teppich verbergen sie die Glatze. Lange Strähnen auf glatter Platte. Diese Bewegung geschieht innerhalb des Bruchteils einer Sekunde. Chamäleonhafte Ästhetik, diese Blitzartigkeit und gleichzeitige Geschmeidigkeit, wie die Zunge, die so plötzlich, so unerwartet, so komisch eine Fliege fängt, und wie das Tier, das anschließend wieder in Regungslosigkeit verfällt, als wäre nichts geschehen, als habe es diese Bewegung nie gegeben. In der nächsten Sekunde fliegen die Haare des Mannes wieder von der glatten Platte. Sturmtief Ulf kennt keine Gnade.

Ich beschließe, zwei Tage in Cuxhaven zu bleiben, um mich mit dieser Stadt zu versöhnen. Es riecht nach Meer. Salzig, nach Fisch und Motorenöl, ich mag diesen Geruch. Ein großes Plakat lädt zur »Ü50-Disco« ein, im »Haus der Jugend Cuxhaven«. »Mit der besten Musik der 70er und 80er Jahre.« Musik aus der Zeit, als die Ü50er noch jung waren. Gleich daneben hängt Werbung für den Film »Die Goldenen Jahre«, der »eine Hommage an das letzte Drittel des Lebens« sein soll. »Es ist nie zu spät, sein Glück zu finden«, steht da.

Ich fahre zum Startpunkt meiner Reise, zur Kugelbake, dem Wahrzeichen der Stadt Cuxhaven. Es ist dunkel geworden, und in der Ferne glitzern die Lichter der Leuchtfeuer und Seezeichen. Ein paar Lichter bewegen sich. Schiffe, in See, auf großer Fahrt. Man hört das Brummen eines Frachters, der vor ein paar Stunden Hamburg verlassen haben muss und nun sein Ziel irgendwo in der großen weiten Welt ansteuert. Sehen kann man ihn in der Dunkelheit kaum, nur ein paar Lichter, er scheint riesig zu sein. Ein Containerriese vielleicht? Wo wird er als Nächstes festmachen? Jenseits des Atlantiks?

Ich denke an meinen Vater, der als Kapitän auf Frachtschiffen die Welt befahren hat. Daran, wie oft und schmerzhaft ich ihn als Kind vermisst habe. An seine Postkarten aus Brasilien und Südafrika und Hongkong und Japan.

Die Kugelbake heißt Kugelbake, weil etwas unterhalb der Spitze eine kleine Kugel angebracht ist. Baken sind Türme aus Holz, die entlang der Küste vor Gefahren wie Untiefen oder Sandbänken warnen oder Hafeneinfahrten oder Flussmündungen kennzeichnen. Heute würde man für so etwas kein Holz mehr verwenden, die Witterung und das Wasser setzen dem Turm zu, er gammelt weg, alle paar Jahrzehnte muss er erneuert werden. Die Cuxhavener Kugelbake hat überlebt, außer dass sie zum Beispiel beim Deutsch-Französischen Krieg 1870/1871 sowie im Ersten Weltkrieg aus taktischen Gründen abgebaut wurde, um dem Feind die Orientierung zu erschweren. Geplant vom Hamburger Rat im Jahr 1703 nach einer heftigen Sturmflut und vermutlich im selben Jahr erbaut, ist die fast dreißig Meter hohe Kugelbake heute ein schützenswertes Denkmal und auf dem Stadtwappen von Cuxhaven zu sehen. Sie markiert die geografische Trennung zwischen Nordsee und Elbe. Aus nautischer Sicht geht die Elbe allerdings noch weiter, nach dieser Betrachtungsweise trennt die Kugelbake Außenelbe und Unterelbe. Wie auch immer, hier ist eine der meistbefahrenen Seestraßen der Welt. Containerriesen, Schwergutfrachter, Tanker, Kreuzfahrtschiffe, Motor- und Segelyachten, Kriegsschiffe, die Hamburg ansteuern oder von dort in die Welt hinausfahren.

Seit Jahrhunderten ist die Kugelbake für Seefahrer das Erste, was sie von Deutschland sehen. Land in Sicht!

Für Auswanderer war sie das Letzte, was sie von ihrer alten Heimat sahen: ein Abschiedspunkt, ein letzter, vielleicht wehmütiger, trauriger, vielleicht aber auch glücklicher, erleichterter Blick auf das, was man dort zurückließ. Es gab Zeiten, in denen Zigtausende Menschen von hier aus Deutschland verließen, auf der Suche nach Glück oder zumindest einem besseren Leben, auf der Flucht vor Armut, Hunger oder Krieg oder allem zusammen. Die Motive, alles stehen und liegen zu lassen und der Heimat den Rücken zu kehren, waren früher dieselben wie heute.

Wie schnell wir vergessen.

Heute gilt Deutschland als das gelobte Land, in das Menschen aus vielen, meist armen, meist kriegsgeschundenen Ländern flüchten. Vergleichbare Flucht- und Migrationsbewegungen wie heute gab es schon immer. Damals waren es Menschen aus Deutschland, die migrierten. Flucht und Migration sind so alt wie die Menschheitsgeschichte. Ich habe kürzlich in der Zeitung gelesen, dass inzwischen »fast eine halbe Million Afghanen bei uns leben«, dazu einige kritische Kommentare von Politikern, denen das »zu viel« und »eine Überforderung der Gesellschaft« ist.

Ich radele zu den Hapag-Hallen, einem denkmalgeschützten Gebäudekomplex im Hafen von Cuxhaven. Der Reeder Albert Ballin, Generaldirektor der Hamburg-Amerikanischen Packetfahrt-Actien-Gesellschaft (Hapag), die unter ihm zur größten Schifffahrtslinie der Welt wuchs, ließ diese Hallen Ende des 19. Jahrhunderts in Cuxhaven bauen, weil die Auswandererschiffe immer größer wurden und Cuxhaven einfacher angelaufen werden konnte als Hamburg.

Die Hapag-Hallen zeugen von der massiven Auswanderung aus Deutschland. Seit dem 18. Jahrhundert emigrierten sieben Millionen Deutsche in die USA, alleine zwischen 1815 und 1914 rund 5,5 Millionen. In dieser Zeit wuchs die deutsche Bevölkerung von 20 Millionen auf 56 Millionen Einwohner. Nicht alle davon verließen Deutschland über Cuxhaven, aber doch viele.

Die Auswanderung erfolgte in Wellen, aus unterschiedlichen Gründen wie Missernten und Hungersnot, politischen Verwerfungen, dem zum Teil starken Wachstum der Bevölkerung, Wirtschaftskrisen und Krieg. »Wirtschaftsflüchtlinge!«, oft. Nicht wenige Menschen verließen Deutschland auch illegal, in erster Linie junge Männer, die sich der Wehrpflicht entziehen wollten. Es gab Zeiten, in denen gingen jährlich mehr als 100 000 Menschen fort aus Deutschland.

Auch heute, lese ich, wandern jedes Jahr Menschen aus Deutschland aus, in manchen Jahren 200 000 und mehr. Jetzt, um Karriere zu machen oder auf der Suche nach Glück, wie immer es auch aussehen mag. Viele bezeichnen es nicht als »Auswanderung«, sondern sehen es, wie ich, als »Umzug« an, und zwar zufälligerweise in ein anderes Land, in meinem Fall: Österreich. Ich glaube, das meinen die Leute, wenn sie sagen: Die Welt ist kleiner geworden. Früher war es eine große Sache, wenn jemand aus seinem Dorf in die nächste Großstadt zog. Heute ist es zumindest nicht ungewöhnlich, wenn Menschen auf einen anderen Kontinent übersiedeln.

Während der bevorstehenden Reisen durch Deutschland werde ich mich noch oft genug von irgendwelchen Riegeln ernähren, am ersten Abend aber soll es etwas Besonderes sein. Ich beschließe – natürlich! Cuxhaven! –, Fisch zu essen. Zufällig entdecke ich ein Lokal, das sich als »ältestes Fischrestaurant Cuxhavens« bezeichnet.

Ich schaue mir das Angebot an. Ganz schön heftige Preise. Offensichtlich sind die auch der Wirtsfamilie unangenehm, unter den Krabbengerichten steht: »Wir versuchen weitgehend die einheimische Krabbenwirtschaft zu fördern und Krabben bei hiesigen Fischern und Händlern einzukaufen. Aufgrund der extremen Situation bei den Krabbenpreisen mussten wir die Preise leider nach oben anpassen. Bei sinkenden Einkaufspreisen bei unseren Fischhändlern werden wir diese wieder nach unten korrigieren.« Preisscham. Immerhin. Viele Geschäfte hauen ja drauf, dass es kracht, völlig ungeniert.

Am nächsten Tag fahre ich erst zum Alten, dann zum Neuen Fischereihafen. Cuxhaven ist einer der größten Fischereihäfen Deutschlands, früher gab es hier sogar einen – welch bemerkenswertes Wort! – Fischversandbahnhof. Geschäftiges Treiben, an Bord der Fischkutter gibt es immer etwas zu reparieren, zu putzen, vorzubereiten. Ich mag es, den Fischern dabei zuzuschauen. Einer schleppt ein Netz von Bord, wahrscheinlich ist es gerissen und nicht mehr zu gebrauchen. Sein Schiff ist eines der kleineren, es ist alt und wirkt im Vergleich zu den modernen, großen Schiffen wie aus der Zeit gefallen.

»Entschuldigen Sie, darf ich Sie mal was fragen?«, spreche ich ihn an.

»Na klar!«, antwortet er, und ich bin überrascht, weil ich eher einen wortkargen, knorrigen Charakter erwartet hätte. »Was brennt dir denn auf der Seele?«, fragt er mich fröhlich.

»Also, ich war gestern in einem Fischrestaurant, und da rechtfertigten sie ihre gestiegenen Preise und …«

Ich brauche meine Frage gar nicht zu stellen, er weiß, was ich wissen will, und fällt mir ins Wort.

»Dat kann ik di vertellen, wat dat Probleem is. Wi hebbt to wenig Fisch und to veel Minschen.«

Ich mag diese Selbstverständlichkeit, mit der er Plattdeutsch spricht und annimmt, dass ich ihn verstehe. Er scheint mir die Überraschung über seine Redefreudigkeit anzumerken.

»Dor kiekst du, wat?«

Und dann erzählt er ausführlich über die Probleme, die er sieht. Dass es immer weniger Fische gebe. Dass sie immer weniger fangen dürften. (»Dat is ok richtig so mit den Fangquoten und so.«) Aber dass gleichzeitig die Nachfrage nach Meeresfrüchten immer weiter steige. »Es gibt ja auch immer mehr Menschen auf der Welt. Früher war Seelachs der billigste Fisch. Jetzt ist er teurer als Rotbarsch. Sowas hab ich noch nie erlebt, und ich bin schon lange in diesem Beruf!«

Und was wäre seiner Meinung nach die Lösung?

Er denkt nach.

»Weniger Menschen, mehr Fisch.«

Ich glaube, es ist heilsam, sich den Orten seiner Vergangenheit zu stellen. Ich fahre deshalb am nächsten Morgen, kurz bevor ich Cuxhaven zu verlassen gedenke, zur Seefahrtschule. Das Gebäude sieht immer noch so aus, wie ich es aus meiner Kindheit in Erinnerung habe: ein brauner Klotz mit einem etwas erhöhten Bau, dessen Dachgeschoss aussieht wie eine Schiffsbrücke. Vor dem Eingang steht eine grüne Boje, darauf der Schriftzug: »Staatliche Seefahrtschule«.

Manchmal, wenn ich meinen Vater besuchte und er noch im Unterricht saß, ging ich in den Keller des Gebäudes, wo es ein Becken gab, in dem ferngesteuerte Boote und Schiffe fuhren. Verrückt, wie mit einem bestimmten Ort, einem bestimmten Geruch, einer bestimmten Geräuschkulisse, einem bestimmten Licht bestimmte Gefühle wieder hervorkommen, aus der Tiefe der Seele, wo sie Jahrzehnte vergraben waren! Es ist alles noch wie vor vierzig Jahren. Ich fühle mich in der Zeit zurückversetzt.

Geduldeter Ausländer!

Bald wirst du abgeschoben!

Du bist nur Gast in unserem Land, und dafür hast du dankbar zu sein!

Und gleichzeitig diese Faszination für die originalgetreuen Schiffsmodelle. Da unten im Keller vergaß ich meine Sorgen, mit denen ich als Kind ziemlich alleine war. Ich konnte diese Ängste, die ich ganz klar empfand, noch nicht in Worte fassen und deshalb nicht darüber sprechen.

Vor der Seefahrtschule stehen junge Männer und rauchen. Ich glaube, unter Seefahrern ist das Rauchen immer noch weit verbreitet. Im Flur des Gebäudes stehen Gruppen von Schülern, alles Männer, unterhalten sich. An den Wänden hängen Plakate, die für eine Karriere in der Seefahrerei werben.

Die Tür zum Sekretariat steht offen. Eine Frau telefoniert. Als sie fertig ist, schaut sie auf. »Wie kann ich weiterhelfen?«

Ich erzähle ihr, dass mein Vater hier vor vielen Jahren zur Schule gegangen ist. »Unten gab es damals einen Raum mit ferngesteuerten Booten und Schiffen, in einem Becken. Darf ich mir das mal anschauen?«

»Oh, das gibt es schon lange nicht mehr«, antwortet sie. »Das Becken ist zwar noch da, aber da gibt's keine Modelle mehr. Die, die das betreut haben, sind nicht mehr an der Schule.«

Damit ist das Schöne, das ich mit diesem Ort verband, verschwunden.

Ich brauche jetzt etwas, um meine Stimmung zu heben. Mir helfen in solchen Situationen am besten Besuche in Bibliotheken oder in Buchhandlungen. Ob ein Ort lebenswert ist, steht und fällt für mich unter anderem mit dem Vorhandensein von Buchläden – je mehr, desto besser! – und Büchereien, und Cuxhaven besteht diesen Test.

Ich leide unter *Tsundoku*. Das ist ein japanisches Wort für die Angewohnheit, mehr Bücher zu kaufen, als man lesen kann. Wörtlich setzt sich der Begriff aus den japanischen Wörtern für »stapeln« und »lesen« zusammen: Man erwirbt Lektüre, die sich dann stapelt, ohne gelesen zu werden. Oder um später gelesen zu werden. Genau genommen, ist »leiden« das falsche Wort: Ich leide nicht darunter. Im Gegenteil. Ich liebe meine Bücherstapel. Nur habe ich zu wenig Platz. Richtiger ist: Ich habe Tsundoku. Schön, dass jede Sprache ihre eigenen, besonders ausdrucksstarken, treffenden Begriffe hat.

Kaufen kann ich jetzt ohnehin keine Bücher, in meine zwei Fahrradtaschen passt nichts mehr rein, und Lesestoff habe ich schon von zu Hause mitgenommen. Ich möchte mich für die bevorstehenden tausend Kilometer nicht überlasten. Also beschließe ich, die Stadtbibliothek aufzusuchen. Hier war ich mal zu einer Lesung eingeladen, die aber wegen der Pandemie nicht zustande kam. Ich setze mich in einen Sessel und lese ein paar Seiten in »Die schreckliche deutsche Sprache« von Mark Twain, ein wunderbar komisches Buch. Dann stehe ich auf und gehe zu der Mitarbeiterin, die am Infoschalter sitzt.

»Guten Tag, ich …«

»Sie sind doch der Autor, oder?«, fragt sie mich.

Ich sage ihr meinen Namen und erzähle von der Lesung, die nicht stattgefunden hat.

»Hab ich mir doch gedacht, dass Sie das sind! Das ist ja schön, dass Sie uns jetzt besuchen!«

Sie zeigt mir die Bibliothek, und ich erzähle ihr von meinen bevorstehenden Reisen durch Deutschland und warum ich jetzt in Cuxhaven bin.

»Schönes Vorhaben!«, sagt sie. »Vielleicht mögen Sie ja daraus hier lesen, irgendwann?«

Es ist eisig kalt, unter null Grad, der Himmel ist strahlend blau. Ich bin warm gekleidet, aber nicht zu warm, sonst fängt man beim Fahrradfahren an zu schwitzen. Die alte Radfahrerregel, dass man richtig angezogen ist, wenn man beim Losfahren leicht fröstelt, passt. Ich radele jetzt Richtung Osten, von der Elbe ist noch nichts zu sehen, dafür riesige Hallen, in denen unterschiedliche Firmen Fisch verarbeiten. Geschäftiges Treiben, Lastwagen, Gabelstapler, Leute, die hin und her laufen. Zwischen den Hallen Fischrestaurants und Geschäfte, in denen man Fisch kaufen kann. Fisch, Fisch, Fisch. Dann kommt man an die Elbe. Der Elberadweg führt an Salzwiesen vorbei, einem Lebensraum, der hier an der niedersächsischen Nordsee- beziehungsweise Elbküste auf natürliche Weise entsteht: Ebbe und Flut prägen die Landschaft, und bei jeder Flut werden verschiedene Stoffe angeschwemmt und abgelagert, sodass das Marschland aus dem Meer herauswächst. Sturmfluten wiederum reißen Land mit sich. Die hiesige Landschaft ist nicht beständig, alles ist vergänglich, ihre Form, ihre Beschaffenheit, ihre Existenz. Die Flächen sind dem Salzwasser ausgesetzt, nur bestimmte Pflanzen überleben hier, wie Strandaster, Strandgrasnelke, Strandbeifuß. Auf der einen Seite sind die Grünflächen von der Elbe begrenzt, auf der anderen Seite vom Deich. Immer wieder begegne ich Schafherden, die dort grasen und den Deich durch ihr Getrampel festigen. Hunde halten die Herden zusammen und beobachten mich genau, dass ich mit dem Fahrrad ja nicht zu nahe vorbeiradele an ihren Schützlingen.

Hochwasserschutz, denke ich, ist ganz schön *lowtech*, so simpel und doch ziemlich effektiv. Archäologische Untersuchungen in den Jahren 2008 und 2009 haben hier eine kontinuierliche Deichentwicklung von rund 800 Jahren nachweisen können. Sie ist an der regelmäßig vorgenommenen Erhöhung der Deichkrone zu erkennen. Solch nahezu ungestörte Deichbauschichten über einen Zeitraum von acht Jahrhunderten konnten entlang der deutschen Nordseeküste an keiner anderen Stelle aufgedeckt werden, was den »Alten Hadler Seebandsdeich« zu einer archäologischen Besonderheit macht, lese ich auf einem Schild.

Auf den Sandbänken da draußen, sagen mir Leute, die hier mit Ferngläsern unterwegs sind, kann man manchmal Seehunde sehen, mit viel Glück auch mal Schweinswale, die zum Luftholen an die Wasseroberfläche kommen. Ich sehe an diesem Tag: nichts.

Man kann, zumindest im Herbst und im Winter, von Cuxhaven beginnend die Elbe entlangradeln und einen ganzen Tag lang keiner Menschenseele begegnen. Ich fahre auf der niedersächsischen Seite der Elbe. Drüben ist Schleswig-Holstein – *terra incognita*, so nah und doch so fern. Die Elbe als Grenzfluss, sie ist hier ziemlich breit, noch immer spürt man die Nordsee, den Atlantik, die große Welt. Ein Wechsel der Uferseiten ist daher nicht so einfach möglich. Keine Ahnung, wo die nächste

Fähre fährt, wo der nächste Tunnel ist oder die nächste Brücke. Wahrscheinlich sehr weit weg.

Auf der anderen Seite sehe ich innerhalb kurzer Zeit zwei kuppelförmige Gebäude: die Atomkraftwerke Brunsbüttel und Brokdorf – oder das, was von ihnen noch übrig ist. Brunsbüttel liegt an der Mündung zur Nordsee, das Kraftwerk wurde in den Siebzigerjahren gebaut, ging 1977 in Betrieb, galt als eines der störanfälligsten in Deutschland und wurde 2007 abgeschaltet. Brokdorf wurde erst 1986 in Betrieb genommen und lief bis 2021, es war eines der leistungsstärksten Kernkraftwerke Deutschlands und hatte, so lese ich es im Netz, 2005 mit knapp 12 000 Gigawattstunden die größte Strommenge weltweit produziert.

Ich weiß, dass innerhalb der nächsten Kilometer zwei weitere Atomkraftwerke zu sehen sein werden: Stade, denn da bin ich aufgewachsen, und das Kernkraftwerk Krümmel in Geesthacht. Ich schreibe hier bewusst mal Atomkraftwerk, mal Kernkraftwerk, denn irgendwo habe ich mal aufgeschnappt, dass Gegner dieser Form der Energieerzeugung Atomkraftwerk sagen und Befürworter Kernkraftwerk, und ich möchte mich auf keine Seite schlagen. Das Thema wird mich aber an der Elbe noch ziemlich beschäftigen.

Jetzt jedenfalls habe ich ein Ziel vor Augen: Kehdingen, im Landkreis Stade. Ich komme an einem Restaurant vorbei, das am Deich steht. Auf einer riesigen Plane, so breit wie das gesamte Gebäude, steht: »Feuer unterm Arsch? Wir suchen: Verstärkung in Voll- und Teilzeit. Köche (m/w/d), Jungköche (m/w/d), Servicepersonal (m/w/d), Serviceleitung (m/w/d), Küchenhilfen (m/w/d), 450-Euro-Kräfte (m/w/d), Barmitarbeiter (m/w/d). Bewirb dich jetzt!«

Schon in Cuxhaven hatte ich den Eindruck, dass es überall an Personal fehlt. An jedem dritten Laden hing ein Zettel, dass Arbeitskräfte gesucht werden. In dieser Dimension sehe ich es nun zum ersten Mal.

Ich fahre durch das Örtchen Otterndorf. An der Kirche liegen zwei Kränze unter einem Kreuz, links neben dem Kreuz die Zahlen 1914 und 1918, rechts davon 1939 und 1945. Die Kriege wirken nach. Man gedenkt seiner Vorfahren, die ihr Leben lassen mussten.

Als ich die Grenze von Cuxhaven nach Stade überquere, bekomme ich ein Gefühl dafür, wie groß Deutschland eigentlich ist. Im amtlichen Gemeindeverzeichnis des Statistischen Bundesamtes habe ich gelesen, dass es 294 Kreise beziehungsweise Landkreise und 107 kreisfreie Städte gibt. Nicht alle sind so riesig wie die Landkreise Cuxhaven und Stade, manche dafür noch größer, man kann also auf jeden Fall viel Fahrrad fahren in Deutschland und hat noch immer nicht alles gesehen. Ich googele: Der größte Landkreis in Deutschland ist der Landkreis Mecklenburgische Seenplatte mit knapp 5500 Quadratkilometer Fläche (und damit übrigens größer als der Staat Brunei und siebenmal so groß wie Bahrain), der kleinste der Main-Taunus-Kreis in Hessen mit 222 Quadratkilometern (und damit etwa so groß wie Amerikanisch-Samoa).

Bis zu meinem heutigen Ziel ist es jedenfalls noch weit, denn der Landkreis Stade ist, gefühlt, ein ganzes Reich. Ich weiß aus meiner Kindheit, dass man, wenn man von einem Rand zum anderen fahren möchte, mit dem Auto eine halbe Ewigkeit unterwegs ist und früher, zu Pferde oder mit der Kutsche, tagelang auf Reisen gewesen sein muss. Also strampele ich und strampele, und natürlich kommt an diesem ersten Tag der Wind nicht von hinten, wie mir alle versichert haben, die mir dazu geraten haben, stromaufwärts zu fahren, sondern er bläst mir eiskalt ins Gesicht und macht das Fahren mühsam. Ich muss aufpassen, dass ich nicht stürze, denn auf dem Radweg hinterm Deich haben sich Eisflächen gebildet.

Kehdingen, heißt es auf Wikipedia, ist ein »Naturraum in Norddeutschland. (…) Die Landschaft Kehdingens wird bestimmt durch Marsch- und Moorländereien.« Ich möchte zur Elbinsel Krautsand fahren, in der Gemeinde Drochtersen, im Herzen von Kehdingen. Wie eine Insel kommt mir Krautsand nicht vor. Mal höre ich, sie soll vor langer Zeit »in der Mitte der Elbe gelegen« haben, dann wieder erklären mir Leute, das sei »immer noch eine Insel«, und verweisen auf die Elbe auf der einen Seite und auf irgendwelche Flüsschen, die eher Wasser führenden Gräben gleichen, auf den anderen Seiten.

Einer der bekanntesten, nun ja, Inselbewohner ist Jonas Kötz, Illustrator und Bildhauer. Ich kenne ihn nicht persönlich, habe aber von ihm gehört, seine Bilder gesehen – er hat mehrere Kinderbücher und viele Pixibücher gestaltet. Außerdem ist er bekannt für seine Knollnasenfiguren, kleine dicke Männer und, seltener, Frauen, die er aus alten Dalben aus dem Hamburger und Bremer Hafen sowie aus alten Balken von Fachwerkhäusern schnitzt, aus Bongossi oder Eiche. (Unter Dalben versteht man in den Hafengrund gerammte Pfähle, die als Markierungen und Abgrenzungen dienen.)

Auch Jonas' Frau Ami ist Künstlerin. Beide kommen aus Hamburg-Blankenese, leben aber seit vielen Jahren in, nein, pardon: auf Krautsand. Jonas nennt es »am Ende der Welt«. Sie wohnen in einem alten Reetdachhaus mit dazugehöriger, zum Atelier und zur Werkstatt umgebauter Scheune. In einer »Lifestyle«-Zeitschrift würde es wahrscheinlich als »ländliches Idyll« beschrieben werden.

Wieso zieht man hierher, in eine Gegend, wo der nächste Nachbar weit entfernt ist, wenn man in Hamburg groß geworden ist? Beide lachen bei dieser Frage.

»Zufall«, sagt Jonas.

»Ja, Zufall«, sagt Ami.

Mitte der Neunzigerjahre begleiteten sie einen Freund, der sich ein Haus in der Nähe anschauen wollte. In einer Broschüre des Maklers war auf der Rückseite dieses Haus abgebildet. Eher aus Spaß schauten sie es sich an – und so nahm die Geschichte ihren Lauf, 1995 zogen sie von Hamburg nach Krautsand.

»An so einem Haus gibt's eigentlich immer was zu tun«, sagt Jonas. »Das ist nie fertig.« Und was so etwas koste! »Also, da darf man gar nicht so genau drüber nachdenken«, sagt er.

Jonas hat in Hamburg Kommunikationsdesign studiert. »Gezeichnet hab ich schon in der Schule, weil mir oft so langweilig war.« Er wurde Illustrator, und mit dem Umzug nach Krautsand begann er auch mit der Bildhauerei: eben jenem kleinen dicken Mann, den er vorher schon gezeichnet hatte. »Diese Figur mochte ich irgendwie.«

Jonas hat nicht gezählt, wie viele dieser Skulpturen er schon geschnitzt hat. Manche sind nur ein paar Zentimeter groß, andere mehrere Meter. Jedenfalls kaufen die Leute die Figuren wie verrückt: Privatleute,

Promis, Firmen, Gemeinden. Man sieht sie auf öffentlichen Plätzen, auf Pfählen stehend in Gewässern, in Galerien und in Häusern von Kunstsammlern oder von Leuten, die damit einfach ihr Zuhause schmücken. Besser kann es für einen Künstler kaum laufen: Man macht, was einem gefällt, und die Leute bezahlen dafür. Jonas kommt den Aufträgen kaum hinterher.

Welch ein Glück, oder?

»Ist schon irre, ich würde fast sagen: ein Wunder, dass ich davon leben und eine Familie ernähren kann«, sagt Jonas. »Und das schon ganz schön lange mittlerweile.« Wenn er etwas kauft oder eine Reparatur am Haus bezahlen muss, rechnet er inzwischen in Figuren. »Ich frage mich dann: Wie viele Figuren muss ich dafür schnitzen?« Das Schöne sei ja, dass er »quasi ein Monopol« habe. »Und je mehr Leute diese Figuren wollen, desto teurer werden sie.« Er lacht. Ganz schön kapitalistisch, könnte man meinen, aber Jonas ist, das ist mein Eindruck, einfach nur pragmatisch. Und er arbeitet hart für seinen Erfolg. »Es ist nicht so, dass ich hier im Nachthemd stehe und nur was mache, wenn mich die Muse küsst.« An seiner Arbeit schätze er die Freiheit, die er habe. »Ich kann machen, was ich will. Und ich arbeite hier alleine, ohne dass mir jemand reinredet.«

Jonas sagt, er würde sich als »politisch links« bezeichnen. »Ich war nach dem Abi ein Jahr zum Schafescheren in Australien und hab Zivildienst gemacht, was soll ich noch sagen?«

Seine Kunst ist unpolitisch. Dem politischen Menschen Jonas Kötz, der in allen möglichen Vereinen aktiv ist, zu vielen Dingen ziemlich deutlich seine Meinung sagt (was ihn im Ort nicht nur beliebt macht) und sich für eine Fahrradfähre einsetzt (womit er sich bislang jedenfalls nicht durchgesetzt hat, weshalb ich auf dem Weg zu ihm einen elendig langen Umweg fahren musste), macht das nichts. »Mich macht es immer noch glücklich, wenn ich diese Figuren aus dem Holz hole. Für mich sind die da schon drin. Ich muss sie da nur rausholen.«

Manchmal denke ich: Ich sollte vielleicht unpolitischere Texte schreiben. Dann verärgert man nicht ständig Leute und macht sich nicht so viele Feinde. Jonas hat kürzlich auch politische Figuren geschnitzt, sie stehen in seiner Werkstatt: ein Trump, dem man den hölzernen Skalp mit der Frisur wegklappen kann; da, wo das Gehirn hingehört, befindet sich eine Erbse. Und ein Erdoğan, samt Ziege. Wunderbare Figuren! Sie schmücken seinen Arbeitsplatz, es sind, glaube ich, therapeutische Stücke, mit denen er sich mit Lust und Freude den Frust von der Seele kloppte.

Auch Ami macht Kunst, eine, die einerseits sehr in die Region passt und andererseits so gar nicht von hier ist: *gyotaku*. Gyotaku ist die traditionelle japanische Kunst des Fischdrucks. Ursprünglich, als es noch keine Fotos gab, machten Fischer einen schnellen Abdruck von ihrem Fang, um den potentiellen Kunden zeigen zu können, was sie da auf Lager hatten: Entstanden sein soll diese Form der Gebrauchskunst vor etwa 200 Jahren in einem Fischerdorf im Süden Japans, wo die Fischer Reispapier, Pinsel und ungiftige Tinte auf ihre Touren mitnahmen, um die Fische mit Farbe zu bestreichen, sie aufs Papier zu drücken und die Tinte anschließend wieder abzuspülen. Daraus ist eine Kunst entstanden, die Ami Kötz begeistert. Im oberen Geschoss ihres Bauernhauses haben die Kötzens ein Atelier, in dem Jonas zeichnet und Ami Gyotaku betreibt.

»Natürlich verwende auch ich ungiftige Tinte, die man wieder abwaschen kann. Dann gibt's Fisch«, sagt sie.

»Bei uns gibt's oft Fisch«, sagt Jonas.

Gyotaku, erzählt Ami, erfordere eine gewisse Übung: das richtige Papier, im richtigen Maß befeuchtet, der richtige Druck, die richtige Menge Farbe auf dem Fisch. »Mittlerweile hab ich's raus«, sagt sie. Die Bilder sind, wenn sie gelingen, naturgemäß originalgetreue Abbildungen der Fische.

Auch irre, dass diese urjapanische Kunst jetzt auf Krautsand entsteht, an der Elbe. Es ist »kulturelle Aneignung« im besten Sinne: Jemand sieht etwas, das ihm gefällt, lernt, macht nach, entwickelt weiter, betreibt selbst, gibt wiederum weiter. Kunst ist Kultur ist Veränderung ist Leben. Vielleicht schnitzt irgendwann jemand in einem japanischen Dorf kleine, dicke, knollnasige Holzmänner?

»Habt ihr eigentlich Angst vor Sturmfluten?«, frage ich Ami und Jonas. Bis zum Deich sind es von ihrem Haus nur ein paar Meter, ein paar Meter weiter dahinter: die Elbe.

»Angst nicht, aber man macht sich seine Gedanken«, sagt Ami.

»Wir kennen das ja schon«, sagt Jonas. »Für mich gehört das zum Leben an der Elbe dazu.« Der Elbe, die er »meinen Fluss« nennt.

Sturmfluten spielten hier tatsächlich schon immer eine Rolle. Sie bedeuteten zerstörte Häuser, ertrunkenes Vieh, oft auch Todesopfer unter der Bevölkerung. Überflutete Äcker und Felder bedeuteten, dass die Ernte ausfiel und die Menschen hungern mussten. Fluten brachten Insektenplagen und damit das Marschenfieber, eine Form der Malaria, die die Menschen entlang der Küste dahinraffte.

Die Wassermassen, die vom 24. auf den 25. Dezember 1717 über die Nordseeküste hereinbrachen, stellten alle vorhergegangenen Fluten in den Schatten. Das Wasser schlug über die Deiche und verwüstete die Region bis tief ins Landesinnere hinein. Mehr als hundert Menschen ertranken.

Die Flut von 1825 wiederum gilt als die folgenreichste Naturkatastrophe des 19. Jahrhunderts, sie betraf die gesamte Nordseeküste von Holland bis nach Jütland. Zum Glück hatte man vorher die Deiche erhöht, sodass ein größerer Schaden ausblieb. Allerdings hungerten viele Menschen in der Folge, weil es an Süßwasser mangelte und auch an Futter für das Vieh.

Ich erinnere mich, dass während meiner Kindheit die Erwachsenen oft von der Sturmflut von 1962 erzählten. Dieses Ereignis hatte sich in der Region im kollektiven Gedächtnis verankert: wie Sturm aufkam in der Nordsee; wie diese Information in einer Zeit, als es noch keine Wettersatelliten gab, zu spät eintraf; wie der Orkan Vincinette in der Nacht vom 16. auf den 17. Februar 1962, von Freitag auf Samstag, über Norddeutschland hinwegfegte und die Wasserpegel an Elbe und Weser steigen ließ; wie die Deiche, die noch nicht so hoch und so fest waren wie heute, dem Druck der Wassermassen nicht standhielten und an Dutzenden Stellen brachen. Vor allem das Gebiet entlang der Unterelbe, von Cuxhaven bis Hamburg, war betroffen: Häuser standen unter Wasser, Menschen wurden fortgerissen, ertranken in den Fluten oder starben in einstürzenden Gebäuden. Insgesamt 340 Menschen fanden den Tod.

Besonders schlimm traf es Hamburg, allein dort starben 315 Menschen. Tausende verloren ihre Wohnungen und Häuser.

Der damalige Innensenator Hamburgs, der SPD-Politiker Helmut Schmidt, beorderte nicht nur die Polizei zu den Rettungsaktionen, sondern bat auch die Bundeswehr und die Nato um Hilfe. Als Bundestagsabgeordneter und Verteidigungsexperte hatte er gute Kontakte zu den Generälen. »Ich habe die alle einfach selbst angerufen oder mit Funksprüchen oder Fernschreiben in Bewegung gesetzt. Ich habe gesagt: ›Sie müssen Hubschrauber schicken, Sie müssen Pioniere schicken, die mit Sturmbooten die Menschen von den Dächern runterholen‹«, erzählte Schmidt einmal dem NDR. »Die haben zunächst geglaubt, ich sei verrückt geworden. Weil sie mich aber gut kannten, haben sie auf mein Insistieren hin schließlich sehr schnell funktioniert.«

Was bemerkenswert ist: Der Einsatz der Bundeswehr im Inneren war nach damaliger Gesetzeslage rechtswidrig. Schmidt wusste das. »Wir haben uns nicht an Gesetz und Vorschriften gehalten, wir haben möglicherweise die Hamburger Verfassung verletzt, wir haben sicherlich am Grundgesetz vorbei operiert. Es war ein übergesetzlicher Notstand«, begründete Schmidt sein Vorgehen später. Mit anderen Worten: Was Schmidt tat, war zwar nicht Recht, aber richtig. Das brachte ihm damals weit über Hamburg und Norddeutschland hinaus Anerkennung ein, und wie wir wissen, wurde er später noch Bundeskanzler. Ich frage mich, wie man heute mit einem Politiker oder einer Politikerin umgehen würde, der oder die zwar nicht rechtens, aber richtig handelt. Würde man den Notstand sehen, das umsichtige Handeln und die Entschlossenheit belohnen und den mutigen Krisenmanager feiern? Oder würde man ihn oder sie mit Kritik überziehen und im Internet an den Pranger stellen? Wenn Letzteres zuträfe, wer traute sich dann noch, im Krisenfall richtig zu handeln? Und ab wann gilt der Notstand?

Und dann frage ich mich: Wie müssen wir handeln angesichts des Klimawandels? Genügt es, die Symptome einfach einzuhegen, also einfach weitere Deiche zu bauen? Höhere, festere Schutzwälle, um gewappnet zu sein gegen einen steigenden Meeresspiegel? Man kann nicht behaupten, dass das wirkungslos sei: Ohne Deiche wären die Regionen um Hamburg, Bremen und Wilhelmshaven heute schon überflutet. An der Elbe, kurz nach dem Verlassen von Cuxhaven, habe ich eine Tafel entdeckt, auf der steht: »Areale, die bei einem Meeresspiegelanstieg von 0,2 bis 2 Metern zusätzlich überschwemmt würden, wirken im Vergleich zu den bereits geschützten Flächen recht klein.« Eine Landkarte zeigt ein Norddeutschland, in dem Oldenburg, Bremen und Stade an der Nordseeküste liegen. Tatsächlich ziemlich beeindruckend. Und dann ist die Rede vom unaufhaltsam steigenden Meeresspiegel, von der zunehmenden Verschmutzung und dem Aufheizen der Atmosphäre, die das Schmelzen des Gletschereises beschleunigen, und es wird die Frage gestellt, wie lange Küstenschutz und Deichhöhe noch reichen werden und was wir tun können, um den Anstieg der Meere zu stoppen.

Man merkt dem Text an, dass er versucht, möglichst sachlich, möglichst neutral zu sein, ohne das Problem kleinzureden, aber auch ohne es zu ideologisieren. Ich finde das gut, gerade weil das Thema Klimawandel emotional so aufgeladen ist.

Auf der einen Seite Leute, die sich auf die Straße kleben, Kunstwerke und Gebäude beschmutzen und intern auch über Gewalt reden, »weil es zu spät für demokratische Entscheidungen ist«, auf der anderen Leute, die den Klimawandel leugnen, vom Beitrag des Menschen nichts wissen wollen und keinerlei Veranlassung sehen, ihr Handeln zu ändern, ihren Konsum zu überdenken, ihren Materialverbrauch zu reduzieren, ihren Kohlenstoffdioxidausstoß zu minimieren. Hier diejenigen, die über die Köpfe der Menschen hinweg Entscheidungen treffen und Gesetze schaffen wollen, die unmittelbar in das Leben der Menschen eingreifen, dort diejenigen, die gleich in jedem Vorschlag »idiotische« und »perverse« Ideen sehen und glauben, Nichtstun wäre die beste Lösung.

Die Menschen, die hier an der Elbe wohnen, wissen: Hundertprozentigen Schutz bieten auch Deiche nicht. Gerade im Herbst und im Winter kommt es oft zu starken Stürmen, orkanartige Winde drücken das Wasser dann in die Elbmündung. Entlang der Elbe steigt der Wasserpegel. Bleibt der Wind dann aus Nordwest wehend und kommen weitere Faktoren hinzu wie eine Springtide, also ein besonders großer Unterschied zwischen Niedrig- und Hochwasser, zwischen Ebbe und Flut, wegen einer besonderen Konstellation von Sonne, Erde, Mond, oder wie eine weit aus dem Atlantik heranrollende große Welle, können die Wasserstände so hoch werden, dass es kritisch wird.

Wollt ihr nicht doch lieber wegziehen, Ami und Jonas? Sie lachen. Ich frage sie zum Abschied, ob sie sich nach wie vor wohlfühlen in so ländlichem Gebiet und ob sie hierbleiben werden. Doch, doch, wunderbar sei es, sagen sie. Aber manchmal fehle die Möglichkeit, abends spontan irgendwo auszugehen oder Kultur zu erleben. Die Kinder seien ja nun schon erwachsen, gingen ihrer eigenen Wege, und vielleicht ziehe es sie irgendwann doch noch woanders hin. Mal schauen, wohin der Zufall sie führt.

Ich verabschiede mich von ihnen, beflügelt von den Gesprächen und von dem Wissen, dass das Leben in Deutschland einem ziemlich glückliche Zufälle bescheren kann.

Heimat! Endlich Heimat!

Heimat ist relativ. Von, sagen wir, Islamabad oder Istanbul aus gesehen, beides Städte, in denen ich gelebt habe, würde ich Kehdingen als Heimat bezeichnen. In Hollern-Twielenfleth würde ich das nie behaupten. Nun aber radele ich ins Herz meiner Heimat, immer weiter die Elbe entlang, die Sonne scheint, es ist immer noch eiskalt und stellenweise glatt, aber immerhin kommt jetzt der Wind von hinten. Das Alte Land, genauer: das Dorf Hollern-Twielenfleth, wo ich groß geworden bin, ist mein Ziel.

Ein Dorf, in dem knapp 3500 Menschen leben und das aus drei Ortsteilen besteht: aus Hollern, das etwas landeinwärts liegt, und aus den beiden direkt an der Elbe, am Deich, liegenden Teilen Twielenfleth und Bassenfleth. Letzterer ist im Ortsnamen verschwiegen, und in einem Land, in dem erbittert um Autokennzeichen und Ortsnamen gerungen wird, wundert es mich, dass hier noch keine Bassenflether auf die Barrikaden gegangen sind. Bassenfleth war übrigens der Ort, in dem das Atomkraftwerk Stade stand. Die Überreste sind dort noch zu sehen.

Ein Dorf, in dem der Obstanbau *Big Business* ist, wie im ganzen

Alten Land. Ein Dorf, dem es früher natürlich auch wegen des Kraftwerks wirtschaftlich gut ging.

Wenn man hier groß geworden ist, kann man es sehr, sehr schön finden.

So wie ich.

Als ich bei Wikipedia unter »Hollern-Twielenfleth« nachschaue, steht da unter »Persönlichkeiten / Söhne und Töchter der Gemeinde« ein »Heinrich Brüning (1836–1920, u. a. Oberbürgermeister von Minden sowie von 1880 bis 1888 Oberbürgermeister von Osnabrück«). Und darunter stehe, ich falle fast vom Sattel: ich. Nicht Hank, nicht Hinnerk, nein, Hasnain ist Sohn der Gemeinde, haha! Das freut mich natürlich. Heinrich un ik. Wat will een mehr henkriegen?

Ich fahre weiter an der Elbe entlang, vorbei an Obstgärten und Bauernhöfen. Kaum ein Mensch ist unterwegs, und wenn, dann sind es dick eingepackte Leute, die ihre Hunde ausführen. Weite, grüne Felder. Das Wasser. Der Himmel. Alles so weit. Diese Weite tut den Gedanken gut. Große Containerschiffe ziehen gemächlich an mir vorbei. Sie sind auf dem Weg nach Hamburg, fahren hier längst mit Lotsen an Bord, die Elbe ist kein einfaches Fahrwasser. Geschwindigkeitsmäßig könnte ich mithalten, aber ich will die Landschaft genießen, mal hier anhalten, mal da schauen.

Ich erinnere mich, dass ich als Kind mal an die Elbe fuhr, weil mein Vater mit seinem Schiff von Hamburg Richtung Nordsee unterwegs war und deshalb auf der Elbe an unserem Heimatdorf vorbeifahren würde. Das muss Anfang der Achtzigerjahre gewesen sein, es gab noch keine Handys, er hatte von einer Telefonzelle aus dem Hamburger Hafen angerufen und eine ungefähre Zeit genannt, wann er an Hollern-Twielenfleth vorbeifahren würde. Nun stand ich da mit meiner Mutter und meiner Schwester, am Elbufer, und wartete. Irgendwann fuhr ein kleines Schiff vorbei, im Vergleich zu den heutigen Zossen eine Nussschale, und ich dachte mir: Nein, das kann nicht das Schiff sein, auf dem mein Vater fährt! Ich hatte mein Fernglas dabei, aber selbst damit war der Name nicht zu lesen. Am Ende ging ich nach Hause mit der traurigen Befürchtung, dass es wohl doch das richtige Schiff gewesen war.

Jahre später gab es größere Schiffe, und er war Kapitän auf solchen Pötten, was meine Kindheitsenttäuschung wiedergutmachte.

Ich begegne einem Spaziergänger, der alleine an der Elbe unterwegs ist. Ich weiß nicht, wer das ist, aber er scheint mich trotz Mütze zu erkennen.

»Moin! Mal wieder in der Heimat?«, fragt er.

»Ja, aber nur kurz«, rufe ich vorbeiradelnd.

»Viel Spaß!«, sagt er.

Was ist Heimat? Über diese Frage haben sich unzählige kluge Leute den Kopf zerbrochen. Es gibt so vieles, was zutrifft. Während ich radele, denke ich darüber nach: der Ort, dessen Sprache man spricht, ohne nachdenken zu müssen; an dem die Menschen einen ohne viele Worte verstehen; wo man sein kann, wie man ist; wo man sich nicht erklären muss; wo einen Leute auch nach Jahren noch erkennen; wo man sich wohlfühlt; wo man ein Gefühl der Zugehörigkeit empfindet; wo man weiß, wer man ist, weil man versteht, woher man kommt; wo man seine Kindheit verbracht hat.

Ich habe pakistanische Wurzeln, die Familien meines Vaters und meiner Mutter kommen aus dem heutigen Indien, der Vater meiner Großmutter mütterlicherseits stammte aus Iran, ich selbst habe in Deutschland, Pakistan, der Türkei und Österreich gelebt und mich eigentlich überall wohlgefühlt. Ich habe deshalb mehrere Heimaten. Und am allermeisten die deutsche Sprache.

Eigentlich ist Heimat gar kein so schwieriges Thema. Leider haben Rechtsextremisten diesen Begriff überall in der Welt besetzt. Dass das deutsche Innenministerium seit ein paar Jahren »Bundesministerium des Innern und für Heimat« heißt oder, verkürzt, »Heimatministerium« und damit den Begriff weiter politisch auflädt, trägt auch nicht gerade dazu bei, ihm Glanz zu verleihen. Feinde der offenen Gesellschaft beanspruchen den Heimatbegriff für sich, sie verstehen ihn als etwas Exklusives, Ausschließendes, Ausgrenzendes. »Das ist unsere Heimat! Du gehörst nicht dazu! Du kannst machen, was du willst, du wirst nie dazugehören!« Sie haben den Begriff für sich eingenommen und damit auch geografischen Raum, den sie »Lebensraum« nennen, und sie glauben allen Ernstes, diesen Begriff für sich alleine zu besitzen.

Ich stelle fest: Es ist eine Sache, was ich als Heimat ansehe. Und es ist offensichtlich eine andere, ob mir andere diese Heimat auch als solche zugestehen. Ob ich dazugehören darf.

Kehdingen habe ich verlassen, bin an Stade, der Kreisstadt, vorbeigeradelt, wo ich zur Schule gegangen bin und Abitur gemacht habe und wo Familie von mir lebt. Inzwischen bin ich im Alten Land und gleich in Hollern-Twielenfleth.

Ich erinnere mich, dass wir, meine Eltern, meine Schwester und ich, mehr oder weniger die einzigen »Ausländer« in dem Dorf mit knapp 3500 Einwohnern waren. In der Erntezeit kamen damals Männer aus der Türkei, im Sommer für die Kirschen, im Herbst für die Äpfel, sie blieben ein paar Monate und reisten dann zurück in ihre Heimat. Heute, höre ich, sind es vor allem Menschen aus Polen und Rumänien und anderen osteuropäischen Staaten, die zum Pflücken kommen. Ich erinnere mich jedenfalls weiter, dass damals manche Einheimische sehr genau zu unterscheiden wussten, wer »echte« Altländer waren und wer nicht.

»Die Müllers sind ja nicht von hier!«

»Ach, die Sieglinde, was hat die für ein Glück, dass sie hierher geheiratet hat!«

»Die tun so, als wären sie Altländer!«

Es gab also offensichtlich noch andere Fremde als uns in Hollern-Twielenfleth. Menschen, die weder von ihren Namen noch von ihrem Äußeren her unterscheidbar waren von allen anderen, im Gegensatz zu uns. Als Kind und als Jugendlicher habe ich nie verstanden, was es damit auf sich hatte. Ehrlich gesagt, habe ich es bis 2015 nicht verstanden. Dann erschien der wunderbare Roman »Altes Land« von Dörte Hansen: Es ist die Geschichte einer Flucht, eine Familiengeschichte über drei Generationen, die Geschichte der fünfjährigen Vera, dem »Polackenkind«, wie manche Altländer sie abwertend nennen, die 1945 aus Ostpreußen flüchtet und mit ihrer Mutter auf einem Apfelhof im Alten Land strandet. Hansen erzählt mit trockenem Humor die – eigentlich traurige –

Geschichte übers Ankommen in dieser Region, eine Geschichte, die bis in die Gegenwart hineinspielt. So wie die Geschichte meiner Familie. Ein Roman, der zum Bestseller wurde, aber über den sie im Alten Land nicht nur freundlich sprechen. Klar, manche Menschen werden als unfreundliche Typen dargestellt, die Flüchtlinge nicht willkommen hießen. Denen Sätze wie »Woveel koomt denn noch vun jau Polacken?« zugeschrieben werden, Sätze, die wahrscheinlich so gefallen sind. Findet natürlich nicht jeder gut.

Wie war das damals alles? Was hat es mit diesen Fremden auf sich? Wie wurden sie damals aufgenommen? Sind das immer noch Fremde?

Ich besuche Kathrin und Dirk Thobaben. Die beiden sind für mich Ur-Hollern-Twielenflether, sie kennen sich im Dorf und mit seiner Geschichte aus. Kathrin und Dirk haben viele Jahre ein Elektrogeschäft im Dorf betrieben, das Dirks Vater Fritz gegründet hatte. Ihre Töchter besuchten mit meiner Schwester und mir den Kindergarten und später die Schule. Langjährige Familienfreunde also. Ich würde sie als bürgerlich bezeichnen, im besten Sinne, man muss das heute ja betonen, da manche diese Zuschreibung beleidigend finden. Dirk, inzwischen Rentner, ist Bürgermeister des Dorfes und Mitglied der CDU.

Allerdings: Dirks Vater war nicht »vun hier«, sondern »zugewandert«, erzählt mir Dirk. Er zog zusammen mit seinen Eltern – Dirks Großeltern – als Fünfjähriger nach Hollern-Twielenfleth. »Er kam hier im Dorf in die erste Klasse, und er fühlte sich hier wohl, aber er war ein Leben lang eben kein Altländer und gehörte lange Zeit nicht so ganz dazu, obwohl er Anfang der Fünfzigerjahre Mitglied im Gemeinderat war«, erzählt Dirk. »Die Leute redeten. Erst Anfang der Sechzigerjahre, als er in seinem Betrieb mehr als zehn Mitarbeiter beschäftigte und ein neues Geschäftshaus gebaut hatte, wurde er anerkannt.« Dirk erzählt, sein Vater habe sich manchmal als Fremder gefühlt in Hollern-Twielenfleth.

»Woher kam dein Vater?«, frage ich – und rechne mit Schlesien oder Pommern oder Preußen oder Böhmen, denn es fiel ja das Wort »zuwandern«.

»Aus Kehdingen.«

»Aus Kehdingen? Er ist aus Kehdingen zugewandert? Und dann galt er hier als Fremder?«

Dirk muss selbst lachen.

Dirks Familie ist migriert aus jener Gegend, von der ich innerhalb weniger Stunden mit dem Fahrrad hergefahren bin. Wenn man so will: Dirk, das Migrantenkind. So habe ich ihn noch nie gesehen. Kehdinger Migrationshintergrund. Irre, dass das in manchen Köpfen mal eine Rolle spielte. Aber natürlich: Früher reiste man nicht viel und schon gar nicht weit, und von Kehdingen ins Alte Land, das war mit der Kutsche oder zu Fuß eine Tagesreise.

»Im Sommer 1923 hat mein Vater mal Spreen gehütet«, erzählt Dirk. Spreen hüten, so sagt man im Alten Land im Volksmund dazu, Stare zu verscheuchen, mit Rasseln oder Trommeln oder Pfeifen. Ich habe das als Kind auch gemacht und mir bei den Bauern damit ein paar Mark verdient. »Als mein Vater dann von der Bäuerin ein paar Millionen Reichsmark bekam, es war ja Inflation, fing er an zu weinen. Die Bäuerin wollte wissen, warum er denn weine, er habe doch sein Geld bekommen. Da sagte mein Vater, er wolle sich gerne Turnschuhe kaufen, aber die seien jetzt drei Millionen Reichsmark teurer geworden. Da hat die Bäuerin ihm auch diese drei Millionen noch gegeben. Und später, als mein Vater den Elektroladen hatte, wurde dieser Bauernhof immer bevorzugt behandelt. Das hat er dieser Familie nie vergessen.«

Auch das etwas, das Heimat ausmacht: diese unsichtbaren Bande, die auf solchen Begebenheiten beruhen. Man kennt einander. Man hilft einander. Man ist füreinander da. Gemeinschaft. Mitgefühl. Eine Geschichte, die mich rührt. Und die, in Zeiten relativ hoher Inflation, daran erinnert, welche Zeiten dieses Land vor hundert Jahren durchlebt hat: Hyperinflation. Im November 1923 kostete ein Kilogramm Rindfleisch etwa 4,8 Billionen Reichsmark; die Menschen nutzten, wenn sie einkaufen gingen, keine Geldbörsen, sondern trugen die Millionen-Mark-Scheine in Waschkübeln mit sich. In jener Zeit verfiel der Wert des Geldes buchstäblich sekündlich. Ich las mal eine Geschichte in einer Zeitung, wonach ein Kaffeehausbesucher zwei Tassen Kaffee für je 5000 Reichsmark trank, am Ende aber eine Rechnung über 14 000 Mark erhielt – 10 000 hätte es nur dann gekostet, wenn er beide Tassen gleichzeitig bestellt hätte, denn in der Zeit zwischen erster und zweiter Bestellung sei der Preis gestiegen. Eine Zeit, die gerade in Deutschland die Angst vor dem Wertverlust der Währung tief eingepflanzt hat. Und über die der Schriftsteller Klaus Mann schrieb: »Welch atembeklemmende Lustbarkeit, die Welt aus den Fugen gehen zu sehen.« Die Deutschen erlebten »die totale Entwertung des einzigen Wertes, an den eine entgötterte Epoche wahrhaft geglaubt hatte: den des Geldes«.

Kathrin Thobaben, ehemals Eckhoff, kommt aus einer der hier verwurzelten Obstbauernfamilien. Sie hat dieselbe Grundschule besucht wie ich – und hatte zum Teil dieselben Lehrerinnen wie ich. Kathrin ist also, würden manche sagen, eine »echte Altländerin«.

Sie erinnert sich an Erzählungen, wonach bei vielen Bauern Menschen verpflichtend einquartiert wurden. »Da ging der Bürgermeister herum, schaute sich an, wie viel Platz die Bauern in ihren Häusern hatten und sagte denen dann: ›Du nimmst so viele Flüchtlinge auf, du nimmst so viele auf und du so viele.‹ Und dann wurden da fremde Menschen untergebracht, ob der Bauer und seine Familie das wollten oder nicht.«

Man kann sich vorstellen, dass das nicht immer für Frieden sorgte.

In anderen Teilen Deutschlands, erfahre ich im Laufe meiner Reisen, verlief es ähnlich: Menschen, die aus allen möglichen Regionen mit nichts als der Kleidung, die sie am Leib trugen und vielleicht einer Tasche kamen, wurden bei den jeweiligen Einheimischen einquartiert. Es wurde oft geschimpft und geflucht über die Neuankömmlinge, viele wurden schlecht behandelt, als billige Arbeitskräfte missbraucht, andere gleichgültig aufgenommen, wiederum andere hatten das Glück, freundlich empfangen zu werden, auch wenn von großer Willkommenskultur damals keine Rede sein konnte. Widersprochen wurde dieser Einquartierungspraxis damals, nach dem verlorenen Zweiten Weltkrieg, in einer Situation, in der sehr viele Menschen Schuld auf sich geladen hatten und in der das Land in Schutt und Asche lag, aber kaum.

Man stelle sich nur vor, welchen Aufstand es heute bei solch einem Vorgehen gäbe, wo doch schon die Unterkunft für Geflüchtete ein paar

Hundert Meter weiter für Proteste und rechtsextremistische Parolen sorgt: Ali, Abdul und Aziz aus Afghanistan kommen zu Bauer Hein! Zlata, Chrystyna und Milana aus der Ukraine wohnen ab sofort bei Bauer Ehlers!

Kathrin und Dirk erzählen davon, dass es junge Frauen gab, die aus dem Osten kamen und Bauernsöhne im Alten Land geheiratet haben. Und dass es natürlich Gerede gegeben habe, die Flüchtlingsmädchen nähmen den einheimischen Frauen die Männer weg, und das in Zeiten, in denen es wegen des Krieges ohnehin zu wenig Männer gebe. Es habe aber auch viele Erfolgsgeschichten gegeben. Dirk erzählt von einer Familie, die die Aufgenommenen regelrecht adoptiert hätten, »die wurden ein Herz und eine Seele, und das ist bis heute so«, sagt er. Er weiß heute noch um diesen Umstand. Irre, dass Fluchterfahrungen dieses Dorf Jahrzehnte nach dem Ende des Zweiten Weltkriegs immer noch prägen, wie wahrscheinlich ganz Deutschland. Jedenfalls mehr, als man auf den ersten Blick wahrnimmt, und mehr, als ich als Kind und Jugendlicher verstanden habe, als über Zugewanderte gelästert wurde, die ich überhaupt nicht als Migranten oder Flüchtlinge identifizieren konnte.

Vielleicht sind diese Fluchterfahrungen damals auch der Grund, warum viele Menschen sich heute für Geflüchtete einsetzen, sei es aus Afghanistan oder aus Syrien oder aus der Ukraine. Die Erinnerung an die eigene Vergangenheit. Oder an die der Eltern oder Großeltern.

Ich glaube, das Recht des Zuerstdagewesenen ist tief im Menschen verankert und hat etwas mit Vorrechten und damit auch mit Zugehörigkeit und Heimat zu tun.

Wer also neu dazukommt und dann gleich mitreden, mitmachen, mitbestimmen möchte, stößt vielleicht nicht auf Gegenliebe. Man muss sich die Zugehörigkeit erst verdienen, lautet die Botschaft. Das ist eine kulturelle Sache, keine juristische. Formell hat jeder Mensch die gleichen Rechte, egal, ob man in siebzehnter Generation an einem Ort lebt oder erst seit ein paar Tagen. Aber es macht trotzdem einen Unterschied. Man mag und muss das hier und da kritisieren, aber es ist eben auch menschlich. Und es zeigt, dass zum Dazugehören immer zwei gehören:

jemand, der anklopft, der die Hand ausstreckt, der dazugehören möchte – und jemand, der die Tür öffnet, die Hand ergreift, der dazugehören lässt.

»Gehörst du eigentlich dazu?«, frage ich Timo Gerke.

Er schaut erstaunt.

»Ja, natürlich«, sagt er. »Aber du bist bestimmt mehr Hollern-Twielenflether als ich«, fügt er grinsend hinzu. »Du warst viel früher hier als ich.«

Dumme Frage von mir. Natürlich gehört er dazu. Timo Gerke war einige Jahre Bürgermeister von Hollern-Twielenfleth. Und das, obwohl er parteilos ist. In Hollern-Twielenfleth sagte man über Helmut Schmidt, der sei zwar »ein guter Mann, aber leider in der falschen Partei«, jedenfalls sagten das viele, aber vielleicht ist das auch nur eine verzerrte Kindheitserinnerung von mir.

Aber Timo ist nicht nur parteilos, er ist *nicht von hier,* sondern erst vor einigen Jahren hierhergezogen. Wann eigentlich? Warum? Und von wo?

»Das kann ich dir ganz genau sagen«, antwortet Timo. »Am 1. August 2001 bin ich in die Region gezogen, nach Stade zunächst, weil wir in Hollern-Twielenfleth auf die Schnelle nichts Passendes gefunden haben.«

Er kam also nach Hollern-Twielenfleth, da war ich schon seit ein paar Jahren weg. Kennengelernt habe ich ihn erst 2019, als er in Altländer Tracht zu einer Rede von mir erschien. Ich war eingeladen, im Nachbarort Jork einen Vortrag zu halten über das Thema Heimat, das Leben im Alten Land und die neuen Altländer, also über die Veränderungen. Da stand er, der Herr Bürgermeister. Auch wenn ich die Altländer Trachten, für Männer wie für Frauen, als eine Strafe fürs Auge empfinde, fand ich gut, dass er dazu steht und so auftaucht. Seither haben wir uns regelmäßig getroffen, sind inzwischen befreundet, duzen uns. Ich habe ihn und seine Frau als Hollern-Twielenflether akzeptiert.

Timo ist gelernter Schornsteinfeger, kommt aus Uelzen, je nach Sichtweise nicht weit vom Alten Land oder eben eine halbe Weltreise entfernt, quasi ein kulturfremder Raum. Wahrscheinlich kennen die meisten Menschen in Deutschland Uelzen nicht, aber viele haben dort schon einmal mit dem ICE gehalten, und dann fällt einem das von Friedensreich Hundertwasser gestaltete Bahnhofsgebäude auf. Als selbstständiger Schornsteinfeger wollte Timo gerne einen Bezirk übernehmen. Der in Hollern-Twielenfleth wurde kurzfristig frei, zwei andere auf der Warteliste wollten so spontan nicht umziehen. »Da habe ich mit meiner Frau gesprochen, und wir haben entschieden: Wir machen das!« Innerhalb einer Woche sind sie dann umgezogen, wie gesagt, zunächst nach Stade, von wo aus er immer in seinen Bezirk gependelt ist, zwei Jahre später nach Hollern-Twielenfleth.

Bezirksschornsteinfegermeister. Ein Titel, dreißig Buchstaben.

»Man macht sich als Schornsteinfeger nicht immer beliebt«, erzählt er. »Wir kommen, um Arbeiten zu erledigen, deren Notwendigkeit nicht alle einsehen, die aber gesetzlich verpflichtend sind. Und für die die Kunden bezahlen müssen.«

Aber Timo ist beliebt, sonst wäre er nicht zum Bürgermeister gewählt worden. Er hat sich von Anfang an eingebracht, manchmal mit für so ein Dorf ungewöhnlichen Ideen; einem teuren, selbstreinigenden Hightech-Toilettenhäuschen am Strand zum Beispiel oder dem Plan, in Hollern-Twielenfleth ein Hotel zu bauen, wo doch jedes Jahr Tausende Touristen zur Kirschblüte kommen. (Als Kinder und Jugendliche nannten wir diese Leute immer »Blütenspanner«.) Mit solchen Themen macht man sich nicht nur Freunde. Bürgermeister sein, zumal in einem so kleinen Ort, heißt auch: Gespräche suchen, Interessen ausgleichen, Streit schlichten, Kompromisse finden, am Ende alle, jedenfalls möglichst viele zufriedenstellen. Timo ist ein Typ, der versucht, es allen recht zu machen. Und dabei sich selbst manchmal ein bisschen vergisst. Er fährt Flüchtlinge persönlich ins Krankenhaus, sucht immer wieder neue Unterkünfte, wenn er erfährt, dass weitere Flüchtlinge kommen, kümmert sich darum, dass Menschen Geld vom Land Niedersachsen bekommen, weil ihre Keller vollgelaufen sind, wie zum Beispiel 2022, als die Lühe, ein Nebenfluss der Elbe, über die Ufer trat. Immer wieder holt er Künstlerinnen und Künstler an den Elbstrand, auch für mich hat er dort eine Lesung organisiert. Kritiker haben ihn mal den

»Partybürgermeister« genannt, das war natürlich böse gemeint, aber die meisten Menschen mögen seine unkonventionelle Art, seine Bürgernähe, sein Engagement. Er hört zu. Geht respektvoll auch mit denen um, deren Meinung er nicht teilt. Aber er bezieht auch klar Position, zum Beispiel wenn Rechtspopulisten wieder einmal Unsinn reden.

Dieses Ehrenamt mit seinem Beruf zu vereinen, war eine Herausforderung.

»Ich habe das ein paar Jahre gemacht und dann entschieden: Entweder ich schaffe den Sprung und mache hauptberuflich Kommunalpolitik, oder ich höre als Bürgermeister auf und widme mich ganz meinem Beruf. So oder so bin ich glücklich.«

Also kandidierte er 2021 für das Amt des Samtgemeindebürgermeisters, trat gegen den langjährigen Amtsinhaber von der CDU an – und gewann.

Claudia und Timo laden mich ein, in ihrem Gästezimmer zu übernachten. Abends essen wir in einem Restaurant, das ich bisher noch nicht kannte, es heißt »Heimatliebe«, wirklich, und wird betrieben von zwei Freunden: Muharrem und Semih.

Ich rede kurz mit ihnen. Sie meinen es so. Sie sind hier groß geworden, haben einander hier kennengelernt. »Heimatliebe«. Muharrem. Semih. Ich finde das fantastisch.

Dies ist eine Stelle, an der in Deutschland heutzutage eine seltsame Debatte geführt werden könnte. Nämlich die um die Frage: Woher kommst du? Eine Frage, der, wenn sie in diesem Fall mit »Steinkirchen« beantwortet werden würde, eine weitere folgen würde, nämlich: Aber woher kommst du richtig? Was wird um diese Frage nach der Herkunft gestritten! Bestimmten Menschen wird diese Frage ihr Leben lang gestellt, wieder und wieder. Mir zum Beispiel. Und wenn dann eine Antwort wie »Hollern-Twielenfleth« nicht genügt, sondern die Wurzeln der Familie, die Herkunft der Eltern oder Großeltern erkundet werden wollen, kann einem das gehörig auf die Nerven gehen. Manchmal stört es, weil man einfach keine Lust hat, darüber zu reden, schon gar nicht mit irgendwelchen Fremden, manchmal aber verärgert es regelrecht, weil ein rassistischer Unterton im Sinne von »Bilde dir ja nicht ein, du wärst ein richtiger Deutscher!« mitschwingt. Andererseits geht es, das ist jedenfalls meine Wahrnehmung, meist darum, zu erfragen: Was ist dein Lebensweg? Was ist deine Geschichte? Es signalisiert: Ich interessiere mich für dich!

Ich mag es, wenn man mich fragt, woher ich komme. Manche Menschen erzählen mir, sie trauten sich schon gar nicht mehr, zu fragen, woher jemand komme. Das finde ich schade. Andere sind sich unsicher: Darf man diese Fragen überhaupt noch stellen? Ja, natürlich! Man sollte dann aber auch die Antwort akzeptieren und nicht weiter und weiter bohren. Ganz grundsätzlich finde ich, man sollte den Menschen nicht immer gleich Bösartigkeit unterstellen. Ich habe es mir inzwischen angewöhnt, selbst zu fragen. Woher kommen Sie eigentlich? Was habe ich nicht alles an interessanten Lebensgeschichten gehört! Von der Flucht aus Ostpreußen oder aus Schlesien oder aus Syrien oder aus Afghanistan oder von der Einwanderung aus Sri Lanka und aus Argentinien und aus Japan.

Muharrem und Semih erzählen bereitwillig von ihrer Herkunft: Muharrem ist hier geboren, seine Familie hat Wurzeln im Kosovo. Und Semih ist als Kleinkind nach Deutschland gekommen, Kind von Kurden aus der Türkei. Ihre Küche in der »Heimatliebe« nennen sie: »anatolisch gemischt«.

Muharrem und Semih sind aber auch von hier. So wie Timo und Claudia. Und ich. Und das ist die Schönheit von Deutschland.

Deutschem Humor auf der Spur

Weiter geht es. Die Elbe ist lang, und ich hänge immer noch am Anfang fest. Man hängt eben an seiner Heimat. Es regnet, natürlich, in Norddeutschland regnet es ständig, ich trage also meine rote Regenjacke und eine gelbe Regenschürze, eine Art Überhose, in die man aber nicht hineinsteigen muss, sondern die man sich umbinden kann. Eine Schürze eben.

Während ich am Deich entlangradele, steht eine Frau auf dem Weg und führt ihren Dackel aus. Meine Grundschullehrerin Rosemarie Ferch wohnte in dieser Gegend. Sie hatte damals einen Dackel. Sie erzählte uns oft Geschichten von ihrem Hund.

Die Frau bleibt auf dem Rasenstreifen stehen, um Platz für mich zu machen auf dem schmalen Weg, den sich Radfahrer und Fußgänger teilen müssen. Ich fahre langsamer. Die Frau blickt mich an, sie ist dick eingehüllt, Mantel, Mütze, Kapuze drüber, Schal vorm Gesicht. Ich bin mir unsicher.

»Frau Ferch?«

Sie scheint kurz zu überlegen.

»Hansi?«

Ihr Dackel ist alles andere als erfreut, dass wir miteinander reden. Er kläfft ununterbrochen.

»Komm doch eben mit rein auf einen Kaffee!«, lädt sie mich ein. Seit einigen Jahren schon ist Frau Ferch – ich sage immer noch Frau Ferch und sieze sie, sie sagt Hansi und duzt mich, und das ist in Ordnung so – im Ruhestand. Ihr Mann kommt hinzu, er sitzt im Rollstuhl. Frau Ferch hat einen Kuchen gebacken, »du kommst genau richtig«, sagt sie. Es geschieht, dass man also vier Jahrzehnte später bei Kaffee und Kuchen bei der Frau sitzt, die einen gelehrt hat, zu lesen und zu schreiben und zu rechnen, die man bewundert, manchmal angehimmelt hat, die Lehrerin mit den feuerrot lackierten Fingernägeln und dem nie enden wollenden Fundus an Geschichten, die einem all das mitgegeben hat, was den weiteren Lebensweg geprägt hat, und man sagt sich: Welch ein Glück, welch ein riesengroßes Glück!

Was ich auch von Frau Ferch gelernt habe: die Komplexität der Grenzen des Sagbaren. Nicht, dass das Stoff in der Grundschule war. Ich erinnere mich aber, dass ich mich einmal über die Menge der Hausaufgaben, die sie uns gab, geärgert habe. Da rutschte mir heraus: »Himmel, Arsch und Zwirn!« Sie schaute mich entsetzt an. »Also wirklich! So etwas möchte ich nicht noch einmal hören!«, sagte sie streng. Und dann schaute sie weg, aber ich sah es ganz genau: ein unterdrücktes Lachen. Und in dem Moment wusste ich, ohne dass es ausformuliert werden musste: Man kann Dinge sagen, die gehören sich nicht, sind aber doch irgendwie gut. Himmel, Arsch und Zwirn!

Nahe der Elbe, im Dorf Steinkirchen, steht ein altes Haus, dessen Giebel ein riesiger Pümpel schmückt, eine Saugglocke aus Gummi mit Holzstiel, zur Beseitigung von Abflussverstopfungen. Pümpel, so ein schönes Wort! Steht sogar im Duden. »Pümpel, der, Wortart: Substantiv, maskulin, Gebrauch: umgangssprachlich, Bedeutung: Saugglocke«. Das Gebäude war mal eine Schule, irgendwie sieht man das dem Haus noch an. Jetzt leben darin Madeleine und Tetsche. Die beiden können einiges erzählen über Humor und wie er sich im Lauf der Zeit verändert hat.

Tetsche ist Cartoonist. Ich schätze ihn, seitdem ich ein Kind bin und seine Zeichnungen aus dem »Stern« kenne, wo man ihn »Meister des gehobenen Blödsinns« nannte. Gehobenen Blödsinn mag ich. 44 Jahre lang zeichnete er für das Magazin, bis 2018, »Neues aus Kalau«. Mit dem Cartoon der Woche, einem Bilderrätsel, einer Bauernweisheit, einer Spiel- und Bastelecke, einem abgeschlossenen Roman und mit der Figur Kuhno van Oyten. Im Cartoon, dem Herz der Seite von Tetsche, war meistens irgendwo ein Spiegelei versteckt, bisweilen ein Kondom, eine Säge, an irgendeiner Wand der Spruch: »Barum? Dorum!« – und eben ein Pümpel. Der Pümpel als Markenzeichen, weil sein Vater Klempner war und er selbst eine »Saugglockengeburt«, wie er in Interviews sagt – er sei eben mit einem Pümpel auf die Welt geholt worden. Der Legende nach ist Tetsche sogar der Erfinder des Wortes Pümpel!

Persönlich begegnet bin ich Tetsche bis jetzt nicht, obwohl er der Vater eines Schulfreundes ist. Jetzt verabrede ich mich mit ihm und seiner Frau. Ich verlasse den Elberadweg, um nach Steinkirchen zu fahren.

Madeleine hat Kekse gebacken und Kaffee gekocht. »Tetsche kommt gleich«, sagt sie. Wir sitzen am Küchentisch und blicken in einen großen, schönen Garten. Ein alter Holzofen wärmt den Raum, es knistert. Als Tetsche den Raum betritt, wirft er zuerst noch einen Scheit ins Feuer. »Tach auch«, sagt er. Er trägt Strohhut, buntes Hemd, Jeans, Stiefel. Er setzt sich, schaut freundlich, schweigt. Man merkt sofort, dass er kein redseliger Typ ist. Ich kenne viele Karikaturisten und Zeichner. Ich glaube, Reden ist ganz allgemein nicht ihr Ding. Deshalb zeichnen sie ja. Hier, am Küchentisch, übernimmt Madeleine das Reden. Sie ist, auch das merkt man, selbst nach Jahrzehnten mit Tetsche ein großer Fan seiner Kunst.

Tetsche hat Schriftsetzer gelernt. Die Eltern wollten es so: Der Junge soll etwas Vernünftiges lernen. Nebenbei studiert er an einer Fernuniversität Kunst, arbeitet anschließend ein paar Jahre als Grafiker und Creative Director bei einer Werbeagentur, aber das Angestelltendasein ist nichts für ihn, den Freigeist, und so verdient er sein Geld fortan als freier Künstler. Und wie das so ist mit der freien Kunst, bringt das nicht viel Geld ein. Madeleine studiert noch, das erste Kind kommt, die Familie muss ernährt werden, und Madeleine nimmt Tetsches Zeichnungen und bietet sie verschiedenen Magazinen an. Der »Stern« druckt im November 1974 die erste Tetsche-Zeichnung – und dann Woche für Woche, 44 Jahre lang.

Humor und Deutschland, das ist so eine Sache. Haben Deutsche Humor? Worüber darf man lachen? Was ist lustig? Darüber wird viel gestritten. Der deutsch-türkische Komiker und Schauspieler Kaya Yanar fragte im Jahr 2020 im Internet, ob er noch einen Inder parodieren dürfe. Seltsamerweise fragte er das, obwohl ihn niemand deswegen kritisiert hatte, im Gegenteil: In Deutschland lebende Inder luden ihn zu Auftritten auf Hochzeiten ein. Jahrelang hatte er die Figur »Ranjid« gespielt, einen etwas begriffsstutzigen Inder, der mal »Computerinder« ist, mal Putzkraft. »Darf ich weiterhin Ranjid spielen oder ist das nun ein Tabu?«, fragte Yanar das Publikum. »Was meint Ihr? Interessant wären vor allem die Meinungen von InderInnen oder Deutschen mit Indischem Migrationshintergrund zu dem Thema«, schrieb er.

Ich habe neben pakistanischen auch indische Wurzeln und antwortete damals, dass ich kein Problem damit hätte, wenn er weiter »Ranjid« spiele und Witze über »InderInnen« mache. Vieles davon fände ich zwar überhaupt nicht komisch, manches schon, aber dürfen dürfe er natürlich, und ich müsse es mir ja nicht anschauen. Ich erinnere mich, dass die überwältigende Mehrheit, darunter viele Menschen mit Wurzeln in Indien, ebenfalls kommentierte, Yanar solle unbedingt weitermachen. Aber Yanar spielt »Ranjid« nicht mehr. Das sei, schrieben manche Journalisten, »Blackfacing« beziehungsweise, in diesem Fall, »Brownfacing«.

Eigentlich eine gute Entwicklung: dass Menschen selbstkritisch sind, dass Künstler sich hinterfragen, dass Komiker bei allem Humor nicht beleidigen und verletzen wollen. Man könnte das Fortschritt nennen. Andererseits: Warum stellt Yanar überhaupt diese Frage, wenn sich doch niemand beleidigt oder verletzt fühlt? Und warum hört er dann auch noch auf, »Ranjid« zu verkörpern, wo doch die große Mehrheit sagt, das sei unproblematisch?

Und was, wenn sich jemand durch Kunst doch beleidigt oder verletzt fühlt? Muss diese Kunst dann sofort aufhören?

Tetsche war mit dieser Frage unfreiwillig konfrontiert. Im Sommer 2021, mitten in der Corona-Pandemie, als das öffentliche Leben zeitweise immer wieder lahmlag, eröffnete er in der Stadt Stade eine Open-Air-Ausstellung: 25 Tetsche-Zeichnungen, großformatig auf Folie gedruckt, montiert an den Kaimauern des historischen Hansehafens am Fischmarkt in der Altstadt. Kunst für alle, gratis, in Zeiten, in denen Museen, Galerien, aber auch alle Restaurants in der Altstadt geschlossen waren. Es war eine Idee des Stadtmarketings, man wollte den Menschen eine Freude machen in unerfreulichen Zeiten, sie trotz geschlossener Geschäfte in die Innenstadt locken und natürlich auch für Aufmerksamkeit für die Stadt sorgen.

Die Aufmerksamkeit kam. Und zwar gewaltig. Sie zog sich über Wochen, Monate hin. Wildfremde Menschen kamen ins Gespräch, fachsimpelten und lachten gemeinsam. Aber dann nahm das Ganze eine andere Wendung. Grund war eine Karikatur, die eine auf einer Schneewehe stehende Pinguindame zeigt. Sie trägt einen Hut, eine dicke Perlenkette und, völlig pinguintypisch, einen schwarzen Frack, außerdem, eher pinguinuntypisch, einen schwarzen BH. Sie blickt auf drei Pinguinkerle in Frack und Hut herab und sagt frech: »Noch nie was von Frauen in Spitzenpositionen gehört?«

Man kann das komisch finden. Toll. Zum Lachen. Ein Kalauer eben, »gehobener Blödsinn«. Man kann es auch unlustig finden. Doof. Völlig bekloppt. Zum Augenverdrehen.

Was aber passierte, war, dass sechs Frauen aus Hamburg, die zu Besuch in Stade waren, die Zeichnung sahen und darüber entsetzt waren.

Sie starteten eine Petition, wonach das Bild zu entfernen sei. »Herabwürdigend« und »zum Schämen« sei die Zeichnung, die »Verballhornung einer Frauenkarriere«, zitierte die »Mopo« eine der Frauen. Schrieb aber auch: »Man kann das so sehen, wenn man sich sehr anstrengt …« Auch drei weitere Karikaturen empfanden manche als »sexistisch« und »frauenverachtend«: »Wir waren entsetzt über solchen Alltagssexismus.« Das sei ein »Frauenbild aus den Fünfzigerjahren, das wir nicht mehr sehen wollen«.

»Stader Fischmarkt: Die frauenverachtenden Cartoons: unverzüglich entfernen!«, war die Petition überschrieben. Gut 200 Menschen unterzeichneten. Ein »Aktionsbündnis gegen Sexismus« demonstrierte mit etwa dreißig Leuten – Frauen und Männer – gegen die Karikatur. Ein eher kleiner Protest, aber nicht nur die lokale Presse, sondern Boulevardblätter und Fernsehsender griffen das Thema auf. Der »Pinguin-Zoff von Stade«, was für eine Geschichte!

Nun mobilisierten die Tetsche-Fans – und stellten ebenfalls eine Petition auf die Beine: »Stader Fischmarkt: Die Tetsche-Cartoons müssen bleiben!« Hier unterschrieben binnen weniger Tage mehr als 600 Menschen. Der Gegenseite wurde vorgeworfen, »humorlos« zu sein, auch »verbittert« und »verkrampft«. Auch einige Stader Geschäftsfrauen meldeten sich zu Wort und bezeichneten sich selbst als »Frauen in Spitzenpositionen«.

Die Stadt entschied, die Bilder hängen zu lassen, aber das Gespräch mit den Aktivistinnen zu suchen, und verlängerte die Ausstellung, weil nun noch viel mehr Leute nach Stade strömten.

Tetsche versteht die Aufregung bis heute nicht. »Muss man ja nicht mögen«, sagt er. »Aber zu fordern, dass man das abhängen soll?« Er schüttelt den Kopf. »Das stellt doch das Gegenteil dessen dar, was kritisiert wurde: Das ist eine extrem taffe, vor Selbstbewusstsein strotzende Pinguinfrau, die den tumben, blöd guckenden Pinguinmännern weit überlegen ist.«

Und Madeleine? »Wenn man gucken kann, sieht man doch, wer hier das Sagen hat. Die Pinguindame weiß genau, dass die dusselig blickenden Pinguinmänner ihr nicht das Wassereis reichen können! Da wird nicht die Pinguinfrau lächerlich gemacht, sondern die dumpfbackigen Pinguinmänner… Es gibt ja wirklich fiese sexistische Darstellungen – aber die Pinguinfrau gehört ganz sicher nicht dazu.«

Ich fahre weiter durchs Alte Land, Richtung Hamburg, und hänge meinen Gedanken nach. Worüber darf man lachen? Ist es zum Beispiel in Ordnung, Witze über Religion, Frauen, Sehbehinderung, Afghanistan zu machen? Hin und wieder höre ich, dass Leute sagen, Humor, Satire, Kabarett dürften »nie nach unten treten«. Aber was soll das sein: »unten«? Bin ich, weil ich braune Haut habe und als Migrantenkind einer Minderheit angehöre, »unten«? Soll meine Hautfarbe mich also davor schützen, dass man Witze über mich macht? Was soll das? Für mich fühlt es sich so an, als würde ich in einer vermeintlichen Hierarchie unten einsortiert. Der Schwache. Der Schutzbedürftige. Das Opfer. Bloß keine Witze auf seine Kosten! Kommt es nicht immer darauf an, wer was wann in welchem Zusammenhang sagt? Spielt nicht immer der Kontext eine Rolle?

Andererseits verstehe ich, dass es Menschen gibt, die wegen einer Äußerlichkeit ihr Leben lang zum Ziel von Witzen, von Häme und Spott werden, die Diskriminierung erfahren und bisweilen leider auch Gewalt. Und die empfindlich reagieren, wenn Leute Witze machen, die auf den ersten Blick harmlos erscheinen. Dass ihre Kritik inzwischen hörbar ist und Menschen dazu zwingt, darüber nachzudenken, wo die Grenzen verlaufen, ist zweifellos eine gute Entwicklung.

Deutsche Äpfel

Ein Obsthof nach dem anderen. Dazwischen Plantagen. Apfelbäume vor allem und Kirschbäume, hier und da auch Birnen und Pflaumen. Es ist kalt, die Bäume sind leer, noch nicht einmal Blätter tragen sie. Ein Mann geht durch die Baumreihen und schneidet hier und da etwas von den Ästen ab. Keine Ahnung, was er macht. Anscheinend gibt es immer etwas zu tun. Ich erinnere mich, dass die Kinder aus Landwirtsfamilien nie wirklich verreisen konnten. Und frage mich, wie eine Bäuerin und ein Bauer das so mit der »Work-Life-Balance« sehen.

Ich halte.

»Moin«, sage ich.

Der Typ schaut mich an und nickt nur. Man muss ja nicht sinnlos Worte verlieren, das ist hier jedenfalls die Haltung.

Aber dann kommen wir doch ins Gespräch. Ich erzähle dem Mann, wer ich bin und was ich mache. Er, Peter, Obstbauer, berichtet, wie die Lage ist. »Wir schimpfen ja oft über unsere Situation. Aber jetzt ist wirklich schiete«, sagt er. »Wir haben viele, viele Äpfel nicht gepflückt, weil wir sonst draufgezahlt hätten«, erzählt er. Die Bäume hingen übervoll mit Äpfeln, die irgendwann abfielen und verrotteten. Die Bauern, sagt er, bekämen die Folgen des Krieges Russlands gegen die Ukraine »volle Kante zu spüren«. Die Energiepreise seien drastisch gestiegen, und zudem gebe es ein Überangebot auf dem Weltmarkt. »Wir liefern ja aus der ganzen EU nichts mehr an Russland. Obst aus Osteuropa wird dafür stärker in unseren Markt gedrückt.« – »Schiete« sei das. »Wirklich schiete«, wiederholt er. Die wirtschaftliche Lage der Menschen sei so, dass sie stärker auf die Preise achteten, und jetzt gebe es viel billiges Obst. Aber eben nicht das der hiesigen Landwirte, sondern importiertes Obst aus Osteuropa. »Und zum Teil aus Übersee.« Verrückte Welt: dass Obst, das weit, zum Teil sehr weit transportiert werden muss, immer noch billiger ist als das, was vor der Haustür angebaut wird. »Das ist schon traurig, denn unsere Äpfel sind jetzt besonders süß, die Qualität ist bestens«, sagt Peter. »Aber nützt ja alles nichts, wenn die Produktionskosten steigen und steigen. Energie, Lohnkosten, Transport, alles.«

Wem gibt er die Schuld an dieser Entwicklung?

Er überlegt.

»Da wirkt vieles zusammen. Konkret drücken unsere lieben Lebensmittelketten die Preise. Aber die tun ja nur, was die Kunden wollen. Billiger, billiger, billiger. Aldi, Lidl, Edeka, Rewe, alle. Sie bestimmen die Preise. Die sind mittlerweile so niedrig, da kostet es mehr, wenn ich die Äpfel pflücke, als wenn ich die hängen lasse. Die Herstellungskosten liegen pro Kilogramm bei etwa sechzig Cent, der Handel zahlt aber nur etwas mehr als vierzig. Da brauche ich gar nicht erst anzufangen.«

In Osteuropa, sagt Peter, lägen die Lohnkosten bei einem Drittel, »in Polen zum Beispiel, und die produzieren richtig viel Obst da«. Er schaut mich an und sagt sofort: »Ich habe gar nichts gegen gerechte Löhne und Mindestlohn und so. Ich sag nur, dass wir nicht konkurrieren können, wenn andere viel weniger zahlen müssen.«

Was ist denn das Teuerste an der Produktion hier? Die Arbeitskosten?

»Komm mit!«, fordert er mich auf. Wir gehen ein paar Hundert Meter zu seinem Hof, weiter hinten ist eine Halle. Er öffnet die Tür. In der Halle ist es noch kühler als draußen an diesem kühlen Februartag. Er stapft zu einer Obstkiste, nimmt zwei Äpfel, reicht mir einen und beißt selbst in den anderen. »Energie«, sagt er. »Wir kühlen die Äpfel auf drei Grad, dann halten die bis ins nächste Jahr. Aber das kostet.« Im Zuge der Ukrainekrise seien nicht nur Strom und Gas teurer geworden, sondern auch Pestizide, Düngemittel und Geräte. »Dass der Mindestlohn gestiegen ist, finde ich zwar einerseits gut für die, die das verdienen, aber für uns Landwirte macht es das auch nicht einfacher.« Peter lacht bitter. »Anderswo haben die Menschen nicht genug zu essen.«

Er gibt mir noch drei Äpfel als Wegzehrung mit. Ich bedanke mich und mache mich auf den Weg. Wieder auf dem Sattel zu sitzen, den Wind im Rücken, der Himmel blau, die Luft wohltuend frisch, verleiht mir das Gefühl von Freiheit. Ich habe mehrere Stunden auf dem Rad vor mir.

Hamburg würde ich eigentlich gerne auslassen. Als Jugendlicher war ich oft in Hamburg: Party, das Tor in die Erwachsenenwelt; wir durften länger weg sein, abends mit der Bahn nach Hause kommen. Später habe ich in Hamburg studiert und, noch später, als Journalist gearbeitet. Die Elbe bis Hamburg kenne ich. Ich bin neugierig auf das, was danach kommt. Aber ich habe in Hamburg eine Verabredung. Also nehme ich mir vor, nur kurz dort zu halten und noch am selben Tag weiterzufahren.

Alter weißer Mann

Ich treffe Nina in einem Café. Bislang kenne ich sie nur aus dem Internet. Sie bezeichnet sich selbst als »Aktivist*in und Antirassist*in« und sagt mir später, dass sie großen Wert darauf lege, dass ich das genau so schreibe, »mit Gendersternchen«. Ich schätze sie auf Mitte oder Ende zwanzig, ihr Alter will sie nicht nennen. Sie möchte auch nicht, dass ich ihren echten Namen schreibe. Das sei Voraussetzung dafür, dass sie überhaupt mit mir rede. »Nina, das kannst du schreiben«, sagt sie.

Nina also hat die Location ausgesucht.

Sie wolle sich eigentlich gar nicht mit mir treffen, hatte sie mir auf meine Anfrage per Mail geantwortet, ohne das weiter zu begründen. Klar, niemand muss begründen, warum er oder sie sich nicht mit mir treffen möchte. Aber ihre Antwort klang insgesamt abweisend. Nicht daran interessiert, das Gespräch zu suchen. Weil Nina aber im Netz, in den sozialen Medien, mit großem Engagement, manche würden sagen: laut, wieder andere: aggressiv gegen Rassismus kämpft und ihre Haltung, ihren Blick auf die Welt, ihre Theorien vertritt, wollte ich sie gerne sprechen. Wie ich es als Journalist gelernt habe, ließ ich mich nicht abwimmeln, sondern hakte mehrmals nach. Irgendwann sagte sie doch zu.

Jetzt sitzt sie an einem Tisch an der Glasfront, man blickt in eine Straße mit kleinen, hübschen Läden. Nina hat einen schwarzen Vater und eine weiße Mutter, sie ist in Deutschland geboren und bezeichnet sich selbst als »Person of Color«. Manchmal sagt sie auch »BIPoC«, wenn sie über Menschen wie sich spricht. Die Universität zu Köln schreibt über diesen Begriff: »Die Abkürzung ›B(I)PoC‹ ist ein Begriff, der sich auf Schwarze, Indigene und People of Color bezieht. Mit dem Begriff sollen explizit Schwarze und indigene Identitäten sichtbar gemacht werden, um Antischwarzem Rassismus und der Unsichtbarkeit indigener Gemeinschaften entgegenzuwirken. Der Begriff soll die spezifische Gewalt, kulturelle Auslöschung und Diskriminierung hervorheben, die Schwarze und indigene Menschen erfahren. Außerdem versucht er die oben genannten Communities zu vereinen. Trotzdem soll die Tatsache unterstrichen werden, dass nicht alle People of Color die gleichen

Erfahrungen machen, insbesondere wenn es um systemische Unterdrückung geht. Der Begriff ist politisch, weil er selbstdefinierend und ermächtigend ist. Die Bezeichnung wird sowohl auf aktivistische als auch auf wissenschaftliche Weise verwendet.«

So weit, so nachvollziehbar. Ich verwende diesen Begriff aber nicht. Ich nenne mich auch nicht »Person of Color«. Das ist einfach keine Selbstbezeichnung von mir. Ich glaube, kaum einer der etwa eineinhalb Milliarden Menschen in Indien, der rund 250 Millionen Einwohner in Pakistan und der etwa 170 Millionen in Bangladesch bezeichnet sich so. Das ist ein Begriff der Schwarzen aus Amerika, erstmals verwendet im ausgehenden 18. Jahrhundert, als freigelassene Sklaven sich »free people of color« nannten.

Nina sagt, der Tod des Afroamerikaners George Floyd durch Polizeigewalt im US-amerikanischen Minneapolis im Mai 2020 habe sie »noch stärker politisiert«. Sie habe sich aber auch vorher schon gegen »anti-schwarzen Rassismus« engagiert. »Als Schwarze Frau kenne ich Rassismus mein Leben lang, aber ich habe ihn oft nicht wahrgenommen oder nicht in Worte fassen können.« Sie komme aus einer Mittelschichtsfamilie, beide Eltern seien Akademiker, sie selbst studiere jetzt Soziologie, sagt sie, und das helfe ihr, ein »theoretisch-intellektuelles Gerüst dafür zu bekommen«. »Schwarz ist übrigens keine Hautfarbe und kein Adjektiv, sondern es ist eine politische Selbstbezeichnung, mit der eine von Rassismus betroffene gesellschaftliche Position beschrieben wird. Deshalb schreibe ich es immer groß«, sagt sie und blickt mich an, als erwarte sie Zustimmung von mir. Ich sage nichts. Ich nicke auch nicht. Natürlich kann sie das so sehen und es so machen. Ich mache es nicht. Außer wenn ich sie zitiere, weil ich weiß, dass ihr das wichtig ist. Mir kommt es vor wie Kosmetik, wie ein Zur-Schau-Tragen der eigenen Haltung, was in Ordnung und bisweilen sogar hilfreich ist, um Pflöcke einzuschlagen, mir alles in allem aber oft wie eine Ersatzhandlung vorkommt. Ersatz für wirkliches Handeln. Aber das möchte ich Nina nicht unterstellen.

»Warum wolltest du dich eigentlich nicht mit mir treffen?«, frage ich sie.

Sie grinst.

»Du bist ein alter weißer Mann.«

Ich schaue sie irritiert an.

»Alter weißer Mann ist auch kein auf Hautfarbe bezogenes Attribut, auch nicht aufs Alter, sondern ebenfalls eine politische Zuschreibung. In meiner Community giltst du als solcher. Und als Boomer, auch wenn du jünger bist.«

Ziemlich unverschämt, finde ich. Aber anscheinend ist das in manchen Kreisen heute völlig normal und gilt als »Selbstermächtigung«, befürchte ich.

»Und? Mit alten weißen Männern und Boomern redet man nicht? Man grenzt sie lieber aus?«

Jetzt lacht sie laut auf.

»Finde ich auch nicht okay«, sagt sie. »Deshalb rede ich jetzt ja mit dir.«

Als »Antira-Expert*in«, wie sie sich selbst bezeichnet, erfahre sie nicht nur Kritik und Widerspruch, sondern auch Hass. Sie habe schon mehrere Gewaltandrohungen erhalten, erst kürzlich wieder habe einer ihr eine Vergewaltigung angedroht, sie werde beschimpft und rassistisch beleidigt. »Genauso schlimm, vielleicht noch schlimmer, weil verletzender als diese Drohungen ist, dass manche mir sagen, dass ich selbst schuld sei. Weil ich so laut bin.«

Ich empfinde mit ihr. Als schwarze Frau macht sie andere Erfahrungen als ich als brauner, oft für einen Muslim gehaltener Mann. Aber ich kann mir vorstellen, wie es ihr geht. Auch ich kenne das: dass Leute einem Beschimpfungen und Drohungen schicken. Auch Morddrohungen. Und dass sie heutzutage glauben, das sei von der Meinungsfreiheit gedeckt.

Nina sagt, das habe »viel mit einer Abwehrreaktion zu tun, mit Unwohlsein und weißer Fragilität«.

»Weiße Fragilität?«, frage ich.

»Ja. Weiße Fragilität! Sie reagieren mit Ablehnung und zum Teil Hass, weil wir sie aus ihrem Happyland vertreiben, wo weiße Menschen leben, ohne von Rassismus betroffen zu sein und ohne sich mit Rassismus auseinanderzusetzen. Sie verweigern jede Awareness, sie wollen nicht wahrhaben, dass sie Teil einer rassistisch strukturierten Gesellschaft sind und sich innerhalb eines Herrschafts- und Unterdrückungssystems des Rassismus bewegen. Wenn sie das erkennen, ist das gut. Aber sie bleiben doch Teil der Verhältnisse, die sie dann kritisieren und zu überwinden versuchen.«

»Du meinst, Weiße sind per se rassistisch?«

»Diskriminierungsfreie Räume sind eine Illusion«, antwortet sie.

Ich verstehe sie nicht.

»Aber indem du sagst, Weiße wären immer Teil eines rassistischen Herrschafts- und Unterdrückungssystems und immer Teil von kritikwürdigen Verhältnissen, diskriminierst du doch selbst. Was soll das für ein Lösungsansatz sein?«

Sie schaut mich mitleidig an.

»Es geht darum, die Gesellschaft durch Awareness diskriminierungsarm zu gestalten. BIPoC zu empowern, die Repräsentanz und Teilhabe von BIPoC zu fördern und Safer Spaces zu schaffen, in denen BIPoC unter sich sein und sich, geschützt von Rassismus, austauschen können. Weiße müssen sich mit ihrem White Privilege auseinandersetzen. Nur so kann ein rassismuskritischer Entwicklungsprozess angestoßen werden.«

Sie redet wirklich so.

Jetzt verstehe ich noch weniger. Oder verstehe sie vielleicht auch zu gut, bin darüber entsetzt und hoffe nur, sie nicht richtig verstanden zu haben.

»Noch einmal: Sind Weiße deiner Meinung nach per se rassistisch?«, hake ich nach.

»Willst du dem widersprechen?«, fragt sie zurück.

»Äh, ja. Auf jeden Fall!«, entgegne ich.

»Es gibt White Supremacy und …«

»Schon klar, natürlich gibt es Weiße, die glauben, sie gehörten einer überlegenen Rasse an, es gebe eine ›Verdrängung der weißen Rasse‹ und einen ›Bevölkerungsaustausch‹, dieser ganze Bullshit. Aber das heißt doch nicht, dass man allen Weißen pauschal Rassismus unterstellen kann!«

»… wir setzen dem Critical Whiteness entgegen! Alle Weißen sollen sich kritisch hinterfragen!«

Es entsteht ein peinliches Schweigen.

»Eigentlich eine gute Idee, dieses Denkmodell: Ab jetzt kann ich meiner Frau, wann immer sie etwas sagt, das mir nicht gefällt, sagen, sie sei mir gegenüber rassistisch. Meine Frau ist nämlich weiß.«

Ich schaue sie an. Ich ahne, dass sie das provoziert. Aber vielleicht versteht sie auf diese Weise, warum ich ihre Aussage in ihrer Pauschalität grotesk finde.

Sie fragt nur: »Willst du mir meine Expertise absprechen?«

Ich weiß nicht, was ich darauf antworten soll.

»Ich widerspreche dir inhaltlich. Wahrscheinlich siehst du das schon als ›Abwehrreaktion‹, ›Unwohlsein‹ und ›weiße Fragilität‹, obwohl ich nicht weiß bin, aber ja, hab schon verstanden, du siehst mich als weiß, weil ›politische Zuschreibung‹, richtig?«

Sie blickt mich durchdringend an. Schriebe ich »wütend«, würde mir der Vorwurf gemacht, ich bediente das Klischee von der »angry black woman«, der »wütenden schwarzen Frau«, obwohl sie tatsächlich wütend guckt.

Ich sage: »Ich finde es gut, dass du Leute irritierst. Ich finde es richtig, dass man all das thematisiert. Aber ich teile deine Art, wie du es tust, nicht, und ich teile vieles auch inhaltlich nicht, zum Beispiel dieses ›Alle Weißen sind per se rassistisch‹ und so weiter. Wohin soll das führen? Wie soll da ein Miteinander entstehen? Ganz abgesehen davon, dass ich wirklich nicht davon überzeugt bin, dass das stimmt.«

Sie blickt mich immer noch an.

»Findest du es rassistisch, wenn man dich zum Beispiel für dein gutes Deutsch lobt?«, frage ich.

Sie verdreht die Augen. »Lass mich raten: Du siehst das nicht so?«, fragt sie zurück.

Ich überlege, wie ich ihr antworten soll.

»Wenn mir zum Beispiel jemand sagt: ›Du sprichst aber gut Türkisch!‹, freue ich mich. In der Regel weiß diese Person, dass Türkisch für mich eine Fremdsprache ist. Sagt mir jemand: ›Du sprichst aber gut Deutsch!‹, halte ich diese Person, wenn sie mich nicht kennt, für gedankenlos, vielleicht auch ein bisschen einfältig, denn offensichtlich fehlt dieser Person das Vorstellungsvermögen, dass jemand wie ich Deutscher sein kann. Und offensichtlich fehlt dieser Person auch das Sprachgefühl und das Hörvermögen, zu erkennen, dass mein Deutsch eben kein gelerntes Fremdsprachendeutsch ist. Weiß diese Person hingegen, wer ich bin, oder kennt sogar meinen Lebenslauf und sagt dann trotzdem: ›Sie sprechen aber gut Deutsch!‹, halte ich sie nicht nur für ein bisschen, sondern für sehr beschränkt. In keinem Fall allerdings halte ich sie für: rassistisch. Im engeren Wortsinn mag sie das sein, weil sie auf Basis von Hautfarbe Schlussfolgerungen über Fähigkeiten zieht. Tatsächlich rührt das ja aber von der Erfahrung her, dass Leute, die als Fremde oder Ausländer wahrgenommen werden, oft eben nicht Deutsch oder mit Akzent sprechen. Wenn ein Schwarzer zum Beispiel Bayrisch spricht oder Plattdeutsch, ist der Überraschungseffekt noch größer. Je mehr Menschen wie wir also Deutsch sprechen, desto seltener wird solch ein Lob kommen, weil es normaler wird. Im weiteren Sinn ist das für mich also kein Rassismus, und ich halte auch diesen Vorwurf für nicht sinnvoll, weil er den Kampf gegen tatsächlichen Rassismus schwächt.«

Sie schaut mich immer noch an, jetzt milder. Ich weiß nicht, ob ich zu ihr vorgedrungen bin. »Für mich als BIPoC ist eine Gesellschaft ohne Rassismus eine Gesellschaft ohne Weiße. Anders ist eine Gesellschaft ohne Rassismus nicht möglich.«

Jetzt starre ich sie an, entsetzt.

»Das ist nur die Theorie«, sagt sie. »Natürlich leben wir alle gemeinsam. Also müssen wir uns bewusst machen, dass eine Gesellschaft ohne Rassismus nicht möglich ist.« Und sie fügt hinzu: »Das ist wissenschaftlich bewiesen.«

Unser Gespräch ist dann ziemlich bald zu Ende, sie muss weiter, und ich möchte auch ein bisschen Strecke machen. Der Himmel ist inzwischen zugezogen, es sieht nach Regen aus.

Das Gespräch mit Nina lässt mich ratlos zurück. Ich möchte sie verstehen, mir ihre Lebensrealität vorstellen können. Dazu müssen wir reden. Nicht nur sie und ich, sondern wir alle demokratisch Gesinnten miteinander. Aber mein Eindruck ist, dass das viel zu oft nicht möglich ist und dass das symptomatisch für unsere Gesellschaft ist. Ich finde das zum

Verzweifeln. Nina sagt, sie bekämpfe Rassismus mit »Critical Whiteness« und nennt das »Wissenschaft«, aber jeder, der versucht, ihre Thesen zu widerlegen, ist in ihren Augen »rassistisch« und »weiß«, jede Kritik daran ist »Mikroaggression« und wird von ihr als Versuch wahrgenommen, Rassismus zu rechtfertigen oder zu relativieren. Jeder Widerspruch bestätigt damit ihre Auffassung. Natürlich darf sie so denken und reden und leben, aber an solch einem geschlossenen argumentativen Kreis ist nichts wissenschaftlich, sondern alles Ideologie. Vor allem aber: Ein wirkliches Gespräch, ein möglichst unvoreingenommener Austausch von Argumenten, ein Zuhören und vielleicht Eingehen auf den anderen ist unmöglich. Die Chance, dass das Gegenüber die eigene Position überdenkt und möglicherweise ändert, weil der andere die besseren Argumente hat, ist ausgeschlossen. Es wird zu einem Spiel, bei dem die, die sich ausgegrenzt fühlen – und es oft auch werden –, wiederum andere ausgrenzen. Das finde ich furchtbar. Aber noch furchtbarer ist, dass man, wenn man nicht mitmacht, als Feind einsortiert wird. Jemand, der auf der falschen Seite steht, mit dem man nichts zu tun haben will, den man ausgrenzen und womöglich sogar bekämpfen muss. So sollte man mit Extremisten umgehen. Nicht mit jedermann, der eine Meinung hat, die einem nicht gefällt, oder der hinterfragt oder Kritik übt.

Ich teile Ninas Meinung in wesentlichen Punkten inhaltlich nicht, möchte ihr widersprechen, mich mit ihr streiten, die Dinge, die sie verbreitet, nicht einfach stehen lassen. Aber natürlich bin ich solidarisch mit ihr, mit allen Menschen, die Drohungen erhalten, beleidigt und beschimpft werden, die einen Job nicht bekommen wegen ihrer Hautfarbe oder wegen ihres Namens oder die schlechtere Chancen haben, eine Wohnung zu finden, oder die erleben müssen, wie andere sich im Bus oder in der U-Bahn wegsetzen, wenn sie sich hinsetzen. Aber für Nina funktioniert Solidarität offensichtlich nur noch innerhalb eines Lagers, das genauso denkt wie sie und wo ihr niemand widerspricht.

Ich bin aufgewühlt nach diesem Gespräch und radele bis zum Bahnhof. Dort angekommen, möchte ich ihr eine Nachricht schicken, mich für ihre Zeit bedanken und ihr schreiben, dass ich mich eventuell noch einmal melde, wenn ich Fragen habe. Aber sie hat mich blockiert. Wahrscheinlich gerade eben erst, nach unserem Gespräch. Ich kann ihr nicht mehr schreiben.

Richtung einstiger innerdeutscher Grenze

Die Sache hängt mir nach. Sie hätte doch wenigstens zugeben können, dass eine Aussage wie »Weiße sind per se rassistisch« undifferenziert ist. Aber damit hätte sie eingestehen müssen, dass dieser Satz so nicht stimmt. Dass ihre ganze Theorie nicht stimmt oder zumindest auf wackligen Füßen steht.

Versteht sie, dass sie mit ihrer Aussage einen Keil in mein Leben treibt? Zwischen mich und meine weiße Frau? Und unabhängig von meinen Befindlichkeiten: Ist es nicht wichtig, sich mit Menschen zu verbinden, die anders sind als man selbst? Die zum Beispiel eine andere Hautfarbe, eine andere Religion, eine andere Kultur, eine andere Weltanschauung haben? Und ist es nicht wichtig, da eine Sprache zu verwenden, die versöhnlich ist? Die nicht als Allererstes mit einem Vorwurf beginnt und einen Graben produziert, sodass ein Wir schwierig, wenn nicht gar unmöglich wird? Eine friedliche Gesellschaft ist ja nur machbar, wenn wir miteinander, nicht nebeneinander, schon gar nicht gegeneinander leben. Sieht sie das ein? Sehen Leute, die denken wie sie, das ein?

Als Kind habe ich gelernt, dass man Menschen nicht nach ihrer Ethnie, ihrer Hautfarbe, ihrer Religion, ihrer Nationalität beurteilen, ihnen nicht pauschal bestimmte Charaktereigenschaften oder Mentalitäten oder sonstige Fähigkeiten und Unfähigkeiten zuschreiben sollte. In Vorurteilen steckt zwar oft ein wahrer Kern, aber es bleiben doch: Vorurteile. Also schau die Menschen genauer an, habe ich als Kind gelernt, höre ihnen zu, versuche, dich in ihre Situation hineinzuversetzen, in ihr Leben hineinzudenken.

Und sprich mit so vielen Menschen wie möglich! Aus unterschiedlichen Milieus, mit unterschiedlichen Geschichten. Nur so bekommst du ein umfassendes Bild. Das ist ja auch der Plan für dieses Buch.

Aber das ist einfacher gesagt als getan. Während ich so radele, zweifele ich an meinem Vorhaben. Was für eine bescheuerte Idee! Als ob alle Leute mit mir sprechen wollten! »Guten Tag, mein Name ist Hasnain Kazim, ich möchte erkunden, was uns als Gesellschaft zusammenhält. Wollen Sie mit mir reden?« Die halten mich doch für bekloppt. Gerade hier in Norddeutschland, wo man eh nicht viele Worte verliert. Wo die Leute manchmal so verschlossen sind wie die graue Wolkendecke, der sie ständig ausgesetzt sind. Wo es als suspekt gilt, wenn man zu viel redet. Gerade als Fremder.

An Orten in Deutschland, die mir besonders gut gefallen und die außergewöhnlich hübsch sind, frage ich mich: Was ist hier wohl in der Zeit der Nationalsozialisten geschehen? Wie sah es hier damals aus? Wie lebten die Menschen? Wurden hier Menschen versteckt oder verschleppt, beschützt oder verraten? Wer hat hier alles mitgemacht, wer sich widersetzt? War der Ort damals auch schön? Kann ein Ort in jener Zeit überhaupt schön gewesen sein, wo so ein hässlicher Geist herrschte?

Ich bin von Lüneburg nach Lauenburg geradelt, einstmals der letzte Stopp vor der innerdeutschen Grenze, und Lauenburg ist wunderschön. Der Weg in der Innenstadt, der parallel zur Elbe führt, ist kopfsteingepflastert, wie vor Hunderten von Jahren, vermute ich. Auf dem Fahrrad holt man sich eine Gehirnerschütterung. An Schildern, die an Häusern angebracht sind, lese ich über die Geschichte der Stadt. Zum Beispiel, dass sie von 1803 bis 1813 unter französischer Herrschaft stand und zeitweise zum »Departement Unterelbe« gehörte. Und dass in Lauenburg während des Zweiten Weltkriegs französische Kriegsgefangene untergebracht waren.

An einem anderen Haus lese ich, dass hier am 19. April 1945 die britische Armee das gegenüberliegende Elbufer erreichte, deutsche Pioniere der Wehrmacht aber rechtzeitig die Elbbrücke sprengten, um die Briten zu stoppen. Der Lauenburger Hans-Georg Peters, deutscher Offizier, wollte seine Heimatstadt vor der völligen Zerstörung retten, zumal er von den Bürgern angefleht wurde: »Peters, mach was, nur du kannst uns noch retten!« Die englischen Parlamentäre kamen mit dem

Boot herüber, und Peters »riskierte Kopf und Kragen«, als er den Engländern vorschlug, Lauenburg zu einer offenen Stadt zu erklären und nicht anzugreifen. Die Bürger hängten weiße Bettlaken aus den Fenstern, doch der Rettungsversuch war erfolglos, da die Verhandlungsführer keine Vollmacht hatten.

Dass Peters »Kopf und Kragen« riskierte, stimmt. Die Nazis drohten selbst jetzt, da der Krieg verloren war, allen, die in irgendeiner Weise der Kapitulation das Wort redeten. Nur drei Tage vor dem Zusammentreffen von Peters mit den britischen Soldaten, am 24. April 1945, war der Domprediger Johann Baptist Maier in Regensburg um 3.25 Uhr morgens öffentlich gehängt worden, weil er am Tag zuvor gewagt hatte, gemeinsam mit Demonstranten um eine kampflose Übergabe der Stadt Regensburg an die Alliierten zu bitten, weil eine Verteidigung aussichtslos war. An jenem Tag, an dem Peters nun 700 Kilometer weiter nördlich mit den Briten verhandelte, wurde Regensburg tatsächlich kampflos an die einrückenden US-Truppen übergeben – wie Maier und seine Mitstreiter gefordert hatten. Fälle wie den des armen Dompredigers gab es in jener Zeit viele. Die Geschichte von Maier hatte sich mir eingeprägt, weil ich kurz zuvor bei einem Besuch in Regensburg eine Gedenktafel gesehen hatte: »Sein Mund ist zwar verstummt, aber seine Tat und sein Tod werden weiterpredigen.«

Blöderweise steht auf dem Schild nicht, wie es weiterging in Lauenburg. Im Internet lese ich später, dass die britischen Truppen die Elbe in der Nacht vom 28. auf den 29. April 1945 bei Artlenburg und Schnakenbek überquerten und Lauenburg am folgenden Tag eingenommen wurde. Nur wenige Tage später erfolgte die Teilkapitulation der Wehrmacht für Nordwestdeutschland, Dänemark und die Niederlande.

Offensichtlich sind die Briten hier nicht geblieben, denke ich, sondern abgehauen, so schnell sie konnten, sobald die Arbeit erledigt war. Hier gibt es keine Briten, hier gibt es keine Deutschen, hier gibt es gar keine Menschen. Völlig entvölkert, dieses Land, über Kilometer niemand, mit dem ich reden kann.

Ich werde meinem Verlag mitteilen müssen, dass ich dieses Buch doch nicht schreiben kann.

»Tut mir leid, die Frage, was unser Land zusammenhält, stellt sich leider nicht mehr, denn meine Recherchen haben ergeben, dass in unserem Land niemand mehr lebt.«

Der Elberadweg führt nun ein Stück weg vom Fluss, durch Wald, entlang einer Landstraße. Immerhin gibt es einen durch einen Grünstreifen abgetrennten Radweg. Und plötzlich: ein kleines, schwarzes, steinernes Kreuz. Kerzen. Gestecke. Zwei Engel. Ein männlicher Name steht auf dem Kreuz. Geboren im Jahr 2001, gestorben 2020, hier, an dieser Stelle. Ich googele den Namen. Ein junger Mann, gerade neunzehn geworden, ein Bild, lange, lockige braune Haare, Brille, gelber Pulli, er guckt freundlich in die Kamera. Zum Autounfall finden sich Zeitungsartikel, letztlich hatte niemand Schuld, er ist ins Schleudern geraten auf nasser Fahrbahn, jemand anderes ist in sein Auto hineingefahren.

Jedes Jahr sterben allein in Deutschland Tausende Menschen im Straßenverkehr. Immerhin werden es Jahr für Jahr weniger: Anfang der Achtzigerjahre waren es mehr als 15 000 pro Jahr, zehn Jahre später noch etwa 10 000 Menschen. Jetzt sind es meist weniger als 3000 pro Jahr, dank besserer Autos mit mehr Sicherheitstechnik, größerem Sicherheitsbewusstsein der Menschen, vorsichtigerer Fahrweise und besserer Straßen und Verkehrsführung. Aber dennoch: Tausende. Einen Aufschrei gibt es deshalb nicht, keinen Massenboykott dieses Verkehrsmittels. Es ist eben so bequem und bietet so viele Freiheiten. Und Deutschland ist Autoland, die Autoindustrie ist sozusagen das Rückgrat unserer Wirtschaft.

Je weiter ich fahre, je tiefer ich in diesen nordöstlichen Zipfel von Niedersachsen vordringe, desto ärmlicher wirken manche Orte. Immer häufiger renovierungsbedürftige Gebäude, verlassen wirkende Häuser, zugewucherte Anwesen, geborstene Fenster, mit Holzbrettern notdürftig verschlagene Löcher. Warum sieht es hier mehrere Jahrzehnte nach Wegfall des Eisernen Vorhangs immer noch aus wie »Zonenrandgebiet«? Weiß man dort, wo politische Entscheidungen getroffen werden, die bis hierhin strahlen, wie es hier aussieht? Ich habe den Eindruck, dass der Staat sich völlig zurückgezogen hat, wenn er denn je da war. Wo sind hier die Schulen, die Geschäfte, der gut ausgebaute öffentliche Nahverkehr? Wer würde ohne all das schon hierherziehen? Was will das für ein Land sein, das so mit seinem Land umgeht?

Die Natur ist dafür umso schöner. »Biosphärenregion Elbtalaue-Wendland«, sagt mir ein Schild. Ich komme an Obstgärten vorbei, wo Äpfel für Cidre angebaut werden. Idyllische Landschaften.

Doch die Idylle endet abrupt. Auf einer Wiese steht ein Findling mit eingelassener Tafel: »Auf dem gegenüberliegenden Platz bestand von August 1944 bis Februar 1945 ein Außenkommando des Konzentrationslagers Neuengamme. Von den etwa 500 Inhaftierten starben 49. Sie erlagen den unmenschlichen Bedingungen der Zwangsarbeit für den Bau eines Kraftwerkes. Ihre Gedenk- und letzte Ruhestätte befindet sich auf dem Friedhof im benachbarten Ort Barskamp. Das Leiden und Sterben dieser Menschen während der Zeit des Nationalsozialismus mahnt uns, nie zu vergessen und für Frieden und Menschlichkeit einzutreten.«

Ich schaue auf den gegenüberliegenden Platz. Jetzt stehen da neue Gebäude, eine Autowerkstatt. Das, wofür diese Menschen ihr Leben ließen, gibt es schon nicht mehr. Hat damals denn niemand im Ort etwas gesagt? Dass so ein Umgang mit Menschen inakzeptabel ist?

Der Gedenkstein mit der Tafel, lese ich auf einem Schild, steht erst seit 1995 da. Das Gedenken an die Opfer begann mit fünfzigjähriger Verspätung.

Mein Telefon klingelt. Christian, ein Kindergartenfreund. Wir haben zusammen Abitur gemacht und uns danach nicht aus den Augen verloren, auch wenn man manchmal monatelang nicht voneinander hörte. Am Abend besucht er mich in Hitzacker.

Christian kommt in seinem dunklen Kombi von Audi. Ein sportliches, schickes, aber durchaus praktisches Auto. Trägt nicht zu dick auf, aber manche würden trotzdem sagen: Bonzenkarre. Christian ist beruflich viel mit dem Auto unterwegs, und in Gegenden wie diesen, wo die öffentlichen Verbindungen, wenn überhaupt vorhanden, schlecht sind, ist man aufs Auto angewiesen. Kann ja nicht jeder ständig mit dem Fahrrad unterwegs sein wie ich, einen halben Tag von Lüneburg bis Hitzacker.

Christian ist, was man in Amerika einen *Selfmademan* nennen würde. Sein Vater ist zur See gefahren und war beim Zoll, seine Mutter war Hausfrau, er ist im selben Dorf aufgewachsen wie ich, nicht arm, nicht reich, einer, der hart dafür gearbeitet hat, da zu sein, wo er jetzt ist. Nach dem Abi Zivildienst, dann Banklehre, anschließend Studium der Betriebswirtschaftslehre. Seit vielen Jahren ist er Firmenchef: Er betreibt ein Versicherungsunternehmen, und wenn ich ihn richtig verstanden habe, berät er auch in Vermögens- und Immobiliendingen. Christian ist aber auch der Typ, der, seit ich ihn kenne, da ist, wenn andere Hilfe brauchen. Der Umzugskisten schleppt oder Dinge organisiert oder Geld sammelt für gute Zwecke. Der sich rührend um andere kümmern kann.

»Würdest du dich selbst als konservativ bezeichnen?«, frage ich ihn.

»Gute Frage. In manchen Punkten schon. In anderen eher ... innovativ.« Und dann schiebt er nach: »Hilft das?«

Also, ich würde Christian als eher konservativ bezeichnen, wie so viele Menschen in den Dörfern Norddeutschlands, also wie viele aus meiner Kindheit und Jugend. Christian engagiert sich auch im wirtschaftspolitischen Umfeld der CDU. Was haben wir in der Schulzeit über Politik diskutiert, vor allem mit unseren sozialdemokratischen Lehrerinnen und Lehrern! Ich glaube, im Wesentlichen ticken Christian und ich ähnlich. Viele meiner Schulfreundinnen und Schulfreunde auch. Später, als ich als Offiziersanwärter zur Bundeswehr ging, zur Marine, überwog ebenfalls liberal-konservatives Denken. Als ich dann Journalist wurde, war es umgekehrt: Da gab es kaum jemanden, den ich als konservativ bezeichnen würde. Auch in diesem Umfeld fühlte ich mich wohl, auch wenn mir die Denkweisen hier manchmal neu, fremd und ungewohnt waren, da ich sie nicht von Kindheit an kannte. Seltsamerweise gibt es auf beiden Seiten Verachtung für die jeweils anderen.

Langhaariger Bombenleger!

Rassist!

Zecke!

Nazi!

Linksgrünversiffter Gutmensch!

Faschist!

Und ich habe das Gefühl, zwischen die Fronten zu geraten. Zu den vielen Dingen, die man als Migrant oder Nachfahre von Migranten gewiss nicht zu sein hat, zählt: konservativ!

Ich weiß, wo ich herkomme und wo ich hingehöre. Und ich mag das nicht verstecken oder leugnen.

Ich mag kein dogmatisches Denken.

»Ist das denn schlimm, wenn man konservativ ist?«, fragt Christian.

»Eigentlich nicht«, antworte ich. »Aber *konservativ* ist heute ja eher negativ besetzt, während *progressiv* eher positiv besetzt ist, oder? Manche würden sich auch *links* nennen, was heute ebenfalls eher positiv besetzt ist. Aber was eint unsere Gesellschaft? Was macht sie aus?«, frage ich ihn, als wir in einem Restaurant in Hitzacker sitzen.

»Ich glaube, wir zerfallen in immer mehr Gruppen. Und wir reden nicht mehr miteinander«, sagt Christian. »Früher, da haben ein Wehner und ein Strauß sich heftig gestritten. Aber hinterher haben sie zusammen ein Bier getrunken. Gibt's das heute noch, dass man sich streitet, aber vernünftig miteinander umgeht? Heute ist einer, der anderer Meinung ist, nicht mehr jemand, der einfach anderer Meinung ist und den man vielleicht mit Argumenten überzeugen kann, er ist auch nicht vielleicht ein politischer Gegner, sondern gleich ein Feind.« Er habe das Gefühl, dass jeder nur noch gegen etwas sei, statt für etwas zu sein. Überall Bedenkenträger und Miesmacher. Er erzählt von überbordender Bürokratie und unsinnigen Regeln, davon, dass der Leistungsgedanke diffamiert werde und der Staat sich um viel zu viel kümmern solle.

Da klingt, ich meine das nicht wertend, der Unternehmer durch. Widerspräche ihm jemand, würde Christian einer Diskussion nicht aus dem Weg gehen. Er würde sich Argumente anhören und auch seine eigene Position überdenken und ändern, sollten ihn die Argumente überzeugen. Er sähe in der anderen Meinung keinen Affront, keinen persönlichen Angriff.

Ist ein Freundeskreis, zu dem man nur gehören kann, wenn man in allem einer Meinung ist, nicht ziemlich einseitig? Warum wünschen sich Menschen ein Umfeld, in dem andere nur reden und denken wie sie selbst?

Gelbe Kreuze

Wieder auf dem Fahrrad, unterwegs Richtung Südosten. Ich sehe wellige Landschaften: Die Wiesen, die am Elberadweg liegen, sehen aus, als hätten Wassermassen sie geformt. Und als ich mich gerade frage, wie das zustande gekommen ist, steht die Antwort schon auf einer Tafel. »Wölb-Äcker« seien dies, die heutzutage primär als Grünland genutzt würden. Im Mittelalter habe man den Boden derart gepflügt, dass »aufgewölbte Beete« entstanden, durch Gräben voneinander getrennt. »Auf den Beetkuppen konnten Feldfrüchte angebaut werden, während die Gräben als Drainage dienten. Die Wölbungen bewirkten eine Oberflächenvergrößerung. Das klimatische Wechselspiel zwischen Wärmespeicherung in den feuchten Senken und sich schnell erwärmenden Beetkuppen sorgte für gute Wuchsbedingungen. Auf diese Weise konnte die fruchtbare, aber hochwassergefährdete Elbtalaue landwirtschaftlich genutzt werden.« Ziemlich raffiniert, finde ich. Faszinierend, wie Menschen schon mithilfe ihrer Intelligenz aus einer Not eine Tugend machen konnten. Wie sie Lösungen für Probleme fanden.

Auf einem bewaldeten Grundstück direkt an der Elbe steht auf einem Schild: »Müll & Grüngut abladen verboten! Zuwiderhandlungen werden polizeilich verfolgt. Der Kirchenvorstand«. Dieses Zumüllen von Landschaft, was mir unterwegs auch schon aufgefallen ist – Bierdosen, Getränkeflaschen, Zigarettenschachteln und so weiter –, finde ich auch nervig. Aber ich finde, der Kirchenvorstand hätte sich ein bisschen mehr Mühe geben können beim Formulieren des Textes. Zum Beispiel: »Leistet dem, der euch etwas Böses antut, keinen Widerstand, sondern wenn dir einer hier Müll & Grüngut ablädt, so biete ihm an, es auch in deinem Garten zu tun! Der Kirchenvorstand«. Da war ja was mit »andere Wange hinhalten«, oder? Na ja, sind halt auch nur Menschen, diese Kirchenleute.

Die Häuser werden jetzt wieder schöner. Herausgeputztes Fachwerk. Neubauten mit Glas und Beton und Stahl. Liebevoll restaurierte Gehöfte. Wohlhabende Gegend, plötzlich wieder. Ziemliches Wohlstandsgefälle, denke ich. Woran liegt das?

An manchen Gebäuden oder in den Vorgärten stehen mannshohe gelbe Kreuze. Hier und da ist auch ein kleineres gelbes Kreuz an einen Baum geschlagen. Ich nehme mir vor, bei nächster Gelegenheit jemanden zu fragen, was es damit auf sich hat.

Der Radweg führt nun, getrennt von einem schmalen Grünstreifen, an einer Bundesstraße entlang, direkt in den nächsten Ort: Gorleben.

Ich war noch nie in Gorleben, aber dieser Name ist mir seit meiner Kindheit ein Begriff: der Ort, an dem Atommüll gelagert wird. Und wo damals ständig Proteste stattfanden. Atomkraftgegner, die die sogenannten Castortransporte behinderten und blockierten. Das sorgte bundesweit für Aufsehen, aber in meiner Heimat besonders, denn wir waren damals ja AKW-Standort.

Als Kind hatte ich, geprägt durch die Nachrichtenbilder, eine ziemlich schräge, dafür aber genaue Vorstellung von Gorleben: ein Ort, an dem in Batikhosen und selbst gestrickte Pullover gekleidete Menschen mit Rastalocken lebten, die sich regelmäßig mit behelmten Polizisten an den Gleisen prügelten und ansonsten ihr Leben in ihrer verstrahlten Heimat fristeten. Die Menschen in Gorleben waren für mich in dieser kindlichen Vorstellung die Ur-Grünen, die ich damals ausschließlich als Umwelt- und Anti-Atomkraft-Bewegung wahrnahm. Dieses Bild von Gorleben kontrastierte stark mit dem, was die im Kernkraftwerk Stade arbeitenden Väter meiner Schulfreunde erzählten, die nämlich die Sorgen der Atomkraftgegner wahlweise für »übertrieben« oder »Quatsch« hielten und die Lagerung von Castoren, also Spezialbehältern mit radioaktivem Müll, für »absolut sicher«. Diese beiden Bilder hoben sich gegenseitig auf, sodass ich am Ende überhaupt keine Vorstellung mehr von Gorleben hatte – bis 1986 das Atomkraftwerk in Tschernobyl in die Luft flog und wir Kinder ein Jahr später den Roman »Die Wolke« von Gudrun Pausewang lasen. Von da an glaubte ich den Vätern, die nun betonten, in Deutschland sei alles viel sicherer als in der Sowjetunion, ein bisschen weniger.

Im Ortskern von Gorleben steht eine sehr hübsche Kapelle, es ist das evangelische Gotteshaus des Ortes, ein Fachwerkgebäude in umfassend restauriertem Zustand. Ich fahre ein Stück weiter und sehe, wie eine junge Frau mit Hund und Kinderwagen ihr Haus verlässt: ein schicker Bungalow mit großem Garten, in der Auffahrt stehen zwei Autos.

»Entschuldigen Sie, wie komme ich zum Zwischenlager?«, frage ich sie.

Die Frau bleibt stehen. Ein Fingerzeig, und der Hund macht Sitz. »Da müssen Sie noch ein Stück fahren«, sagt sie und zeigt an der Kirche vorbei. »Da lang, sind aber ein paar Kilometer.«

»Dieser Ort ist ja wirklich sehr schön. Sind Sie von hier?«, frage ich sie.

»Ich nicht, aber mein Mann. Ihm zuliebe bin ich hergezogen.« Sie grinst. »Was tut man nicht alles für die Liebe?«

»So schlimm hier?«

»Nein, ach Quatsch. Es ist wirklich toll hier.«

»Ja, alles so … herausgeputzt. Und schick. Wie kommt's?«

»Tja. Wenn man den Atommüll der Republik bei sich lagert, lässt man sich das natürlich gut bezahlen.«

»Ach so, deshalb! Stört Sie das Zwischenlager denn?«

»Nein. Wie gesagt, wir profitieren ja davon. Mir persönlich wäre aber lieber, hier wäre kein Zwischenlager, sondern ein Endlager. Dann könnte man das Zeug unterirdisch unterbringen, das wäre viel sicherer. Den Schacht gibt es ja längst. Aber leider wurde das gerichtlich untersagt, nun gibt es eben ein Zwischenlager, und das ist oberirdisch. Wird zwar auch regelmäßig kontrolliert, aber wie gesagt, vielen hier im Ort wäre es lieber, man würde das alles unterirdisch lagern.«

»Vielen im Ort?«

Sie nickt. »Die Bevölkerung ist in dieser Frage ziemlich gespalten. Sie sehen ja die großen Kreuze an manchen Häusern.«

»Ach, und das sind die Gegner?«

»Genau.«

»Und die wollen lieber ein Endlager?«

»Nein. Das sind die, die hier gar keine Lagerung wollen.«

Sie beschreibt mir noch einmal etwas genauer den Weg zum Zwischenlager, und ich radele los. Ich fahre eine einsame Straße durch einen Wald entlang, bis auf der rechten Seite die Hallen auftauchen. Das

Gelände ist weiträumig abgezäunt. Am Eingang steht hinter dem geschlossenen Metallzaun ein Wachhäuschen, darin sitzt oder steht, so genau kann ich es nicht sehen, ein dicker Mann. Einem Eindringling hinterherlaufen wird der sicher nicht, denke ich. Bestenfalls sich ihm in den Weg stellen.

Der Wachmann sieht mich und kommt gemächlich zum Zaun.

»Entschuldigen Sie, kann man dieses Zwischenlager eigentlich besichtigen?«

»Oh, da bin ich überfragt«, sagt er sehr freundlich. »Ich denke, dass das nach Absprache vielleicht möglich ist. Aber jetzt einfach so geht es leider nicht. Den Schacht fürs Endlager kann man auf jeden Fall besichtigen. Das weiß ich, weil Freunde das schon mal gemacht haben. Da braucht man aber auch einen Termin. Mehr als große leere Hallen sieht man da nicht, aber nun ja ... Aber wenn Sie jetzt spontan mehr über all das hier erfahren wollen ...« Er beugt sich vor und spricht etwas leiser: »... dann fahren Sie mal zur Beluga. Da finden Sie viele Informationen. Etwas einseitig zwar, aber doch ganz interessant.«

»Beluga? Was und wo ist das?«

»Das ist das ehemalige Schiff von Greenpeace. Das steht jetzt mitten im Wald, direkt über dem Salzstock, wo das Endlager hinkommen sollte. Da finden Sie auch viele Tafeln mit Text. Sie sind ja mit dem Fahrrad unterwegs, da sind Sie in fünf Minuten da.«

Er beschreibt mir den Weg.

Ich schaue mir das Gelände an, auf dem die Schächte sein sollen, die man hätte als Endlager nutzen können.

Auf einer Lichtung im Wald steht das Schiff: die »Beluga«. Auf einer Tafel steht, dass sie von 1984 bis 2010 als »Aktionsschiff« im Einsatz war, um Umweltzerstörungen aufzudecken. So sei sie auch vor den nuklearen Wiederaufbereitungsanlagen La Hague in Frankreich und Sellafield in England gefahren, wo Greenpeace habe nachweisen können, »wie sehr die beiden Atomanlagen Meer und Küste radioaktiv verseuchen«. Folge sei gewesen: »Auch aufgrund dieser Ergebnisse gab die Bundesregierung 2005 die ›Wiederaufbereitung‹ von Atommüll im Ausland auf – und verringerte damit die Atommüllmenge für das Zwischenlager Gorleben.«

Verrückt irgendwie: Da schickt mich der Wachmann des atomaren Zwischenlagers Gorleben zu einer Art Greenpeace-Ausstellung.

Ich parke mein Fahrrad vor der »Beluga« und schaue mir die Tafeln an, die hinter dem Schiff aufgestellt sind. Durch die Texte lerne ich als jemand, der sich mit dieser Materie nicht wirklich auskennt, viel Neues. Ich lerne aber auch, dass die Verfasser – Leute von Greenpeace – eindeutig Position beziehen. »Der Salzstock von Gorleben – als Endlager mit Sicherheit nicht sicher«, ist da eine Tafel überschrieben. Als Begründung ist angegeben, dass drei wichtige Kriterien nicht erfüllt seien: keine Verbindung mit dem Grund- und Oberflächenwasser; das Vorhandensein eines »vor Oberflächenwasser abschirmenden Deckgebirges«; und keine Lage »über einem großen Erdgasvorkommen«. Fazit der Verfasser: »In Gorleben sind aber alle drei Dinge der Fall. Das Deckgebirge fehlt auf einer Fläche von 7,5 Quadratkilometern. Hier liegen wasserdurchlässige Geröllschichten direkt auf dem Salz. Klüfte und Risse bieten Wege für eindringendes Wasser oder aufsteigende radioaktive Partikel. Der Salzstock befindet sich außerdem über einem großen Erdgasvorkommen. Gase, Kondensate und Laugen wurden auch im Salzstock selber gefunden. Längst steht fest: Der Salzstock Gorleben ist nicht geeignet, um hochgefährlichen und wärmeentwickelnden Atommüll zu lagern.«

Das klingt alles interessant und nachvollziehbar. Allerdings kann ich nicht beurteilen, inwieweit das alles zutrifft und welche Argumente vielleicht *für* das Lager hier sprechen. Irgendwelche Gründe muss es ja auch dafür geben, sonst hätte man es hier nicht geplant, oder?

Greenpeace schreibt weiter, die Idee für das Atommüllendlager im Salzstock Gorleben sei »nicht das Ergebnis eines wissenschaftlichen Auswahlverfahrens, sondern eine willkürliche politische Entscheidung« gewesen. Auf den nachfolgenden Tafeln werden ausführlich der politische Entscheidungsprozess sowie die jahrzehntelangen Proteste beschrieben, von Anfang der Siebzigerjahre bis heute. Radioaktiver Müll strahle für Hunderttausende von Jahren, daher müsse laut Gesetz ein Endlager diesen Müll eine Million Jahre lang sicher vor der Umwelt abschirmen. Das Material, das nun zwischengelagert werde, strahle um das Zigfache mehr als das, das bei der Reaktorkatastrophe von Tschernobyl 1986 freigesetzt wurde. In dieser Ausstellung wird mehreren Politikern die Schuld für diese Atompolitik zugeschrieben, vor allem aber dem früheren niedersächsischen Ministerpräsidenten Ernst Albrecht von der CDU. Er habe maßgeblich dazu beigetragen, dass der Standort nicht nach geologischen Aspekten ausgewählt worden sei, sondern weil er in einer bevölkerungsarmen und strukturschwachen Region liege, direkt an der Grenze zur DDR. »Direkter Widerstand wurde hier nicht erwartet – und bei einem Unfall wären vor allem die Menschen auf der anderen Seite der Grenze betroffen gewesen«, steht da.

Nachdem ich noch von den allwöchentlichen »Sonntagsspaziergängen« gelesen habe, möchte ich weiterradeln. Da kommen drei junge Frauen und ein junger Mann zu dem einsamen Ort im Wald. Sie sind Touristen aus Nordrhein-Westfalen, Aktivisten bei »Fridays for Future«. Sie wollen »Gorleben checken«, wie das eine der Frauen formuliert.

Die Proteste erinnerten sie an die heutigen Auseinandersetzungen, sagt Gitti, eine der Frauen. »Auch damals gab es staatliche Repressionen, auch damals schränkten Politiker, Gerichte und Polizei das Recht auf Versammlungsfreiheit ein. Auch damals übte der Staat Gewalt aus über friedlich demonstrierende Menschen. Und auch damals wurden Menschen, die protestierten, kriminalisiert und in eine Ecke mit Terroristen gestellt.«

»Kennen wir«, sagt der Mann, der sich als Torben vorstellt. »Da steht's doch!« Er zeigt auf eine Tafel: »1996 beschimpfte der ehemalige Bundesinnenminister Manfred Kanther (CDU) Atomkraftgegner als das ›unappetitliche Pack‹.«

Torben sagt: »Genauso geht man heute mit uns Klimaaktivist:innen um! Man nennt uns ›Terroristen‹, macht uns Prozesse und steckt uns ins Gefängnis!«

Ich verstehe das Engagement dieser Menschen für Klimaschutz. Aber manche Proteste – das Sichfestkleben auf der Straße und insbesondere das Beschmutzen von Gemälden und Skulpturen, das Stören von Konzerten, das Beschmieren von Gebäuden – finde ich kritikwürdig. Das überzeugt niemanden, sondern bringt selbst Wohlmeinende gegen Klimaschutz auf. Es nützt der Sache nicht nur nicht, sondern es schadet ihr.

Mich stört dieser Absolutismus, mit dem manche Klimaschützer vorgehen, nach dem Motto: Was sind schon demokratische Regeln gegen das, was wir hier verteidigen?

Das spreche ich so aus.

»Sehe ich nicht so«, sagt Torben.

»Ich schon«, sagt Gitti. »Wir sind FFF, nicht Last Generation«, sagt sie. Damit ist das Thema für sie abgehakt. Man solle sich »nicht verzetteln« in solchen Streitereien. »Unser größtes Problem ist der Rechtsruck in unserer Gesellschaft! Rechtsextreme Meinungen sind heute Mainstream geworden! Dagegen müssen wir zusammenstehen und notfalls auch über kleinere Meinungsverschiedenheiten über das Vorgehen hinwegsehen!«

Es geht also nicht nur um Klimaschutz?

»Doch«, sagt Gitti. »In erster Linie schon. Aber es geht auch um die Frage, wie wir leben wollen. Um Rechtsextremismus und so.«

»Deutschland, aber normal«

Auf der anderen Seite der Elbe. Ein Dorf, das muss noch Mecklenburg-Vorpommern sein oder vielleicht schon Brandenburg, auf meiner Fahrradkarte kann ich das nicht so genau erkennen. Neuere Einfamilienhäuser stehen hier neben alten Häusern aus der DDR-Zeit, die zum Teil noch aus diesem grauen Beton bestehen, den es, so scheint es, nur im Ostblock gegeben hat. Aber es ist nicht die Immobilie gewordene Tristesse, sondern die Häuser wirken gepflegt, die Zufahrten neu gepflastert, die Gärten schön angelegt, und die meisten älteren Häuser haben neuere Anbauten, die alten Gebäude waren dann wohl doch zu klein.

Auf einer Auffahrt steht ein alter blauer VW-Passat, an der Kofferraumklappe verkündet ein Aufkleber: »Deutschland. Aber normal.« Dazu der rote, nach oben gebogene Pfeil auf blauem Grund. Das Auto ist mir wegen des Aufklebers schon vor ein paar Kilometern auf dem Parkplatz eines Dorfsupermarktes aufgefallen, und ich hatte mich gefragt, was das wohl für Leute sind, denen diese Kiste gehört.

Jetzt habe ich die Chance, es zu erfahren! Da läutest du mal, denke ich mir. Die wollen bestimmt reden und dir erzählen, wie sie sich ein »normales Deutschland« vorstellen!

Ich stelle mir eine Familie vor. Die Eltern: Typ Wutbürger mit schwarz-rot-goldenen Hüten. Die Kinder Miniversionen der Eltern. Die Eltern haben Kindheit und Jugend in der DDR-Zeit verbracht, das Haus hat er oder sie von den Eltern geerbt, es fehlt das Geld für eine gründliche Renovierung. Die Kinder sind hier in der Gegend geboren, nie weggekommen, werden immer hierbleiben, haben keinen Kontakt zu »Ausländern«, kennen keinen einzigen persönlich. Im Grunde genommen fehlt es ihnen an nichts, aber sie sind getrieben von Angst, es könnte ihnen doch an etwas fehlen, von Neid, andere hätten mehr, vom Gefühl, in einer ungerechten Welt zu leben und zu den Benachteiligten zu gehören.

Sind das Vorurteile?

Ich werde gleich sehen.

»Deutschland. Aber normal.« Pah! Ich geb euch normal!

Ich parke mein Fahrrad neben dem Auto.

Mein Bart ist nach ein paar Tagen Reiserei etwas zu lang, wahrscheinlich wirke ich ungepflegt und zottelig, auf diese Menschen vielleicht wie ein Taliban, denke ich. Egal. In einem »Deutschland. Aber normal.« müssen auch zottelige Menschen einen Platz haben.

Ich drücke den Klingelknopf.

Es ertönt ein scharfes Rasseln. Noch eine echte Klingel, kein synthetischer Sound.

Ich höre Schritte. Außerdem: »Ja, bitte?« Eine Frauenstimme.

Ich Idiot habe mich überhaupt nicht vorbereitet auf das, was jetzt kommt. Zu klingeln war eine spontane Eingebung. Was sage ich jetzt bloß?

»Hallo, ja, ähm … Mein Name ist Kazim, ich bin … Ich reise durch die Gegend, ich wollte nur …«

Die Tür öffnet sich. Nicht einen Spalt, sondern richtig. Da ist, zu meinem Erstaunen, kein Misstrauen im Spiel.

Eine Frau, schätzungsweise Mitte fünfzig, blonde Haare, Jeans, weiße Bluse, steht da und schaut mich fragend an.

»Entschuldigen Sie, ich bin hier auf der Durchreise. Mein Name ist Hasnain Kazim, ich bin Autor und schreibe über Deutschland. Und da sah ich das Pickerl … ich meine, den Aufkleber auf Ihrem Auto, und ich wollte Sie fragen, wieso Sie … Also, was Sie sich von einer so rechtsextremen Partei wie der AfD erhoffen. Vielleicht haben Sie ja Lust, mir das zu erklären? Ich verstehe das nämlich nicht.«

Ich rechne damit, dass sie mir sagt, dass sie keine Zeit oder kein Interesse habe, oder dass sie einfach die Tür zuschlägt. Stattdessen öffnet sie die Tür noch ein Stück und sagt: »Ich kenne Sie doch! Wer, sagten Sie, sind Sie noch mal?« Und noch bevor ich antworten kann, sagt sie: »Ich kenn Sie doch von Lanz!«

Ich fasse es nicht: Ich sitze bei einer mir bis vor ein paar Minuten völlig unbekannten AfD-Wählerin am Küchentisch, irgendwo in der Pampa in Mecklenburg-Vorpommern, und rede mit ihr. Und ich mache mir Gedanken, in dem Moment und in der Zeit danach, dass man mir den Vorwurf machen wird, einer solchen Person eine Bühne zu geben, sie zu Wort kommen zu lassen, und ich könnte diesen Vorwurf nachvollziehen, wenn es sich um waschechte Neonazis und Rechtsextremisten handelte, und es wird Menschen geben, die werden sagen: »Ja, wer Nazis wählt, ist Nazi!«, und ein Stück weit kann ich auch das nachvollziehen, denn natürlich gibt es unter Wählern dieser Partei waschechte Neonazis, Leute mit Gewaltpotential, Schlägertypen und menschenverachtende Ideologen. Niemand kann sagen, nicht gewusst zu haben, was diese Leute wollen, »millionenfache Remigration« zum Beispiel und eine »erinnerungspolitische Wende«, was den Nationalsozialismus angeht, aber ich denke, dass das wahrscheinlich nicht in allen Fällen richtig ist, denn in dieser Region wählen zum Teil fünfzig Prozent die AfD, und ich kann mir nicht vorstellen, dass alle Nazis sind, jedenfalls möchte ich das herausfinden, und dazu muss ich nun einmal mit diesen Leuten reden.

Also rede ich mit ihr. Beziehungsweise sie mit mir, denn es sprudelt nur so aus ihr heraus.

Ingrid L. ist 57, arbeitet »im Lebensmitteleinzelhandel«, wie sie es formuliert, als stellvertretende Filialleiterin, ist geschieden, seit Langem alleinlebend, hat zwei erwachsene Kinder. Das Häuschen gehörte ihren

Eltern, hier ist sie aufgewachsen, hat viele Jahre in einer Stadt in der Nähe gelebt und ist nach dem Tod der Eltern wieder hierhergezogen, aufs Land.

»Es war mehr wegen dem Geld«, sagt sie. »Eigentlich wollte ich nicht wieder zurück in dieses Haus, aber ich hab's dann geerbt, und wenn man's verkauft, kriegt man hier ja so gut wie nichts, und so bin ich dann doch hergezogen und spare mir die Miete.« Sie blickt sich in ihrer Küche um. »Ist ja nicht das Schlechteste.«

Sie hat noch selbstgebackenen Apfelkuchen da und kocht mir einen Kaffee.

»Also, was wollen Sie wissen?«, fragt sie mich.

»Ich habe an Ihrem Auto den AfD-Aufkleber gesehen. ›Deutschland. Aber normal.‹ Und da wollte ich wissen: Wieso wählt jemand solch eine Partei? Eine, die offen rechtsextrem ist?«

Mein Eindruck ist, dass Frau L. sofort in eine Verteidigungshaltung verfällt. Sie sagt, sie habe früher immer SPD gewählt. »Als die Wende kam, war ich 24. Mein Umfeld war, wie eigentlich alle in der bis dahin existierenden DDR, Kohl-verrückt. Ich dachte, dem muss man was entgegensetzen.« Viele Jahre habe sie deshalb der SPD die Treue gehalten. »Dann kam der Schröder mit Hartz IV und seiner Agenda 2010, das war sowas von unsozial! Das fand ich ungerecht! Dass ausgerechnet ein Sozialdemokrat den Schwachen in den Rücken fällt!« Sie habe sich dann den Grünen zugewandt. »Aber bei denen hab ich irgendwann gemerkt, dass die sich vor allem um Migranten und andere Minderheiten kümmern und wir, die normale Bevölkerung, denen egal sind.«

Ich schaue sie fragend an.

»Man kann die Grünen ja durchaus kritisch sehen«, antworte ich. »Aber dass denen die normale Bevölkerung egal sei? Ich weiß nicht…«

»Sie verstehen schon, wie ich das meine.«

Ich schüttele den Kopf. »Sie wollen sagen, dass ich nicht zur ›normalen Bevölkerung‹ zähle? Weil meine Familie eine Migrationsgeschichte hat?«

»Doch, aber unsere Gesellschaft besteht eben nicht nur aus Menschen mit Migrationshintergrund. So sagt man doch, oder?«

Ich sage nichts.

»Jedenfalls hatte ich irgendwann den Eindruck, dass die sich für Menschen, die keinen … Migrationshintergrund haben und auch sonst keiner Minderheit angehören, wenig interessieren. Und dann kamen die auch noch mit dem Heizungsgesetz, das war für mich wieder mal so ein Beweis, dass die die Probleme der ganz normalen Menschen überhaupt nicht kennen! Die verlangen von Menschen, 25 000 Euro oder so für eine Wärmepumpe oder wie die heißt, also für eine neue Heizung auszugeben, und ich weiß schon seit Jahren nicht, woher ich 3000, 4000 Euro nehmen soll, um mal die Wände zu streichen!«

Sie führt mich durch ihr Haus und zeigt mir, wo überall die Farbe von den Wänden blättert. An manchen Stellen deutet sich Schimmel an.

»Feuchtigkeit«, sagt sie. »Das gehört eigentlich alles mal gemacht. Aber mir fehlt das Geld. Und dann kommen die und erzählen was von neuer Heizung, obwohl es überhaupt keinen Grund gibt, sie auszutauschen!«

Ich sage, dass die Bundesregierung, wenn ich sie richtig verstanden habe, das überhaupt nicht verlange. Sondern dass es darum gehe, dann, wenn die Notwendigkeit zu einem Tausch bestehe, weil die alte Heizung irreparabel kaputt sei, diese gegen ein klimafreundliches Gerät auszutauschen. Und dass das sogar gefördert werde.

»Das kam bei mir und bei vielen meiner Freunde so nicht an!«, entgegnet sie.

»Außerdem«, sage ich ihr, »verfolgt die AfD eine minderheitenfeindliche Politik. Sie hetzt gegen alles, was in ihren Augen fremd ist, und hat, was Klimapolitik angeht, keine Lösung. Da kommen nur Parolen und dumme Sprüche und Hass und gewaltvolle Sprache.«

»Ich weiß. Aber die geben mir nicht das Gefühl, dass ich völlig bescheuert bin.«

»Und dafür nehmen Sie in Kauf, eine Partei stark zu machen, die Menschen wie mir das Existenzrecht in Deutschland abspricht? Und mich zu einem Bürger zweiter Klasse abstempelt? Jederzeit abschiebbar? Die mich zum Fremdling und Eindringling erklärt? Zu jemandem, der den Weißen Schaden zufügt? Der zum ›Bevölkerungsaustausch‹

beiträgt, nur weil ich eine etwas dunklere Hautfarbe habe? Eine Partei, in der führende Mitglieder die Zeit des Nationalsozialismus neu schreiben möchten?«

Jetzt sagt Frau L. nichts.

»Wissen Sie, ich kann Ihre Wut schon nachvollziehen. Ich sehe auch, dass manches von der Politik sauschlecht kommuniziert und erklärt wurde und wird. Ich sehe auch, dass manche Politikerinnen und Politiker die Bodenhaftung verloren haben, das Gefühl dafür, was Menschen in unserem Land tagtäglich umtreibt. Dass sie den Kontakt verloren haben. Oder auch das Interesse. Dass sie keine Ahnung haben, wie es ist, mit wenig Geld auf dem Land zu leben, weitab von städtischen Zentren, mit schlechter Infrastruktur. All die Kritik daran teile ich. Aber niemals würde ich deshalb eine rechtsextreme Partei wählen.«

Frau L. schweigt noch immer.

Ich sage ihr jetzt das, was ich in meinem Leben schon so oft gesagt habe: dass wir Rechtsextremisten durch Wegsehen, Schweigen oder, schlimmer noch, Wählen und damit Stärken nicht normalisieren sollten, nur weil wir uns über etwas anderes ärgern; dass wir sie nicht gesellschaftlich noch akzeptierter machen sollten, als sie es leider ohnehin schon sind, und dass wir als Demokraten in einem Dilemma gefangen sind: dass nämlich Demokratiefeinde demokratische Mittel nutzen, um Macht zu erlangen, um anschließend die Demokratie zu untergraben. Ja, sage ich ihr, die AfD wird demokratisch gewählt, und es stimmt, dass eine Demokratie nicht nur unterschiedliche Ansichten, Haltungen, Meinungen aushalten muss, sondern von dieser Vielfalt lebt; dass in einer Demokratie Ideen und Vorstellungen um Zustimmung wetteifern. Das funktioniert, sage ich weiter, nur, wenn man sie präsentieren kann und indem man Argumente liefert, einander zuhört, natürlich auch miteinander um die besten Konzepte streitet. So und nur so trifft man Entscheidungen: Man redet, bis man eine mehrheitsfähige Lösung findet. Das Ergebnis ist nicht immer das, was man sich als beste Lösung erhofft, sondern ein Kompromiss, damit jeder Mensch, auch wenn er einer wie auch immer gearteten Minderheit angehört, seinen Platz in der Gesellschaft findet. Das Problem mit der AfD ist nun, dass sie genau dieses

Prinzip ablehnt. Nur weil sie sich zur Wahl stellt, mithin demokratische Wege beschreitet, um Macht zu erlangen, heißt das noch lange nicht, dass es sich um eine demokratische Partei handelt. Wer Institutionen der Demokratie schwächen will, von den Medien bis zu den Gerichten, wer von »Systemwandel« und »Sturz der Bundesregierung« schwafelt, wer politische Gegner zu Feinden erklärt und zur »Jagd« auf sie aufruft, wer Feindbilder erschafft und Menschen gezielt ausgrenzt, wer das eigene Volk ständig für bedroht erklärt und daraus seinen Nationalismus nährt, ist kein Demokrat.

»Wählen Sie die auch, um ›denen da oben‹ eins auszuwischen?«, frage ich zum Schluss meines langen Vortrags, dem sie, glaube ich, aufmerksam zugehört hat.

Sie überlegt kurz. »Ja«, antwortet sie dann. »Doch. Auch.«

»Vielleicht wischen Sie denen tatsächlich eins aus, denn Sie entziehen den demokratischen Parteien ja Macht. Aber wissen Sie was? Sie schaden sich selbst. Sie schießen sich in den eigenen Fuß. Denn Sie geben Leuten Macht, die zwar demokratische Mittel nutzen, um an Stärke zu gewinnen, die aber undemokratisch denken. Und voller Hass sind. Sie wissen selbst, dass es gerade hier, in dieser Region, echte Neonazis gibt, Schlägertruppen, Rechtsextremisten, Reichsbürger und sonstige Typen, die wirklich nichts Gutes im Schilde führen mit unserer Demokratie. Solche Leute unterstützen Sie, wenn Sie die AfD wählen.«

Frau L. sagt wieder nichts. Aber sie strahlt keinen Widerwillen aus, sondern scheint mir zuzuhören. Vielleicht haben meine Worte ja Wirkung?

»Sind Sie eigentlich Mitglied der AfD?«

Sie lacht laut auf. »Um Gottes willen!«

Seltsame Frau. Klebt sich AfD-Werbung ans Auto, aber sagt »Um Gottes willen!«, wenn ich sie frage, ob sie Mitglied ist. Sieht sie also selbst, dass das eine Trümmertruppe ist, zu der man nicht gehören will?

»Woher haben Sie eigentlich den Aufkleber auf Ihrem Auto?«

»Ach, den habe ich mal an einem Stand bekommen.«

»Und warum haben Sie ihn dann auf Ihr Auto geklebt?«

Sie zuckt mit den Schultern.

Ich merke, dass unser Gespräch zu einem Ende kommt. Es ist alles gesagt. Und ich habe alles in Erfahrung bringen können, was ich wissen wollte. Eine gute Stunde hat mir diese Frau geschenkt, ohne mich wirklich zu kennen und ohne zu wissen, was ich mit ihren Aussagen machen werde. Sie hat mir ihre Tür geöffnet und mich in ihr Haus gelassen und von ihrem Leben und ihren Verhältnissen erzählt. Ist sie ein »Nazi«? Jedenfalls wählt sie eine rechtsextremistische Partei und wirbt offen für sie. Ich habe aber auch verstanden, was die viel zitierten »Sorgen und Nöte« sind, jedenfalls die dieser Frau: dass sie mit einem relativ bescheidenen Einkommen auskommen muss und es auch all die Jahre getan hat, ohne zu klagen; dass sie aber zunehmend den Eindruck hat, die Bundesregierung schere sich überhaupt nicht darum, was sie leiste und wie sie über die Runden komme, sondern helfe lieber anderen und erlege ihr nun auch noch in ihren Augen unnütze Bürden auf. Unabhängig davon, ob das alles so stimmt oder nicht – es ist das, was sie empfindet, was also bei ihr ankommt. Und ebenso unabhängig davon, ob das alles so stimmt oder nicht, hoffe ich, dass ich ihr irgendwie klarmachen konnte, dass das Wählen von Rechtsextremisten keine Lösung sein kann.

Ich bedanke mich für Kaffee und Kuchen und sage, dass ich weiterradeln möchte.

»Also«, sagt sie verlegen, »unser Gespräch hat mich zum Nachdenken gebracht.«

»Sie wählen also doch nicht AfD?«

Wieder lacht sie. »Erst mal denke ich darüber nach, den Aufkleber zu entfernen. Ich kann ja nicht ständig Besuch von Leuten wie Ihnen bekommen!«

Wir schaffen das

Ich fahre los, ohne Triumph, eher kraftlos. Das Gespräch hat mich Energie gekostet. Die Elbe ist jetzt eher Flüsschen als Fluss, zumindest im Vergleich zu dem, was ich aus meiner Kindheit im Alten Land kenne. Schiffe können hier nicht fahren. Ich radele wieder auf der niedersächsischen

Seite, am südlichen Ufer der Elbe. Der Radweg scheint neu gemacht zu sein. Ein Schild sagt: »Radweg. Nutzung auf eigene Gefahr.« Ja, auf wessen Gefahr denn sonst?

Das ist etwas, was ich in Deutschland nie wirklich verstanden habe: wie man darauf kommt, dass andere die Verantwortung für dein Handeln tragen; dass deshalb alles, wirklich alles gesetzlich geregelt sein muss; dass Leben in Deutschland überhaupt bedeutet: Regeln, Regeln, Regeln; dass alles abgesichert und versichert sein muss; dass nur real ist, was schriftlich fixiert ist, in Gesetzen, Vorschriften, Verträgen – oder eben auf Schildern.

Wo ich jetzt fahre, war mal das Ende der Welt. Der Eiserne Vorhang. Auf der einen Seite der böse Osten. Die Russen. Die DDR. Fast schon Sowjetunion. Auf der anderen das, was ich als freie Welt kennengelernt habe. Vor noch gar nicht mal so langer Zeit war es unmöglich, hier einfach so unterwegs zu sein. Sich frei zu bewegen. Die Elbe einfach so überqueren? Undenkbar! Jetzt bin ich hier und fahre mit meinem Fahrrad die Elbe entlang und kann, wenn ich denn eine Brücke oder eine Fähre finde, von der einen Seite zur anderen wechseln.

Wessis schimpfen über Ossis, Ossis schimpfen über Wessis, alle fühlen sich irgendwie übervorteilt, ungerecht beurteilt, nicht gesehen, nicht gehört, nicht gewürdigt. Natürlich gibt es viele Gründe für Kritik, auf allen Seiten. Aber eigentlich kann man, auch Jahrzehnte nach der Wiedervereinigung und nach dem Zusammenbruch des Eisernen Vorhangs mitten durch Europa, gar nicht genug feiern, was das Ende dieser Trennung bedeutet: diese Freiheit. Wir müssten uns in den Armen liegen, immer noch, anstatt übereinander zu lästern und zu schimpfen.

Irgendwo im Nirgendwo steht ein schwarz-rot-goldener Automat, Aufschrift: »Ein Stück Grenze für zu Hause«. Man kann drei Ein-Euro-Münzen einwerfen und sich dafür ein Stück von der alten Grenzmauer ziehen. Daneben gibt es eine Handy-Ladestation und einen weiteren Automaten, bestückt mit Fahrradschläuchen.

Nach Schnakenbek kommt Schnackenburg, und es würde mich nicht wundern, wenn ein paar Kilometer weiter Schnackenhausen läge. Oder

Schnakensen. Angeblich steckt darin das niederdeutsche Wort »Snaak« oder »Snack« für »Schlange«. Laut Fahrradkarte ist hier jetzt das »Biosphärenreservat Flusslandschaft Elbe«, und die Natur ist in der Tat beeindruckend: diese Weite, die Vogelkolonien, die Landschaft. Schnackenburg ist noch Niedersachsen, der östlichste Zipfel. Im Kalten Krieg war das hier Außenposten. Frontgebiet, sozusagen. Es gibt ein Grenzlandmuseum, das an die deutsche Teilung, an den Eisernen Vorhang und den Kalten Krieg erinnert. Es soll nach eigenen Angaben »Informations- und Dokumentationszentrum«, aber auch »Mahn- und Erinnerungsstätte« sein. Ich würde es mir gerne anschauen, aber es ist Februar, und das Museum ist von November bis März geschlossen.

Nach vielen Kilometern Schleswig-Holstein, dann Mecklenburg-Vorpommern liegt nun auf der anderen Seite der Elbe Brandenburg. In einem Infokasten sehe ich eine Anzeige eines Immobilienmaklers: In der Gegend ist ein renoviertes Fachwerkhäuschen zu verkaufen, etwa hundert Quadratmeter Wohnfläche für 99 000 Euro. Es ist wie bei »Monopoly«: Manche Orte sind Badstraße, andere Schlossallee. Wunderschön ist es hier jedenfalls.

Die nächste Stadt ist, laut Karte, Wittenberge. Liegt aber auf der anderen Elbseite, in Brandenburg. Wie das wohl zu DDR-Zeiten war? Da war Wittenberge unerreichbar. Vielleicht wollte man da auch gar nicht hin.

Ein älterer Mann tritt aus einem der Häuser, die hier am Radweg stehen, mit Blick auf die Elbe. Er führt seinen Hund Gassi.

»Guten Tag, darf ich Sie kurz was fragen?«

»Tag auch«, antwortet er und nickt.

»Haben Sie hier schon vor der Wiedervereinigung gelebt?«

Wieder nickt er. »Ja, ich bin hier aufgewachsen. Das ist mein Elternhaus.«

»Wie war das denn damals? Sie haben direkt auf die DDR geblickt, konnten aber nicht dorthin, oder?«

»Ja, richtig. So nah und doch so fern«, sagt er und lacht.

»Konnten Sie damals hier in der Elbe schwimmen?«

»Haben wir Kinder schon gemacht. War aber nicht ungefährlich, wegen der Strömung. Und dann gab es natürlich die Grenzpolizei. Die fuhren mit Booten auf der Elbe und achteten pingelig genau darauf, dass niemand die Mitte des Flusses überquert, das war ja die Grenze. Drüben standen immer Polizisten oder Soldaten, was weiß ich. Jedenfalls waren da immer Männer in Uniformen mit Gewehren. Manchmal hörten wir Schüsse. Wahrscheinlich wollte wieder jemand flüchten. Oder die wollten einfach jemanden einschüchtern. Furchtbar war das.«

Einmal, erinnert er sich, sei ein Uniformierter aus dem Wasser gestiegen. »Das war ein DDR-Grenzer, der selbst geflüchtet ist. Die waren drüben genau deswegen nie alleine auf Patrouille, aber wahrscheinlich ist sein Kamerad eingeschlafen oder hat nicht aufgepasst. Oder der ist auch geflüchtet. Aber wir haben hier damals nur einen gesehen.« Der Mann in der klitschnassen Uniform nickte nur kurz zum Gruß und verschwand. »Was aus dem wohl geworden ist?«, fragt der Mann. »Na ja, so eine Zeit möchte man jedenfalls nicht noch einmal erleben.« Es sei ihm ein Rätsel, wie manche sich jetzt leichtfertig, bei allem Ärger über die heutige Weltlage, die früheren Zeiten zurückwünschten und sich einredeten, früher sei doch vieles besser gewesen als heute. »Die haben alle vergessen, wie schlimm das war!«

Im Internet lese ich in den sozialen Medien, dass es in Mecklenburg-Vorpommern, ein Stück weiter nördlich von dort, wo ich gerade bin, Ärger um eine Flüchtlingsunterkunft gibt. Und dass dort an dem Tag eine Demo stattfinden soll. In der Gemeinde Upahl haben die Bauarbeiten für dieses Heim begonnen, es regt sich Unmut darüber. Ich beschließe, einen Abstecher dorthin zu machen und mir das selbst mal anzuschauen.

Mit dem Zug fahre ich nach Schwerin und weiter nach Bad Kleinen. Von da sind es noch etwa zwanzig Kilometer bis Upahl, die ich radeln kann. Bad Kleinen sagt mir etwas seit meiner Zeit als Abiturient. Im Sommer 1993 wurde hier, am Bahnhof dieses Ortes am Nordufer des Schweriner Sees, bei einem Polizeieinsatz, bei dem die RAF-Terroristen Birgit Hogefeld und Wolfgang Grams festgenommen werden sollten, ein GSG-9-Beamter tödlich getroffen. Auch Grams starb, er beging

Suizid, indem er sich, bereits von einigen Kugeln der Polizei getroffen und auf den Gleisen liegend, selbst in den Kopf schoss. Einige Zeugen berichteten damals jedoch, Grams sei von einem Polizisten regelrecht »hingerichtet« worden, mit einem »aufgesetzten Kopfschuss«. Mehrere Medien wie das WDR-Fernsehmagazin »Monitor« und der SPIEGEL berichteten darüber. Die politischen Verwerfungen führten letztlich zum Rücktritt des damaligen Bundesinnenministers Rudolf Seiters, der nach eigener Aussage die »politische Verantwortung« übernahm für »offensichtliche Fehler, Unzulänglichkeiten und Koordinationsmängel innerhalb von Bundesbehörden«. Wir politisch interessierten Schüler verfolgten all das und stritten leidenschaftlich darüber, ob die Sicherheitskräfte richtig oder falsch gehandelt hatten. Und ob es tatsächlich um eine Selbsttötung oder um eine Exekution ging.

In der Gemeinde Upahl leben etwas mehr als 1600 Menschen, in dem Dorf Upahl, in dem das Flüchtlingsheim gebaut werden soll, etwa 500 Leute. In der Unterkunft sollen 400 Menschen untergebracht werden.

400 Flüchtlinge.

In einem Dorf, in dem 500 Menschen leben.

Man muss von Politik und Flucht, von Migration und Integration und sozialen Strukturen keine Ahnung haben, um zu der Erkenntnis zu gelangen: Das kann nicht gut gehen. 400 Zugezogene, wahrscheinlich überwiegend junge Männer, die die Sprache nicht können, anders glauben, denken, möglicherweise traumatisiert sind nach der Kriegs- und dann Fluchterfahrung, in einem Dorf mit 500 Einwohnern, die keine Erfahrung haben im Umgang mit solchen Menschen – wie soll das funktionieren?

Vor Ort sehe ich mehrere Leute, die auf der Straße stehen und demonstrieren. Ich habe mein Fahrrad geparkt und gehe nun dorthin, wo diese Menschen ihrem Unmut Ausdruck verleihen.

Ein paar Wochen zuvor, im Januar 2023, war bekannt geworden, wo die grauen Container aufgestellt werden sollen. Bei einer Dringlichkeitssitzung im Kreistag kam es zu tumultartigen Szenen vor dem Tagungsgebäude, etwa 700 Leute waren da, darunter wütende

Ortsansässige, aber auch Rechtsextremisten, die eigens angereist waren. Es standen Busse da, mit Kennzeichen aus anderen Bundesländern. Die Polizei musste einschreiten, um ein Eindringen der Protestierenden in den Kreistag zu verhindern. Die Lokalpolitiker stimmten mit knapper Mehrheit für den Bau der Flüchtlingsunterkunft.

Jetzt haben sich ein paar Dutzend Leute eingefunden. Nach einem kurzen Baustopp haben die Arbeiten begonnen, die Baustelle, etwa 30 000 Quadratmeter groß, ist sicherheitshalber umzäunt. Drei Tage zuvor hatten sich der Innenminister von Mecklenburg-Vorpommern und die Lokalpolitik den Fragen der Bürger gestellt. Die Gemeinde Upahl beantragte einen Baustopp, weil sie an der Entscheidung nicht beteiligt worden sei.

Ein Mann steht da und starrt vor sich hin. Er sagt nichts. Er trägt kein Schild. Er steht einfach nur da. Älterer Herr, vielleicht siebzig, schwarze Jacke, roter Schal, Jeans, Gesundheitsschuhe.

»Darf ich Sie fragen, was genau Sie ärgert?«

Er mustert mich kritisch.

»Sind Sie einer von denen, die hier wohnen sollen?«, fragt er mich.

Mit dieser Frage habe ich nicht gerechnet. Er hält mich allen Ernstes für einen Flüchtling, der demnächst in sein Upahl zieht! Ich muss mich anstrengen, nicht zu lachen und nichts zu sagen, das so wirken könnte, als machte ich mich über ihn lustig. Obwohl er es verdient hätte, finde ich. Aber ich möchte ja zuhören, verstehen, und das grundsätzliche Problem – 400 Flüchtlinge in einen Ort mit 500 Menschen – sehe ich.

»Nein. Ich bin nur Reisender und zufällig hier. Ich möchte verstehen, was hier los ist. Und was Sie dazu bringt, hier zu stehen und zu demonstrieren.«

»Dass wir nicht gefragt werden! Hier wird einfach über unsere Köpfe hinweg etwas entschieden: Zack, da habt ihr 400 Flüchtlinge, seht zu, wie ihr mit denen klarkommt und wo ihr die unterbringt!«

»Hätten Sie denn dem Bau eines Flüchtlingsheims zugestimmt?«

Jetzt schaut er mich überrascht an, als hätte er sich noch nie Gedanken über diese Frage gemacht.

»Also, ja, klar, prinzipiell schon. Aber nicht für 400 Leute!«

»Sondern?«

»Keine Ahnung. Dreißig vielleicht. Oder fünfzig. Aber doch nicht mehr! Hundert wären auf jeden Fall schon zu viel. Sie können doch nicht die Menschen, die hier leben, überfordern! So funktioniert das doch nicht!«

Ein Mann, vielleicht Mitte dreißig, der unserem Gespräch zugehört hat, tritt zu uns hinzu.

»Ich sehe das auch so«, sagt er. »Wir sind doch keine Unmenschen oder Nazis oder so. Aber wir sagen, dass so viele Menschen für unseren Ort einfach zu viel sind. Was sollen die Leute denn den ganzen Tag machen? An der Tankstelle rumhängen? Das ist doch auch für die, die man hierher steckt, nicht gut!«

Jetzt kommt ein Paar dazu, beide vielleicht gerade im Rentenalter, sie mit Perlenohrringen und feinem Mantel, er mit schicker Skijacke. Auch sie scheinen uns zugehört zu haben. »Wir hätten schon zugestimmt«, sagt der Mann. »Aber wissen Sie was? Wenn wir mehrheitlich abgelehnt hätten, müsste das auch akzeptiert werden. Das nennt man Demokratie! Nicht, dass irgendwer bestimmt, und wir haben gefälligst zu akzeptieren, ob wir das gut finden oder nicht! Sondern man muss schon dafür sorgen, dass es mehrheitlich Akzeptanz für so etwas gibt. Wir werden einfach übergangen, wir werden nicht informiert und nicht gehört!«

»Genau!«, stimmt seine Frau ihm zu.

Eine weitere Frau sagt: »Es ist zum Verrücktwerden: Es kommen über die Jahre Millionen von Menschen nach Deutschland, viele aus nachvollziehbaren, andere aus weniger nachvollziehbaren Gründen. Sie kommen gezielt zu uns oder werden von den anderen europäischen Ländern gezielt nach Deutschland weitergeleitet, weil wir ja ach so reich sind und blöd genug, alle aufzunehmen. Der Bund verteilt diese Menschen sinn- und planlos auf die Bundesländer. Und die Landesregierungen schauen, wo diese Leute am wenigsten Ärger machen und von welchen Kommunen sie am wenigsten Widerstand zu erwarten haben, und dann werden die da einfach hingeschickt. Fertig, aus. Ob wir wollen oder nicht, ob wir können oder nicht.« Und nach einer kurzen Atempause sagt sie: »Wir sind hilfsbereite Menschen. Wir nehmen Menschen auf. In all den Jahren haben wir uns engagiert. Aber so, wie das jetzt läuft – nein! Das geht so nicht!«

Ich schaue mich um. Manche Menschen tragen Schilder.

»Upahl sagt Nein!«

»Wir sagen Nein!«

»Angst um Upahl«

»Wir vermissen Demokratie!«

»Upahl wurde #nichtgefragt«

»Containerdorf – nein danke!«

»Wir fordern Baustopp in Upahl!«

Dann sehe ich eine Frau, die ein Pappschild hochhält, auf dem ein Galgen gezeichnet ist. Ein Strichmännchen baumelt daran. Ich weiß nicht, wen das darstellen soll, ob einen Politiker, auf den sie wütend ist, oder einen Flüchtling.

Ich gehe zu ihr.

»Was soll das darstellen?«, frage ich sie.

»Sehen Sie doch!«, sagt sie und geht weiter.

»Darf ich ganz kurz mit Ihnen reden?«

»Was wollen Sie?«, schreit sie nun fast.

»Hören Sie, ich möchte Sie nur kurz etwas fragen«, erkläre ich mit so ruhiger Stimme wie möglich. Sie scheint mich für einen Gegner, nein, einen Feind zu halten, dabei möchte ich nur verstehen, was sie antreibt.

»Ich möchte wissen, wogegen Sie protestieren.«

»Das wissen Sie doch! Gegen das Flüchtlingsheim!«

Sie geht immer noch weiter, jetzt aber langsamer. Offensichtlich möchte sie nicht länger mit mir reden, aber ich möchte ihr gegenüber meinen Punkt machen.

»Ich verstehe, dass Sie verärgert sind. Dass Sie offensichtlich nicht gefragt wurden und dass hier etwas über Ihre Köpfe hinweg passiert. Ich glaube, wenn Sie das vernünftig artikulieren, wird das eine große Mehrheit verstehen. Aber so? Mit Galgen? Damit diskreditieren Sie Ihren nachvollziehbaren Protest. Das ist doch keine anständige Art!«

Sie legt jetzt einen Schritt zu und geht, das Schild weiter vor sich haltend, weiter. Ich lasse sie davonziehen. Vielleicht denkt sie ja doch noch mal drüber nach.

Als ich mein Telefon aus einer Tasche ziehe, um nach der Uhrzeit zu schauen, brüllt mich ein Typ an: »Hören Sie auf zu filmen!« Er selbst hat ein Handy in der Hand, und ich weiß nicht, ob er mich filmt. Videos zu machen und ins Netz zu stellen, scheint die Waffe dieser Leute zu sein. Heute sagt man nicht mehr: »Waffe weg, Hände hoch!«, heute sagt man: »Hören Sie auf zu filmen!«

An diesem Tag, ist mein Eindruck, sind keine ortsfremden Rechtsextremisten da, sondern wütende Menschen aus dem Ort, die zum Teil leider auf eine Art und Weise protestieren, die ihren Protest diskreditiert. Immerhin erreichen sie mit ihrem Protest, das erfahre ich später, dass die Zahl der Menschen, die in Upahl untergebracht werden sollen, auf 250 reduziert wird. Immer noch eine ganz schöne Herausforderung, finde ich, kaum zu bewältigen von einem so kleinen Ort.

Aber warum nicht ohne Bilder von Galgen protestieren? Ohne Hass? Das wäre viel wirkungsvoller und zielführender.

Ich glaube, Wut kann ein Antrieb sein. Aber wann haben wir angefangen zu glauben, dass Wut alleine genügt? Dass jeder und jede nur noch wütend durch die Welt stapfen muss? Was für eine Welt soll das sein? Und warum glauben so viele gesellschaftliche Gruppen das inzwischen? Warum rennen Rechte wütend herum? Warum pflegen Islamisten geradezu ihre Wut? Und warum glauben Linke, sie hätten jedes Recht, wütend zu sein? Was soll das werden, wenn's fertig ist?

Viele trauen sich nicht, die Wütenden zu kritisieren, weil es die eigenen Eltern sind, der Bruder oder die Schwester, die Tochter oder der Sohn, die Freundin oder der Freund, die Nachbarn, die eigenen Leute halt. Und das kann einem schon Angst machen: dass auch in Deutschland sehr viele Menschen so sind und sich bei aller berechtigten Kritik an den Zuständen den Extremisten nicht in den Weg stellen, sondern Seite an Seite mit ihnen marschieren. Dass sie nicht merken, wann eine Grenze überschritten ist, an der das Schild steht: »Achtung, Sie verlassen jetzt das Gebiet des Anstands und der Zivilisiertheit!«

Ich radele zurück nach Bad Kleinen, nehme den nächsten Zug Richtung Süden und bin am Abend wieder an der Elbe, *back on track*.

Ein Freund in Magdeburg

Ich brauche eine Belohnung, etwas Aufmunterndes, etwas Zucker, und da ich gelesen habe, dass es in Salzwedel in Sachsen-Anhalt, ein paar Kilometer südwestlich meines Standortes an der Elbe, hervorragenden Baumkuchen geben soll, fahre ich mit dem Zug nach Salzwedel. Ehrlich gesagt, hatte ich von dem Ort noch nie zuvor gehört, und entsprechend wusste ich auch nichts von Salzwedeler Baumkuchen. Tatsächlich scheint das hier das große Ding zu sein: Es gibt lauter Baumkuchenfabriken, Baumkuchengeschäfte, Baumkuchencafés. Baumkuchen *rules*. Schon zu DDR-Zeiten war der hier der Renner.* Der Teig wird Schicht für Schicht auf eine Walze aufgebracht und gebacken. Auf diese Weise entsteht ein mehr oder weniger riesiger Prügel, der nach Vanille duftet und in manchen Varianten mit Schokolade oder Fondant überzogen wird. Ich kaufe mir etwas davon: ja, ganz gut. Aber wie bei so vielen Dingen in der Welt** lebt so ein Hype vor allem vom Herdentrieb. Es sei den Salzwedelern gegönnt.

Dafür entdecke ich in Salzwedel etwas, das mich viel mehr interessiert: die wunderbare Buchhandlung von Rainer Neitzel. Sie heißt »Leseland«, was ich einen passenden Namen für eine Buchhandlung finde. Ich erfahre, dass aber auch die DDR sich »Leseland« genannt hat. Neitzel war schon in der DDR Buchhändler und kann fesselnd aus dieser Zeit

---

* Monate später, im Dezember 2023, soll Salzwedeler Baumkuchen ein Social-Media-Hit werden, weil ein Hersteller in Salzwedel auf TikTok ein Video veröffentlicht, in dem er der Frage nachgeht, wie man dieses Gebäck richtig schneidet. Unvorhersehbar, wie so vieles im Netz, geht dieses Video viral, wird millionenfach geklickt, und Menschen bestellen wie verrückt Baumkuchen von den Herstellern in Salzwedel. Ich habe diese Süßspeise schon viel früher entdeckt, ha!

** Hallo, Sachertorte in Wien!

erzählen. Einerseits, sagt er, seien das damals gute Zeiten gewesen für die Literatur. »Die Menschen standen Schlange vor den Buchhandlungen. Bücher waren, wie so vieles, eine knappe, aber eben auch begehrte Ware. Auch gebrauchte Bücher waren viel wert.« Er zeigt mir ein Foto von einer Menschenschlange vor der Buchhandlung »Das gute Buch« am Alexanderplatz in Ost-Berlin. In seinem Buchladen in Salzwedel hängen Bilder und Texte, die Ausstellung heißt »Leseland DDR«, sie wird an mehreren Orten gezeigt und erkundet die Geschichte der DDR im Spiegel ihrer Literatur. Der Historiker und Publizist Stefan Wolle hat die Ausstellung für die Bundesstiftung zur Aufarbeitung der SED-Diktatur konzipiert und die Texte geschrieben.

Es wurde viel gelesen, sagt Neitzel. Literatur hatte Wirkmacht. Viele Menschen aus der arbeitenden Schicht schrieben. »Greif zur Feder, Kumpel …«, hieß die Losung. Die Werktätigen sollten ihre Welt selbst literarisch gestalten. Manchmal ging das schief, wenn der Text bisweilen zu kritisch geriet. Andererseits nämlich, erzählt Neitzel, sei es auch eine furchtbare Zeit gewesen, denn es gab Zensur und Verbote. Die Herrschenden, die Partei, sie alle hatten Angst vor der Kraft des Wortes. »Literatur war politisch«, sagt er. Am Gewerkschaftshaus in Magdeburg stand in großen Buchstaben: »Mit Hammer und Sichel, mit Buch und Gewehr für den Aufbau des Sozialismus!«

Dieses merkwürdige Zusammenprallen von Hochkultur und Diktatur. Ich erfahre, dass es in der DDR eine sogenannte Giftschrankliteratur gab, Bücher, die weggesperrt gehörten, weil sie eben »Gift« des »Klassenfeindes« waren. Den »höchsten toxischen Grad«, wie Historiker Wolle im Katalog zur Ausstellung schreibt, habe der Roman »1984« von George Orwell gehabt. »Wie hochexplosiver Sprengstoff wurden auch die Bücher von osteuropäischen und sowjetischen Dissidenten behandelt. Ihr Besitz, vor allem aber ihre Weitergabe konnte noch in den 1970er Jahren zu Haftstrafen führen, auf jeden Fall aber drohte der Ausschluss von Oberschule und Studium. In wissenschaftlichen Bibliotheken war das ›staatsfeindliche‹ Schrifttum zwar vorhanden, aber in verschlossenen Schränken eingelagert und nur mit ›Giftschein‹ zugänglich.« Ein Foto zeigt Schülerinnen und Schüler, die am 1. Juni 1955 in Berlin-

Pankow »Schmutz- und Schundliteratur aus dem Westen« verbrennen. Solche Literatur wurde in der DDR gerne an der Grenze von Zöllnern beschlagnahmt, Koffer und Taschen wurden durchwühlt, Autos durchsucht, Pakete kontrolliert. Aber es half alles nichts: Diese Bücher existierten, Worte ließen sich nicht verbieten oder einsperren. Der Liedermacher Wolf Biermann schrieb: »Was verboten ist, das macht uns gerade scharf.« Und am 17. November 1989 war auf einem handgeschriebenen Schildchen im Lesesaal des Instituts für Marxismus-Leninismus in Ost-Berlin zu lesen: »Liebe BenutzerInnen! Es freut uns, Euch/Sie darauf hinweisen zu können: Ab sofort sind die Bestimmungen der Sperr-Literatur (Giftschrank) aufgehoben. Alle Bücher, über die unsere Bibliothek verfügt, stehen uneingeschränkt allen Lesern zur Verfügung.«

Buchhändler Neitzel erzählt noch, wie ambivalent das Verhältnis der DDR-Oberen zu manchen Autorinnen und Autoren beziehungsweise zu deren Werken war. Einerseits war man stolz auf Martin Luther, »der kam ja nicht weit von hier«. »Andererseits hatten wir es in der DDR ja nicht so mit Kirche.« Erst ab 1983, zum 500. Geburtstag Luthers, kamen Bücher von ihm und über ihn in die Buchhandlungen der DDR. Heinrich Böll, den Linken aus dem Westen, fand man gut, weil er so kritisch war, aber weil in »Ansichten eines Clowns« eine ironische Bemerkung über den Staats- und Parteichef Walter Ulbricht vorkommt, landete dieses Buch eben auch: im Giftschrank. »Für die DDR gab es immer zwei Bölls: den bejubelten Nobelpreisträger, der mit der ›Verlorenen Ehre der Katharina Blum‹ einen Roman gegen den Axel Springer Verlag geschrieben hatte, und den bösen Böll, der gegen die Verfolgung von Dissidenten im Ostblock protestierte«, heißt es im Ausstellungskatalog zu »Leseland DDR«. Oder Karl May, der im Westen vielgelesene Vielschreiber aus Sachsen, der Abenteuerschriftsteller, der ein Fenster in die Welt bot. In der DDR wurde auch er erst ab den Achtzigerjahren verlegt. Viele Bücher gab es nur unterm Ladentisch, Bücher, die zuerst an Freunde, Verwandte, Bekannte verkauft und dann von ihnen weiterverkauft wurden. Heiße Ware eben.

Mich erinnert das ein wenig an die Situation in islamischen Ländern, in denen Werke von Autoren wie Salman Rushdie verboten sind, die es aber dennoch als geschmuggelte Ware oder als Raubdruck unterm Ladentisch zu kaufen gibt.

Wäre so etwas in Deutschland wieder denkbar? Dass Bücher aus den Regalen verbannt oder gar gänzlich verboten werden? Wann immer jemand fordert, bestimmte Bücher nicht mehr vorzulesen, aus den Regalen zu nehmen oder zu ächten, weil sie unliebsame Wörter enthalten oder ungewünschte Sichtweisen transportieren, reagiere ich misstrauisch. Andererseits: Ist es nicht gut, dass Extremistisches nicht erlaubt ist? Aber wo beginnt Extremismus? Sollte gerade in der Literatur nicht alles erlaubt sein? So viel Freiheit wie möglich. So viel Einschränkung wie nötig.

Gerne würde ich das mit Rainer Neitzel besprechen, aber er hat Kundschaft, keine lange Schlange zwar wie zu DDR-Zeiten, aber doch einige Leute. Die Menschen kaufen Bücher, wie schön!

Auf dem Weg nach Magdeburg sehe ich Plakate, wie sie mir schon seit meinem Start in Cuxhaven immer wieder auffallen: »Wir sind dabei!«, steht da. Oder: »Bald auch hier: Blitzschnelles Internet!« Oder: »Unsere Zukunft heißt Glasfaser!« Oder: »Früh Vertrag abschließen, lichtschnelles Internet ermöglichen!« Manche haben sogar Schilder in ihren Gärten stehen mit solchen Sprüchen. Es geht um Glasfaserkabel, die verlegt werden sollen. Seit Jahren ist davon schon die Rede. Fast wirkt es so, als müssten die Menschen diese Technologie herbeibeschwören, damit sie auch wirklich kommt, als müssten sie sich gegenseitig Mut zusprechen und zu einer neuen Technologie bekennen.

Ich glaube an Glasfaser, du heiliges Kabel! Unser tägliches schnelles Internet gib uns heute!

Seltsames Verhalten. Warum verlegen sie das nicht einfach, so wie in vielen anderen Ländern auch? Ist Internet womöglich wirklich Neuland in Teilen Deutschlands?

Aber vielleicht bin ich auch nur ein bisschen wirr im Kopf nach all dieser Radelei und Rederei. Seltsame Gedankenfetzen. Die Leute wollen immer mehr, alles soll größer, schneller, besser werden. Ich muss an das Märchen vom Fischer und seiner habgierigen Frau denken.

»Manntje, Manntje, Timpe Te, Buttje, Buttje in der See, myne Fru, de Ilsebill, will nich so, as ik wol will.«

Und dann taucht, ganz von alleine, ein Gedicht am Himmel der sachsen-anhaltinischen Pampa auf:

Es war einmal ein stolzes Huhn,
prahlte, es flög nach Kamerun.
Als es versehntlich falsch abbog,
flog auf, dass es ganz übel log.
Das Huhn konnt nämlich gar nicht fliegen,
nur Fahrrad fahren, bis nach Siegen.

Es wird Zeit, dass ich mich ausruhe. Weiter, weiter, weiter, bis nach Magdeburg sind es fast hundert Kilometer, das ist zu schaffen an einem Tag. Danach Pause. Ich bin jetzt jeden Tag gefahren, Kilometer um Kilometer. Als Radreisender weiß ich, dass man alle vier, fünf Tage einen Tag Pause einlegen soll. Das, beschließe ich, werde ich jetzt in Magdeburg tun.

Am nächsten Morgen setze ich mich in ein Café und mache Notizen. Um die Gedanken in Schwung zu bringen, brauche ich eine schöne Umgebung. Aber Magdeburg als Stadt macht es einem nicht einfach. Ich kenne kaum eine hässlichere Stadt in Deutschland. Beton, Beton, Beton. Aus der Zeit nach der Wende monströse Shoppingmalls, aus der Zeit davor erschlagende Plattenbauten.

Am Nachbartisch sitzen zwei ältere Herren, beide in Tweed-Sakkos, Typ Alexander Gauland, und ich meine zu hören, dass sie sich tatsächlich auch über die AfD unterhalten. Ich schreibe etwa eine Stunde, und als die beiden aufstehen, um zu gehen, spreche ich sie an, um sie zu fragen, ob sie mir ein Restaurant für den Abend empfehlen könnten, ich sei neu in Magdeburg und kennte mich nicht aus. Der eine scheint es eilig zu haben, er verabschiedet sich freundlich, der andere fragt, ob er sich kurz zu mir an den Tisch setzen dürfe.

Es wird ein gutes Gespräch. Wolfgang K. ist »Ingenieur im Unruhestand«, wie er es formuliert. Ich schätze ihn auf Mitte siebzig, und als ich ihn nach seinem Alter frage, sagt er »Achtzig plus x« und grinst. »Näher dran ist: neunzig minus x.« Er hat sich gut gehalten. Er ist »alteingesessener Magdeburger«, wie er sich später im Gespräch bezeichnet, und kann mir einiges empfehlen.

»Wie gefällt Ihnen denn unsere schöne Stadt?«, fragt er.

Ich verschlucke mich an meinem Kaffee. Wie unangenehm, ich möchte ja nicht unhöflich sein. »Also, na ja, wie soll ich sagen … So richtig schön ist diese Stadt ja nicht, oder? Ich meine, diese ganzen hässlichen Einkaufszentren und die ebenso furchtbaren Plattenbauen …«

Herr K. seufzt. »Ja, man hätte es besser machen können. Gerade nach der Wende.« Und dann beginnt er zu erzählen. Dass die Stadt »Magadoburg« zu Beginn des 9. Jahrhunderts erstmals erwähnt wurde und Grenzort zu den slawischen Gebieten östlich der Elbe war. Dass die Stadt 1207 durch ein Feuer zerstört wurde und 1631, im Dreißigjährigen Krieg, durch die Truppen der kaiserlichen Heerführer Tilly und Pappenheim. »Und dann ist da der 16. Januar 1945. Da wurde Magdeburg in einem Flächenbombardement der Royal Air Force und der U.S. Air Force komplett dem Erdboden gleichgemacht.« Herr W. kennt sich aus in der Geschichte seiner Stadt, er hat viele Zahlen im Kopf. »Die komplette Innenstadt wurde zerstört, etwa 6000 Menschen starben, noch viel mehr wurden verletzt, Tausende wurden vermisst. Etwa eine Viertelmillion Menschen waren obdachlos.« Er atmet tief durch und holt sein Handy aus der Innentasche seines Sakkos. »Magdeburg war eine der schönsten Städte Deutschlands, wenn nicht Europas«, sagt er und hält mir nun sein Telefon vor die Nase, auf dem Bilder des alten Magdeburg zu sehen sind. Unter anderem vom Breiten Weg, der einst eine der schönsten Barockstraßen Deutschlands war. »Ich mache den Briten und den Amerikanern heute keine Vorwürfe. Wir waren im Krieg. Deutschland unter Hitler hat den Krieg angezettelt. Man kann lange darüber streiten, ob die Angriffe der Alliierten auch auf Wohngebiete gerechtfertigt waren, um Hitler-Deutschland in die Knie zu zwingen, oder ob das völlig unverhältnismäßig war, weil Deutschland eh schon am Boden lag. Aber der Generation meiner Eltern und letztlich auch mir hat das den Boden unter den Füßen weggezogen. Meine Heimat, mein Zuhause, mein Magdeburg gab es nicht mehr.«

Der Kellner kommt, und wir bestellen Kaffee. Ich freue mich, Herrn K. angesprochen zu haben, ich bin ihm dankbar, dass er sich die Zeit nimmt, mir, einem Fremden, etwas von der Geschichte dieser Stadt zu erzählen.

»Was danach kam, brauche ich Ihnen nicht zu erzählen. Die DDR hatte ihre guten und ihre schlechten Seiten. Ich bin da sehr klar: Die schlechten Seiten überwogen. Die Diktatur, die Unfreiheit. Das war ja der Grund, weshalb so viele 1989 auf die Straßen gingen. Magdeburg war immer etwas anders als vergleichbar große Städte in der DDR. Weniger intellektuell, würde ich sagen. Hier waren besonders viele Soldaten stationiert, auch sowjetische. Das wirkte sich auf die Atmosphäre aus. Die Russen wurden dann nach der Wende, im Dezember 1991, auf dem Domplatz verabschiedet. Magdeburg war damit die erste ostdeutsche Landeshauptstadt, in der keine sowjetischen Soldaten mehr stationiert waren. Jedenfalls wurde Magdeburg wieder aufgebaut, aber eben im DDR-Stil. Und das sieht man dieser Stadt an.«

Ich frage ihn, wie das Leben in der DDR war. Ob er, obwohl er sich jetzt kritisch über diese Zeit äußert, glücklich war.

»Was soll ich sagen? Man hat sich eingerichtet. Na klar, ich hatte ein gutes Leben. Ich durfte studieren, konnte Ingenieur werden und in der Agrarwirtschaft arbeiten. Als die DDR aufhörte zu existieren, war das, obwohl ich ihr gegenüber immer durchaus kritisch eingestellt gewesen war, sogar schwierig: Es war so, als würde man mir ein zweites Mal in meinem Leben den Boden unter den Füßen wegziehen. Plötzlich sagte man uns: ›Alles, was bisher war, euer ganzes Leben, einfach alles war falsch! Nichts davon war richtig! Und nichts davon zählt mehr!‹ Das hat mir ganz schön zu schaffen gemacht. Das war mein Gefühl, nach der ersten Euphorie über das Ende der DDR.«

Wir reden fast eine Stunde miteinander. Ich frage, Herr K. erzählt. Jetzt wirkt er müde. Er steht etwas mühsam auf, seine Beine sind eingeschlafen.

»Ach, und die Plattenbauten … So schlecht waren die nicht. Aber … ach, egal.«

Ich habe den Eindruck, dass er nach Hause möchte. Und auch wenn ich sehe, dass er jetzt genug hat und Ruhe braucht, frage ich ihn: »Aber Sie glauben ernsthaft, die AfD mit ihrem oft menschenverachtenden, rassistischen Ton sei die Lösung für unsere Probleme?«

»Die AfD?«

»Ja, Sie und Ihr Gesprächspartner vorhin … Entschuldigen Sie, ich habe mitbekommen, wie Sie über die AfD sprachen.«

Er schaut mich fast entsetzt an, dann bricht er in Lachen aus.

»Nein, nein, wir sprachen über diese Leute, weil wir sie für Idioten halten! Pardon … Ich meine natürlich: dass wir der Auffassung sind, dass diese Leute nichts Gutes bewirken! Leider sehen das viel zu viele hier nicht so, darüber sprachen wir …«

Jetzt guckt er mich amüsiert an.

»Haben Sie mich für einen AfDler gehalten?«

Beschämt sage ich nichts.

Er lacht wieder laut, sodass sich mehrere Menschen im Café nach uns umdrehen. Ich muss daran denken, wie mich gerade erst jemand in Upahl für einen Flüchtling hielt. Und ich denke: Wir sollten weniger voneinander vermuten, annehmen, unterstellen, glauben, sondern mehr miteinander sprechen, einander kennenlernen, voneinander lernen. Mehr Miteinander, weniger Gegeneinander. Dazu braucht es mehr Offenheit für das Andere. Das funktioniert aber nicht, wenn man Angst vor dem Anderen hat, ihm von vornherein mit Misstrauen begegnet. Und wir müssen weniger von Äußerlichkeiten auf das Denken der Menschen schließen. Das sage ich seit Langem, und umso mehr ärgere ich mich über mich selbst, dass ich mal wieder selbst in diese Falle getappt bin.

Herr K. und ich verabreden, dass wir »brieflich« in Kontakt bleiben, wie er es formuliert. Er reicht mir eine alte, etwas zerknitterte Visitenkarte. »Sie haben jetzt einen Freund in Magdeburg«, sagt er, gibt mir die Hand und geht.

»Ein Freund in Magdeburg.« Das hallt bei mir nach. Bittersüß. Bitter, weil ich diesen Mann falsch beurteilt hatte und er mir trotzdem seine Freundschaft anbietet.

Ich brauche jetzt eine fröhliche Begegnung. Ein Freund hat mir empfohlen, Gerhard Mette zu treffen, der sich mit Zirkuskultur befasst. Er hat das »Erste Magdeburger Circusmuseum« gegründet und bietet Führungen durch die Sammlung an. Ich verabrede mich also mit Herrn Mette, der Anfang achtzig ist und sich in der lokalen Presse als »waschechter Magdeburger« bezeichnet, wie ich gelesen habe.

Wir treffen uns in den Räumen des Spirituosenbetriebes Abtshof, für den Herr Mette lange Zeit gearbeitet hat und für den er immer noch als Geschäftsführer tätig ist, auch wenn er längst im Rentenalter ist. Die Firma hatte ihre großen Zeiten in der DDR, sie ist nach wie vor bekannt für ihre verschiedenen Sorten an Absinth, eine Spirituose aus Wermutkraut, Anis, Fenchel und, je nach Rezept, weiteren Kräutern. Zu Beginn des 20. Jahrhunderts war Absinth in mehreren Ländern, vor allem in Europa, verboten, weil ein darin enthaltener Stoff angeblich zu Abhängigkeit und Halluzinationen führte. Tatsächlich enthält Absinth den Stoff Thujon, der im Wermutkraut vorkommt. Aber die damals festgestellten gesundheitlichen Schäden konnten eher dem übermäßigen Absinthkonsum denn diesem Gift zugeordnet werden, und so wurde Absinth wieder erlaubt.*

In der DDR jedenfalls, sagt Herr Mette, erfreuten sich Spirituosen großer Beliebtheit.

»In der DDR wurde nicht getrunken, in der DDR wurde gesoffen. Alkohol war ja etwas, das es im Gegensatz zu vielen anderen Konsumgütern in großer Menge gab.«

Vielleicht, denke ich, war das auch nötig, anders hätte man es in der DDR gar nicht ausgehalten – verkneife mir aber, das auszusprechen.

Da sagt Herr Mette: »Manchmal ließ sich das Leben in der DDR nur so ertragen.« Er lacht. »Heute liegt der Spirituosenverbrauch in Deutschland bei knapp 5,5 Liter pro Kopf und Jahr. In der DDR lag er 1989 noch bei fast 16,5 Liter.« Seine Augen blitzen auf, und nur halb ernsthaft

---

* In Frankreich führte das Absinthverbot übrigens zu einem Aufstieg von Pastis, einer Spirituose aus Anis, aber ohne Wermut; auch hier wird, wie beim Absinth, Wasser zugefügt.

sagt er: »Sie sehen, es war nicht alles schlecht in der DDR.« Beim Wein, erzählt er weiter, habe der Westen Deutschlands immer vorne gelegen. »In der DDR brauchten wir die härteren Sachen.«

Ich mag seinen Humor.

»Viele Menschen im Osten sehnen sich ja zurück nach der DDR«, sage ich nun. »Was war denn wirklich besser in der DDR?«

Er überlegt und sagt dann: »Die soziale Absicherung zum Beispiel. Oder die Wohnsituation. Da zahlte man damals achtzig DDR-Mark Monatsmiete für seine Wohnung. Dieselbe Wohnung kostet heute 600 Euro, aber das Gehalt ist nicht entsprechend gestiegen.« Die Unzufriedenheit der Menschen im Osten rühre daher, dass die Gesellschaft seit der Wiedervereinigung in zwei Teile gespalten sei: in jene, denen es gut gehe, und in jene, denen es schlecht gehe. »Am schlimmsten sind die alleinerziehenden Frauen dran.« Das sei auch der Grund, dass die Leute hier aus Protest besonders häufig AfD oder Linkspartei wählten.

»Aber wenden wir uns lieber etwas Erfreulichem zu«, sagt er. »Ich zeige Ihnen jetzt mal das Zirkusmuseum.«

Wir gehen zum alten Verwaltungsgebäude des Getränkeherstellers, wo sich in ein paar Räumen die Sammlung befindet: Zirkusmodelle, Kleidung und Requisiten von berühmten Clowns, Tänzern, Sängerinnen, Artisten aller Art. Herr Mette erzählt mir Geschichten über die unterschiedlichen Künstler, die in die DDR kamen. Er selbst war viele Jahre Besucher von Zirkusvorstellungen. Ende der Neunzigerjahre gründete er mit Gleichgesinnten einen Zirkusgesprächskreis, befasste sich mit Zirkusgeschichte und fing an, Zirkusdinge zu sammeln. Schließlich eröffnete er das Zirkusmuseum.

»Es gibt zu wenig Arbeitskräfte«, sagt Herr Mette. Man finde kaum noch jemanden, der für das Museum arbeiten wolle. So öffnet er selbst einen Tag in der Woche oder nach Terminvereinbarung. Er erzählt von seinen vielen Zirkusbesuchen in ganz Deutschland, in Österreich, Ungarn, Tschechien, Polen, Frankreich oder beim berühmten Zirkusfestival in Monte Carlo. Und zeigt mir seine beeindruckende Büchersammlung über das Thema.

Besonders bemerkenswert finde ich die Geschichte der Eisbärendompteurin Ursula Böttcher, die, wie Herr Mette hervorhebt, viel über den Umgang mit der DDR aussage. Böttcher war, erfahre ich, international bekannt und die berühmteste Dompteurin der DDR. Ich höre ihren Namen zum ersten Mal. Klar, man kann nicht alles wissen, aber es zeigt mir mal wieder, wie wenig ich über das Leben in der DDR weiß. Und über Zirkusse. Ich höre Namen, die mir bekannt vorkommen oder die einen Klang haben: Busch, Aeros, Berolina, Ringling Bros. and Barnum & Bailey. Böttcher, erzählt Herr Mette, arbeitete für den Dresdner Zirkus Sarrasani und später für den DDR-Staatszirkus. Besonders in Erinnerung geblieben ist Mette, dass die 1,58 Meter kleine Frau sich von einem riesigen Eisbären auf den Mund küssen ließ. Die Führung des Landes jedenfalls war stolz auf sie und vertraute ihr, denn sie durfte mit ihren Tieren weltweit bei vielen Zirkussen auftreten, in den USA, in Japan, in ganz Europa. Doch mit der DDR endete auch Böttchers beruflicher Erfolg sowie ihr privates Lebensglück. Noch in der DDR waren Kodiakbären für den Zirkus ausgebildet worden; im September 1990, kurz vor der Wiedervereinigung, stürzte Böttchers Lebensgefährte während einer Bärennummer und wurde von den Tieren angegriffen. Zwei Tage später starb er infolge der schweren Verletzungen. Böttcher selbst erlebte, wie der DDR-Staatszirkus 1991 in die Berliner Circus Union überführt und 1999 von der Treuhand liquidiert wurde. Böttcher, die in den Neunzigerjahren noch hier und da aufgetreten war, verlor ihren Job. Die von ihr so geliebten Eisbären wurden auf verschiedene Zoos in der ganzen Welt verteilt. »Das hat sie gebrochen«, sagt Herr Mette. »Sie hatte das Gefühl, man nehme ihr die Kinder weg. Dabei hätte es Möglichkeiten gegeben, die Bären als Gruppe in Berlin zu belassen.«

Im Netz finde ich eine MDR-Dokumentation aus dem Jahr 2005, in der Böttcher sagt: »Das war so abrupt, wenn man den ganzen Tag mit den Tieren zusammen ist. In der Manege diese Spannung, die dann da ist … Und auf einmal, über Nacht, ist das alles weg. Tiere weg. Arbeit weg. Und man weiß nicht, warum.«

Sie habe dieses Ende nie verwunden, sagt sie.

Böttcher starb im März 2010 in einem Dresdner Krankenhaus.

Herr Mette sagt, der Umgang der Treuhand mit Böttcher sei »beispielhaft dafür, wie die Treuhand mit uns umgesprungen« sei. »Von oben herab und ohne Rücksicht.« Es sei unnötig Schaden angerichtet worden.

Herr Mette gehört nicht zu denen, die sich die DDR zurückwünschen, im Gegenteil. Er spricht kritisch über sie, verdammt sie aber auch nicht. Er sieht vieles differenziert. »Ich will nur sagen: Wir Menschen hatten natürlich dennoch auch unsere Freuden und Spaß am Leben. Und ich sehe, dass heute nicht alles Gold ist, was glänzt.« Alles in allem sei er heute ein glücklicher Mensch. Sein Satz »Es war nicht alles schlecht in der DDR« mag heute, in Zeiten der schnell explodierenden Emotionen, den einen oder anderen wütend machen. Wenn man Herrn Mette zuhört, weiß man aber, dass es keinen Grund für Wut gibt. Wie so oft in Deutschland.

Auf nach Sachstzschen

Ich habe jetzt etwas mehr als die Hälfte der Strecke entlang der Elbe hinter mir. Eine Zeit lang »fresse ich Kilometer«, wie es Langstreckenradler nennen, trete in die Pedale. Kurzen Halt mache ich in Dessau, wo 1925 das Bauhaus entstand, gebaut nach Entwürfen des Architekten Walter Gropius und ein Jahr später eröffnet als Hochschule für Gestaltung. Die Nationalsozialisten erzwangen 1932 die Schließung, im Krieg wurde das Gebäude beschädigt und erst Mitte der Siebzigerjahre wieder restauriert. Heute ist es Sitz der Stiftung Bauhaus Dessau und steht seit Mitte der Neunzigerjahre auf der Liste des Unesco-Weltkulturerbes. Ich lese, dass die Maler Lyonel Feininger, Wassily Kandinsky und Paul Klee hier lebten und wirkten. Seltsam, dass ich all diese bedeutenden Künstler zwar schon irgendwie mit Dessau, aber nicht mit Sachsen-Anhalt in Verbindung bringe.

So, wie ich die »Lutherstadt Wittenberg« eben mit Martin Luther in Verbindung bringe, aber nicht mit Sachsen-Anhalt. Dieses Bundesland verkauft sich irgendwie nicht gut. Aber vielleicht höre und schaue ich bisher auch nicht genau genug hin. Vor ein paar Jahren hat

Sachsen-Anhalt in einer bundesweiten Imagekampagne geworben: »Wir stehen früher auf.« Es hat sich also als »Land der Frühaufsteher« vermarktet. Nun ja.

Jedenfalls radele ich brav die Elbe weiter, bis nach Wittenberg, und dort zur berühmten Schlosskirche, wo Luther am 31. Oktober 1517 seine weltberühmten Thesen anschlug. Eigentlich wollte Luther keine Abspaltung von der katholischen Kirche, lese ich, sondern diese nur reformieren, »die religiösen und sittlichen Zustände bessern«, aber es kam dann ja alles anders, und wir hatten den Salat. Glaubenskriege, Gewalt, Tote. Protestantische Gebiete hier, katholische dort. Wenn man sich die heutige Ökumene anschaut, kann man kaum glauben, wie blutig es jahrhundertelang zwischen diesen beiden Kirchen zuging. Dass es heute nicht mehr so ist, ist noch so ein Grund zum Feiern. Warum würdigen wir das nicht viel häufiger, sondern nehmen es als selbstverständlich hin?

Vielleicht, geht mir durch den Kopf, während ich durch die Landschaft fahre, die jetzt viel weniger schroff ist als noch weiter im Nordwesten, sind auch wir Journalisten schuld daran: weil wir immer nur über das Schlechte, das Nichtfunktionierende, den Streit, das Böse schreiben, nicht über das Gute und das Funktionierende. Auf die Gesellschaft übertragen, bedeutet das: Es wird lieber getadelt als gelobt. Einmal, ich arbeitete da noch für den SPIEGEL,wurde beschlossen, auf der Onlineseite zeitweise nur gute Nachrichten zu bringen. Und man sah an den Klickzahlen: Das interessiert keinen Menschen. Die Leute wollen Skandal. »Only bad news is good news«, lernten wir in der Journalistenausbildung – und es ist leider wahr. So tickt der Mensch eben.

Mein Ziel für diesen Tag ist Lommatzsch in Sachsen, die Einheimischen sagen »Lummsch« oder »Lommsch« oder so ähnlich. In Sachsen, stelle ich fest, mögen sie die Konsonantenagglomeration »tzsch«. Es gibt hier mehrere Orte, in denen diese Buchstabenkombination vorkommt. Vielleicht ist es auch nur ein Ausgleich dafür, dass in dieser Region ansonsten Konsonanten oft diskriminiert werden, zum Beispiel sagen sie hier »ni« statt »nicht«, als verschluckten sie das »cht« am Ende. Dafür aber umso heftiger: »tzsch«. Gar nicht mal unbedingt am Ende wie in Stetzsch, Roitzsch oder eben Lommatzsch, sondern auch mittendrin, siehe den Dresdner Stadtteil Klotzsche. Ich finde, man sollte Sachsen in Sachstzschen umbenennen.

Es wird allmählich dunkel, bis Lommatzsch, Landkreis Meißen, ist es noch ein Stück, und der Ort liegt abseits des Elberadwegs. Ich fahre dorthin, weil ich Sven Böttger besuchen möchte, der mal eine Lesung von mir nahe Dresden organisiert hat. Er hat mir angeboten, bei ihm zu übernachten.

Sven lebt mit seiner Frau Christiane und drei Kindern auf einem alten Hof, der zuvor schon Christianes Eltern und Großeltern gehörte. In DDR-Zeiten war das dazugehörige Land Teil einer Landwirtschaftlichen Produktionsgenossenschaft, kurz: LPG, und damit verstaatlicht. Mit anderen Worten: Es war der Familie weggenommen worden. Nach der Wiedervereinigung hat sie es zurückerhalten.

Die Böttgers sind christlich und leben ihren Glauben. Gastfreundschaft gehört dazu, ein offenes Haus (wovon ich profitiere) und das Tischgebet vor dem Essen, was mir eher fremd ist, was ich aber natürlich aus Respekt mitmache. Und was ich, wenn ich darüber nachdenke, gut finde: zu danken und damit nicht für selbstverständlich hinzunehmen, was man auf dem Tisch hat. Christiane organisiert hin und wieder den Kindergottesdienst im Ort, und auch Sven wirkt an Gottesdiensten mit.

In der DDR haben sie es als »Kirchliche«, wie Christiane es nennt, nicht leicht gehabt. In der DDR-Verfassung war zwar Religionsfreiheit verankert, aber Christen unterlagen Repressionen. Bestimmte Bildungs- und Berufswege standen ihnen nicht offen, sie wurden besonders oft von der Stasi bespitzelt, und wehe, sie wagten es, sich zu politischen Dingen zu äußern! Christiane, die heute als Managerin einer Kultureinrichtung arbeitet, spricht von einer »systematischen Benachteiligung von Christen, von Leuten, die kirchlich waren«. »Bei der Zuteilung einer Wohnung hatten wir es viel schwerer, und Reisegenehmigungen ins Ausland waren für uns außer Reichweite. Wir durften nur innerhalb der DDR reisen. Deshalb sind wir immer an die Ostsee gefahren.« Trotz dieser

Diskriminierungen ließen sich viele Menschen nicht davon abhalten, ihren Glauben zu praktizieren.

Im sozialistischen Staat war ein Glaube an Gott nicht vorgesehen, und um eine Alternative zu Firmung und Konfirmation zu bieten, etablierte die DDR als Ersatz die Jugendweihe: Übergang vom Jugend- ins Erwachsenenalter, DDR-style.

Es verwundert mich nicht, dass die Böttgers deutlich kritischer über die DDR sprechen als viele Ostdeutsche, die mit der Kirche nichts am Hut hatten. Sven widerspricht zum Beispiel der Aussage, in der DDR sei es sozialer zugegangen. »Es gab einen Zwang zum sozialen Miteinander. Man war sozial, weil es anders nicht ging. Der eine arbeitete im Baumarkt, der wusste, wann es wieder Zement gibt. Die Nächste arbeitete im Lebensmittelhandel, die wusste, wann es wieder Zitrusfrüchte gibt. Wieder einer war im Autobau, der konnte sagen, wann wieder Stoßdämpfer kommen. Und so musste man zusammenhalten und sich gegenseitig helfen. Nicht, weil man einander so lieb hatte, sondern weil es anders nicht ging.«

Verbittert klingen die Böttgers nicht. Auch nicht ungerecht. Eher schonungslos kritisch und gleichzeitig heimatverbunden. Sie sind von hier, sie leben gerne hier, sie engagieren sich hier. »Das ist schon eine tolle Region«, sagt Christiane.

»Wie kann es sein, dass sich immer mehr Menschen nach der guten alten DDR zurücksehnen? Wo es doch die Bürgerinnen und Bürger der DDR waren, die mit ihrer friedlichen Revolution ab 1989 das Ende herbeigeführt haben? Oder dass sie sich eine wie auch immer geartete Diktatur zurückwünschen, zu den sogenannten Reichsbürgern gehen oder Rechtsextremisten wählen? Warum haben so viele vergessen, wie unfrei das Leben in der DDR war?«

»Na ja«, sagt Sven nun und wägt seine Worte. »Es gibt natürlich immer Gewinner und Verlierer. Manchen ging es in der DDR richtig gut, anderen ging es nach der Wende viel besser. Und heute haben viele das Gefühl, dass sie etwas zu verlieren haben und dass die Politik sich nicht um ihre Probleme kümmert.«

»Ach«, wendet Christiane nun ein, »also wirklich schlechter als in der DDR geht es heute doch niemandem!«

Ich bin mir nicht sicher, ob das stimmt. Aber was ich noch einmal deutlich vor Augen geführt bekomme: dass es »die Ostdeutschen« nicht gibt – genauso wenig, wie es »die Westdeutschen« gibt. Sondern dass auch die Menschen im Gebiet der ehemaligen DDR in ihrem Denken, ihren Weltanschauungen, ihrem Glauben und Nichtglauben und in ihren politischen Haltungen so unterschiedlich sind, wie man eben unterschiedlich sein kann. Dass manche Kapitalismus feiern und andere sich nach mehr Sozialstaat, gar nach Sozialismus sehnen. Dass die einen die anderen kritisieren. Dass Ostdeutsche, jetzt doch allgemein gesprochen, andere Lebenserfahrungen haben als Westdeutsche, dass es aber die eine ostdeutsche Lebenserfahrung, die alle gemein haben, nicht gibt. Und erst recht nicht die eine ostdeutsche Perspektive, die daraus folgen könnte. Banale Erkenntnis, aber doch erwähnenswert, wo wieder über »die Ossis« und »die Wessis« gesprochen wird.

Niemand von denen, mit denen ich auf meiner Radreise spreche, steht für »die Ostdeutschen«. Sondern für eine von vielen Perspektiven, die Menschen in Ostdeutschland haben. Nur dass man die eine Stimme bisweilen lauter oder öfter hört als die andere.

»Viele Ostdeutsche leben ja schon seit Langem im Westen«, sagt Sven. »Die haben auch ihre eigenen Sichtweisen.«

Wie lange bleibt ein Ostdeutscher ein Ostdeutscher und ein Westdeutscher ein Westdeutscher? Das ist ja genauso wie bei mir: Wann wird man überhaupt Deutscher? Nach wie vielen Jahren? Oder muss man fragen: nach wie vielen Generationen?

Viele Menschen, denen man ihre Migrationsgeschichte – oder die ihrer Vorfahren – ansieht, scheint es in dieser Region nicht zu geben. Und doch leben sie auch hier. Natürlich. Eine Familie mit Wurzeln in Vietnam betreibt in diesem Ort, in dem etwa 5000 Leute leben, einen Blumenladen und ein Restaurant. Es gibt zwei Dönerimbisse, die Einwanderer aus der Türkei betreiben, und einen landwirtschaftlichen Hof, der Menschen aus Russland gehört. Es wird sicher noch einige mehr geben. Der Anteil von Menschen, die erkennbar Wurzeln in anderen Ländern haben, liegt in Lommatzsch wie in ganz Sachsen, ja wie in ganz Ostdeutschland niedriger als in Westdeutschland. Die offiziellen

Statistiken bestätigen das: Haben in den westlichen Bundesländern bis zu 41,7 Prozent der Bewohner einen Migrationshintergrund und im Durchschnitt 32,0 Prozent, sind es in den fünf östlichen Bundesländern nur etwa zehn Prozent. Und dennoch ist die Ablehnung allem Fremden gegenüber hier größer als im Westen. Warum? Es sind Ängste vor dem Fremden, dem Anderen. Aber auch vor Herausforderungen, die es natürlich gibt. Verallgemeinerungen. Suche nach Sündenböcken. Unwille zu Veränderung, zumal man gerade hier, im Osten, in den zurückliegenden Jahrzehnten mehr als genug Veränderungen zu bewältigen hatte (und zum Teil nicht ohne Blessuren überstanden hat). Das Gefühl, die Veränderung nicht selbst gestalten zu können.

Ich möchte darüber mehr erfahren in Dresden, meinem nächsten Ziel. Dresden an der Elbe, diese wunderschöne Stadt. Dresden, diese Stadt der »Patrioten gegen die Islamisierung des Abendlandes«, kurz: »Pegida«.

Von Lommatzsch ist es nicht mehr weit dorthin. Am nächsten Morgen verabschiede ich mich von Familie Böttger, quere die Elbe und fahre nun ein Stück auf der anderen Flussseite.

Ich ziehe an Meißen vorbei, wo ich mal aus einem meiner Bücher gelesen habe. Ich sehe die Albrechtsburg, ein beeindruckendes Gebäude, das als ältester Schlossbau Deutschlands gilt, zeitweise die Meißener Porzellanmanufaktur beherbergte und heute unter anderem ein Museum ist.

Meißen gilt als die Wiege Sachsens und hat, das weiß ich noch von meinem früheren Besuch, eine wunderschöne Altstadt, die man unbedingt gesehen haben sollte. Aber heute möchte ich noch ein anderes Museum besuchen und trete deshalb in die Pedale.

Entlang der Elbe ist es jetzt nicht mehr überall flach, ich fahre an Hängen vorbei, an denen Wein angebaut wird. Natürlich, es gibt auch sächsischen Wein! Seit dem 12. Jahrhundert spielt Weinbau in dieser Gegend eine Rolle. In der Umgebung gibt es einige Weindörfer.

Neu in Sachsen, neu in Deutschland

Ich komme in einen Ort, der Altkötzschenbroda heißt. Schon wieder »tzsch«! Sie lieben das hier wirklich in Sachstzschen.

Was für ein schöner Ort! Er hat etwas Bullerbühaftes. Nur zwei an eine Brückenmauer gesprühte Sprüche – »Don't marry. Save money and travel« und »Radeboil ist richtig goil« – passen nicht so richtig hierher. Es gibt viele Cafés und Restaurants, ein Touristenort. Ich betrete ein Café. Es ist keine Reisesaison, nur ein Tisch ist besetzt, ein junger Mann, dunkelbraune Haut, Inder oder Pakistaner vielleicht.

Er winkt mir zu und zeigt auf den freien Platz ihm gegenüber. »You can sit with me«, sagt er. »If you like.«

Anupam ist 27, kommt aus dem ostindischen Bundesstaat Jharkhand und lebt und studiert seit einem Jahr in Sachsen. Sein Deutsch? »Geht so«, sagt er. Er würde lieber Englisch reden. Als ich ihn auf Hindi anspreche, was sich, zumindest im alltagssprachlichen Gebrauch, kaum von Urdu unterscheidet, der Sprache meiner Eltern, bekommt er große Augen. »Hätte ich auch nicht gedacht: hier jemanden zu treffen, mit dem ich in meiner Muttersprache sprechen kann!«

Er fühle sich »eigentlich ganz wohl« hier, erzählt er. Die Leute seien »nett«, es gebe ein paar »ganz gute indische Restaurants«. Aber die deutsche Sprache sei »einfach zu schwer«. »Ich finde, man muss die Sprache des Landes können, wenn man dort leben und wirklich ankommen möchte. Und das ist hier in Deutschland eine riesige Hürde.« Ob er finde, dass man dann einfach Englisch sprechen solle, frage ich ihn. »Nein«, antwortet er sofort. »Viele Menschen können hier ja Englisch, gerade die jüngeren. Aber ich finde, ich muss die Sprache lernen.« Und etwas beschämt fügt er hinzu: »Eigentlich sollten wir lieber auf Deutsch reden. Aber es ist so schön, dass ich nach so langer Zeit wieder Hindi reden kann!«

Er könne sich durchaus vorstellen, nach seinem Studium in Deutschland zu bleiben, sagt er. »Bis dahin kann ich dann auch wirklich gut Deutsch!« Mit dem Wetter – »Es ist hier viel zu kalt!« – komme er allerdings auch nach einem Jahr nicht zurecht, »und außerdem wird es im

Winter viel zu schnell dunkel«, das mache ihn fertig. Schnee hingegen finde er »sensationell« und Regen »gar nicht so schlimm«. »Regen ist Romantik«, sagt er.

»Was ist das Seltsamste für dich an Deutschland?«

Er muss einen Moment nachdenken.

»Zugteilungen.« Dieses Konzept, dass ein Zug nicht zu einem Ziel fährt, sondern mittendrin geteilt wird, und der eine Teil fährt nach A und der andere nach B, finde er »extrem seltsam« und »sehr irritierend«. »Ich habe ständig Angst, im falschen Teil zu sitzen.« Erstaunlich sei auch, dass man Sitzplätze im Zug extra reservieren und bezahlen muss. »In Indien fährt ein Zug dorthin, wo er hinfährt. Nicht ein paar Waggons hierhin, ein paar Waggons dorthin. Und wenn man für eine so lange Strecke ein Ticket kauft, dann ist automatisch ein Sitzplatz reserviert. Man kann ja nicht sechs Stunden lang stehen. Oder auf dem Boden sitzen.«

»Und was ist das Schönste an Deutschland?«

Da muss Anupam nicht lange überlegen. »Deutschland als Land ist schön!« Und als er meinen fragenden Blick sieht, sagt er: »Es gibt das Meer, es gibt Berge, und man erreicht alles innerhalb eines Tages, nicht wie in Indien, wo man manchmal tagelang unterwegs ist. Außerdem ist es hier fast überall grün und sauber.«

»Was sagst du zu dem Essen?«

»Ich sagte ja, es gibt ganz gute indische Restaurants …«

»Ich meine deutsches Essen.«

»Das ist … na ja, nicht so meins. Aber ehrlicherweise muss ich sagen, dass ich noch nicht so viel probiert habe. Ich koche viel selbst.«

»Hast du schon mal Eierschecke probiert?«

Er schüttelt den Kopf. »Was ist das?«

»Du lebst in Sachsen und kennst … egal.«

Ich rufe die Kellnerin.

»Haben Sie Eierschecke?«

»Aber selbstverständlich, die Herren. Aber als Torte, nicht auf dem Blech. Darf's ein Stück sein oder zwei?«

»Ja, gerne für jeden eine Portion.«

»Mit Sahne?«

Ohne Anupam zu fragen, sage ich: »Ja, unbedingt.«

Anupam probiert. Ich probiere. Es ist himmlisch.

»Ich glaube, in Dresden tun sie Rosinen rein. In Bautzen machen sie sie ohne Rosinen. Oder ist es umgekehrt? Keine Ahnung«, sage ich.

»Also, mir schmeckt diese hier ohne Rosinen ganz hervorragend. Ich brauche keine Rosinen«, sagt Anupam.

Ich selbst habe Eierschecke auch erst vor ein paar Jahren kennengelernt, als ich als Reporter den SPD-Politiker Serdar Yüksel nach Sachsen begleitet habe. Ein Deutscher, Sohn von Kurden mit Wurzeln in der Türkei, brachte mir, einem Norddeutschen mit pakistanischen Wurzeln, die Eierschecke nahe. Nun bringe ich einem Inder aus Jharkhand die Eierschecke nahe. Die Sachsen sollten uns Ausländern dafür danken, dass wir so viel Werbung für sie machen. Ohne uns schaffen sie es offensichtlich nicht, die Eierschecke so berühmt zu machen wie Baumkuchen. Es gibt meiner Meinung nach keinen besseren Käsekuchen!

Bevor ich mich aufmache nach Radebeul, kaufe ich noch zwei Stücke Eierschecke als Wegzehrung. »Da hat aber jemand Hunger«, merkt die Kellnerin an. Das Gute an Langstreckenfahrten mit dem Fahrrad ist, dass man eine Menge Kalorien verbrennt.

»Danke, mein Lieber«, sagt Anupam. »Es hat gut getan, wieder mal zu reden. Manchmal ist es hier doch … einsam.«

»Hast du Freunde gefunden?«

»Ich treffe mich ab und zu mit ein paar indischen Kommilitonen, die auch hier studieren. Deutsche Freunde zu finden, ist, glaube ich, schwierig. Ohne Deutschkenntnisse, möglichst ohne Akzent, findet man keine deutschen Freunde.«

Was für ein trauriger Satz.

»Wohnst du alleine?«

»Ich habe ein Zimmer in einem Studentenwohnheim.«

»Aber da müsstest du doch lauter Leute kennenlernen, die dir die Gegend zeigen können und mit denen du etwas unternehmen kannst!«

»Da leben eigentlich nur ausländische Studenten. Wir sind hier alle fremd. Zu Deutschen gibt es da keinen Kontakt.«

Ich weiß nicht, ob das so vorgesehen ist oder ob zufällig nur ausländische Studierende dort leben, aber ich rate Anupam, sich eine Wohngemeinschaft oder ein anderes Wohnheim zu suchen, wo er auch mit Deutschen in Kontakt kommt. Dieses Konzept, dass Fremde unter sich bleiben, halte ich grundsätzlich für schlecht. Auch und gerade in der Wohnungspolitik, diese Ghettoisierung. Wann verstehen Menschen, dass das Miteinander besser wird, wenn wir auch miteinander leben, nicht nebeneinander? Wenn man es so leicht wie möglich macht, miteinander ins Gespräch zu kommen. Und miteinander zu essen. Eierschecke zum Beispiel.

Von Altkötzschenbroda zu meinem nächsten Ziel ist es nicht mehr weit, nur ein paar Kilometer: die Villa, in der der Schriftsteller Karl May lebte und schrieb und in der sich heute das Karl-May-Museum befindet.

May war zuletzt wieder in den Schlagzeilen, weil manche ihm, der 1842 geboren wurde und 1912 hier in Radebeul starb, vorwerfen, Stereotypen über amerikanische Ureinwohner verbreitet und über Welten geschrieben zu haben, die er gar nicht kannte. Vorwürfe wie »kulturelle Aneignung« und »Rassismus« standen im Raum.

Darüber mag man streiten.

Ich war als Kind kein Fan von Karl May, aber nicht wegen solcher Vorwürfe, sondern weil seine Bücher mich einfach nicht ansprachen. Man muss aber festhalten, dass May seit Generationen zu den meistgelesenen deutschen Schriftstellern gehört. Allein die deutschsprachige Gesamtauflage seiner Bücher liegt bei mehr als hundert Millionen Exemplaren.

Man kann diese Bücher natürlich auch hier im Museumsshop bekommen. »Kaufen die Leute diese Bücher noch?«, frage ich die Frau hinter der Ladentheke.

»Wie meinen Sie?«

»Na, ich meine, die ganzen Winnetou- und Karl-May-Diskussionen heutzutage. Spüren Sie hier die Folgen?«

Die Frau lacht und schüttelt den Kopf. »Nein, nein, überhaupt nicht! Ich habe eher das Gefühl, die Leute lesen das jetzt erst recht. Gerade

Winnetou. Das Interesse an Karl May ist ungebrochen hoch, vielleicht jetzt sogar noch höher.« Besucher- oder Verkaufszahlen hat sie nicht parat. »Aber man kann sagen: Die allermeisten Leute interessieren diese Debatten nicht. Die lassen sich ihre Faszination für Karl May nicht kaputt machen.«

Tatsächlich war May nur ein einziges Mal in Nordamerika, nämlich im Herbst 1908, da war er längst ein vielgelesener Autor und hatte so viel Geld verdient, dass er sich solch eine Reise leisten konnte. Zu einer Zeit also, da hatte er »das Indianerbild der Deutschen längst geprägt«, wie es im Museum heißt. Auch im »Orient« war er erst, nachdem er seine Bücher, die dort spielen, längst geschrieben hatte.

Aber was ist der Vorwurf? Dass ein Schriftsteller seiner Fantasie freien Lauf gelassen hat? Dass ein Künstler Kunst geschaffen hat? Ernsthaft?

Die Frau im Museumsshop findet nicht, dass May Klischees verbreitet habe. »Und wenn, dann nicht so, dass sie verletzten. Wir hatten schon mehrere Indianer hier zu Besuch, die Karl May lieben!« May, findet sie, habe nichts geschrieben, »das die Ureinwohner Amerikas in einem schlechten Licht dastehen« ließe. »Im Gegenteil! Die Menschen haben durch ihn angefangen, sich für diese Welt zu interessieren und vielleicht mehr zu lesen! Es ist alles kein Problem. Manche Leute machen daraus nur ein Problem!«

Während ich sie reden höre und an die Probleme unserer Zeit denke, kommt mir dieser Gedanke auch: Geht es uns vielleicht zu gut? Natürlich müssen wir für mehr Gerechtigkeit und gegen Diskriminierung kämpfen, aber doch nicht so! Nicht so, dass die Kämpfe nicht nur nichts, sondern das Gegenteil bewirken, nämlich viele Menschen zu Trotzreaktionen bewegen, weil sie inhaltlich nicht zu überzeugen vermögen.

Das Museum ist gut besucht. Ich gehe durch Karl Mays Arbeitszimmer und durch seine Bibliothek. Schlecht gelebt hat er nicht, es sind großzügige Räume in einer schmucken weißen Villa. Radebeul ist eh ein Villenort, irgendwo schnappe ich auf, dass hier schon immer »die Reichen und Schönen von Dresden« wohnten, angeblich heute noch. Ich schaue mir Mays Schreibgeräte an, die er zum Teil von Reisen mitgebracht hat, zum Beispiel eine Schreibfeder samt metallenem Halter und Tintenfass aus Ägypten.

Mit der Kritik an May setzt sich das Museum in der Ausstellung nur indirekt auseinander, nämlich indem es, in einem Hintergebäude aus Holz, eine Ausstellung zu den Ureinwohnern Amerikas zeigt. Über ihre Vielfalt, ihre Traditionen und Lebensweisen.

Bis nach Dresden ist es nicht mehr weit. »Elbflorenz« nennen manche diese Stadt. Ich würde sie ja nie so bezeichnen, außer man sagte zu Florenz dann auch »Toskanadresden«. Kurz vor Dresden – man sieht die Stadt schon von Weitem – möchte ich noch einmal Pause machen, den Blick auf die Elbe genießen und noch ein Stück Eierschecke essen. Ich sehe eine Holzbank am Elbufer. Eine junge blonde Frau sitzt dort und starrt auf den Fluss. Ich zögere. Soll ich halten und mich dazusetzen? Nicht, dass es nachher heißt: »Ausländer belästigt deutsche Frau« oder so. Es ist aber weit und breit keine andere Bank oder eine andere Sitzgelegenheit zu sehen.

Ich halte.

»Darf ich mich dazusetzen?«

Sie nickt. »Bitte, bitte.«

Ich packe den Kuchen aus, den mir die Kellnerin in einen kleinen Karton eingepackt hat, damit er in der Fahrradtasche nicht zerdrückt wird.

»Möchten Sie auch ein Stück?«

Die Frau schaut mich erstaunt an.

»Ich habe leider keine Gabeln dabei, Sie müssten das einfach in die Hand nehmen.«

Ich mache es ihr vor, nehme ein Stück und halte ihr den Karton hin.

Sie zögert, greift dann aber auch zu.

»Das ist aber sehr, sehr nett.« Sie hat einen starken Akzent. Russisch, würde ich sagen, aber ich kenne mich nicht aus.

Kateryna kommt aus der Ukraine. Gemeinsam mit ihrem vierjährigen Sohn ist sie im Frühjahr 2022 aus der Ukraine geflüchtet. Ihr Mann ist im Krieg.

»Er ist eigentlich Ingenieur, aber er hat sich freiwillig als Soldat gemeldet.«

Seit mehr als einem Jahr lebt Kateryna nun in Dresden. In der Schule hat sie Deutsch gelernt. »Das habe ich fast alles wieder vergessen, aber nach einem Jahr in Deutschland ist es wieder da.« Sie sagt, sie hätte nie geglaubt, dass sie diese Sprache mal benötigen würde. »Ich habe so viel nie geglaubt: dass mal Krieg in meiner Heimat ist; dass mein Mann in den Kampf ziehen muss; dass ich mal Flüchtling bin.«

Sie beißt in das Kuchenstück. »Sehr gut«, sagt sie.

»Das ist Eierschecke. Kennen Sie das?«

Sie schüttelt den Kopf.

Wieder mache ich Werbung für die Eierschecke und erwäge, eine Rechnung an die sächsische Landesregierung zu schicken.

»Warum sind Sie nach Dresden gekommen?«

»Ich hatte von einer Freundin gehört, die hier ist. Das ist der einzige Grund. Und dann ist es relativ weit im Osten, also nicht so weit von zu Hause.«

Zu Hause, sagt sie. Sie meint ihre Kleinstadt in der Ukraine. Ihr Haus, das sie zurückgelassen hat und in dem sie seit mehr als einem Jahr nicht mehr war.

»Ich möchte bald wieder zurück. Mir geht es gut hier, aber es ist nicht mein Zuhause.«

Sie erzählt, dass ihr Sohn sich wohlfühle in Dresden. Er habe einen Platz in einer Kita und sei dort sehr glücklich.

»Am Anfang hat er viel geweint. Er hat seine Freunde vermisst und seinen Papa. Er hat nicht verstanden, weshalb wir so schnell wegmussten. Aber jetzt gefällt es ihm hier.«

»Und Sie? Gefällt es Ihnen hier?«

»Ja«, antwortet sie, fast ein bisschen zu schnell, um es ihr zu glauben. »Doch, alles in allem ja. Aber ich merke natürlich, dass ich eine Fremde bin. Eine geflüchtete Frau mit einem kleinen Kind. Ich möchte nicht undankbar klingen, denn die Menschen hier sind freundlich und hilfsbereit. Ich habe schnell eine Wohnung zugewiesen bekommen und kann hier leben. Aber man bleibt eben doch der Flüchtling aus der Ukraine. Manchmal spüre ich auch Ablehnung. Und dann sind da die Menschen aus Afghanistan und Syrien. Die lassen uns auch spüren, dass sie uns nicht mögen, weil sie schlechter behandelt werden als wir Ukrainer. Ich kann sie, wenn ich ehrlich bin, sogar verstehen. Es stimmt ja auch. Sie haben es noch schwerer als wir. Sie haben seit sehr langer Zeit Krieg, sie haben oft eine andere Religion, und man sieht ihnen an, dass sie von woanders kommen.«

Jetzt schaut sie mich an. »Woher kommen Sie denn?«

»Aus Norddeutschland. Ich habe Wurzeln in Pakistan und in Indien. Aber ich bin Deutscher.«

Sie nickt.

Ich hätte sie gerne mehr gefragt über ihr Leben hier und in der Ukraine. Über ihren Mann und ob er Angst hat. Ob sie Angst hat. Aber ich kenne sie ja nicht. Sie ist einfach nur eine Banknachbarin. Es könnte auf sie wie ein Verhör wirken. Außerdem hat sie eh keine Zeit mehr.

»Ich muss jetzt meinen Sohn abholen«, sagt sie, steht auf und reicht mir ihre Hand. »Vielen Dank für den Kuchen! Der war sehr gut!« Und weg ist sie.

Meine Güte. Das muss man sich mal vorstellen: als Ukrainerin hier in einem fremden Land zu sein, in einer fremden Sprache zurechtkommen zu müssen, einem Kleinkind eine Mutter zu sein, den Mann in der Ferne im Krieg zu wissen und Angst haben zu müssen, dass er nicht überlebt, die Sorge, dass das Zuhause zerstört wird. Wie vielen Tausenden Menschen geht es derzeit so? Sie sind alle da. Was bekommen wir von ihnen mit? Viel zu wenig.

Zwei Stücke Eierschecke waren vielleicht doch ein bisschen zu viel. Ich schwinge mich auf mein Rad und fahre, ein wenig schwerfällig, weiter.

Zur Sicherheitslage im Osten

In Dresden hätte ich beinahe mal gelebt. Als ich 2016 die Türkei verlassen musste, weil der türkische Präsident Erdoğan mir »Beleidigung« und »Terrorpropaganda« vorwarf, war ein möglicher neuer Standort für mich als Korrespondent: Dresden. Ich konnte mir das vorstellen, denn die politischen Entwicklungen in Sachsen und auch in den umliegenden Bundesländern sind durchaus spannend. Ich hätte mich hier aber wahrscheinlich mit allen möglichen Leuten angelegt, und meine Chefredaktion war der Auffassung, sie müsste mich »ein bisschen schützen«, daher war Dresden dann doch wieder vom Tisch.

Ich treffe in Dresden erstmals Herrn D., mit dem ich bisher jahrelang ausschließlich per E-Mail Kontakt hatte. Herr D. arbeitet für eine Sicherheitsbehörde und ist ein Kenner der rechtsextremistischen Szene insbesondere in Sachsen.

Herr D. sagt: »Natürlich hätten Sie hier in Dresden leben können. Aber es wäre für Sie mit gewissen Risiken verbunden gewesen.«

»Nämlich?«

»Wie ich Sie einschätze, hätten Sie sich zu Veranstaltungen von Pegida und zur AfD häufiger in Texten geäußert. Damit wären die natürlich aufmerksam auf Sie geworden. Diese Leute sind nun nicht allesamt rechtsextrem, aber es gibt doch einen nicht unerheblichen Anteil. Und da wäre es denkbar, dass manche versucht hätten, Ihnen das Leben hier schwer zu machen.«

»Sie meinen also, es ist gut, dass ich nicht in Dresden lebe?«

»Das habe ich nicht gesagt. Es kommt drauf an, wie scharf Sie sich äußern, wie provokativ Sie sind und wie leidensfähig. Nach meiner Wahrnehmung sind Sie ein ziemlich streitlustiger Typ, der aber das Gespräch sucht. Wenn das stimmt, hätten Sie hier sicher keine langweilige Zeit.«

»Gefährlich wäre es für mich nicht?«

Er überlegt einen Moment.

»Hier eine Aussage zu treffen, ist immer riskant. Wäre etwas passiert, hätte es geheißen: ›Wie konnten Sie so leichtsinnig sein und nach Dresden ziehen? Und warum wurden Sie nicht gewarnt, beispielsweise von jemandem wie mir?‹ Wäre aber nichts passiert, hätten alle gesagt: ›Na, siehste mal, ist doch alles nicht so schlimm!‹ Es ist also schwer zu sagen. Meine persönliche, subjektive Einschätzung wäre: Sie hätten hier eine gute, spannende, manchmal vielleicht aufreibende, aber für einen Typen wie Sie doch gewinnbringende Zeit gehabt.«

Bevor ich ein Hotel suche, radele ich durch die verschiedenen Stadtteile von Dresden. Manche Gegenden gefallen mir richtig gut. Schöne Häuser, Straßen mit Cafés und Kneipen und Restaurants. In anderen Vierteln stehen Wohnblöcke, die eher weniger einladend aussehen.

Wie auf meiner gesamten bisherigen Reise stelle ich fest, dass Menschen in Deutschland im selben Ort, aber doch sehr unterschiedlich leben können. Und dass Leben, allein schon was das Wohnen betrifft, sehr ungleich ist. Manche haben zig, vielleicht sogar Hunderte Quadratmeter, einen Garten, einen Swimmingpool, einfach viel, viel Platz. Andere leben auf wenigen Quadratmetern, kein Grün, kein Balkon. Umso wichtiger, dass ein Ort öffentliche Plätze für alle bietet. Parks. Wander- und Radwege. Picknick-, Grill- und Spielplätze. Schwimmbäder. Möglichkeiten, in Seen oder an Flüssen zu baden.

Als ich am Abend durch die Dresdner Innenstadt spaziere, sind viele Menschen unterwegs. Aller möglichen Hautfarben. Ich kann nicht sagen, wer Tourist ist und wer hier lebt. Ich kann auch nicht sagen, wer Deutscher ist und wer nicht, denn die Leute tragen nicht ihre Pässe oder Ausweise vor sich her. Es ist eine gelöste, freundliche Atmosphäre.

Umso mehr verwundert mich, dass ausgerechnet hier die »Patrioten gegen die Islamisierung des Abendlandes« ihren Ausgangspunkt haben. Dass ausgerechnet hier Rechtspopulismus und auch Rechtsextremismus so viel Zulauf erhalten. Dass ausgerechnet hier sich fragwürdige Gestalten nicht nur aus dieser Stadt, sondern von weit über die Landesgrenzen hinaus versammeln und ihr Gift versprühen.

Dresden ist unbedingt eine Reise wert. Wir sollten diese Stadt nicht den Idioten überlassen.

Von Dresden bis nach Bad Schandau an der tschechischen Grenze sind es nur noch fünfzig Kilometer. Ich habe mein Ziel fast erreicht. In Pirna, auf halber Strecke, mache ich halt.

Den Namen dieser Stadt hatte ich oft gelesen, in Erinnerung hatte ich ihn leider vor allem im Zusammenhang mit rechtsextremistischen Ausschreitungen oder Übergriffen auf Menschen fremder Herkunft. Ich las, dass es hier in der Zeit des Nationalsozialismus eine »Heil- und

Pflegeanstalt« gab, in der während des »Euthanasieprogramms« zwischen 1940 und 1941 etwa 15 000 Menschen ermordet wurden, Menschen mit psychischer Erkrankung oder körperlicher Behinderung. Heute ist dies die Gedenkstätte Pirna-Sonnenstein.

Dann wurde ich zu einer Lesung nach Pirna eingeladen und lernte freundliche Menschen kennen, die sich gegen Extremismus und für Vielfalt engagieren. Ein Mann aus der Umgebung von Pirna sagte mir damals: »Mein Nachbar, der links von mir wohnt, hisst jeden Morgen die Reichskriegsflagge. Der Nachbar rechts hisst die AfD-Flagge, den roten Pfeil auf blauem Hintergrund. Was soll ich denn machen? Wenn ich mich mit denen streite, muss ich befürchten, dass jemand meine Autoreifen zersticht oder mir Schlimmeres antut.« Der Mann führte mir vor Augen, welchen Mut es erfordert, Haltung zu zeigen, zu widersprechen und den Streit zu suchen. Und dass ich gut reden habe, von den Menschen einzufordern, lauter zu werden im Kampf gegen Rechtsextremisten. Ich, der ich reden kann und dann in meinen Zug steige und in Sicherheit fahre.

Und wie bei diesem ersten Besuch sehe ich auch jetzt, wie hübsch diese Stadt mit ihren alten, sanierten Gebäuden ist, eingebettet in die Landschaft des Elbtals, das nun, im Gegensatz zu der mir vertrauten Elbe hoch oben im Norden Deutschlands, eng und schmal ist.

Ich möchte von einem Einheimischen wissen, warum Rechtsextremismus hier ein solch großes Problem ist. Jemand hat mir empfohlen, mit Herrn K. zu sprechen, der als Unternehmer reich geworden ist seit der Wiedervereinigung. K. willigt ein, möchte aber nicht identifiziert werden. »Man hat hier schnell Feinde, und das kann ich gar nicht gebrauchen«, sagt er. Herr K. ist ein freundlicher Mittsechziger, einer, der gerne und viel redet und so aussieht, als würde er gerne Bier trinken. Manchmal ist mir nicht ganz klar, was er eigentlich sagen will, weil er sich in seinen Sätzen verliert, aber wenn man ihm länger zuhört, ist eines klar: Er ist genervt von den Extremisten.

»Man kann ja ruhig konservativ sein, von mir aus auch rechts. Aber es gibt keinen Grund, extremistisch zu sein und andere Menschen zu hassen und zu Prügelknaben zu machen!«, sagt er. »Ich verstehe auch, dass viele Menschen hier ein Problem mit der massenhaften Zuwanderung haben. Wir leben hier im Grenzgebiet, und wir sehen mit eigenen Augen, wie viele Menschen hier ankommen, ohne irgendwie kontrolliert oder registriert zu werden. Die meisten ziehen weiter, aber trotzdem, das kann doch so nicht sein!«

Ich frage ihn, wo er sich selbst politisch verortet.

»Ich würde schon sagen: konservativ. Ich hab damals Kohl gewählt, wir im Osten wollten den, weil wir so werden wollten wie die alte BRD. Ich jedenfalls. Ich wollte nichts mehr wissen von der DDR und diesem Stasi-Scheiß. Und ich war glücklich mit der Wiedervereinigung und mit Kohl. Gut, mir ging es auch immer sehr gut. Als Unternehmer war und bin ich erfolgreich, ich hab finanziell keine Sorgen. Anders als viele andere Menschen hier. Aber wissen Sie, es sind nicht nur die Leute mit wenig Geld, die sauer sind. Sondern auch Wohlhabende. Die sagen: ›Wir haben immer CDU gewählt und waren Mitte der Gesellschaft, vielleicht ein bisschen rechts der Mitte, aber im Wesentlichen: Mitte. Unsere Einstellung hat sich nicht verändert, wir leben immer noch nach den alten Vorstellungen und Werten. Aber heute sind wir plötzlich rechtsextrem und werden als Nazis beschimpft. Ihr unterstellt uns Radikalisierung, nur weil ihr euch selbst von der Mitte in die ganz linke Ecke bewegt habt!‹ So denken die. Und ganz ehrlich: Ich kann's nachvollziehen.«

»Wirklich?«

Ich muss an Gitti in Gorleben denken, die vom Rechtsruck erzählt hat.

»Na, gucken Sie doch mal: Wer hat die Wehrpflicht ausgesetzt? Die CDU. Wer hat den Atomausstieg beschlossen? Die CDU. Wer hat mehr als eine Million Menschen aus Syrien, Afghanistan und vielen anderen Ländern, wo, seien wir mal ehrlich, nicht überall Krieg herrscht, sondern Armut und Korruption, ins Land gelassen? Die CDU. Dazu kann man stehen, wie man mag. Aber es sind ja nicht wir, die wir uns radikalisiert haben, sondern Teile der CDU, und ich sage bewusst: Teile der CDU haben sich nach links bewegt. Dadurch ist rechts von ihr eine Lücke entstanden, die jetzt die AfD besetzt.«

»Sie finden also nicht, dass die AfD eine rechtsextreme Partei ist? Und Sie finden auch nicht, dass es ein Problem ist, dass diese Partei hier bei Ihnen so stark ist?«*

Herr K. denkt eine Weile nach.

»Wollen Sie auch ein Bier?«, fragt er mich und bestellt, ohne meine Antwort abzuwarten, zwei Bier. »Wo soll ich anfangen? Um es kurz zu sagen: Doch, ich finde, dass die AfD in weiten Teilen eine rechtsextreme Partei ist, und was die sagen, geht gar nicht. Aber man muss sich davor hüten, zu sagen, dass die alle Nazis sind. Schon gar nicht trifft das auf die Wähler zu. Auf manche sicher, aber auf die meisten nicht. Die wählen dann aber aus Trotz erst recht AfD. Die kriegen wir so nicht mehr zurück. Und klar ist das ein Problem, dass die AfD hier so stark ist. Da müssen wir alle miteinander darüber nachdenken und reden, wie wir das ändern können. Wie wir Demokraten die Menschen davon überzeugen können, dass das keine Lösung sein kann.«

Das Bier kommt, und Herr K. nimmt sein Glas, sagt: »Zum Wohle!«, und trinkt es zur Hälfte aus. »Vielleicht ist die Lösung aber auch, dass die AfD in den Kreis der Demokraten eintritt, sich von bestimmtem Personal trennt und anfängt, vernünftig zu reden, nicht extremistisch und menschenverachtend. Dann wird das vielleicht so eine Art CSU des Ostens. Wobei ihr die im Westen ja auch habt … Jedenfalls ist doch denkbar, dass die sich verändern.«

»Ich habe da meine Zweifel. Ja, natürlich, möglich ist das. Aber wenn ich mir anschaue, wie da in all den Jahren geredet und gedacht wurde, welche Fantasien es da gibt über den Umgang mit allen, die als fremd wahrgenommen werden, dann glaube ich nicht, dass das die Lösung sein wird.«

»Sie werden sich nie mit denen anfreunden, oder?«

»Ich kann es mir nicht vorstellen, nein. Aber …« Ich muss nachdenken, wie ich es möglichst präzise formuliere. »Also, natürlich sind

---

* Im Dezember 2023, ein Dreivierteljahr nach meinem Besuch in Pirna, gewann ein von der AfD aufgestellter parteiloser Kandidat die Wahl zum Oberbürgermeister. Damit ist Pirna die erste Stadt in Deutschland, die einen von dieser Partei aufgestellten Politiker als Oberbürgermeister hat.

das auch Menschen. Und natürlich können Menschen sich ändern. Ich möchte nicht hassen, und ich möchte nicht unnachgiebig sein. Wenn die sich also ändern, also wirklich, wirklich ändern, und zwar glaubhaft und überzeugend, dann … Aber ich kann es mir bei den Höckes dieser Welt nicht vorstellen. Und die sind ja auch nicht bereit dazu.«

»Nein, das sind die wirklich nicht«, sagt Herr K. »Ich finde aber gut, dass Sie durchs Land fahren und mit allen Menschen reden.«

»Ja, wobei ich mit manchen gar nicht ins Gespräch komme. Bei den AfD-Leuten steht immerhin AfD drauf. Aber es gibt hier ja noch ganz andere Gruppen, Reichsbürger und verschiedene Neonazigruppen und was weiß ich. Die reden nicht mit mir. Da habe ich leider kaum Anknüpfungspunkte. Und ganz ehrlich: Das ergibt auch keinen Sinn, oder? Was will man mit solchen Leuten reden?«

Herr K. wirkt nachdenklich. »Die Hoffnung stirbt zuletzt«, sagt er. »Versuchen kann man es. Aber es stimmt schon, es gibt einen gewissen Anteil in der Bevölkerung, den wird man nicht ändern können. Ich befürchte, der ist bei uns im Osten etwas höher als bei euch im Westen. Das hat damit zu tun, dass wir das hier nie ordentlich aufgearbeitet haben.«

Er sagt tatsächlich »bei euch im Westen«. Ich bin ein Wessi.

Es stimmt ja: Der Umgang mit dem Nationalsozialismus war in BRD und DDR sehr unterschiedlich. »Demokratisierung« war in beiden Teilen Deutschlands vorgesehen – nur verlief die eben auch nicht gleich. »Ein Volk, ein Reich, ein Führer« hatte im Westen wie im Osten gleichermaßen gegolten. Im Westen trieben die Alliierten, allen voran die US-Amerikaner, die »Entnazifizierung« voran. Dabei unterschieden sie zwischen Hauptschuldigen, also Kriegsverbrechern, Belasteten, Minderbelasteten, Mitläufern und Entlasteten. Der Nationalsozialismus wurde, so gut es ging, auf Druck der Alliierten aufgearbeitet, eine marktwirtschaftliche Demokratie durchaus auch aus eigenen Interessen aufgebaut: zum Schutz vor dem Sozialismus im Osten. Gab es im Westen eine wirklich gründliche Aufarbeitung? Jedenfalls stand dem die Schlussstrichmentalität vieler Deutscher entgegen. Man wollte lieber nach vorne blicken, etwas Neues aufbauen, sich lieber nicht mit den

Gräueln – und der eigenen Schuld – befassen. Und beteiligt waren ja doch sehr viele oder hatten den Nationalsozialismus mit ihrer Arbeit oder auch mit dem Wegsehen möglich gemacht. Der erste Bundeskanzler, Konrad Adenauer, sagte: »Nehmen Sie die Menschen, wie sie sind. Andere gibt's nicht.« Die Aufarbeitung des Nationalsozialismus sollte Jahrzehnte dauern, gewann durch die Achtundsechziger noch einmal an Fahrt und Kraft und dauert, wenn man so will, bis heute an. Im Osten fand das alles viel weniger bis gar nicht statt. Da war der Westen schuld am Faschismus, der staatlich verordnete Antifaschismus war keine echte Aufarbeitung.

Ab Pirna radele ich durch eine Schneise, die die Elbe geschlagen hat. Das ist wirklich eine ganz besondere, einzigartige Region: die Sächsische Schweiz. Bizarre Felsformationen, zerklüftete, vom Elbsandsteingebirge geprägte Landschaft.

In Bad Schandau, meinem Zielort an der Grenze zu Tschechien, gibt es das Informationszentrum der Nationalparkregion Sächsische-Böhmische Schweiz (denn drüben, auf der anderen Grenzseite, heißt die Region Böhmische Schweiz). Bad Schandau ist ein Kur- und Erholungsort, sonderlich touristisch wirkt das Ganze aber nicht.

Die Elbe geht noch weiter, beziehungsweise: Sie kommt von noch weiter, denn ich bin ja von Cuxhaven aus gegen die Fließrichtung gefahren, hin in Richtung Quelle, die in Tschechien im Riesengebirge liegt, nur ein paar Hundert Meter von der Grenze zu Polen entfernt. Etwa einen Kilometer nach der Quelle liegt der sogenannte Elbfall, wo das Wasser vierzig Meter in die Tiefe stürzt. Ebenfalls in Tschechien, bei Mělník in Mittelböhmen, mündet die Moldau in die Elbe. Sie ist bis zum Zusammenfluss mit über 400 Kilometern länger und wasserreicher als die Elbe und wäre damit der eigentliche Hauptfluss. Dass der weitere Strom dennoch ab dort Elbe und nicht Moldau heißt, liegt daran, dass man das im Mittelalter anders entschieden hat.

Was lerne ich an der Elbe? Dass dieses Land vielfältig ist. Stadt, Land, politische Ansichten, Blick auf die Dinge. Alteingesessene, Zugewanderte. Ich lerne aber auch: Diversität an sich ist weder gut noch schlecht, auch wenn sie mancherorts bejubelt, andernorts kritisiert wird. Sondern erst das, was aus Diversität erwächst, gilt es zu bewerten. Und das ist, jedenfalls nach meiner Reise entlang der Elbe, nun ja, ganz okay. Kein Grund zu Begeisterungsstürmen, allerdings. Denn was nützt Vielfalt, wenn wir nebeneinander leben und nicht miteinander? Wenn wir, nur weil wir unterschiedlicher Meinung sind, in dem anderen sofort einen Feind sehen und angesichts seiner oder ihrer Ansichten beleidigt sind und nicht miteinander reden?

Ich lerne auch: Landleben kann wunderbar sein und glücklich machen. Die Verwurzelung mit der Natur, die Möglichkeiten, vom Alltag abzuschalten, eine im Vergleich zur Stadt oft stressärmere Lebensweise. Ich glaube, das ist bei vielen nicht angekommen; es gilt als erstrebenswert, in die Großstadt zu ziehen. Dabei ist dort nicht nur Wohnraum knapp und teuer, das Leben ist auch viel hektischer. Aber ja, es bietet dafür natürlich auch mehr.

Man müsste das Leben auf dem Land attraktiver machen. Damit meine ich nicht das Ferienhaus für Städter, die am Wochenende mit dem Auto rausfahren und Landleben spielen, sondern das echte, ausschließliche Leben auf dem Land. Dazu müsste man neuen, leistbaren Wohnraum schaffen und die Verkehrsanbindung verbessern. Man müsste das Leben auf dem Land, im Dorf, vom Image des Rückständigen befreien. In Zeiten von Internet und Homeoffice, von Bewusstsein für das Regionale und Klimawandel sollte das doch gelingen!

Als Gesellschaft hielte uns zusammen, wenn wir mehr miteinander redeten und einander kennenlernten. Wie heißt es so schön? Wen man kennt, den hasst man nicht. Da ist was Wahres dran. Wir sollten also wieder mehr miteinander reden. Nicht in Talkshows oder in den Medien oder bei Projekten, wo Menschen unterschiedlicher Auffassung aufeinanderstoßen, sondern im echten Leben, unbeobachtet, mit Interesse am anderen.

Was hat die junge schwarze Frau dem mittelalten weißen Ostdeutschen zu sagen? Und was er ihr? Was erzählt der Künstler vom platten Land in Niedersachsen dem Alten aus Magdeburg, der zweimal im Leben von vorne anfangen musste – und umgekehrt? Was erzählen sich der Unternehmer aus Pirna und die Anti-AKW-Aktivist*in aus Gorleben? Und hören wir bitte auch auf die Bewohner von Gorleben, die Kernenergie vielleicht gar nicht so schlimm finden, ohne so zu tun, als gäbe es nicht auch die, die sie ganz furchtbar finden.

Unsere Gesellschaft hält zusammen, wenn wir einander kennenlernen, miteinander reden und, vielleicht, einander schätzen lernen, auch wenn wir nicht alle Meinungen teilen.

Entlang der Elbe lerne ich: Die Lage ist besser als die Stimmung; die Spaltungen, von denen wir oft hören, sind nicht so tief wie befürchtet. Aber es könnte alles noch besser sein. Viel besser. Wenn wir miteinander ins Gespräch kämen.

Das nehme ich mit von gut tausend Kilometern entlang eines Flusses, den man Elbe nennt, der aber korrekterweise Moldau heißen müsste.

NIEDER-
LANDE
Krefeld
Duisburg
Rhein
Essen
Bochum
Düsseldorf
Hattingen
Dortmund
Herdecke
Schwerte
Fröndenberg
Köln
RUHR
Arnsberg
Bonn
DEUTSCHLAND
Olsberg
Winterberg
W
N
S
O
0
25
50 km

TIEF IM WESTEN | ENTLANG DER RUHR VON WINTERBERG NACH DUISBURG

Zechen, Schlote, Kumpel – nicht

Nach der Elbe sehne ich mich nach Städten und Menschen. Einsamkeit und Weite hatte ich genug. Der nächste Fluss, den ich entlangfahren werde, ist die Ruhr. Im Ruhrgebiet war ich zwar schon oft, aber immer nur zu Stippvisiten. Anreise, Termin, Abreise. Kennen tue ich das Ruhrgebiet nicht. Gibt es so etwas eigentlich wirklich? Mit klaren Grenzen? Gibt es eine Ruhridentität? Eine Ruhr-Leitkultur?

Ruhr, man möge mir das verzeihen, klingt in meinen Ohren nach, nun ja, Fieber, Übelkeit, Durchfall. Als Norddeutscher mit pakistanischen Wurzeln verbinde ich mit Ruhr eher die Krankheit als den Fluss. Und wenn ich dann doch an den Fluss denke, kommen mir Industrie, Schornsteine, Kohlebergbau, Ruß, Arbeiter, Hitze in den Sinn.

Das Ruhrgebiet. Ich denke an Kohlebergbau, und auch wenn ich weiß, dass die Zechen stillgelegt wurden und die Zeit der Kohle vorbei ist, rechne ich damit, die Spuren dieser Ära zu sehen. Arbeitermilieu. »Gastarbeiter« – was für ein seltsames Wort, denn seit wann lässt man Gäste arbeiten? Abgesehen davon, sind die meisten Menschen, die vor mehr als einem halben Jahrhundert kamen, geblieben, sind Teil unserer Gesellschaft geworden, und jetzt sind ihre Kinder, Enkel und Urenkel da. Migrantische Gesellschaft. Eine traditionell starke SPD. Wahrscheinlich auch eine starke AfD. Mit alldem rechne ich.

Wie sehr ich mich täusche!

Aber der Reihe nach.

Anders als bei der Elbe, wo ich gegen den Strom gefahren bin, was kaum etwas ausgemacht hat, weil eh alles flach ist, möchte ich nun von der Quelle bis zur Mündung radeln. Die Ruhr, lerne ich erst jetzt, hat ihre Quelle nicht im Ruhrgebiet, sondern im Sauerland, nämlich im Ort Winterberg. Ich fände ja toll, wenn die Mündung dann in einem Ort namens Sommertal läge, und aus diesem Grunde würde ich, wenn ich etwas zu sagen hätte, durchaus in Erwägung ziehen, Duisburg, wo die Ruhr in den Rhein mündet, so umzubenennen, aber ich habe in dieser Sache leider nichts zu sagen. Jedenfalls ergibt es Sinn, so herum zu fahren, denn wenn man einmal in Winterberg gestartet ist, kann man sich eigentlich die folgenden gut 200 Kilometer nur noch rollen lassen. Sprich: Eine Fahrradreise entlang der Ruhr in Strömungsrichtung ist auch für Beinschwache und Familien mit radlunwilligen Kindern geeignet – und dabei auch noch so abwechslungsreich!

Winterberg ist so beschaulich, wie der Name des Ortes vermuten lässt. Herausgeputzt, wohlhabend, touristisch. Ich radele vom Bahnhof zu meinem Hotel und höre in der Innenstadt viel Niederländisch. Winterberg, wat een prachtige stad! Auch hier gibt's ein Restaurant, das »Heimatliebe« heißt. Heimatliebe allenthalben!

Zur Ruhrquelle fährt man ein paar Kilometer, verwitterte Holzschilder weisen den Weg. Ich fahre über einen matschigen Pfad und komme an ein kleines Plateau. Dann ist da ein Rinnsal, als würde aus einer undichten Stelle ein Wässerchen herauslaufen, gerade mal eine Hand breit.

Das soll die Ruhr sein? Der Anfang jenes Flusses, der 221 Kilometer lang ist, rechter Nebenfluss des Rheins in Nordrhein-Westfalen mit einem Einzugsgebiet von 4500 Quadratkilometern, namensgebend für die größte europäische Industrieregion, das Ruhrgebiet? Im Ernst?

Ein Schild weist darauf hin, dass der Name Ruhrgebiet sich »aus dem Beginn der Industrialisierung im Bereich des Flusses« erkläre. »Die Region an der Ruhr war seit dem ausgehenden 18. Jahrhundert Ursprung der gesamten Wirtschaftsregion. Eine wichtige wirtschaftliche Bedeutung des Flusses liegt heute in der Trink- und Brauchwasserversorgung des Ruhrgebiets sowie der Energiegewinnung. Zuvor war die Ruhr im 19. Jahrhundert zeitweilig die meistbefahrene Wasserstraße Deutschlands.«

Erst nach ein paar Hundert Metern wird aus dem Rinnsal ein Bächlein, offensichtlich gibt es irgendwelche Zuflüsse, die den Strom anwachsen lassen. Man könnte sich Verschwörungstheorien ausdenken, wer warum die Ruhr anwachsen lässt zu einem Fluss, der normalerweise nie über sein Dasein als mickriges Wässerchen hinauskommen würde.

Über einen besonders bedeutenden Zufluss im Sauerland muss ich lange nachdenken, und das sagt auch etwas über den Zustand von Deutschland aus. Dieser Zufluss ist die Neger. Fast achtzehn Kilometer ist sie lang, entspringt im Rothaargebirge und hat selbst eine Menge Nebenflüsse mit seltsamen Namen: Gutmecke, Renau, Birau, Lohsiepen, Namenlose (heißt tatsächlich so und ist ihr wichtigster Nebenfluss), Hartmecke, Voßsiepen, Eutmecker, Remmetsiepen, Brusemecke, Kransmecke, Fauleborn, Faules Siepen. Die Neger und das Negertal sind namensgebend für ein Dorf im Sauerland, das ebenso heißt und unterteilt ist in Unter-, Mittel- und Oberneger. Tatsächlich gab es hier, im Kreis Olpe, in den zurückliegenden Jahren immer wieder Diskussionen, die Namen von Ort, Fluss und Tal zu ändern, weil sie rassistisch seien. Über die Herkunft und die ursprüngliche Bedeutung lässt sich nichts sagen, so die Forscher. Eine Ableitung vom lateinischen *niger* für »schwarz« lässt sich nicht finden, ebenso kein etymologischer Bezug zu einem rassistischen Kontext.

Kann ich diesen Namen schreiben?

Anruf bei Freund eins: »Warum nicht? Was ist das für eine alberne Frage?! Schreib's hin, fertig!«

Anruf bei Freund zwei: »Schwierig. Ich würd's auf keinen Fall ausschreiben! Ich finde, man sollte das Wort auch nicht aussprechen, auch nicht in anderem Zusammenhang. Das Wort an sich ist rassistisch, es sollte aus unserem Wortschatz verschwinden.«

Anruf bei Freund drei: »Ja, geht schon. Aber ich würde über deine Bedenken schreiben und was dich umtreibt.«

Über Sprache nachzudenken, seine Worte mit Sorgfalt zu wählen und bestimmte Wörter nicht zu benutzen, finde ich richtig und gut. Ein Wort grundsätzlich nicht auszusprechen oder auszuschreiben, weil das Aussprechen oder Ausschreiben per se falsch sei, halte ich für falsch.

Es hier hinzuschreiben, ohne über meine Gedanken zu schreiben, fände ich eigentlich richtig, aber ich wüsste, was mir dann an Diskussionen blühte. Andererseits: Sie blühen mir wahrscheinlich auch so.

Also egal. Ich schreibe es hin. Der Fluss, das Tal, der Ort heißen nun einmal so. Und das nicht einmal in irgendeinem wie auch immer gearteten rassistischen Zusammenhang. Einen Menschen würde ich nie so bezeichnen. Dass manche das bewusst tun, um zu verletzen, zeigt ihren Rassismus. Dass viele es tun, ohne sich darüber Gedanken zu machen und »weil wir das immer schon gesagt haben, wir meinen es doch nicht böse«, zeigt ihre Gedankenlosigkeit, mangelnde Empathie und mangelnden Respekt. Dass manche es aussprechen, wenn es um das Wort geht oder, wie hier, um einen Fluss, ein Tal, einen Ort, ohne jemanden anzusprechen oder ohne es gedankenlos zu verwenden, zeigt, dass sie nicht ideologisch ticken. Was wären hier die Alternativen? Fluss, Tal und Ort zu ignorieren? Oder »N-Fluss«, »N-Tal« und »N-Dorf« zu sagen? Verrückt.

Die Neger ist, und deshalb überhaupt schreibe ich darüber, der hydrologische Hauptstrang im Flusssystem Ruhr, denn bis zur Mündung der Neger in die Ruhr ist sie genau 17,7 Kilometer lang, die Ruhr ab der Quelle in Winterberg bis hierhin nur 16,7 Kilometer. Auch die Wassermenge, der Abfluss, ist in der Neger größer als in der Ruhr. Wie die Elbe eigentlich Moldau heißen müsste, müsste die Ruhr ab hier korrekterweise also Neger heißen und das Ruhrgebiet … Aber lassen wir das. Das gibt nur unnötig Ärger. Seltsame Debatte.

Ob der Ruhrtalradweg hier, am Anfang, tatsächlich die Ruhr entlangführt, weiß ich nicht, man sieht den Fluss nämlich kaum. Hier und da ist nur ein Plätschern zu vernehmen.

Ich beschließe, den ersten Tag im Sauerland zu bleiben und noch nicht ins eigentliche Ruhrgebiet zu fahren. Beim Anblick der Orte, durch die ich komme, fällt mir wieder ein Wort ein: gutbürgerlich. Wie gesagt, ich meine das völlig wertfrei.

Der Abschnitt an der Ruhr, den ich jetzt fahre, ist Teil des »Themenwegs Wasserkraft«. Vor etwa hundert Jahren hat man hier angefangen, mithilfe von Wasserkraft Strom zu erzeugen, die ersten Kraftwerke entstanden. Noch viel früher gab es in dieser Region Bergbau, die ältesten Spuren deuten darauf hin, dass hier schon vor 700 Jahren Blei, Zink und Silber gewonnen wurden. Und Schiefer spielt hier eine große Rolle, man sieht es auch an den Häusern. 1974 war aber Schluss mit Bergbau, lese ich auf einer Tafel.

Überhaupt: Am Ruhrtalradweg stehen viele Tafeln. Ich finde das prima, man erfährt auf diese Weise viel. Läse man allerdings alle Schilder, käme man nur langsam voran. Ich halte also nicht an jedem Brett.

Nach einer Pause in Olsberg komme ich durch Meschede, wo mir ein Hochhaus auffällt, in dem sich im Erdgeschoss eine Sparkasse befindet. Es ist ein sagenhaft hässliches Gebäude, ein Betonklotz, Brutalismus, und mir kommt der Gedanke, dass man Architekten, Städteplaner und Politiker, die so etwas zu verantworten haben, persönlich haften lassen müsste, auch Jahrzehnte später noch. Kaum habe ich mich, radelnd, von diesem Schock erholt, taucht der nächste hässliche Betonklotz auf: die Stadthalle Meschede. Hässliche Gemälde kann man abhängen, schlechte Bücher muss man nicht lesen, aber solche Gebäude quälen die Menschen über Jahrzehnte, es gibt kein Entkommen. Und sie drücken einem ansonsten möglicherweise schönen Ort ihren Stempel auf. Meschede ist für mich ab jetzt leider: Stadt der hässlichen Klötze.

Über Brutalismus gibt es viele Bücher. Ein Baustil der Moderne, eine Schule der architektonischen Konzepte, eine internationale Bewegung. Mir fällt der Begriff »Sichtbeton« ein, den ich in meiner Kindheit gelegentlich hörte und nicht verstand.

Ich bin kein Architekturkenner, ich sehe darin Betonmonster, die, in Deutschland jedenfalls, eben auch eine Folge des Zweiten Weltkriegs sind: der schnelle, möglichst günstige Wiederaufbau nach der Zerstörung, die Kehrseite des Wirtschaftswunders, die immobile Erinnerung daran, dass hier einmal die Hölle los war. Immerhin erkannte man irgendwann, wie hässlich das ist, der Begriff »ästhetischer Vandalismus« tauchte auf, und, das muss man leider so sagen, die Zeit machte diese Klötze nicht schöner: Schmutz, Zerfall, Moosbewuchs. Tatsächlich sind Moden ja wiederkehrend – ich hoffe nur, dass diese Mode von der Regel ausgenommen ist. Brutalismus war, ist und wird immer sein: hässlich.

Dabei lieben die Menschen das Schöne und Kunstvolle. Man sieht es an vielen Häusern und Gärten, man sieht es daran, wie Orte gestaltet sind, man sieht es an öffentlicher Kunst. Weil es zum Beispiel in dieser Gegend mal drei Stuhlfabriken gab, haben Künstlerinnen und Künstler Stühle bemalt und über ein paar Hundert Meter verteilt an einem Holzzaun entlang einer Weide befestigt. Manche Stühle sind auch beklebt, andere behäkelt, wieder andere mit Pflanzen verziert. »Die Stuhlgalerie« heißt diese Installation. Durch aufkommende Billigkonkurrenz aus Osteuropa um 1960 gingen alle drei Stuhlfabriken in die Insolvenz.

Und während ich über Möbelherstellung und Globalisierung und die Folgen davon sinnierend dahinradele, komme ich an der nächsten Weide vorbei, auf der außergewöhnlich langhaarige Rindviecher grasen. Eine Frau steht neben solch einem Tier und kämmt ihm das Fell. Und wie sollte es anders sein: schon wieder eine Infotafel.

»Highland Cattle«, steht dort. »… das etwas andere Rind: natürlich, schön, wetterhart, zahm, wirtschaftlich, schmackhaft«.

Die Rinder haben, das muss man einmal in aller Deutlichkeit sagen, Migrationshintergrund. Diese hier leben auf den Ruhrwiesen, ihre Vorfahren aber sind aus Schottland zugewandert.

»Ganz schön hingebungsvoll, wie Sie die Kuh pflegen«, sage ich über den Zaun hinweg zu der Bäuerin, die immer noch ihre Kuh kämmt. Silvia Berens muss lachen.

»Hochlandrinder«, sagt sie, »kann man wohl mit Geld kaufen. Halten kann man sie nur mit Liebe.«

Ein glücklicheres Leben, dieser Eindruck wird hier vermittelt, kann so ein Tier kaum haben. Aber auch dieses glückliche Leben hat dann ein menschengemachtes Ende.

»Ich bringe sie selbst zum Schlachter«, sagt Silvia Berens.

»Sind Sie dann nicht traurig? Sie haben dann doch, nach manchmal Jahren der Haltung, eine Bindung zu den Tieren, oder?«

Sie lacht. »Das werde ich oft gefragt. Aber nein, das bin ich nicht. Wir können nicht alle Tiere behalten, und wir können auch nicht alle verkaufen.« Ihre Rinder seien »alle bio« und hätten ein gutes Leben gehabt.

»Unsere älteste Kuh ist 22 Jahre alt geworden. Dann haben wir sie geschlachtet, bevor sie Gelenkprobleme bekommt.«

Ich weiß nicht, ob ich so nüchtern, besonnen, rational an so etwas herangehen könnte. 22 Jahre lang ein Tier halten – und es dann schlachten? Wahrscheinlich muss man so denken und handeln, wenn man Highland Cattle züchten möchte.

»Das Fleisch verkaufen wir an Stammkunden. Was weg ist, ist weg. Mehr gibt's dann nicht. Oft reicht es nicht für alle.«

Fleischkonsum ist ein Riesenthema in Deutschland, ebenso wie Veganismus. Soll man noch Fleisch essen? Wenn nicht, dann wegen des Klimas? Wegen des Tierwohls? Wegen der Gesundheit? Oder aus moralischen oder pragmatischen oder wissenschaftlichen Gründen? Die Meinungen gehen da weit auseinander.

Den Tieren, die Silvia Berens zusammen mit ihrem Mann Tobias in Nebenerwerb züchtet, geht es prima. Aber längst nicht jede Kuh kann solch ein Glück haben, jedenfalls nicht, wenn man die Menschheit mit Fleisch versorgen will. Oder Fleisch nur noch für wenige? Ausschließlich für Reiche? Oder für alle nur noch sehr selten?

Mit diesen Gedanken im Kopf radele ich weiter nach Arnsberg. Bald beginnt das richtige Ruhrgebiet! In Arnsberg kehre ich in ein Restaurant ein, das auf seiner Speisekarte »Rinderpümmel mit Bratkartoffeln und Gewürzgurke« anbietet. »Rinderpümmel« höre und lese ich zum ersten Mal in meinem Leben. Das ist, lerne ich, eine hausgemachte Rinderwurst: Sauerländer Rinderpümmel. Sie besteht aus Rindfleisch und Semmelbrösel und wird, aus der Haut ausgedrückt, in der Pfanne angebraten. Ein bisschen wie Hackfleisch. Durchaus köstlich.

Draußen, vor dem Restaurant, steht ein kleiner Käfig. Es ist ein »Rollhäuschen«, auch Triller- oder Narrenhäuschen genannt, eine Form von Pranger. »Garten-, Feld- und Marktdiebe, Rauf- und Trunkenbolde, unzüchtige und streitsüchtige Frauen sperrte man zur Strafe in den drehbaren Käfig und rollte sie so lange, bis den zur Schau Gestellten schwindlig wurde und die sich erbrachen«, steht da. »Die Ehrenstrafen zielten auf die Beeinträchtigung der Ehre durch Bloßstellen, Verspotten und Beschimpfen ab. Der ›Angeprangerte‹ war für sein Leben gezeichnet. Ehrenstrafen wurden nicht vom Scharfrichter vollzogen, sondern von den Stadtbewohnern selbst.« Aha, ein Vorgängermodell der sozialen Medien also! Früher stellte man Menschen nach eigenem Gutdünken im Käfig auf dem Marktplatz bloß, heute macht man es auf Twitter & Co. Früher wie heute bis zum Erbrechen.

Am nächsten Morgen verlasse ich das Sauerland und komme, immer noch auf wundersame Weise stetig bergab rollend, in die Ruhrauen. Die Ruhr ist nun immerhin ein richtiger Fluss, die Landschaft für mich, der ich diese Region bisher noch nicht kannte und ein Klischee vom Ruhrgebiet im Kopf hatte, sehr unerwartet: sattgrüne Weite, herrliche Natur. Aber was soll ich machen? Von Leuten aus dem Ruhrgebiet kenne ich Sprüche wie »Woanders is auch scheiße« und »Wer im Ruhrgebiet aufgewachsen ist, hat die Fähigkeit, Schönheit zu finden, wo andere nicht einmal suchen würden«.

Ich treffe auf einen Spaziergänger, der irgendetwas mit seinem Fernglas beobachtet. Dabei denke ich mir: Bist du mal ein bisschen freundlich und redest so, wie man im Ruhrgebiet so redet.

»Scheiße, wat is dat schön!«, sage ich.

Der Mann setzt das Fernglas ab und guckt mich mitleidig an. »Bisse nich von hier?« Und dann: »Wo kommsse her?«

Ich erzähle ihm, dass ich eine Radtour entlang der Ruhr mache und auf dem Weg nach Duisburg bin.

»Wat willsse denn da?«

Der Mann erfüllt für mich wirklich alle Klischees von einem Menschen aus dem Ruhrgebiet. Volltreffer! An seiner Tasche hat er einen Button von Borussia Dortmund, der BVB hat gerade wieder die Deutsche Meisterschaft verpasst und Bayern München den Vortritt gelassen. Nicht, dass ich etwas von Fußball verstünde oder dass es mich interessierte, aber das hat man wirklich überall mitbekommen, sogar ich auf dem Fahrrad. Ich dachte, hier sei man Schalke-Fan, aber was weiß ich schon, dann eben Borussia Dortmund.

»BVB – besonders vorsichtig behandeln, oder wat soll dat heißen?«

»Vorsicht, Spochtsfreund, mach dich nich unglücklich«, sagt er jetzt – und grinst.

Humor hamse hier jedenfalls.

»Was schauen Sie sich denn da an, wenn ich fragen darf?«

»Bisamratten. Aber getz fang nich an, Sie zu sagen.«

Mit zusammengekniffenen Augen schaue ich über die Wiesen, und tatsächlich: In der Ferne bewegen sich irgendwelche Viecher. Von den Ausmaßen einer Katze oder eines Hundes, würde ich sagen, vielleicht sogar größer. Für Kühe jedenfalls zu klein. Aber Bisamratten?

Der Mann reicht mir sein Fernglas.

»Alter!«, entfährt es mir.

»Schon beeindruckende Tiere, oder?«

»Die sind … groß.«

»Hier stehen Schilder rum, die warnen, dass man nicht ans Ufer gehen soll. Die Viecher haben hier unterirdische Gänge gegraben, und man kann einbrechen.«

»Echt?«

»Ich würd's jedenfalls nicht versuchen.«

Es stellt sich heraus, dass der Mann Biologe ist und sich mit der Natur rund um die Ruhr sehr gut auskennt. Er erzählt mir, dass die Ruhr einst »sehr dynamisch« war und sich immer neue Wege suchte, bis sie ab dem 19. Jahrhundert durch den Menschen in ihr Gewässerbett gezwungen wurde. »Dadurch und durch die Industrialisierung sind viele Lebensräume verloren gegangen. Aber seit den Renaturierungsmaßnahmen in den vergangenen zwanzig, dreißig Jahren hat sich vieles wieder zum Besseren gewendet.«

»Die Bisamratten sind Teil davon?«

»Es sind zu viele«, sagt er knapp. »Renaturierung und Naturschutz sind immer vor mehrere Herausforderungen gestellt. Klar, es geht um die Artenvielfalt, um Pflanzen und Tiere. Wir haben hier zum Beispiel Bachforellen, Rotauge, Hecht, Barbe, Äsche und Aale. Viele Fischarten, denen es vor einiger Zeit noch schlecht ging, sind jetzt wieder da. Gleichzeitig müssen wir den Hochwasserschutz berücksichtigen. Und die Trinkwasserversorgung für sehr viele Menschen sicherstellen. Und die Ruhr als

Naherholungsgebiet für die Menschen erreichbar machen, die Ufer also sicher gestalten. Ziemlich viele Dinge, die man unter einen Hut bringen muss.«

Ich schaue noch einmal durch das Fernglas, bevor ich es dem Mann zurückgebe.

»So, vielen Dank! Ich fahre dann mal weiter.«

»Wat soll dat denn werdn, wennet fettich is?«, fragt er.

»Ich möchte es heute bis nach Schwerte schaffen.«

»Denn mal viel Spaß!«

Ein Stück weiter sehe ich eine Bisamratte in der Ruhr schwimmen. Nah genug, dass ich sie mit dem Handy filmen kann. Was für ein Oschi! Okay, es scheint wirklich nicht wenige zu geben. Und tatsächlich sehe ich nun ein Schild: »Vorsicht Bisambefall! Dieses Gewässerufer ist durch Bisambauten unterhöhlt. Es besteht Einsturzgefahr! Bitte bleiben Sie der Böschung fern (…) Dortmunder Stadtwerke AG«.

Man stelle sich vor: Autor in den Ruhrauen von der Erde verschluckt! Er brach in ein Bisamsystem ein, sank hinab in die Wirren der Tunnel und ward nie wieder gesehen!

Und dann, dreißig Jahre später: Autor taucht aus Bisamwelt wieder auf! Dreißig Jahre lebte er unter Bisamratten!

Ich verliere mich in seltsamen Gedanken, da holt die grausame Geschichte mich wieder ein. Hier, an der Mündung der Möhne in die Ruhr, bombardierte die Royal Air Force im Zweiten Weltkrieg, in der Nacht vom 16. auf den 17. Mai 1943, die Möhnetalsperre, um die Rüstungsproduktion im Ruhrgebiet zu schädigen. Operation Chastise, was Züchtigung bedeutet: Insgesamt sechs Talsperren in Nordrhein-Westfalen und Hessen wurden in dieser Nacht angegriffen. Die Briten hatten dafür spezielle Roll- oder Rotationsbomben entwickelt, nachdem Experten zu der Erkenntnis gelangt waren, dass die Staumauern mit herkömmlichen Bomben nicht zu zerstören sein würden.

In einem Barackenlager auf den Möhnewiesen, wo ich gerade stehe, waren mehr als tausend Zwangsarbeiterinnen eingesperrt. Als die Wassermassen nach dem Bombardement freigesetzt wurden und eine Berichten zufolge bis zu zwölf Meter hohe Welle über dieses Land hinwegdonnerte, ertranken wahrscheinlich mehr als 700 dieser Frauen in den Fluten. Genaue Zahlen sind nicht bekannt, da nicht klar ist, wie viele Frauen tatsächlich dort gefangen gehalten wurden. Zudem starben wahrscheinlich weitere 700 bis 800 Menschen in der Region, selbst in Essen noch, etwa hundert Kilometer entfernt, kamen Menschen durch die Wassermassen ums Leben.

Bis zu diesem Moment habe ich noch nie von diesem Vorfall gehört. 700 Frauen! Ich lese, dass Adolf Hitler und sein Propagandaminister Joseph Goebbels schäumten über den Angriff – aber die Opfer, vor allem unter den Zwangsarbeiterinnen, natürlich unerwähnt blieben, über Jahre. Der »Bochumer Anzeiger« titelte am 19. Mai 1943 stattdessen: »Juden Urheber der Talsperren-Bombardierung«.

Jahrelang wurde all das verschwiegen, wie so vieles, das im Zweiten Weltkrieg geschehen ist. In der jüngsten Vergangenheit haben Menschen die Frauen aus dem Barackenlager sichtbar gemacht. An der Mündung der Möhne in die Ruhr steht eine Tafel mit einem QR-Code, und man kann jetzt mithilfe seines Handys mehr über diese Menschen erfahren. »Ihr Leid und ihr Tod sollen nicht länger anonym sein. Hier sehen wir Einzelnen ins Gesicht.« Gut so.

Endlich echtes Ruhrgebiet

Bald also habe ich das Sauerland hinter mir gelassen und bin im echten, wahren, richtigen Ruhrgebiet! Vor einer Schule tummeln sich an diesem Mittwochmorgen viele Schüler, die Stimmung ist gereizt. Irgendetwas stimmt nicht.

»Was ist denn los?«, frage ich eine Schülerin.

»Eigentlich hätten wir heute Abiprüfung, aber gestern Abend haben wir erfahren, dass wir sie doch nicht haben, weil es technische Probleme gibt«, sagt Yasemin. »Jetzt wird die Prüfung um zwei Tage verschoben, auf Freitag.«

»Mal eben so«, sagt Julia.

»Ich freu mich, kann ich noch ein bisschen lernen!«, sagt Torben.

»Ja, duuuu! Du hast doch sowieso nicht gelernt!«, ärgert ihn Georg.

»Ich find's scheiße. Ich habe gelernt und möchte das hinter mir haben. Jetzt noch mal zwei Tage warten, noch mal zwei Tage Anspannung! Uff!«, sagt Julia.

»Und ich möchte keine Abiprüfung am Zuckerfest!«, sagt Yasemin.

Ganz Nordrhein-Westfalen ist betroffen, das Bundesland hat Zentralabitur. Die Schüler, die ich zufällig treffe, sind überwiegend frustriert. Vor allem, weil die Nachricht von der verschobenen Prüfung so kurzfristig kam. Für Freitag ist Bahnstreik angekündigt, das dürfte Probleme bereiten. Und Yasemin sagt es: Am Freitag endet der muslimische Fastenmonat Ramadan, es ist Zuckerfest. Für Muslime ist das wie Weihnachten. Wie kann man eine Abiturprüfung auf diesen Tag verlegen? Hat sich da niemand informiert? Ist es einfach egal, weil es in Deutschland kein offizieller Feiertag ist? Dass es technische Probleme beim Download der Prüfungsaufgaben gibt – na gut, blöd genug. Technische Kompetenz scheint da eher zweitrangig zu sein. Aber wie interkulturell inkompetent kann man noch dazu sein, gerade in einem Bundesland, wo viele muslimische Schülerinnen und Schüler leben?

Auf dem Weg nach Schwerte komme ich in Fröndenberg an der Ruhr an einer außergewöhnlichen Kirche vorbei, der »Fahrradkirche St. Josef«. Das passt ja gut! Hier kann ich meine beiden Trinkflaschen auffüllen. Ich zünde eine Kerze an und schreibe ein paar Worte ins Gästebuch. An der Tür hängt ein Hinweis, dass hier Videoüberwachung stattfindet, außerdem ausführliche Informationen zum Datenschutz, zur Speicherdauer, zu Betroffenenrechten und zum Beschwerderecht. Gott sieht alles, die Videokamera sieht mehr.

Es ist mein erster Besuch in Schwerte, ich habe keine Vorstellung von dieser Stadt am östlichen Rand des Ruhrgebiets. Eine Stadt, die im Jahr 962 erstmals Erwähnung fand als Suerte, dann im Laufe der Jahrhunderte Sverte, Swirte, Swirthe, Sviirthe, Swerthene, Sverthe, Swerte, Sweirte, Sweyrte, Swierte, Suerten, Sweirten, Schweirte, Schwierthe und Schwerdte hieß, bevor sie 1598 endlich Schwerte geschrieben wurde.

Wäre eigentlich mal wieder an der Zeit für eine neue Schreibweise.

Schwerte, lerne ich, gehörte zur Hanse, einem Handelsbündnis in Nordeuropa, man kennt es ja, Hansestadt Hamburg, Hansestadt Bremen, Hansestadt Lübeck, auch meine Heimatstadt Stade hat sich darum bemüht, sich wieder Hansestadt nennen zu dürfen, offensichtlich bringt der Titel Prestige und den Klang von Weltläufigkeit. Schwerte nennt sich zwar (noch?) nicht Hansestadt, aber es gibt einen Hanseverein. Und, noch viel besser: Alljährlich findet ein »Pannekaukenfest« statt, wobei sie mit »Pannekauken« weder Pfannkuchen noch Berliner noch Krapfen noch Crêpes noch Kaiserschmarrn noch Eierkuchen noch Palatschinken meinen, sondern Kartoffelpuffer oder Reibekuchen, auch Rösti, Reiberdatschi, Baggers, Krumbirnpöngeli und Grombirakiachla genannt. Das ist natürlich schon mal sehr sympathisch.

In Schwerte bin ich mit Malik Riaz Hai Naveed verabredet. Malik kenne ich seit Jahren aus den sozialen Medien, und ein paarmal hat er meine Lesungen besucht, wo wir ins Gespräch kamen. Malik ist vierzehn Jahre jünger als ich, also etwa eine halbe Generation. Er hat, wie ich, pakistanische Wurzeln. Und ist, wie ich, hauptsächlich in Deutschland sozialisiert. Er war mal, wie ich, in der FDP. Und er hat, wie ich, eine weiße deutsche Frau. Aber er interessiert sich, ganz anders als ich, für Fußball. Kurioserweise, und das finde ich besonders spannend, engagiert er sich für den pakistanischen Fußball, was in etwa so ist, als beschäftigte man sich mit dem deutschen Cricket oder dem deutschen Sumoringen, und er hat mir mal ein Trikot der pakistanischen Nationalmannschaft geschickt. Beruflich arbeitet er als Kommunikationsberater, er unterstützt Firmen bei ihren Auftritten in den sozialen Medien.

Malik hat eine weiße deutsche Mutter und einen pakistanischen Vater, anders als ich, bei mir stammen beide Eltern aus Pakistan. Wie bei mir sieht man ihm seine Wurzeln in Südasien an, auch bei ihm mögen manche die Frage stellen »Wo kommst du eigentlich her?« und sich mit der Antwort »Aus Neuss« nicht zufriedengeben, obwohl das sein Geburtsort ist. Einige mögen seine Zugehörigkeit zu Deutschland infrage stellen. Aber alles in allem, sagt Malik, habe er in Deutschland eigentlich keine rassistischen Erfahrungen gemacht. »Klar, ab und zu hat man einen Spruch gekriegt, aber da kann ich mich wehren.« Das kann ich mir bei ihm gut vorstellen. Er ist wortgewandt, seine Sprache geschliffen und präzise, mit der Fähigkeit zur Schärfe, wenn nötig. Malik wirkt auf mich so, wie manche mich beschreiben: sehr deutsch.

Gleichzeitig hat er sich etwas Pakistanisches behalten. Er reist regelmäßig in das Land seiner väterlichen Vorfahren, trägt hin und wieder pakistanische Kleidung, und in seinem Tiefkühlfach hat er pakistanisches Essen. Und dann eben, nun ja, die Liebe zum pakistanischen Fußball.

Aber so einfach ist dieser Spagat dann doch nicht. Sein Vater, aus Faisalabad, nimmt ihm seinen deutschen Lebenswandel krumm. Er scheint, sagt Malik, ein Problem damit zu haben, dass er eine weiße Frau hat, obwohl er bis zur Trennung selbst mit einer Weißen – Maliks Mutter – liiert war. Malik hat keinen Kontakt mehr zu ihm. »Ich mag darüber gar nicht nachdenken, das macht mich so traurig«, sagt Malik. Es sind solche Wirren, in die Menschen zwischen den Kulturen geraten können. Manchmal in der Gesellschaft, manchmal sogar in der eigenen Familie. Das auszuhalten, erfordert viel Kraft.

Mit meinen Eltern und meiner weiteren Familie hatte ich zum Glück keine Konflikte dieser Art, dafür als Autor mit Teilen der Gesellschaft: mit Rechtsextremisten, die mich rassistisch angreifen, meine Existenz in Deutschland infrage stellen und mein Recht, mich öffentlich äußern und gar Kritik an Zuständen in Deutschland äußern zu dürfen; mit manchen Muslimen und insbesondere Islamisten, für die ich ein »Ungläubiger« bin; mit einigen Linken, die mich als »zu deutsch«, »Token« und »Vorzeigeausländer« beschimpfen, der »den Deutschen« gefallen wolle, und damit Rassismus an den Tag legen, weil sie wie die Rechtsextremisten mein Deutschsein infrage stellen. All das erlebt Malik nicht, was, wie wir vermuten, damit zu tun hat, dass er nicht so in der Öffentlichkeit steht und bisweilen provoziert wie ich.

Und doch: Deutschland ist uns beiden Heimat. In Pakistan fühlen wir uns wohl, dem Land verbunden durch familiäre Bande. Aber unser Zuhause ist Deutschland. Und für mich ebenso Österreich, wo ich seit vielen Jahren lebe. Malik und seine Frau haben sich gerade ein Haus gebaut in Schwerte. Sie erwarten zu dem Zeitpunkt, als ich sie besuche, ihr zweites Kind. Ich kenne persönlich relativ wenige pakistanischstämmige Menschen in Deutschland. Mein Eindruck ist, dass wir innerhalb dieser Gruppe doch sehr verschieden sind, was Haltungen, Ansichten, Überzeugungen, Glauben angeht. So wie die pakistanische Gesellschaft sehr divers – und, man muss das so sagen: zerstritten – ist. Die gleichen Wurzeln machen einen noch nicht zu gleichen Menschen. Aber ich bin froh, Malik getroffen zu haben. Über ähnliche Erfahrungen sprechen zu können, ist manchmal ganz heilsam. Vor allem bei einem guten Glas Wein oder zwei.

Am nächsten Tag radele ich, Schwerte Richtung Westen verlassend, durch Wälder und Auen. Ich sehe eine Blindschleiche, eine Ringelnatter und ein paar Zauneidechsen. Plötzlich endet der Ruhrtalradweg am Ufer – und keine Brücke in Sicht. Stattdessen: eine kleine Fahrradfähre, die von März bis Oktober ab neun Uhr morgens nach Bedarf fährt, immer bis neunzehn Uhr abends, in den Monaten Juni, Juli und August bis 21 Uhr. All zu spät darf man die Ruhr also hier nicht queren wollen. Fahrtkosten: freiwilliger Beitrag. »Zahl, was es dir wert ist!«, steht da. Ein Drittel der Infotafel aber nehmen die kleingedruckten Beförderungsbedingungen ein. Typisch deutsch. In den meisten anderen Ländern käme niemand auf die Idee, da so etwas hinzuschreiben. Da gäbe es allerdings auch keine Rechtssicherheit – etwas, das in Deutschland sehr, sehr wichtig ist.

Und wie ich so in die Landschaft starre, durch die ich fahre, kommt mir der Gedanke, dass man sie eigentlich immer in eine der folgenden Kategorien einteilen kann: Essen und Trinken, Wohnen, Energie. Einige, wenige Bereiche sind der Natur überlassen, ansonsten geht es immer um Landwirtschaft, also Produktion von Lebensmitteln, um Trinkwasser, um Wohngebiete oder um irgendeine Form der Energiegewinnung. Trinkwasser spielt an der Ruhr zum Beispiel eine wichtige Rolle: Die Wassergewinnung erfolgt hier aus den grundwasserführenden Schichten des Ruhrtals. »Da diese natürlichen Vorkommen nicht ausreichen, werden sie mit Oberflächenwasser aus der Ruhr künstlich angereichert«, lese ich. Auf ziemlich aufwändige Weise wird der Ruhr Wasser entnommen, gereinigt und gefiltert und dann in den Untergrund versickert. So entsteht ein künstlich angereichertes Grundwasser, das der Trinkwasserversorgung eines großen Gebietes dient. Da viele Wiesen entlang der Ruhr zu diesem Wassersystem gehören, wird darauf hingewiesen, den Trinkwasserschutz zu beachten. Also keine Abfälle und Giftstoffe in der Toilette zu entsorgen, Autos nur in dafür vorgesehenen Anlagen zu waschen, keine Giftstoffe zur Unkrautbekämpfung zu nutzen und Reinigungsmittel sparsam zu verwenden.

Gleichzeitig dient das Wasser auch der Stromproduktion. Jetzt stehe ich in Herdecke am Koepchenwerk, einem beeindruckenden Bauwerk, das zwischen 1927 und 1930 errichtet wurde, in der Weimarer Republik, am Steilhang des Ardeygebirges an der Ruhr, direkt am Hengsteysee, einem von insgesamt sechs Ruhrstauseen. Zwei Stränge aus je zwei Rohren führen den Hang hinab, bis ans Ufer des Sees. Um in Zeiten des Überangebots Energie zu speichern, wurde Wasser nach oben gepumpt; bei Bedarf ließ man es nach unten strömen, dabei trieb es Turbinen zur Stromerzeugung an. Nach der Bombardierung der Möhnetalsperre und der darauffolgenden Flutwelle fiel das Kraftwerk einige Wochen aus, wurde aber wieder repariert. Während des Weltkriegs gelang es den Alliierten trotz mehrerer Angriffsversuche nicht, es zu treffen. 1994 wurde das Pumpspeicherkraftwerk schließlich stillgelegt, heute ist es im Besitz der Stiftung Industriedenkmalpflege und Geschichtskultur.

Aus einst ökonomisch wichtiger, aber ästhetisch unvorteilhafter Industrie schöne Orte zu machen, das haben sie hier drauf. Ich glaube, man versucht auch zusammenzuarbeiten und so etwas wie eine »Ruhridentität« zu etablieren. Es gibt einen Regionalverband Ruhr, einen Zusammenschluss aus elf kreisfreien Städten und vier Kreisen der »Metropole Ruhr«, wie sie es nennen. Ruhrmetropole: gewiss. Für jemanden wie mich, der von außen kommt und das neu entdeckt, sind Bochum, Essen, Dortmund, Duisburg, Hagen, Bottrop, Herne, Gelsenkirchen, Mülheim und wie sie alle heißen eigentlich eine einzige große Stadt, zwar einwohnermäßig nicht so groß wie London oder Paris, aber doch die größte in Deutschland. Ich glaube allerdings, bei den Einheimischen ist das noch nicht so angekommen. Da herrscht eher Lokalpatriotismus und regionale Kleinteiligkeit. Als ich mal eine Lesung in Essen hatte und einen Tag später in Bochum, teilte ich das dem Bochumer Veranstalter etwas zerknirscht mit. Der guckte mich nur fragend an und sagte: »Und wo ist das Problem? Die Essener kommen sowieso nie zu einer kulturellen Veranstaltung nach Bochum – und umgekehrt.« Man schaut also nicht über die Stadtgrenze hinweg.

Dabei verbindet die Ruhr doch. Schon seit Jahrhunderten fahren hier Schiffe. Früher ließen sich die Kähne flussabwärts treiben, so wie ich auf meinem Fahrrad bergab rolle. Flussaufwärts zogen dann Pferde auf dem Leinpfad die Schiffe wieder zum Ausgangsort.

Ich rufe Serdar Yüksel an, der Landtagsabgeordneter für die SPD in Nordrhein-Westfalen ist, für den Wahlkreis »Bochum III – Herne II«. Ich habe ihn mal bei einer Journalistenreise im Nordirak kennengelernt und ihn dann, als er den deutschen Osten erkunden und sich über den dortigen Aufstieg der Rechtsextremisten informieren wollte, als Reporter nach Bautzen begleitet. Serdar hat erst die Hauptschule besucht, dann eine Fachoberschule, hat eine Ausbildung zum Krankenpfleger gemacht und parallel dazu ein paar Semester Pflegewissenschaften studiert. Er ist jemand, der Menschen für sich einnehmen kann, immer charmant, immer freundlich, auch wenn er in der Sache widerspricht. Als Deutscher mit kurdischen Wurzeln erlebt er immer wieder rassistische Anfeindungen. Und doch war es für ihn selbstverständlich, dass er im Oktober 2018 einem Mitarbeiter der AfD-Fraktion im Landtag von Nordrhein-Westfalen eine Herzdruckmassage verpasste, als der zusammenbrach, und ihm auf diese Weise das Leben rettete.

»Wo steckst du?«, fragt er mich.

Ich schicke ihm meine Koordinaten.

»Bleib da, ich komme!«

Eine halbe Stunde später ist er da, wie immer im dunkelblauen Anzug, wie immer ein Lachen im Gesicht. Wir setzen uns in ein Wirtshaus.

»Gibt es so etwas wie eine Ruhridentität?«

»Es gibt ja nicht mal eine Identität innerhalb der Städte«, sagt Serdar. Er nennt mehrere Städte im Ruhrgebiet, wo es rein geografisch klare

Trennungen gebe zwischen armen und reichen Vierteln. »Oft ist die Ruhr die Trennung. Oder eine wichtige Straße.« Er erzählt außerdem, dass die Arbeitslosigkeit hoch sei im Ruhrgebiet, »gerade im migrantischen Milieu«.

»Aber wie kann das sein, in Zeiten, da es so viele unbesetzte Stellen gibt, so viele Jobs?«

»Tja. Viele Menschen sind hier sehr verwurzelt. Da zieht niemand einfach so mal um für einen neuen Job. Gerade bei migrantischen Familien hört man oft: ›Wir sind hierhergekommen, haben uns hier eingefunden und integriert. Jetzt ziehen wir nicht noch einmal um.‹ Kann ich irgendwie auch verstehen«, sagt er.

So ist das eben: Menschen sind verschieden. Ich kenne Leute, die ziehen von einer Stadt in die nächste, wechseln alle paar Jahre ihren Wohnort, von einem Ende der Republik zum anderen, manchmal sogar von einem Ende der Welt zum anderen. Und dann gibt es Leute, für die wäre ein Umzug von Wattenscheid nach Bochum undenkbar. Wattenscheid und Bochum, erfahre ich, ist sowieso ein heikles Thema. Wattenscheid war nämlich bis 1974 eine kreisfreie Stadt, seit dem 1. Januar 1975 ist es, nach einer Gebietsreform, ein Stadtbezirk von Bochum. War mir nicht klar, ich hielt Wattenscheid bis jetzt für eine eigenständige Stadt.

»Im Ruhrgebiet gibt es eine Menge Zusammenarbeit, bei Infrastruktur und vielen anderen Dingen. Und eine gewisse Ruhridentität gibt es vielleicht doch«, sagt Serdar. »Was die Menschen in diesem Teil Deutschlands tatsächlich städteübergreifend geprägt hat, ist die Industrialisierung, der Bergbau, die hier entstandene große Arbeiterschicht, das Wir-Gefühl, das der damit verbundene wirtschaftliche Aufstieg bedeutete.« Er rät mir, mal mit älteren Einheimischen zu reden, die hier »malocht« haben, wie er es formuliert.

Ich fahre also nach Bochum, der zweitgrößten Stadt Westfalens, die geografisch im Zentrum des Ruhrgebiets liegt und zum nordrhein-westfälischen Regierungsbezirk Arnsberg gehört, wobei Arnsberg Sauerland ist … Wie soll man eine Identität bilden, wenn da so viele Etiketten dranhängen? Als Außenstehender ist das, glaube ich, schwer zu verstehen.

In Bochum treffe ich Werner B., dessen Kontakt mir über Gewerkschaftskreise vermitteln worden ist. Er hat mich gleich in seine Wohnung eingeladen, in eine Gegend, die man Arbeiterviertel nennen kann. Mehrfamilienhäuser, Gemeinschaftsgärten, alles sehr gepflegt, hier und da Kioske, die entweder »Bude« oder »Trinkhalle« heißen. Seltsame Bezeichnungen, aber so hat jede Region ihre Eigenheiten. Seine Frau hat Butterkuchen gebacken, es gibt Kaffee. »Oder willst du Tee?«, fragt er.

Ah, man duzt sich also sofort. Das Duzen und Siezen wird in Deutschland ja sehr unterschiedlich gehandhabt, je nach Region, sozialer Schicht, Bildung, Alter. Mancherorts spielen all diese Kriterien überhaupt keine Rolle, und jeder duzt jeden. Dann wieder gibt es Gegenden oder gesellschaftliche Kreise, in denen es von Bedeutung ist, ob man einander siezt oder duzt. Ich selbst finde das ungefragte Geduztwerden zwar gewöhnungsbedürftig, vor allem, weil ich in meinem Leben oft genug erlebt habe, dass Menschen mit erkennbarer Migrationsgeschichte bewusst abwertend geduzt werden, aber hier, bei Werner, stört es mich nicht. Hier ist das normal.

»Kaffee passt schon«, sage ich.

»Ist aber Filterkaffee, nicht so ein feines Zeug wie bei euch in Wien.«

Werner ist seit bald fünfzehn Jahren Rentner, seine Frau war nicht berufstätig, sondern hat den Haushalt geführt und zwei Kinder großgezogen. »Viel Geld haben wir nicht, aber es reicht zum Leben«, sagt er. Seit »einem halben Jahrhundert« sei er Mitglied der IG Metall »und genauso lange in der SPD«. Er habe »nie etwas anderes gewählt«, obwohl es manchmal »weh tut, diese Knallchargen zu wählen«. »Es gab SPD-Politiker, die wirklich super waren. Und es gibt welche, da frage ich mich …«, er führt den Satz nicht zu Ende, sondern schüttelt nur den Kopf.

»Wen zum Beispiel magst du nicht?«

»Den Schröder.« Und nach einer Pause: »Mit dem Scholz habe ich auch so meine Schwierigkeiten.« Der eine sei ihm »zu unsozial« gewesen, »zu kalt, eigentlich gar kein richtiger Sozialdemokrat«, der andere »viel zu führungsschwach«. Der Müntefering, das sei »ein Guter« gewesen, »ein Großer«. »Der hat unsere Sprache gesprochen, der hat uns verstanden. Das war einer von uns!«

Es ist wie wahrscheinlich überall auf der Welt: Am meisten kann man mit Politikerinnen und Politikern anfangen, die dieselbe Herkunft und Sozialisation haben, die dieselbe Sprache sprechen, die aus dem gleichen Holz geschnitzt sind. Verständlich, macht die Identifikation leichter. Aber auch ärgerlich, weil es Menschen, die neu dazugehören wollen, den Weg erschwert.

Werner B. hat in der Metallindustrie gearbeitet, am Hochofen, in einem Betrieb, der Erz und Kohle förderte, Eisen und Stahl produzierte, wo gegossen und gewalzt, geschmiedet und geschweißt wurde. »Scheiße gefährlich« sei seine Arbeit gewesen, »mitten im Feuer« habe er seinen Arbeitsplatz gehabt. Mit einem »Wägelschen auf Schienen« habe man Erz, Kalk und Koks nach oben zur Öffnung des Hochofens gebracht. Langsam seien diese Rohstoffe nach unten gesunken, bis sich im unteren Teil das 2000 Grad Celsius heiße flüssige Eisen gesammelt habe. In der Gießhalle unten, wo er arbeitete, habe man das Eisen und die Schlacke, also Reststoffe, die entstanden seien, »abgestochen«. »Das Eisen musste immer fließen, deswegen musste der Ofen immer kontrolliert werden. Da durfte nix verstopfen, nix hängenbleiben.« Gefährlich seien nicht nur Feuer und Hitze gewesen, »sondern auch das Gichtgas«. Das, lerne ich von ihm, sei ein Stoff, der bei der Produktion von Eisen entstehe. Dieses unsichtbare, geruchlose Gas sei abgeleitet und als Brennstoff zum Betreiben von Maschinen genutzt worden. »Aber man musste aufpassen, manchmal entwich das Gas, und das ist giftig. Kam schon mal vor, dass einer von uns Gas kriegte. Da wurde einem dann richtig schlecht. Aber meistens reichte es, Milch zu trinken und ein bisschen an der Ruhr spazieren zu gehen. In schweren Fällen kam man zum Sani ins Sauerstoffzelt.« Und ja, klar, Verbrennungen und andere Verletzungen habe es auch immer wieder mal gegeben.

»War das nicht eine furchtbare Arbeit?«

Werner B. überlegt. »Och, na ja, man musste eben Geld verdienen. Und bezahlt wurden wir schon verhältnismäßig ordentlich. Kann man nicht meckern.«

Erstmals meldet sich nun Werners Frau Renate zu Wort. »Wir Frauen hatten immer Angst. Wir wussten ja, wie gefährlich die Arbeit unserer

Männer war. Dass es da auch Verpuffungen und Explosionen geben konnte. Wir kennen einige Leute mit Verbrennungen, nicht wahr, Werner?«

Werner sagt nichts.

»Na ja, damals war es ja nicht so, dass die Leute sich ständig selbst verwirklichen wollten oder nur das arbeiten wollten, wozu sie sich berufen fühlten. Man nahm die Arbeit, die man kriegte, und war froh, wenn sie vernünftig bezahlt war«, sagt sie. »Da war niemand ständig auf irgendeiner Mission.«

»Muss eigentlich auch heute so sein«, sagt Werner. »Gibt so viel Arbeit, die auch heute noch gemacht werden muss. Irgendwer muss auch heute noch Eisen und Stahl herstellen und so. Aber in Deutschland will das keiner mehr machen. Dann machen es eben die Chinesen oder was weiß ich wer. Und wir in Deutschland werden früher oder später ganz schön in die Röhre gucken, so abhängig, wie wir uns von anderen gemacht haben, bloß weil wir mit Selbstverwirklichung beschäftigt sind.«

Currywurst und Gyros – Ruhrdiversität

Ich frage Werner und Renate, wo man hier in Bochum die beste Currywurst essen kann. Sie sind sich sofort einig und nennen einen Imbiss. »Ich lade euch ein, da mit mir zu essen, einverstanden?«

Die beiden finden das eine gute Idee: Currywurst. »Kommsse vonne Schicht, wat besseret gibbet nich«, sagt Werner. Die beiden schlagen vor, dass wir alle mit dem Fahrrad zum Imbiss fahren. In dem Laden sind Werner und Renate Stammkunden, jedenfalls kennt man sie und begrüßt einander herzlich.

»Dreimal Currywurst Pommes Schranke und drei Bier«, bestellt Werner, ohne noch einmal zu fragen, was wir wollen.

»Nein, halt! Zweimal Currywurst, bitte. Ich hab mich umentschieden und nehme doch lieber einen Taxiteller.«

Werner guckt mich an, schüttelt den Kopf und murmelt ein »Gibbet doch nich!« vor sich hin. Dann setzen wir uns und feiern den Abend mit einem köstlichen Mahl.

Manche Künstlerinnen und Künstler verhalten sich, wenn es um ihre Auftritte geht, durchaus divenhaft. Es gibt zum Beispiel Autoren, die verlangen vertraglich, dass in ihrem Hotelzimmer, nach ihrer Lesung, zwei Flaschen eines ganz bestimmten Weins in einer ganz bestimmten Temperatur bereitstehen müssen. Andere fordern ein Zimmer mit Whirlpool, wieder andere steigen erst gar nicht unter fünf Sterne ab. Irgendwann sagte ich meinem Verlag, dass ich auch eine gewisse Divenhaftigkeit in meinen Verträgen für Lesungen etablieren müsse, sonst nehme man mich nicht ernst. Seither steht da drin: »Der Autor wünscht nach der Lesung regionale Hausmannskost.« Und zu meinem Erstaunen und meiner Freude gleichermaßen halten die Veranstalter sich daran. Allerdings kann das durchaus ein Schuss ins Knie sein: Bei Touren mit fünf Lesungen hintereinander bekomme ich dann an fünf Abenden hintereinander Grünkohl mit Pinkel, Himmel un Ääd, Saumagen, Schweinshaxe und Braten mit Knödel. Das ist, sage ich mal, figürlich nicht sonderlich zuträglich. Nach einer Lesung in Essen jedenfalls bekam ich einmal: Taxiteller. Das ist: Currywurst mit Pommes PLUS Gyros und Zaziki. Das Beste aus zwei Welten! Sagenhaft! Taxiteller! Im Internet finden sich Beiträge, die diese Spezialität beurteilen – es reicht von »Widerlich!« bis »Superklasse!« – und ihre Entstehung erklären. Demnach suchte ein Taxifahrer nach Schichtende einen Imbiss auf und bestellte Gyros. Das Fleisch reichte aber nicht mehr aus, und so wurde die Portion mit Currywurst und Pommes aufgestockt – der Taxiteller war geboren! Ich lese aber auch einen Text im Netz, wonach Leute in einem Grillimbiss in Bochum Currywurst mit Pommes bestellten, aber weil es so gut nach Gyros roch, auch sagten: »Mach mir doch ein bisschen Gyros dabei!« Dieser Imbiss soll das Gericht aber »Mantagyros« oder kurz: »MG-Teller« genannt haben. Wir werden am Ende nicht herausfinden, woher der Taxiteller wirklich rührt. Ich jedenfalls finde ihn: hervorragend!

Ich rede mit Renate und Werner noch darüber, dass sehr viele Arbeiter, die im Bergbau und in der Stahlindustrie gearbeitet haben, doch Ausländer, sogenannte Gastarbeiter waren. Die beiden bejahen das.

»Wir haben viele in unserem Freundeskreis«, sagt Renate.

»Ich hab mit Türken und Jugoslawen und Italienern und Polen und was weiß ich nicht alles zusammengearbeitet«, sagt Werner. »Nationalität spielte nie eine Rolle. Wir haben alle zusammen gearbeitet und gegessen und getrunken. Na ja, getrunken nicht immer, ein paar tranken keinen Alkohol, aber das ist ja denen ihre Privatangelegenheit, sag ich mal. Viele haben dann aber doch getrunken. ›Da guckt Allah nicht so genau‹, haben sie gesagt und gelacht.«

Werner gibt mir den Kontakt seines Freundes Emre P., der ebenfalls in Bochum lebt.

Ich treffe also später am Tag Emre P., der sofort Zeit hat, sobald ich ihm sage, dass ich seine Nummer von Werner B. habe. »Das ist ein sehr guter Freund von mir«, sagt Emre P.

Auch Emre duzt einen sofort. Er sei früher benachbart gewesen zu den B.s, aber jetzt, nachdem die Kinder – drei insgesamt – längst auf eigenen Füßen stünden und er in Rente sei, habe er sich mit seiner Frau eine kleinere Wohnung genommen.

»Habt ihr, du und deine Frau, je erwogen, mit Beginn des Ruhestands wieder zurück in die Türkei zu ziehen?«

Emre atmet tief durch. »Ja, das haben wir. Es war lange ein Thema. Mit dem Geld, das wir hier gespart haben, und mit der Rente von hier könnten wir uns ein besseres Leben in der Türkei leisten. Aber dann muss man ehrlicherweise sagen: Was sollen wir in der Türkei? Wir haben mehr als ein halbes Jahrhundert in Deutschland gelebt. Hier sind unsere Kinder geboren und aufgewachsen, hier leben und arbeiten sie jetzt, hier sind unsere Freunde.« Sowohl seine Familie als auch die seiner Frau stammten aus Konya. »Es reicht, wenn wir die ab und zu mal besuchen, solange wir noch können. Aber ich könnte dort nicht mehr leben.«

»Fühlt ihr euch als Deutsche?«

Wieder atmet er tief durch. »Du stellst schwierige Fragen. Aber ja, ich bin natürlich auch Deutscher. Den deutschen Pass haben wir schon lange. Aber auch vom Herzen sind wir Deutsche, natürlich. Wie gesagt, unsere Kinder leben hier. Sie können auch Türkisch, aber viel schlechter als Deutsch. Aber natürlich sind wir auch Türken, wir haben dort unsere Wurzeln, und wir haben vieles von dort in uns behalten, das Essen, die Lieder und so.« Die Erfahrung, dass man hier »der Türke« und in der Türkei »der Deutsche« sei, von der viele jüngere Menschen mit Migrationsgeschichte erzählen, haben sie auch gemacht. »Das haben wir Gastarbeiter der ersten Generation schon nach kurzer Zeit erlebt. Wir waren weg, wir waren die, die Geld hatten, und irgendwann gehörten wir in der Türkei nicht mehr richtig dazu. Und hier in Deutschland aber auch nicht.«

»Und heute? Gehört ihr heute deiner Meinung nach dazu?«

»Ach, ja. Natürlich gibt es immer wieder Leute, die komische Sachen sagen. Ausländer, Ausländer, Ausländer, darüber reden manche hier ja ständig. Aber das geht hier rein und da raus«, sagt er und zeigt auf seine Ohren. »Außerdem stimmt es ja: Es gibt auch Ausländer, die Probleme machen. Ich finde außerdem falsch, alle ohne Kontrolle reinzulassen. Und ich finde auch ungerecht, dass sie sofort Geld bekommen. Wir mussten damals hart arbeiten und uns anstrengen, und jetzt kommen so viele und haben nie irgendwas eingezahlt oder hier geleistet, und schon kriegen sie Geld.«

»Na ja, das ist halt der Sozialstaat, man will nicht, dass Menschen auf der Straße leben oder hungern müssen. Wenn man denen das nimmt, macht das unser Leben ja kein Stück besser.«

»Das verstehe ich«, sagt Emre. »Aber es muss ein Unterschied sein zu dem, was Menschen kriegen, die gearbeitet und jahrzehntelang Sozialversicherung gezahlt haben. Sonst empfindet man das als ungerecht. Das sehen ja sehr viele so. Aber natürlich muss man auch niemanden hungern lassen.« Er lacht müde. »Wir werden das Problem so schnell nicht lösen.«

Eines wolle er aber doch sagen: Ihn ärgere, dass so viele Menschen mit Wurzeln in der Türkei hier in Deutschland Erdoğan wählten. »Die sagen immer, aus Protest, weil sie in Deutschland nicht anerkannt und respektiert werden. Sie tun das, um die Deutschen zu ärgern. Aber was ist das für ein Blödsinn? Sie müssen nicht leiden unter Erdoğans Politik, sie können wählen und die Sache sofort wieder vergessen. Aber in der Türkei müssen die Menschen mit den Folgen leben!« Ich solle das unbedingt aufschreiben, aber nicht seinen vollen Namen nennen, sonst könne er nicht mehr in die Türkei reisen. »Ist das nicht schlimm? Der glaubt, dass die Türkei ihm alleine gehört, und jeder, der ihn kritisiert, darf nicht mehr rein.« Und: »Ach ja, wenn du über Spaltung der Gesellschaft in Deutschland schreibst: Eine sehr große Spaltung gibt es in der türkischen Bevölkerung in Deutschland, für Erdoğan und gegen Erdoğan.« Ich weiß von Misstrauen und Spitzeln, von Beobachtungen in Moscheevereinen und Meldungen an türkische Behörden, von sehr genauer Prüfung der sozialen Medien und wer was wo sagt oder schreibt. »Es ist wirklich sehr schlimm«, sagt Emre.

Ich habe Emre sehr gerne zugehört. Er argumentiert klug und nachvollziehbar.

Am nächsten Morgen fahre ich durch die Innenstadt von Bochum. Es lässt sich dort gut aushalten, auch in den Randgebieten ist die Stadt, vor allem entlang der Ruhr, schön. Oder rauf nach Stiepel, dem teuersten Stadtteil von Bochum, wo man in Hanglage wohnen und ins Ruhrtal blicken kann. Ich lerne: Man sollte nicht von der Gegend rund um den Bahnhof auf die gesamte Stadt schließen. In keiner Stadt. Vor allem nicht in Bochum.

Ich radele weiter nach Essen. Wieder ist die Strecke unglaublich abwechslungsreich, wie schon zuvor, als ich, vorbei an Witten, am Kemnader See haltmachte, einem 1980 eröffneten Ruhrstausee, wo man baden und surfen und segeln kann, ein Ausflugsziel für Wanderer und Inlineskater. Auch ein Abstecher nach Hattingen bietet sich an, einem Ort mit einer Altstadt, die so umwerfend ist, dass ich mich wundere, dass das nicht längst wirklich jeder in Deutschland weiß. Wenn man Zeit mitbringt, kann man Burgruinen, Zechen, Museen besuchen. Nach dem Radeln entlang der Elbe, wo man manchmal den ganzen Tag nur plattes Land hat (was mir auch sehr gut gefällt!), ist das hier das Gegenteil davon: alle paar Kilometer etwas Neues.

Ich treffe Ömer Ü., einen glühenden Anhänger von Erdoğan. Ü. hat mir regelmäßig E-Mails geschrieben, in denen er seinen Präsidenten verteidigt und mich, der ich Erdoğan kritisiere, kritisiert – aber im Gegensatz zu vielen anderen Erdoğan-Anhängern immer halbwegs sachlich und relativ freundlich im Ton. Als ich ihm schrieb und ihn fragte, ob er mit mir reden wolle, sagte er sofort zu.

Auch Ömer bietet mir gleich das Du an. Ich weiß nicht, inwieweit er in den Strukturen der türkischen Politik eingebunden ist, ob er der Partei Erdoğans, der AKP, angehört oder irgendwelchen politischen oder religiösen Vereinen. Daher weiß ich auch nicht, inwieweit er vorbereitet ist auf unser Gespräch.

Er lädt mich in ein türkisches Restaurant ein, das sehr schick ist.

Dort kommt er ziemlich schnell zur Sache.

»Du bist doch Pakistaner. Deshalb verstehe ich nicht, wie du so über Erdoğan schreiben kannst. Du bist Muslim, du solltest doch die gleichen Werte vertreten und …«

»Ähm … Nein, ich bin kein Pakistaner. Ich habe pakistanische Wurzeln, aber ich bin Deutscher und …«

»Natürlich bist du Pakistaner!«

»Noch einmal: Ich habe pakistanische Wurzeln, klar, aber ich bin …«

»Du kannst doch deine Wurzeln nicht leugnen!« Jetzt lacht er verächtlich. »Du bist Pakistaner, du bleibst immer Pakistaner. Du wirst niemals Deutscher. Frag doch die Deutschen, die akzeptieren Menschen wie uns nicht! Wir sind immer Türken, Pakistaner, was weiß ich. Wir sollten stolz darauf sein und dazu stehen!«

»Ich leugne meine Wurzeln nicht, sondern sage doch: Ich habe pakistanische Wurzeln. Aber ich bin in Deutschland geboren, aufgewachsen, bin hier sozialisiert und bin nun mal Deutscher.«

»Du bist Pakistaner, da kannst du sagen, was du willst. Es ist schlimm, wenn man nicht zu seinem Vaterland steht!«

Er redet wie ein AfD-Politiker, wie einer jener Typen, die davon überzeugt sind, es gebe »deutsches Blut« und eine »deutsche Rasse« und jemand wie ich könne niemals »echter Deutscher« sein. Es ist sinnlos, mit solchen Leuten weiter über dieses Thema zu reden. Aber ich habe keine Lust, ihm diesen Unsinn durchgehen zu lassen.

»Ich bin übrigens nicht mal Muslim, wie du behauptet hast.«

Er schaut mich mit großen Augen an.

»Ich habe schiitische Wurzeln, meine Familie ist schiitisch-muslimisch, ja. Aber meine Eltern sind zum protestantischen Christentum konvertiert, ich bin getauft und konfirmiert, und als junger Erwachsener habe ich mich entschieden, konfessionslos zu sein.«

Ich weiß, dass Letzteres, nämlich konfessionslos zu sein, für gläubige Muslime noch schwerer zu fassen ist, als zum Christentum konvertiert zu sein. Deshalb versuche ich, ihm das zu erklären.

»Das ist jetzt zwar ziemlich privat, aber ich sage es dir trotzdem, damit du es verstehst: Ich bin kein Atheist. Ich glaube an einen Gott. Oder an etwas Göttliches. Aber ich fühle mich keiner Religion zugehörig. Vertrauter bin ich allerdings mit dem evangelischen Christentum als mit dem schiitischen Islam, weil ich das eben seit meiner Kindheit kenne.«

Ich glaube, für Ömer ist gerade eine Welt zusammengebrochen. Dass man sich nicht dem Land seiner Vorfahren zugehörig fühlt – oder zumindest nicht in erster Linie, denn natürlich fühle ich mich Pakistan schon auch verbunden –, sondern Deutschland, heißt er nicht gut. Aber dass man vom Islam zu einer anderen Religion konvertiert, kann er nicht fassen. Sprachlos sitzt er da und starrt mich an. Zum Glück nicht feindselig, denn das ist – leider – ein Thema, bei dem manche gewalttätig werden. In einigen Staaten gilt der Abfall vom Islam sogar als Straftat.

Damit das Schweigen nicht andauert, sage ich: »Du bist doch in Deutschland geboren, oder?«

Er nickt. »Ja, hier in Essen.«

»Wieso fühlst du dich nicht als Deutscher? Du sprichst die Sprache, du lebst hier, du arbeitest hier. Wieso fühlst du dich nicht als Teil dieser Gesellschaft? Ja, ich weiß, es gibt immer wieder Typen, die Menschen wie uns sagen oder das Gefühl vermitteln, dass wir nicht hierhergehören. Aber warum lassen wir uns von denen das Denken bestimmen? Ich sage und denke über solche Leute immer: Was wollt ihr kleinen, armseligen Lichter denn? Ihr habt mir überhaupt nicht zu sagen, ob ich dazugehöre oder nicht.«

Ömer schweigt weiter.

»Und weißt du was? Mich ärgert, wenn dann Typen wie du um die Ecke kommen und mir sagen, dass ich Pakistaner sei und kein Deutscher!

Du redest genauso wie diese Idioten! Du machst da mit! Die mögen dich ausgrenzen, das ist scheiße. Aber warum bist du so bescheuert und machst das mit und sagst auch noch: Jawohl, ich akzeptiere diese von euch gesetzte Grenze und bin keiner von euch! Wahrscheinlich erzählt ihr euch zu Hause auch was von ›den Deutschen‹ und ›den Almans‹ und zieht da strikte Grenzen im Miteinander. Was soll das? Wie soll da unsere Gesellschaft funktionieren, wenn Leute wie du dieses, entschuldige meine Ausdrucksweise, beschissene Spiel der Rechtsextremisten mitmachen?«

Ömer sagt nichts.

Wir bestellen Ayran. Essen möchte ich nichts, mir ist der Appetit vergangen.

Ich frage Ömer nach den Gründen für die Beliebtheit Erdoğans unter in Deutschland lebenden Menschen mit Wurzeln in der Türkei.

»Erdoğan kümmert sich um uns. Er nimmt uns ernst. Er steht für uns. Er gibt uns Selbstbewusstsein. Die Deutschen unterdrücken uns nur und grenzen uns aus, für die sind wir immer Menschen zweiter Klasse. Erdoğan spricht eine einfache Sprache und sagt uns, wir sollen stolz sein und selbstbewusst unseren Platz in der Gesellschaft einnehmen. Außerdem ist er gläubig und ein anständiger Mensch.«

Diese Begründung habe ich schon oft gehört: dass er seine Flügel schützend über die Ausgegrenzten breite und ihnen Selbstbewusstsein gebe. Ich kann das ein Stück weit nachvollziehen: dass man den, der einem liebevoll den Arm um die Schulter legt, lieber mag als denjenigen, der einem nur Beleidigungen an den Kopf wirft. Sogar, dass man Unfairness mit Unfairness vergilt.

Aber wohin soll das, um Himmels willen, führen?

Dass am Ende einer solchen Entwicklung irgendwie alle beschädigt zurückbleiben, hat man sehr gut beobachten können an Mesut Özil. Als er Fußballweltmeister wurde, war er der Deutsche, der Held, der gefeierte Star. Er bekam sogar einen »Integrationsbambi«. Als die deutsche Nationalmannschaft nicht mehr gewann, patzte, die Fans enttäuschte, war er plötzlich der Türke, der Ausländer, der, ohgottohgott, nicht einmal die deutsche Nationalhymne mitsingt! Dieser Rassismus, der sich ihm gegenüber offenbarte, diese Doppelmoral, sie kotzten mich an. Aber was machte Özil? Wandte sich der Türkei zu, ließ sich mit Erdoğan ablichten, feierte öffentlich »meinen Präsidenten«, lud ihn sogar zu seiner Hochzeit ein und machte ihn zu seinem Trauzeugen. Das wurde, finde ich, in Deutschland wiederum zurecht kritisiert. Allerdings allzu oft wieder mit rassistischem Unterton – und komplett außer Acht lassend, was zu dieser Entwicklung Özils geführt hatte. Ich finde, die rassistischen und feindseligen Töne gegenüber Özil rechtfertigen oder entschuldigen seine Hinwendung zu diesem Autokraten nicht, aber sie erklären sein Verhalten zumindest, und man sollte das im Hinterkopf behalten, wenn man mal wieder Kritik äußern möchte.

»Ich verstehe deinen Punkt«, sage ich zu Ömer. »Aber es ist doch verrückt, jemandem, der autoritär ist, der jede Kritik unterdrückt, der jeden, der ihm nicht passt, aus dem Weg räumt und diffamiert und der permanent beleidigt ist, hinterherzulaufen aus Wut darüber, dass man hier von einigen Ablehnung erfährt.«

Es scheint in Ömer zu gären, er sagt aber immer noch nichts.

»Weißt du, diese Leute, die Menschen wie uns ausgrenzen, wollen unsere Gesellschaft spalten. Ich möchte aber eine Gesellschaft, in der wir alle nicht nur nebeneinander, sondern miteinander leben. Voneinander lernen und profitieren. Und natürlich auch streiten und Dinge beim anderen kritisieren, dafür aber auch unser eigenes Verhalten überprüfen und gegebenenfalls ändern. Und klar wollen wir verschieden bleiben. Du kannst dich ja *auch* türkisch fühlen, ich kann *auch* pakistanisch sein. Man sollte niemals vergessen, woher man kommt. Aber ebenso wenig sollte man vergessen, wohin man gehört – nämlich, dass man auch hierhin gehört. Wenn mir weiße Deutsche sagen: ›Du kannst dich nicht zwei Kulturen zugehörig fühlen!‹, denke ich und sage manchmal auch: ›Laber du mal! Nur weil du keine Ahnung hast, stimmt das eben noch lange nicht!‹ Du solltest dich, Ömer, nicht abwenden von unserer Gesellschaft und die Spaltung vorantreiben – und mir auch noch erzählen, ich sei Pakistaner und kein Deutscher!«

Ich habe mich in Rage geredet, ich bin wütend. Ich wünschte mir, Emre aus Bochum wäre hier. Wie gerne hätte ich ihm zugehört, wie er mit Ömer streitet. Von einer »sehr großen Spaltung in der türkischen Bevölkerung in Deutschland« hat er gesprochen. Wahrscheinlich wäre sie hier, in einem Gespräch zwischen ihm und Ömer, sichtbar geworden.

Mein Gespräch mit Ömer hatte ich mir ganz anders vorgestellt. Wir trinken jetzt unseren Ayran aus, erheben uns, er reicht mir die Hand. »Danke für das Gespräch«, sagt er. »Aber denk noch mal darüber nach, was ich gesagt habe. Du solltest zu Pakistan und zum Islam stehen.«

Mit Leuten wie Ömer habe ich öfter zu tun. Sie schreiben mir, kommentieren in den sozialen Medien, manchmal treffe ich sie auch bei Veranstaltungen. Ich halte ihren Weg für falsch. Ich bin überzeugt, dass man immer wieder das Gespräch, den Dialog, auch den Streit mit ihnen suchen muss. Aber es gibt auch jene, die sehr viel aggressiver sind, auch mit denen habe ich regelmäßig zu tun. Typen, die sagen, irgendwann würden »die Muslime« die Mehrheit in Deutschland sein und dann die Scharia, das islamische Rechtssystem, über alles stellen. Ich befürchte, da bringt Gespräch alleine wenig. Ich bin mir nicht sicher, ob wir als Gesellschaft diese Gefahr richtig einschätzen. Und ob wir in der Lage sind, sie gezielt und differenziert zu bekämpfen, ohne »die Ausländer«, »die Flüchtlinge«, »die Muslime« über einen Kamm zu scheren.

Vom Wandern

Den verbleibenden Tag verbringe ich, indem ich durch Essen radele. Fahrradfreundlichkeit sieht anders aus, da haben die meisten Städte in Deutschland Nachholbedarf, aber die Autofahrer sind heute freundlich, fahren rücksichtsvoll, halten Abstand und hupen nicht. Ich fahre in den Stadtteil Steele, wo es seit einigen Jahren sogenannte Stadtspaziergänge von Rechtsextremisten und Neonazis gibt, die sich »Steeler Jungs« nennen und die vom Verfassungsschutz beobachtet werden. Diese Typen fühlen sich, lese ich in einem Artikel, als eine Art Bürgerwehr, die notwendig sei, um weiße deutsche Frauen vor »kriminellen Zuwanderern«

zu schützen, weil der deutsche Staat hier versage. Mir erzählen Leute in Essen, die ich nach diesen Typen befrage, dass sie meist in schwarzer Kleidung schweigend durch den Stadtteil gehen. Auf den Jacken stehe die Bezeichnung »First Class Crew – Steeler Jungs«, oft seien sie vermummt, manchmal komme es von ihrer Seite zu Pöbeleien und Handgreiflichkeiten, aber schon das schweigende Marschieren wirke bedrohlich.

Wenn ich all das lese und höre, ahne ich, dass es üble Strukturen in unserer Gesellschaft gibt, die man auf den ersten Blick nicht sieht. Bei der AfD steht wenigstens AfD drauf, man erkennt sie und kann mit denen reden, auch wenn das nicht immer Sinn ergibt. Aber dann gibt es rechtsextremistische und neonazistische Gruppierungen, Wehrsportgruppen, Bürgerwehren, patriotische Gesellschaften, Netzwerke im Untergrund, die kaum greifbar sind. Leute, mit denen ich gar nicht ins Gespräch komme, die mir nicht ihre Gedanken und Vorstellungen offenlegen werden. Für die ich ein Feind bin. Da sind Gefahren, deren Größe ich nicht einschätzen kann – und bei denen ich mir, und das ist viel schlimmer, nicht sicher bin, ob diejenigen, die diese Gefahren bekämpfen sollen, sie richtig einschätzen.

Ich denke daran, dass meine Eltern nicht nach Deutschland ausgewandert sind, damit ihre Kinder sich rassistisch beschimpfen lassen müssen; dass sie aber auch nicht nach Deutschland gekommen sind, damit sie in einem Land leben, in dem Typen die Scharia einführen wollen. Demokratie und Freiheit und Rechtsstaatlichkeit sind wertvoll, aber nicht so selbstverständlich, wie sie uns bisweilen erscheinen. Wir müssen lernen, dass wir das scheinbar Selbstverständliche verteidigen. Denn nichts ist wirklich selbstverständlich.

Am Abend mache ich in Essen einen Spaziergang und lerne Martin kennen. Kurz vor Mitternacht treffe ich in der Nähe meines Hotels in Bahnhofsnähe eine Gruppe von Obdachlosen. Sie packen gerade ihre Sachen zusammen, die Polizei war hier und hat sie aufgefordert, woanders hinzugehen.

»Willschd au a Bier?«, fragt mich ein Mann, dessen Alter ich nicht schätzen kann. Er könnte Mitte zwanzig sein und dafür sehr alt aussehen oder Mitte fünfzig und sich dafür ganz gut gehalten haben. Da er offensichtlich obdachlos ist und das Leben sicher seine Spuren an ihm hinterlassen hat, schätze ich, dass er eher älter aussieht, als er ist.

»Willschd au a Bier?«, fragt er noch einmal, da ich ihn nur angeschaut und nichts gesagt habe, und hält mir eine Dose hin. »Mir sind hier ja ned bei arme Leud.« Zwei Typen, die neben ihm auf dem Boden hocken und ihre Schlafsäcke in Plastiktüten stopfen, grinsen, eine Frau bricht in Lachen aus, das in ein nicht enden wollendes Husten übergeht.

»Ähm, also ich … ich kann uns gerne Bier besorgen«, sage ich und komme mir im nächsten Moment blöd vor, denn er hat ja Bier da.

»Kannschd später machen«, sagt er. »Nimmschd erscht a mol dieses.« Er hält mir weiter die Dose hin. Ich bin erstaunt.

»Ich bin übrigens Martin«, sagt er.

»Kommst du aus Heilbronn?«

Jetzt schaut er erstaunt. »Faschd. Aus Bietigheim-Bissingen. Da bin ich jedenfalls aufgewachsen. Leb da aber schon lang ned mehr.«

Ich erzähle ihm, dass ich mal ein paar Jahre in Heilbronn gelebt habe und mir bei seiner Sprache warm ums Herz wird.

»Das hat mir noch nie jemand gesagt.«

Ich nehme das Bier und setze mich neben ihn auf einen platten Karton, er setzt sich neben mich. Kaum sitzt er, will er wieder aufstehen. »Sorry, sorry, sorry, wir suchen uns lieber eine Bank.«

»Kein Problem«, sage ich und bleibe sitzen. »Das passt schon.«

»Wirklich?«

Als ob ich nicht auf dem Boden sitzen könnte!

Er guckt mich an. »Na gut.«

Martin ist Ende dreißig, hat als Jugendlicher eine Ausbildung zum Werkzeugmechaniker gemacht, dann ein Studium der Philosophie begonnen, ein paar Semester lang. »Vor tausend Jahren war das«, sagt er. Und dann hatte er die Erkenntnis, dass das alles nichts für ihn ist. »Ich hab nichts gegen den Kapitalismus, nichts gegen Marktwirtschaft und Anzugträger. Aber ich will da nicht mitmachen.« Er habe Job und Studium hingeworfen und sei losgezogen in die Welt. »Frankreich, Italien, Spanien, Marokko. Da, wo's warm ist.«

Als »Obdachloser« würde er sich nicht bezeichnen, sagt Martin. Als »Wohnungsloser« auch nicht. »Landstreicher« oder »Penner« sowieso nicht. Er trägt eine halbwegs saubere Jeans, ein schwarzes, langärmliges T-Shirt und eine dunkelblaue Jacke. Dass er auf der Straße lebt, seit Jahren schon, sieht man ihm nicht sofort an.

»Ich würde mich als Wanderer bezeichnen. Ja, das finde ich gut: Wanderer.« Er erzählt, dass er vor allem von Gelegenheitsjobs lebe. »Holzhacken, bei Umzügen helfen, Gartenarbeiten oder mal auf dem Bau.« Hin und wieder bekomme er auch Almosen, er nennt sie »Spenden«. Er bekomme sie, wenn Leute ihn zum Beispiel auf einer Bank liegen sehen und ihm aus Mitleid etwas geben. »Da sage ich nicht Nein. Aber dass ich aktiv um Geld oder etwas zu essen bitte, kommt nicht so oft vor.« Staatliche Hilfe nehme er nicht in Anspruch, sagt er. »Dazu bin ich ohne festen Wohnsitz ständig woanders, das ist zu kompliziert für die deutsche Bürokratie.« Steuern zahle er allerdings auch keine, wenn er mal was einnehme. »Ohne Moos nix los, nur Bares ist Wahres«, sagt er. Manchmal verdiene er »richtig gut, ein paar Tausend Euro auf einmal, da kannschd monatelang von leben«. Als Schwabe sei er ohnehin sparsam. »Ich will nichts vom Staat, und der Staat soll nichts von mir wollen.«

»Aber ist das gerecht?«

»Des isch a guuuude Frage!« Er überlegt einen Augenblick. »I glaub, wenn jeder so leben tät wie ich, wär das nicht gut. Aber das Gute an unserer Gesellschaft ist ja, dass jeder so leben kann, wie er's mag. Und das ruckelt sich dann schon zurecht.«

»Aber noch einmal: Ist das gerecht? Der Staat ist ja letztlich nichts anderes als die Gesellschaft, also: wir. Und ihr nichts zu geben nach seinen eigenen Möglichkeiten, das ist doch irgendwie nicht fair, oder?«

»Da kann man jetzt lange drüber streiten, ob das gerechter oder ungerechter ist als der gewiefte Unternehmer, der durch geschickte Steuersparmodelle und möglicherweise durch das geschickte Beantragen von staatlichen Geldern, also Subventionen, reich wird. Viele sind ja nur reich, weil sie besonders gut tricksen können.« Und nach einer Pause sagt er: »Ich schaffe zwar keine Arbeitsplätze oder so. Aber ich glaube, ich richte durch meine Lebensweise viel, viel weniger Schaden an als solche Typen.«

Martins Freunde, die um ihn herumsitzen, gucken gelangweilt. »Der redet immer so gescheit daher«, sagt einer und prostet uns zu.

Martin trinkt sein Bier aus. »So, genug für heute. Ein halber Liter reicht. Alkohol soll Genuss sein, kein Suchtmittel. Aber eine Zigarette wäre jetzt fein! Haschd eine?«

»Nein, aber ich hole welche. Hier gibt's ja überall Kioske, die zum Glück zu dieser Zeit geöffnet haben.«

Ich stehe mühsam auf, ich bin es nicht mehr gewohnt, auf dem Boden zu sitzen. Martin steht auch auf und begleitet mich.

Ein paar Meter weiter finden wir einen Laden, den ein Türke betreibt. Ich kaufe Zigaretten. Rauchend spazieren Martin und ich durch die Essener Innenstadt. Martin hat seinen riesigen Rucksack dabei, er will sich einen Platz zum Schlafen suchen, die Polizei hat ihn und die anderen ja aufgefordert, woanders hinzugehen.

»Magst du Deutschland?«, frage ich ihn.

»Tatsächlich ja«, sagt er, »ich kenne viele Länder, und ich muss sagen: Deutschland ist besser als sein Ruf. Viel besser.«

»Aber ist es nicht schwierig, als … ähm … Wanderer?«

»Doch, schon. Vor allem, wenn man dich sofort erkennt. Wenn du aussiehst und dich benimmst wie ein Penner, behandeln dich die Leute wie einen Penner. Wenn du aussiehst und dich aufführst wie ein König, behandeln sie dich wie einen König.«

»Hm, aber liebenswürdig ist so ein Umgang ja nun nicht …«

»Stimmt. Aber niemand muss aussehen wie ein Penner. Na gut, viele haben Drogenprobleme, Alkohol und so. Und dann schaffen die sich auch noch einen Hund an, obwohl sie schon kaum für sich selbst sorgen können! Dabei gibt es viele Möglichkeiten, sich zu pflegen, sich zu waschen und zu rasieren. Das Problem liegt oft hier.« Er tippt sich an die Stirn. »Im Kopf, verstehst du?«

Irre. Ein Obdachloser, der denkt und redet wie ein FDP-Politiker.

»Du redest wie einer von der FDP. ›Jeder ist seines Glückes Schmied.‹ Und: ›Wenn jeder sich selbst hilft, ist allen geholfen.‹ Und: ›Weniger

Staat!‹ Nicht, dass ich das alles unsympathisch finde. Nur sagst du ja selbst, dass es eben auch viele Leute mit Problemen gibt. Und oft meint das Schicksal es nicht gut mit einem, manche haben wirklich Pech im Leben. Denen muss man doch helfen! Für manch einsame Seele ist ein Hund als Begleiter das pure Glück!«

Martin schaut mich mitleidig an. Aber er schlägt einen versöhnlichen Ton an, er ist ein charmanter Typ, einer, der elegant Konflikte zu umschiffen weiß. Er erzählt mir von sich, davon, dass es »gar nicht mal so wenige« Menschen auf der Straße gebe, die so dächten und lebten wie er und die ihr Leben als Form von Freiheitsausübung auffassten »und nicht in eine Schublade gesteckt werden wollen mit dem Wald-und-Wiesen-Obdachlosen«. »Aber klar, ich tät schon sagen, dass die Mehrheit, sogar die große Mehrheit unfreiwillig auf der Straße ist.«

Martin steuert auf eine Nische in einer Häuserzeile zu, die er zu kennen scheint. Während er sich einrichtet und seinen Schlafsack auspackt, googele ich schnell, wie viele Obdachlose es eigentlich gibt. Auf der Seite der Diakonie steht: »456 560 Menschen in Deutschland sind derzeit wohnungslos. 372 000 Menschen von ihnen lebten zum Stichtag 31. Januar 2023 in Einrichtungen der Kommunen oder der freien Wohlfahrtspflege. Damit waren es mehr als doppelt so viele wie im Vorjahr. Hinzu kommen laut dem letztjährigen Wohnungslosenbericht schätzungsweise 84 500 Menschen, die bei Freunden oder Bekannten unterkommen oder die gar keine Unterkunft haben. Die Dunkelziffer tatsächlich wohnungsloser Menschen dürfte jedoch noch um einiges höher liegen.«

Martin selbst lebt seit fünfzehn Jahren ohne feste Bleibe. »Anfangs hab ich noch oft draußen geschlafen, auf Bänken oder so. Ich hatte auch ein Zelt, aber das wurde mir irgendwann zu schwer, ich hab's dann verschenkt.« Ab und zu habe er bei Freunden übernachtet. »Inzwischen habe ich überall in Europa und in Nordafrika Freunde und kenne in vielen Städten Orte, wo ich schlafen kann.« Ein paarmal sei er schon beraubt worden. »Wenn man seine Sachen irgendwo liegen lässt und mal unterwegs ist, kann es schon mal passieren, dass wer den Schlafsack klaut.« Und dann, sagt er, gebe es auch »unter Menschen wie mir« eine Hierarchie. Er selbst stehe ganz oben, ganz unten die stark Drogenabhängigen. »Wenn man oben steht, hat man immer Neider. Leute, die einem die Butter auf dem Brot nicht gönnen.« Als ich ihn frage, ob er sich vorstellen könne, sich vielleicht doch mal irgendwo niederzulassen und sich Wohnung und Arbeit zu suchen, sagt er: »Ich bin lieber König unter den Arschlöchern als Arschloch unter den Königen.«

Ich trinke noch ein weiteres Bier mit King Martin und verabschiede mich dann von ihm. Er selbst macht es sich in seinem Schlafsack gemütlich, und wie ich mich von ihm entferne, sehe ich, dass er ein kleines Leselicht angeknipst hat und in einem Buch liest.

Scheiße, wat is dat schön!

Bis nach Duisburg ist es nicht mehr weit. Die Ruhr macht jetzt einige Schlaufen, man kommt am Baldeneysee vorbei, sie lieben hier Namen, die mit -ey enden, an Mülheim an der Ruhr, und dann ist da schon Duisburg. Der Ruhrtalradweg führt immer wieder durch Waldpassagen und an grünen Wiesen vorbei. Die gesamte Strecke bin ich nur sehr selten an Autostraßen entlanggefahren, der überwiegende Teil ist reiner Radweg, mal mit richtiger Fahrbahndecke, mal Schotterweg, dann wieder Wald- oder Feldweg, insgesamt sehr gut zu fahren, auch weil man auf der gesamten Strecke etwa 600 Höhenmeter überwindet, wenn ich es richtig lese – und zwar, wie gesagt, immer nur nach unten.

Da, wo Autos fahren, stehen auch hier immer wieder kleine Kreuze: Erinnerungen an Verkehrstote. Und dann ein Beerdigungsinstitut, das in großen Lettern wirbt: »Niedrige Preise« und »Leistbare Beerdigung, bei Erledigung aller Formalitäten!«

Nach Duisburg hinein führt der Weg über eine mehrspurige Autostraße. Immerhin ist der Radweg etwas erhoben, nicht nur durch einen Streifen von der Fahrspur für Autos abgetrennt. Riesige Plakate werben für die »Sozialwahl«: »Wir zahlen seit Jahrzehnten ein. Also wollen wir auch mitreden. Jetzt mitbestimmen bei Rente und Gesundheit.« Und wieder ein Kiosk, der gleich auf zwei Schildern mit beiden Bezeichnungen auf sich aufmerksam macht: »Sultan's Trinkhalle« und »Sultan's

Büdchen«. Sultan mag den Apostroph sehr gerne und haut ihn auch da rein, wo er nicht hingehört.

Ich schaue mir den Landschaftspark Duisburg-Nord an, ein Erholungsgebiet, früher das Thyssen-Hochofenwerk Duisburg-Meiderich. Von 1901 bis 1985 wurde hier Roheisen für die Stahlindustrie hergestellt, und wenn man mag, kann man hier einiges über die Herstellung von Eisen und Stahl lernen. Man kann einen ehemaligen Hochofen hinaufsteigen, sich Kunstausstellungen und Lichtinstallationen anschauen oder auch Hochzeit feiern. Auf dem weitläufigen Gelände kann man spazieren gehen. In manchen Ecken riecht man, dass hier jemand vor nicht allzu langer Zeit gekifft hat. Mein persönlicher Eindruck: Welch schöner Ort heute, mit Kunst und Party! Welch bedrückender Ort früher, als hier noch malocht wurde! Aber das war der Preis des deutschen Wirtschaftswunders: harte, ehrliche Arbeit, im Gegenzug: Wohlstand vielleicht nicht für alle, aber doch für viele.

Ich fahre zur Brautmodenmeile in Duisburg-Marxloh, jenem Stadtteil, in dem der Migrantenanteil in der Bevölkerung besonders hoch ist und den manche Populisten eine »No-go-Area« nennen. Ich frage bei offiziellen Stellen der Stadt nach, die mir sagen, es gebe »keine signifikanten Daten, die darauf hinweisen, dass es in Marxloh in irgendeiner auffälligen Weise gefährlich oder gefährlicher als anderswo« sei. Was über diesen Stadtteil »von manchen Kreisen« geredet werde, sei »in den meisten Fällen Panikmache«. Hört man hingegen den Populisten zu oder liest im Netz, könnte man meinen, dieser Stadtteil werde von »Clans« beherrscht, die Bedrohung durch Kriminalität sei gestiegen und vor allem für Frauen sei es gefährlich. Ich kann das bei meinem Besuch nicht überprüfen, aber einen Besuch empfehle ich auf jeden Fall: Die Brautmodenmeile ist auch dann interessant,wenn man nicht beabsichtigt zu heiraten. Ein Brautmodengeschäft reiht sich ans nächste, die komplette Weseler Straße entlang, außerdem in den Seitengassen. Es gibt auch Geschäfte für Herrenbekleidung, auch der angehende Bräutigam findet hier also sein Outfit, aber das Verhältnis ist doch sehr unausgewogen zugunsten der Braut. Die Geschäfte gehören nahezu allesamt Geschäftsleuten mit Wurzeln in der Türkei. Mittlerweile ist die Brautmodenmeile weit über die Grenzen

Duisburgs hinweg bekannt, die Kundinnen und Kunden kommen aus ganz Deutschland und aus benachbarten Ländern.

Manchmal, höre ich, schimpfen Leute in Duisburg darüber, dass hier »nur diese Sorte von Geschäften« sei und »nur von Türken«. So wie es mancherorts »nur Dönerläden« gebe. Nun, Kritik an Eintönigkeit teile ich, sei es Dönerladen an Dönerladen, Brautmodenladen an Brautmodenladen oder auch Schnitzelwirtshaus an Schnitzelwirtshaus. Schöner finde ich immer, wenn es Vielfalt gibt und man die Wahl hat. Aber zur Wahrheit gehört auch: Gäbe es die Geschäftsleute nicht, die hier ihre Hochzeitskleidung verkaufen, stünden die Geschäftsräume allesamt leer. Hier würde kaum jemand investieren.

Ich radele durch die Altstadt von Duisburg, die überaus sehenswert ist, fahre weiter Richtung Hafenkanal, werfe einen Blick auf die Hafenbecken und fahre zur Stele Rheinorange, wo der Ruhrtalradweg endet und die Ruhr in den Rhein mündet.

Gibt es also so etwas wie eine »Ruhridentität«? Den »Ruhrmenschen«? Anders als an der Elbe ist es hier, natürlich: viel mehr Städte, viel mehr Menschen, viel mehr Zugewanderte. Wenn man die Leute fragt, ob sie so etwas wie eine »Ruhridentität« empfinden, verneinen die meisten. Jeder verbindet sich mit seiner Stadt, seinem Viertel, seinem Fußballverein, aber nicht mit dem gesamten Ruhrgebiet. Doch zur Wahrheit gehört auch: Man trifft hier schon auf einen bestimmten Menschenschlag. Allein die vielen Weisheiten, die einem hier permanent entgegenfliegen – »Dat Schönste am Wein is dat Pilsken danach« –, zeigen, dass die Menschen hier Weltmeister im Sprücheklopfen sind. Das ist mir, auch wenn es bisweilen nerven kann, grundsympathisch. Man kommt, im Vergleich zur Elbe, nicht nur wegen der Zahl der Menschen, sondern auch ihrer Mentalität wegen leichter ins Gespräch. Angesprochen zu werden, Fragen gestellt zu bekommen, wird hier weniger als übergriffig empfunden, mehr als berechtigte Neugier. Und dann diese Sprache im Pott! Wunderbar! Hier und da vielleicht ein bisschen infantil, in der Grammatik etwas vereinfacht, Fälle sind nicht so wichtig, Artikel und Präpositionen auch nicht, Hauptsache, man versteht sich. Ich glaube, das macht es auch für Zugewanderte leichter, sich zurechtzufinden.

Überhaupt: Das Ruhrgebiet ist sehr migrantisch geprägt. Hier leben die, die in den Sechzigerjahren kamen, um zu malochen. Die dieses Land mitaufgebaut haben und ihren Anteil haben an der Erfolgsgeschichte Deutschland. Die mitgemacht haben und mitmachen, mit allen Rechten und allen Pflichten.

Was mir besonders gefällt: Selbst wenn man gefragt wird: »Wo kommsse denn her?«, spielt die Herkunft kaum eine Rolle – viel wichtiger ist: Was kannst du? Was willst du? Was trägst du bei? Und dann kannst, darfst, sollst du mitmachen und Teil des Ganzen werden. Das Ruhrgebiet ist eine seit Jahrzehnten funktionierende Integrationsmaschine. Und man erkennt: Miteinander zu arbeiten, ist ein hervorragender Weg zur Integration.

Das Ruhrgebiet ist eine Hochburg der SPD. Aber es war bei manchen Wahlen zuletzt auch eine Region, in der die AfD Erfolge feierte. Bei der Landtagswahl 2022 in Nordrhein-Westfalen holten die Rechtsextremen hier in manchen Wahlkreisen zweistellige Ergebnisse.

Menschen sehnen sich nach einfachen Lösungen für ihre Probleme. Ich glaube, so ist der Erfolg der AfD zu erklären, gerade im Ruhrgebiet. Und was für krasse Probleme gab – und gibt – es hier! Die Transformation vom Kohlebergbau und von der Stahlproduktion – vom Herz der deutschen Industrie – zur Hochburg der Hochschulen war und ist eine Mammutaufgabe. Kaum eine Region im Westen Deutschlands hat sich in den zurückliegenden Jahrzehnten so sehr verändert, ja verändern müssen. Als 2018 die letzte von einst hundert Steinkohlezechen schloss, sagte Bundespräsident Frank-Walter Steinmeier, hier gehe »ein Stück deutscher Geschichte zu Ende«. Das Ende der Stein- und auch der Braunkohle, die Energiewende hin zur Nutzung erneuerbarer Energien zwangen das Ruhrgebiet schon vor Jahrzehnten, sich neu zu erfinden. Die Überbleibsel der »alten Zeit« sind an vielen Standorten noch sichtbar, oft, wie gesagt, in Form von Museen.

Ob der Wandel gelungen ist, darüber kann man trefflich streiten. Mein Eindruck nach vielen Gesprächen im Ruhrgebiet ist: im Großen und Ganzen ja. Und zwar, weil unser Land ist, wie es ist: ausgestattet mit einem sozialen Netz. Natürlich, wie bei jeder Veränderung gibt es Gewinner und Verlierer, gibt es Menschen, die der Vergangenheit nachtrauern, die mit dem Wandel und ihrer neuen Situation unzufrieden sind, aber es gibt auch viele, die glücklich sind und zuversichtlich in die Zukunft schauen, die diese Zukunft mitgestalten und sich über die Veränderungen freuen. Ich denke, alles in allem hat man diese Aufgabe geschafft, durch »sozialverträgliche Lösungen« wie Frührente und Abfindungen, bei anderen Umschulung und Neustart. 2027 soll hier die Internationale Gartenausstellung stattfinden, 2038 das letzte Kohlekraftwerk dichtmachen.

Mehrere Menschen im Ruhrgebiet erzählen mir, die Ruhr sei ja »ganz schön«, aber viel schöner sei die Emscher, 83 Kilometer lang, nördlich der Ruhr, die Quelle in Holzwickede, die Mündung in den Rhein bei Dinslaken. Im Netz lese ich, dass einst ein Chronist im

Mittelalter das »vortrefflich klare Wasser« dieses Flusses lobte, der »reich an Fischen und Krebsen« sei. Durch Bergbau, Industrialisierung und Bevölkerungswachstum verdreckte der Fluss, wurde im 20. Jahrhundert begradigt und reguliert und zu einem Abwasserkanal degradiert, aber heute sei die Emscher wieder sauber und die Natur drum herum spektakulär. Mehrere Milliarden Euro wurden über die Jahre in die Renaturierung investiert. Mir wird klar, was Menschen zusammenhält: Wandel gemeinsam klug und behutsam, aber auch zielstrebig zu gestalten.

Scheiße, wat is dat schön!

NIEDER-
LANDE
Duisburg
Essen
Dortmund
Krefeld
Düsseldorf
Dormagen
N
W
O
S
Köln
Aachen
Troisdorf
Bonn
Ahr
DEUTSCHLAND
Sinzig
BELGIEN
Eifel
Koblenz
Kobern-Gondorf
RHEIN
Frankfurt/Main
Eltville
Wiesbaden
Rüdesheim
Mainz
Bingen
LUXEMBURG
Worms
Ludwigshafen
Mannheim
Karlsruhe
FRANKREICH
Stuttgar
0
25
50 km

AM DEUTSCHESTEN ALLER FLÜSSE | ENTLANG DES RHEINS VON MAINZ NACH DUISBURG

Geheimnisvoller Vater Rhein

Der Rhein ist nach meinem Empfinden der deutscheste aller Flüsse. Oder besser: der westdeutscheste. Nicht nur ein, sondern gleich zwei Bundesländer geben sich die Ehre, ihn im Namen zu tragen: Nordrhein-Westfalen und Rheinland-Pfalz. Er spielt in der Mythologie eine Rolle, in der deutschen Sagenwelt, er prägt die Literatur und ist Stoff für eine Fülle von Geschichten. Unzählige Schriftsteller haben hier geschrieben, teils ihr ganzes Leben verbracht, teils nur eine kurze, aber intensive Zeit. Berühmte Namen wie Goethe und Schiller, aber auch viele weniger bekannte. Wer hat nicht schon vom Nibelungenlied gehört und vom Nibelungenhort, von dem Hagen einen kleinen Teil, nämlich 144 Wagenladungen voller Gold, im Rhein versenkte? Gefunden wurde der Schatz nie, liegt er vielleicht irgendwo bei Worms, wo eine Bronze von Hagen das Rheinufer schmückt? Wie auch immer, bis heute befeuert dieser Schatz die Fantasie von Schriftstellern und Malerinnen, von Künstlern aller Art. Wäre natürlich super, wenn ich ihn während meiner Radtour fände und mich anschließend direkt in den Ruhestand verabschieden könnte mit einem Koffer voller Gold. Rheingold gibt es ja tatsächlich, Goldwäscher schürfen es – in bescheidenen Mengen – am Ufer dieses Flusses.

So gut wie überall entlang des Rheins, von den Schweizer Alpen bis zur Mündung in die Nordsee in den Niederlanden, haben Menschen Hand angelegt und den Strom begradigt, gebändigt, reguliert, sein Bett verändert. Wie an nahezu allen Flüssen wird seine Wasserkraft zur

Stromerzeugung genutzt, und gleichzeitig ist »Vater Rhein«, bisweilen kulturell überhöht und als »Schicksalsfluss« bezeichnet, eine der meistbefahrenen Wasserstraßen Europas. Der Rhein fließt durch den Bodensee, spielt somit im Dreiländereck Deutschland-Österreich-Schweiz eine Rolle, er ist Grenzfluss zwischen Deutschland und Frankreich, und in Deutschland bildet er die Grenze zwischen Bundesländern.

Ich entscheide mich, den Radweg durchs Mittelrheintal zu fahren, von Mainz bis nach Duisburg, wo ich ja schon einmal war, als ich die Ruhr erkundete. Es hatte sich dort als äußerst schwierig erwiesen, mit dem Zug zurück nach Wien zu kommen: Es gab keine freien Fahrradstellplätze mehr.

Den Rheinradweg werde ich deshalb mit meinem Faltrad, genannt Orange, fahren, beschließe ich, denn ein Faltrad gilt in zusammengeklapptem Zustand nicht als Fahrrad, sondern als Handgepäck, und darf daher ohne Reservierung des Stellplatzes im Zug befördert werden. Das macht mich sehr viel flexibler und nimmt mir die Sorge, möglicherweise irgendwo ein paar Tage hängenzubleiben.

Gleichzeitig bedeutet das eine ziemliche Einbuße an Komfort, aber einen Versuch ist es wert, denke ich.

Erzählungen, Bilder, Filme, Lieder, Farben, Gerüche, das Essen, eigenes Erleben und die Erinnerungen daran, all das prägt unser Bild von Orten. Als Kind habe ich von Deutschland wenig gesehen. In den Ferien besuchten wir ab und zu Verwandtschaft in Pakistan, in England und in den USA, aber in Deutschland sind wir nie gereist. Das Konzept des Urlaubmachens im Sinne von: Wir reisen irgendwohin, um uns die Gegend anzuschauen, Museen zu besuchen und eine andere Kultur kennenzulernen, war meinen Eltern – wie nahezu den meisten Menschen aus Pakistan und Indien ihrer Generation – fremd. Wenn man reiste, dann um Verwandtschaft zu besuchen. Alles andere ergab keinen Sinn. Für mich, der ich im Alten Land an der Elbe aufwuchs, war Hamburg die große weite Welt.

Von Mainz hatte ich trotzdem eine ziemlich konkrete Vorstellung: Da wird das Fernsehprogramm gemacht, und ansonsten gibt es dort viele singende, saufende, schunkelnde Zeitgenossen, die zwar ganz fröhlich

1

2

)er Anfang meiner Deutschlandtour: mein Rad vor der Kugelbake in Cuxhaven. mündet die Elbe in die Nordsee. Dieser Holzturm ist das Letzte, was Auswanderer rgangenen Zeiten von Deutschland sahen – und bis heute das Erste, was Seefahrer)eutschland erblicken, wenn sie auf Hamburg zusteuern.

3onjour tristesse: Ein Teil des Hafens von Cuxhaven, mit Seenotrettungsboot. Stimmung spiegelt wider, was ich bis zur Deutschlandtour von dieser Stadt hielt.

Der Mann mit Knollnase – hier und da auch mal eine Frau – von Jonas Kötz. Der Illustrator ist zufällig zur Bildhauerei gekommen, so wie er eher zufällig nach Krauts ans Ufer der Elbe kam.

Mitten im Wald von Gorleben, unweit des atomaren Zwischenlagers, das Greenpe Schiff »Beluga«. Einst Hafenfeuerlöschboot, dann Laborschiff und Protestboot der Umweltschützer, nun Mahnmal.

Fährt man die Ruhr entlang und kennt das Ruhrgebiet nicht, ist man erstaunt über die üppige Natur. Am Ufer erinnern alte Industrieanlagen an die Geschichte dieser Region.

von vielen Überraschungen während meiner Reise durch Deutschland:
h hinreißende Städtchen es gibt, von denen ich nicht wusste.
Hattingen an der Ruhr.

01 Meine Orange vor Schloss Biebrich. Diese zwischen 1700 und 1750 gebaute Fürstenresidenz wird heute von der hessischen Landesregierung zu repräsentativen Zwecken genutzt.

02 Wenn man ein Land kennenle möchte, sollte man sich alle Se anschauen – am Fluss also beide Eine Brücke – hier über den Rh ist da ganz hilfr

)h, wie schön ist Kobern-Gondorf! Ich mache einen Ausflug in dieses Dorf an der
·l, weil dort ein Freund aus Marinezeiten lebt und mich spontan eingeladen hat.

\rchitektonische Perle, irgendwo am Rhein: Wer hier wohl lebt? Welche Geschichte
s Haus hat? Wie es drinnen nur aussieht?

Vor dem Start meiner Fahrt entlang von Oder und Neiße mache ich halt in Berlin. Von dort nehme ich einen Zug nach Anklam. Hier radele ich mit der Orange vor dem Reichstagsgebäude.

Landschaft wie am Amazonas: das Stettiner Haff, auch Oderhaff oder
nersches Haff genannt. Moore, Sümpfe, Pflanzen aller Art und
unglaubliche Vielfalt an Vögeln.

In Anklam übernachte ich in einer dieser Holzkisten. Die Stadt galt einst als »Stadt der fünf A«: Armut, Arbeitslosigkeit, Abwanderung, Alter = Anklam. Heute ist sie »staatlich anerkannter Tourismusort«.

Rechtsextremismus ist in und um Anklam immer noch verbreitet. »Die Heimat! schützen und verteidigen« steht an einem Haus, auf dem Nummernschild »88«, Chiffre für »Heil Hitler«.

Erster und Zweiter Welt
sind vielerorts in Deutsc
noch sichtbar, wie h
der Oder, zum Beispiel
Gedenksteine – mit zu
fragwürdigen Formulieru

Ein halbes Haus. Oder ist es ein Viertel? Bei Reisen mit dem Rad entdeckt man immer wieder auch architektonische Kuriositäten.

Viele Gebäude entlang von Oder und Neiße zeugen von einer glanzvollen angenheit – und einer eher tristen Gegenwart. »1920 Martha« steht an diesem herrschaftlichen Haus.

Oder und Neiße bilden streckenweise die östliche Grenze Deutschlands. an der Lausitzer Neiße, links das deutsche Görlitz, rechts das polnische Zgorzelec.

01 Die Große Scharrnstraße in Frankfurt an der Oder: eine Fußgängerzone, entstanden von 1986 bis 1988, in den letzten Jahren der DDR. Ihr Charme, nun ja, ein wenig spätsozialistisch.

02 Ein Blick von Deutschland
Polen: Görlitz im Freistaat Sachse
die östlichste Stadt Deutschl
In die polnische Nachbarsta
es nur ein Katzenspr

Besuch in der ältesten Stadt Baden-Württembergs: Rottweil. Wie nahezu
ll in Deutschland suchen die Geschäfte Personal. In vielen Fenstern hängen Zettel,
enen zur Bewerbung aufgefordert wird.

Ein Thema, dem man bei jeder Radreise durch Deutschland begegnet:
giegewinnung. Hier das Kraftwerk Heilbronn, nahe dem Neckar.

01 Wer Freude an lustigen Ortsnamen hat, wird fündig: zum Beispiel am Neckar, die Menschen in einem Stadtteil von Neckargemünd mit Stolz sagen können: »Ich ein Mückenlocher.«

02 Burgen und Schlösser auf dem Weg nach Heidelberg. Als ausländischer Tourist man: »Wie schön!« Als Deutscher sagt man: »Die Heizkosten möchte ich nicht habe

ɪer Geist des schwäbischen Milliardärs Dieter Schwarz: In Heilbronn hat der
ɪnd Kaufland-Besitzer einen Bildungscampus bauen lassen – samt futuristisch
tendem Selbstbedienungsshop.

Ɩeine Suite in Donaueschingen: Drei Hirschköpfe – Plüschtiere – schmücken den
. Eine Persiflage auf Jagdtrophäen im ansonsten völlig unironischen Zimmer.

Die Neckarquelle in Schwenningen: typisch schwäbisch. Ordentlich eingefasst, moderne Architektur, ein bisschen zu künstlich, gewiss teuer, etwas protzig.

Die Ruhr entspringt in e
bewaldeten Gebiet, ein R
in matschigem Gefilde
man wundert sich, wie d
mal ein Fluss werde

Die Donauquelle im Schlosspark in Donaueschingen: wie ein gläsernes, geheimnisvolles Auge. Von Anfang an stimmt der Stil: mondän, monarchistisch, geradezu kaiserlich.

\An der Donau werde ich vor
wasser gewarnt. Leider höre
cht darauf und radele trotzdem
r …

02 … um sehr bald von der Realität eingeholt zu werden: Der Radweg mündet in einen See, die Region ist wegen starker Regenfälle überschwemmt. Mir bleibt nichts anderes übrig, als umzukehren.

Orange und ich (hier an der Oder): Wir haben Dutzende Städte und zig Dörfer bere
ich habe mit Hunderten von Menschen gesprochen – und dabei mein eigenes Lanc
kennen- und schätzen gelernt.

sind, aber irre langweiliges Zeug labern. Was ich nämlich vom Karneval im Fernsehen sah, fand ich als Kind einerseits irgendwie lustig, jedenfalls ungewöhnlich für Menschen dieses Alters, andererseits sagenhaft belanglos. Diese stunden-, ach was, tagelangen Karnevalssitzungen, die das Fernsehprogramm blockierten! Diese Büttenreden! Und worüber sprachen die da überhaupt? Das war ja fast genauso öde wie die ewigen Bundestagsdebatten in Bonn, für die die wirklich spannenden Sendungen, die mich interessierten, Platz machen mussten.

Als ich als Erwachsener das erste Mal nach Mainz kam, war ich, trotz des Wissens um mein verzerrtes Bild, überrascht, wie anders, wie normal diese Stadt ist. Als Büchermensch fand ich sie sogar hochspannend, denn sie ist immerhin Heimat von Johannes Gensfleisch, genannt Gutenberg, der als Erfinder des modernen Buchdrucks mit beweglichen Metallettern und der Druckerpresse gilt und der von seiner Geburt wahrscheinlich im Jahr 1400 bis zu seinem Tod 1468 in dieser Stadt lebte.

Kaum bin ich losgeradelt, unterwegs in die Innenstadt, hält neben mir ein Mann, der das gleiche Faltradmodell fährt wie ich – in Rot.

»Sehr schönes Fahrrad!«, sagt er mit englischem Akzent und grinst.

Mike Driedger ist Professor für Geschichte an der Brock University in Kanada, derzeit zu Gast an der Johannes Gutenberg-Universität Mainz. Er empfiehlt mir eine Gasthausbrauerei, in der man wirklich gutes lokales Essen bekomme, dazu köstliches Bier – und in der wir uns später wiedertreffen.

Es wird ein unterhaltsamer Abend. Wir probieren die unterschiedlichen Biersorten und befinden sie für gut. Dann probieren wir noch einmal, um festzustellen, ob das erste Urteil auch wirklich richtig war. Mike befasst sich mit europäischer Geschichte, und hier vor allem mit Religionsgeschichte und mit Konflikten innerhalb der Kirche. Er erzählt mir von »Nachhaltigkeit aus mittelalterlicher Perspektive« und »Tierrechten im 16. Jahrhundert«, und ich denke: spannend, womit man sich so alles beschäftigen kann!

Ich frage Mike nach der »deutschen Leitkultur«. Gibt es die? Mike lacht nur. »Gibt es denn so etwas wie ›kanadische Leitkultur‹?«, will ich wissen. Jetzt lacht er noch lauter. »Kann sein, aber frag mich nicht!« Also wenden wir uns wieder dem Bier zu, das ist sowieso »deutsche Leitkultur« in Trinkform, glaube ich. Die Forderung nach einer »deutschen Leitkultur«, danach, dass man sich an ihr zu orientieren habe, höre ich seit Jahren. Irgendwie muss ja was dran sein, und vielleicht weiß ich am Ende meiner Reisen durch Deutschland, was sie ausmacht. Hier, beim Bier, kommen der Geschichtsprofessor und ich jedenfalls nicht weiter.

Interessant finde ich aber auch, dass wir über unsere Falträder des gleichen Modells zueinander gefunden haben. Und das ist nur eines von so vielen Beispielen, die meine Beobachtung bestätigen, dass Gleiches verbindet, wenn es in der Minderheit ist. Wenn alle eine andere Sprache sprechen und du triffst jemanden, der deine spricht, redest du sehr wahrscheinlich mit dieser Person, auch wenn dich sonst vielleicht nicht viel mit ihr verbindet. Unter Menschen verhält es sich anders als in der Physik: Gleiches zieht sich an. Und so unbequem dieses Faltrad für die bevorstehende Strecke auch sein mag, es sichert mir zumindest leichteren Kontakt.

Den Weg zurück ins Hotel schiebe ich lieber. Ich glaube, so richtig sicher kann ich nicht mehr fahren, schon gar nicht in einer Stadt, die mir fremd ist. Büttenreden halten könnte ich dafür jetzt sehr gut.

»Integrieren Sie sich besser nicht«

Am nächsten Tag fahre ich, nach meiner Tour durch die Mainzer Innenstadt, über den Rhein nach Wiesbaden. Der Rhein ist hier die Grenze zwischen Rheinland-Pfalz und Hessen, und die beiden Landeshauptstädte liegen sich am Ufer gegenüber. Ohne Fluss gingen sie ineinander über, aber ich glaube, das wollen sie hier nicht hören, denn jeder nennt die andere Seite »ebsch Seit'«, also die »verkehrte Seite«, da, wo die etwas rückständigen, hinterwäldlerischen Leute leben.*

* Später erfahre ich, dass man weiter im Norden, in der Kölner Region, »Schäl Sick« zur »falschen Seite« sagt – wobei das vor allem linksrheinisch lebende Kölner zu jenen Stadtteilen und Städten sagen, die auf der rechten Seite des Rheins liegen.

Ich komme durch Eltville mit seinen Burgen, Kirchen, Fachwerk, seinen Weinbergen und Gassen; und die Rheinuferpromenade mit der Platanenallee erst – meine Güte, ist das hübsch! Der Ort kann sich offensichtlich nicht entscheiden, was er sein will – auf Plakaten sehe ich die Selbstbezeichnung: »Wein-, Sekt- und Rosenstadt«. Aber warum nicht? Man kann ja mehreres zugleich sein.

Kurz vor Rüdesheim halte ich an, um etwas zu trinken. Beim Blick auf mein Handy sehe ich, dass ein Hasso Mansfeld auf Twitter unter meinem Foto von Schloss Biebrich kommentiert hat: »Wenn Sie in Bingen vorbeikommen, klingeln. Es gibt dann ein Heiß- oder Kaltgetränk.« Und er schreibt, für alle sichtbar, seine Adresse dazu. Hasso Mansfeld hat schon öfter bei mir kommentiert, er scheint politisch aus dem eher konservativeren Lager der Liberalen zu kommen.

Ich schaue von meinem Handy auf, und was sehe ich in dem Moment? Einen Wegweiser nach Bingen! Das ist ein Zeichen!, denke ich und beschließe, dass ich seine Einladung annehmen werde.

Hasso Mansfeld ist Kommunikationsberater und arbeitet als selbständiger Dienstleister für verschiedene Unternehmen, »die ganz schwierigen Fälle«, wie er sagt. Tatsächlich macht er Krisenkommunikation für Chemie-, Pharma-, Tabak-, Glücksspielkonzerne und die Finanzindustrie –, und bei denen ist bekanntlich oft Krise beziehungsweise verursachen sie die Krisen und müssen sich dann erklären.

Mansfeld sagt, man könne mittels guter Kommunikation nicht kaschieren, was inhaltlich schlecht sei. Aber man könne durch gute Kommunikation den Schaden in Grenzen halten »und Gutes zum Glänzen bringen«.

»Ich sehe es als meine Aufgabe an, Firmen und Organisationen zu unterstützen, die es schwerer haben als andere, mit ihren Standpunkten Gehör zu finden. Meine Arbeit ist es, ihre Perspektiven auf professioneller Ebene darzulegen. Ich finde, dazu hat in einer Demokratie jeder das Recht, so wie auch jeder das Recht auf einen Anwalt vor Gericht hat. Je nach gesellschaftlichem Klima haben es manche Gruppen und Organisationen und Firmen leichter als andere. Eine umweltbewegte NGO zum Beispiel hat bei vielen Journalisten einen ganz anderen

Vertrauensvorschuss als zum Beispiel ein Gentechnikkonzern, ein Fußballverein einen anderen als ein Hedgefonds.« Gerecht sei das nicht immer. Auch er nehme allerdings nicht jeden Auftrag an, er unterstütze nicht dabei, Fehler zu vertuschen, Studien mit Schlagseite zu lancieren.

Aus dem, was ich höre und sehe, könnte man zwei Erzählungen stricken: die vom wohlhabenden, ja reichen Unternehmer mit fetter Villa und schickem Auto, dem alten weißen Mann, der PR für zwielichtige Konzerne macht und natürlich in der Reiche-Leute-Partei FDP ist; und die vom Selfmademan, der nichts geerbt, mehr oder weniger bei null angefangen und sich seinen Erfolg erarbeitet hat. Ich glaube, in einem Land wie den USA würde eher Letztere dominieren, während man im heutigen Deutschland vermutlich Erstere betonen würde.

Vielleicht täuscht mich mein Eindruck, aber mein Gefühl ist: Natürlich spielen in Deutschland Herkunft, Familie, sozialer Stand, aber auch Glück eine Rolle für den Lebensweg eines Menschen. Was Chancengleichheit angeht, ist noch Luft nach oben. Allerdings kann man, und auch das gehört dazu, in Deutschland durch Fleiß, Leistungswillen, Beharrlichkeit und Lernen sehr viel erreichen. Die Vom-Tellerwäscher-zum-Millionär-Geschichte mag keine alltägliche sein, der Weg unterschiedlich steinig, aber prinzipiell ist er möglich.

Herr Mansfeld bietet mir sein Gästezimmer für die Nacht an, obwohl wir uns heute zum ersten Mal begegnet sind, und ich nehme dankend an.

Am nächsten Morgen mache ich mich auf den Weg Richtung Norden. Ich freue mich auf diese Strecke, das Tal zwischen Bingen und Koblenz, etwa sechzig Kilometer. Viele Geschichten, Gedichte und Lieder besingen diese Region, viele berühmte Bilder gibt es davon, sehr bekannte zum Beispiel von dem Maler William Turner, der im Sommer 1817 zwar nur kurz im Mittelrheintal verweilte, den diese Gegend aber so nachhaltig beeindruckte, dass er sie in vielen Bildern festhielt. Ich freue mich auf die Loreley und das Deutsche Eck. Schon seit meinem Start komme ich immer wieder an schroffen Felsen und mittelalterlichen Festungen vorbei. Hier gibt es noch mehr Burgen und Schlösser und Klöster. Der Dichter Lord Byron fasste das in diese

Worte: »Du trägst, auf eine Wunderschnur gereiht, / Schönheit und Mild' und Pracht, die Glorien alter Zeit.«

Drüben, auf der hessischen Seite, winkt mir zum Abschied die alte Germania vom Niederwalddenkmal zu. »Zum Andenken an die einmuethige siegreiche Erhebung des deutschen Volkes und an die Wiederaufrichtung des Deutschen Reiches 1870–1871«, lautet die Inschrift. Irgendwie bemerkenswert: Früher war Deutschland ein Haufen von Kleinststaaten, alle sprachlich und von der Mentalität her sehr unterschiedlich, häufig schlugen die Menschen sich gegenseitig die Köpfe ein, Verständnis füreinander gab es oft nicht. Heute zerfällt unsere Gesellschaft vor allem im virtuellen Raum in Splittergruppen, jeweils durch irgendwelche Spezialinteressen zusammengehalten, aber in der Gesamtheit vielfach ohne Basis, um miteinander zu sprechen. Das ist jedenfalls mein Eindruck. Die Germania da oben, im 19. Jahrhundert, diente der demokratischen Bewegung in Deutschland als »nationalromantisches Sinnbild für den von ihr angestrebten deutschen Nationalstaat«, lese ich im Netz. Eine romantische Figur der Befreiung und des Aufbruchs, vor allem aber: der Einheit.

Sie wurde später nationalistisch umgedeutet und für Kriegspropaganda missbraucht. Aber kann es nicht irgendetwas geben, das heute Mauern einreißt, Gräben schließt, Brücken schlägt und die Menschen zur Vernunft bringt? Ein paar Jahre galt das Internet, diese faszinierende, relativ junge Technologie als Hoffnung, weil es der Ort hätte sein können, wo Wissen und Meinungen ausgetauscht werden, wo verhandelt und abgestimmt wird und wo Kompromisse gefunden werden. Stattdessen ist es, zumindest in vielen Bereichen, zum verbalen Schlachtfeld geworden, wo gelogen und Propaganda verbreitet wird, wo auf zum Teil perfide Weise Lügenwelten als alternative Realitäten präsentiert werden. Statt die Demokratie zu stärken, schwächt es sie, indem es Populisten und Extremisten stark macht, auch wenn es natürlich in vielen Bereichen sehr wohl Information und Meinungsbildung und Meinungsaustausch demokratisiert. Überwiegen die Vorteile? Heute würde ich sagen: gewiss. Aber wenn man sich die Siegeszüge von Populisten wie Donald Trump anschaut, die bösartigen Kampagnen und Machenschaften

Russlands nicht nur zur Meinungsbeeinflussung, sondern zur Meinungsmanipulation, oder die Schaffung des gläsernen Menschen in China, bin ich mir nicht sicher, ob man das auch in Zukunft so sehen wird.

Wo bleibt die Figur, die Institution, das Phänomen, das zumindest so weit Einheit schafft, dass wir wieder auf einer gemeinsamen Basis stehen?

Die sagenumwobene Loreley also. Zwischen Sankt Goar und Sankt Goarshausen ist dieser Felsen, diese 132 Meter hohe Schieferfelswand an der engsten und tiefsten Stelle des Mittelrheins am rechten Ufer gelegen. Und selbst wenn man nichts davon weiß oder sich nicht dafür interessiert, kommt man nicht umhin, sie zur Kenntnis zu nehmen: Es gibt eine Loreley-Skulptur, eine Loreley-Statue, ein Loreley-Museum, noch ein Loreley-Museum, eine Freilichtbühne Loreley, und auch sonst findet sich der Name Loreley überall, bisweilen in anderen Schreibweisen, zum Beispiel Lorelei, Lore Lay oder Lurelei. Wesentlich beigetragen zur Romantisierung der Loreley hat das Märchen von Clemens von Brentano, und bis heute erzählt man sich die Geschichte von der Fee, Zauberin oder Nixe, die auf dem Felsen sitzt, sich das goldene Haar kämmt und mit ihrem Gesang die Seeleute auf dem Rhein in ihren Bann zieht, sodass diese die Kontrolle über ihre Schiffe verlieren und havarieren.

Mit herrlichem Ausblick auf diesen mythischen Felsen sitzt ein junger Mann am linken Rheinufer und spricht in sein Handy. Er hat braune Haut, in etwa so wie ich, schwarzes Haar und einen dichten schwarzen Vollbart. Während er in sein Telefon spricht und es so hält, dass sein Gesprächspartner die Loreley sehen kann, laufen ihm die Tränen übers Gesicht. Er wirkt so, als würde ihn etwas bedrücken.

Ich parke mein Fahrrad und setze mich in einigem Abstand zu dem Mann auf eine Bank, esse einen Apfel, den ich unterwegs auf einem kleinen Markt gekauft habe, und genieße den Ausblick. Es wird so viel über Ungleichheit auf der Welt gesprochen, und selbst Schönheit von Natur und Landschaften ist ungleich verteilt. Natürlich ist Schönheit Geschmackssache, aber dieser Teil Deutschlands ist ohne Frage einer der schönsten. Als der Mann sein Gespräch nach einigen Minuten beendet hat, gehe ich zu ihm. Ich will nicht aufdringlich sein, aber wenn ein erwachsener Mann weinend am Ufer eines Flusses sitzt, und zwar offensichtlich nicht, weil ihn die Landschaft überwältigt, sondern weil ihn etwas bedrückt, mag ich nicht einfach weiterfahren, ohne nachgefragt zu haben, ob ich irgendwie behilflich sein kann.

»Hallo. Alles in Ordnung?«, begrüße ich ihn etwas unbeholfen.

»Hi, hi, ja, alles okay«, sagt er und wischt sich mit einem Handrücken übers Gesicht.

Wir kommen ins Gespräch. Und es stellt sich heraus, dass nichts okay ist. Shamim ist in Bangladesch geboren und 2019 im Alter von 24 Jahren nach Deutschland gekommen. In Deutschland beantragte er Asyl. In Bangladesch wird zwar, trotz Wahlen, autoritär geherrscht, Meinungsfreiheit ist stark eingeschränkt, Journalisten und Blogger, die Unbotmäßiges schreiben, werden verfolgt, ins Gefängnis geworfen, zum Teil ermordet. Aber, sagt Shamim, das alles treffe auf ihn nicht zu. Und sich eine Lügengeschichte ausdenken wollte er nicht. »Das hätte sich angefühlt wie ein Verrat an meinem Land, und ich mag Bangladesch ja. Ich sehe die Fehler und die Probleme, die korrupte, machtgierige Politikerkaste, aber ich sehe auch meine Heimat, die vielen tollen Menschen, die versuchen, mit den einfachsten Mitteln über die Runden zu kommen, und die dabei trotzdem menschlich und freundlich und hilfsbereit bleiben. Ich wurde nicht politisch verfolgt oder bedroht, und deshalb würde ich so etwas auch nicht behaupten, um in Deutschland bleiben zu dürfen.«

»Und warum bist du dann nach Deutschland gekommen?«

»Zufall. Wo die Schlepper einen halt hinbringen.«

»Aber warum bist du überhaupt weg aus Bangladesch?«

»Ach, du weißt doch, wie das in diesem Teil der Welt ist: Wenn du keine Beziehungen hast und nicht aus einer wohlhabenden, einflussreichen Familie kommst, hast du keine Zukunft. Kein Geld, keine Bildung, keine Arbeit.« Seine Eltern hätten sich seine Schuldbildung, die viel Geld kostete, vom Mund abgespart, aber dann hatte er, als er seinen Abschluss hatte, trotzdem keine Chance auf ein Studium. Stattdessen lernte er in Dhaka, der Hauptstadt von Bangladesch, bei einem Elektriker.

»Aber ich dachte mir immer: In Europa habe ich bessere Chancen auf ein gutes Leben.« Er sparte einen Teil seines Verdienstes für die Flucht, packte eines Tages seine Sachen und machte sich auf den Weg.

»Warum als Flüchtling?«

»Ich habe es zuerst auf einem anderen Weg versucht. Ich wollte für mehrere Länder ein Visum beantragen und einfach schauen, wohin es mich verschlägt. Aber das ist chancenlos. Alleine für einen Termin bei der deutschen Botschaft, um überhaupt einen Antrag einzureichen, muss man Monate, manchmal Jahre warten. Und dann wird das meistens abgelehnt, weil sie Angst haben, dass wir für immer bleiben wollen.«

Shamim wollte jedenfalls nicht nur ein paar Monate bleiben, sondern länger, vielleicht für immer. Er wollte eine richtige Ausbildung machen oder ein Studium, wollte arbeiten, Geld verdienen, Teil unserer Gesellschaft werden, kurz: sein Glück suchen und finden. Aber er durfte nicht arbeiten, seine Bewegungsfreiheit war eingeschränkt, alle drei Monate musste er persönlich bei der Ausländerbehörde vorsprechen und sich einen Stempel abholen, und am Ende wurde ihm mitgeteilt, dass er zurückkehren müsse nach Bangladesch. Dabei hatte ihm längst eine Firma eine Ausbildung zum Elektroinstallateur angeboten. »Später könnte ich dann Elektrotechnik studieren«, sagt er. »Aber die Behörden haben mir klar gemacht, dass ich keine Arbeitserlaubnis bekomme, weil ich kein Recht auf Asyl habe.« Dass er so lange bleiben durfte, sei auch der Pandemie geschuldet, da habe man ihn einfach einige Zeit in Ruhe gelassen.

Shamim spricht inzwischen sehr gut Deutsch, beeindruckend gut für jemanden, der erst seit ein paar Jahren hier ist und für den es eine Fremdsprache ist. »Zählt das denn nicht? Dass du so gut Deutsch sprichst?«

»Mir hat einer auf der Ausländerbehörde gesagt, ich hätte mich besser nicht so gut integrieren sollen, weil das, wenn ich abgeschoben werde, alles noch schwieriger macht.«

Wieder laufen Shamim Tränen übers Gesicht. »Gestern habe ich eine Aufforderung bekommen, das Land zu verlassen. Aber ich nehme doch niemandem etwas weg! Ich bringe mich hier ein!« Inzwischen habe er einen großen Freundeskreis, außerdem, sagt er, stehen ihm viele Helfer zur Seite, die für ihn kämpfen. Er berichtet von Politikern, die sich für ihn einsetzen, und davon, dass möglicherweise so etwas wie ein Härtefallantrag gestellt werde. »Ich hoffe sehr, dass ich bleiben darf!«

Als er vorhin telefonierte, hat er mit seiner Mutter in Dhaka gesprochen. »Ich habe ihr die Loreley gezeigt. Sie sagte: ›Das ist ja so schön wie bei uns in Bangladesch!‹ Ich vermisse meine Familie und meine Heimat sehr. Aber ich mag es auch hier und fühle mich inzwischen hier zu Hause.«

Es ist ein Irrsinn: Bei meinen Fahrten durch die deutschen Städte sehe ich an jedem zweiten Laden, bei jeder zweiten Firma, dass Personal gesucht wird. Und dann hat man jemanden da, der intelligent ist und arbeitswillig und einen Job in Aussicht hat und eine Firma im Rücken, die für ihn einsteht – aber den schickt man wieder nach Hause, weil unser Recht derart beknackt ist, dass es sich an was weiß ich orientiert, aber weder am Wohl des betroffenen Menschen noch am Wohl unserer Gesellschaft. Es ist ein Irrsinn, der sich nicht nur im behördlichen Vorgehen findet, sondern in der Gesellschaft widerspiegelt. Wir kennen diese Forderungen am Stammtisch, in den politischen Reden, im Netz, dass die Ausländer »endlich Deutsch lernen«, »sich integrieren«, »ordentlich arbeiten« und »in die Sozialkassen einzahlen« sollen. Aber wenn sie es wollen, ist man nicht bereit, es ihnen zu erlauben. Wenn sie dann staatliche Leistungen bekommen, die ihnen ein menschenwürdiges Leben ermöglichen sollen, heißt es: »Die liegen uns monate-, manchmal jahrelang auf der Tasche!« Lernen sie die Sprache und dürfen sie dann doch arbeiten, ist es auch wieder nicht recht, dann heißt es: »Warum lernen die Deutsch? Die sollen doch gar nicht hierbleiben, sondern wieder zurück nach Hause, sobald es da wieder friedlich ist!«, und na klar, natürlich »nehmen sie uns Deutschen die Arbeitsplätze weg!«. Wie sie es machen – sie machen es falsch. Alles taugt zum vermeintlichen Argument gegen »die Ausländer« oder »die Fremden« oder »die Flüchtlinge« – und das Gegenteil davon ebenso. Und am Ende ist denen, die so reden, auch nicht recht, das Shamim ein Handy hat. Dabei ist es seine Verbindung zu seiner Familie, zu Freunden, es ist gleichzeitig seine Kamera, seine Übersetzungshilfe, das Kommunikationsgerät, mit dem er versucht, sein Bleiben in Deutschland zu organisieren.

Die Sonne geht schon unter und taucht die Landschaft in Abendlicht, als ich in Koblenz ankomme. Hier ist viel los, irgendein Volksfest. Ich fahre zuerst in den Koblenzer Volkspark, der Mitte des 19. Jahrhunderts auf Initiative von Kaiserin Augusta, der Gattin von Kaiser Wilhelm I., angelegt wurde. Es sollte, das war ihre Idee, im Zeitalter der Industrialisierung genügend Grünflächen fürs Volk geben. Anschließend fahre ich zum Deutschen Eck, dieser künstlich aufgeschütteten Landzunge, die aussieht wie ein Schiffsbug, der dort hineinragt, wo die Mosel in den Rhein mündet. Auf dieser Ecke steht ein Kaiser-Wilhelm-Denkmal. 1945 wurde das Ende des 19. Jahrhunderts im Monumentalstil erbaute Reiterstandbild bei einem Luftangriff auf Koblenz zerstört, 1953 kam ein Flaggenmast als »Mahnmal der Deutschen Einheit«, 1993, nach vollzogener Einheit, wurde das Reiterstandbild wiederhergestellt. Von der Festung Ehrenbreitstein gegenüber der Moselmündung hat man einen Panoramablick auf diese Kulisse.

In meinem Radtourenbuch der Reihe »bikeline« heißt es über Koblenz: »Der Stadt Koblenz gab der Zusammenfluss von Mosel und Rhein ihren Namen (lateinisch ›confluentes‹). (…) Die preußische Geschichte reicht bis zum Wiener Kongress zurück, wo die Stadt an Preußen kam und danach mit Ehrenbreitstein zu einer der stärksten Festungen ausgebaut wurde. Davor war die unterhalb der Festung gelegene kurfürstliche Residenz Philippsburg noch Ende des 18. Jahrhunderts eine Stätte regen geistigen Lebens, wo Goethe, Wieland oder Sophie von la Roche verkehrten und Clemens Brentano zur Welt kam.«

Friede, Glück und Sicherheit

Weiter geht es nach Bonn, der ehemaligen »Bundeshauptstadt ohne nennenswertes Nachtleben«. Ich mag Bonn dennoch sehr: die Lage am Rhein, die Innenstadt, die Universität, die Stimmung. Ich bin in der sogenannten Bonner Republik groß geworden, in Bonn spielte sich jahrzehntelang das politische Leben der alten Bundesrepublik ab. Bonn war irgendwie klein und beschaulich, aber doch wichtig und oft Bühne für die große weite Welt: US-Präsident John F. Kennedy war auf Staatsbesuch in Bonn, Queen Elizabeth II, Michail Gorbatschow, und im damaligen Gästehaus der Bundesregierung auf dem Petersberg übernachteten illustre Persönlichkeiten wie Kaiser Haile Selassie von Äthiopien oder der sowjetische Führer Leonid Breschnjew. Bonn, das war Westbindung, Wirtschaftsaufschwung, Kalter Krieg. Die alte Bundesrepublik eben. Bonn war als Hauptstadt durchaus kurios: Die Stadt mit damals nur 100 000 Einwohnern hatte sich im November 1949 nur knapp gegen Frankfurt am Main durchgesetzt und war nun vier Jahrzehnte lang politisches Zentrum der noch jungen Demokratie. Ein vehementer Fürsprecher Bonns war der erste Bundeskanzler Konrad Adenauer.

Die Entscheidung, nach der Wiedervereinigung wieder Berlin zur Hauptstadt zu machen, war nicht unumstritten, letztlich aber, denke ich, doch richtig. Zum Trost blieben ein paar Ministerien in Bonn oder behielten zumindest Büros dort, und Bonn erhielt den Status einer »Bundesstadt«.

Diesmal bleibe ich nicht lange in ebendieser »Bundesstadt«, sondern mache mich am nächsten Vormittag wieder auf den Weg.

Nach einigen Kilometern plötzlich ein Schild: »Militärischer Bereich – Unbefugtes Betreten während der Übungszeiten ist verboten! Zuwiderhandlungen werden verfolgt! Betreten außerhalb der Übungszeiten geschieht auf eigene Gefahr. Der Standortälteste«. Woher, um Himmels willen, soll ich wissen, wann Übungszeiten sind? Werktags zwischen 7.30 Uhr und 16 Uhr, aber nicht zwischen 12 und 13 Uhr, da ist Mittagspause, und freitags eh nur bis 12 Uhr? Aber es kommt noch schlimmer. Ein paar Kilometer weiter: »Lebensgefahr! Absolutes Betretungsverbot außerhalb der markierten Wege! Das gesamte Gelände ist aufgrund seiner historischen Nutzung mit Munition und sonstigen Kampfmitteln belastet.«

Ach ja, richtig, ich fahre durch Troisdorf, hier werden seit mehr als hundert Jahren Sprengstoff und Munition hergestellt. Heute noch, zum Beispiel Flugkörper für das Flugabwehrsystem Iris-T, mit dem Deutschland die Ukraine unterstützt, um sich gegen russische Angriffe zu wehren. Hier wurde wohl auch Munition getestet, worauf dieser Hinweis auf »Lebensgefahr!« hindeutet … Na, ich bleibe eh auf dem Radweg, der mich durch einen Wald führt.

Ist Waffenproduktion per se böse? Ist Militär schlecht? Ist all das grundsätzlich moralisch verwerflich?

Pazifisten denken so. Jedenfalls die, die ich kenne und mit denen ich regelmäßig diskutiere. Wenn sie von Streitkräften und Waffen sprechen, dann sprechen sie immer von etwas Negativem. Von etwas, das abzulehnen ist und nicht möglicherweise eine Funktion erfüllt oder notwendig ist, vielleicht ein notwendiges Übel. Sie hängen der Vorstellung von einer waffen- und gewaltfreien Welt nach, einer Utopie, die erreichbar ist, wenn alle mitmachen und die Waffen niederlegen. Ich wünschte, ich könnte selbst Pazifist sein und daran glauben, dass die Welt eine bessere wird, wenn ein Land einfach auf Kanonen und Gewehre und Bomben verzichtet. Wenn es abrüstet und ausnahmslos nicht mit militärischer Gewalt vorgeht. Allein: Ich halte das nicht nur für naiv, sondern für hochgradig gefährlich. Ich bin überzeugt, dass ein Land, gerade eine Demokratie, wehrhaft sein muss. Dass sie sich verteidigen können und auch Partnern zu Hilfe kommen können muss. Das ist meine Grundüberzeugung, deshalb bin ich Mitte der Neunzigerjahre zur Bundeswehr gegangen und bin Marineoffizier geworden. An dieser Überzeugung hat sich bei mir nichts geändert, im Gegenteil, nach meinen Erlebnissen als Korrespondent und nach den weltpolitischen Ereignissen der zurückliegenden Jahre hat sie sich gefestigt.

Am Abend erreicht mich eine Nachricht von einem Marine-Crewkameraden. »Bist du in Koblenz, Hasnain? Wohne zwanzig Minuten von da. Und bei uns im Dorf ist grad Weinfest!«, schreibt mir Marcel Klarner. Zuletzt gesehen habe ich ihn vor vielen Jahren. Wie schön! Da meldet sich eine Stimme aus meiner Vergangenheit!

Wenn ich jetzt nicht zurückfahre und ihn besuche, wann sehe ich ihn dann wieder? Diese Gelegenheit muss ich nutzen! Marcel und ich haben zusammen die militärische Grundausbildung absolviert und waren anschließend gemeinsam auf dem Segelschulschiff »Gorch Fock« – er hatte seine Hängematte direkt neben meiner. Aber dann verlor sich der Kontakt, ich begann zu studieren – und Marcel schlug eine Laufbahn als

Kampfpilot ein. Damals, Mitte der Neunzigerjahre, gab es eine inzwischen abgeschaffte Regelung, die »BO 41« hieß: Jetpiloten bekamen den Status eines Berufsoffiziers und konnten mit Erreichen der Altersgrenze von 41 Jahren in Rente gehen. Mit 41! Wahnsinnig viel Geld gab es dann nicht, etwa die Hälfte des bisherigen Einkommens, aber man konnte über die Runden kommen und sich, wenn man mehr wollte, eine neue Aufgabe suchen. Marcel entschied sich für diese Laufbahn – und ist, ich beneide ihn ein wenig darum, schon lange im Ruhestand. Körperliche Beschwerden aufgrund der Belastungen? »Der Rücken, aber passt schon.« Er macht nicht viele Worte darum.

Am Bahnhof in Koblenz erwartet mich Larissa, die Ehefrau von Marcel. Sie erkennt mich am Fahrrad. Sie begrüßt mich, als würde sie mich schon lange kennen, und auch mir kommt sie bekannt vor, obwohl ich sie zum ersten Mal sehe und spreche. Woran liegt es, dass manche Menschen einem sofort vertraut sind?

Der Ort, in dem die beiden leben, heißt fast so schön wie mein Hollern-Twielenfleth: Kobern-Gondorf. Allein schon wegen der Namen müsste es eine, nun ja, »Städte-«Partnerschaft geben: Hollern-Twielenfleth – Kobern-Gondorf. Beide Orte haben knapp über 3000 Einwohner, in dem einen produzieren sie Obst, in dem anderen Wein, es wäre eine Partnerschaft auf Augenhöhe.

Eigentlich wollte Marcel nach dem Ende seiner Dienstzeit in der Bundeswehr sein Leben auf einem Segelboot verbringen. In dieser Zeit lernte er Larissa kennen. Sie brachte Hunde mit. Für die war es an Bord, nun ja, nicht ganz so ideal. »Und dann merkten wir, dass man viel Zeit, sehr viel Zeit in den Häfen verbringt und auf Mechaniker wartet und darauf, dass irgendwelche Ersatzteile geliefert werden«, sagt Marcel. Irgendwann war klar: Das war nicht das Glück, das er gesucht hatte. »Und dann entschied meine Mutter, sich eine Wohnung zu nehmen, sprich: Das Haus wurde frei.« Marcel und Larissa entschieden sich doch für ein Leben an Land. In der alten Heimat von Marcel.

Was braucht der Mensch zum Glücklichsein? Muss er in die Ferne reisen, immer Neues erleben? Braucht er viel Geld? Besitztümer? »Hunde«, sagt Marcel und lacht. Ich kann ihm da zustimmen: Hunde können sehr glücklich machen. Natürlich sind Menschen und Hunde verschieden, manche Menschen können mit Hunden nichts anfangen, haben zu wenig Zeit, sich zu kümmern, oder schlicht keine Lust auf all die Arbeit, und ein Hund kostet Geld, Futter, Tierarzt und so. Und dann sind manche – Hunde wie Menschen, wie soll man es unverfänglich formulieren? – charakterlich schwierige Zeitgenossen. Aber wenn es passt, machen Hunde sehr glücklich, ich kann es aus eigener Erfahrung bestätigen.

Und das Materielle? Als Ruheständler mit Anfang, Mitte vierzig kann man keine riesigen Sprünge machen. »Wir haben gut zu essen, wir wohnen schön, und wir können uns das Hundefutter leisten«, sagt Marcel. »Mehr brauchen wir nicht.« Ich muss an diverse Studien denken, von denen ich gelesen habe: Wie viel Geld braucht ein Mensch, und ab wann macht Geld nicht mehr glücklich? In meiner Erinnerung ist hängengeblieben, dass bis zu 8000 Euro im Monat glücklich machen, danach nimmt das Glück nicht mehr zu. Anderswo habe ich 6000 Euro gelesen, wieder an anderer Stelle 4000 Euro. Aber egal, einig scheinen die Forscher sich darin zu sein, dass es ab irgendeiner Summe, die wahrscheinlich auch von Mensch zu Mensch und von Ort zu Ort unterschiedlich ist, nicht mehr von allzu großer Bedeutung ist, ob man mehr hat oder nicht. Und ich denke an den »World Happiness Report«, den die Vereinten Nationen jährlich veröffentlichen: eine Rangliste der glücklichsten Länder. Finnland landet regelmäßig auf dem ersten Platz, selbst jetzt, obwohl das Land eine über tausend Kilometer lange Grenze mit Russland hat, jenem Land, das 2022 die Ukraine überfallen hat und auch sonst recht aggressiv und kriegerisch auftritt. Deutschland hingegen landet im jüngsten Report auf dem 24. Platz, noch hinter Costa Rica, Kuwait oder Tschechien. Und einen Platz vor Mexiko. Psychologen sagen, Glück habe auch mit der ständigen Vergleicherei mit anderen zu tun. Anstatt in sich selbst zu ruhen, das Beste aus dem zu machen, was man habe, sich in der Gesellschaft zu engagieren und daraus Glück zu ziehen, mache das Vergleichen mit anderen unglücklich. Ich glaube, da ist etwas Wahres dran.

Manche Menschen finden ihr Glück in einer Tätigkeit, in ihrer Arbeit oder in einem Hobby. Kein Wunder, dass immer mehr Menschen in Erwerbsarbeit nicht mehr nur einen Weg zum Verdienst des Lebensunterhaltes sehen, sondern eine Form der Selbstverwirklichung. Alle streben nach Glück, und na klar, das ist ja auch gut so, jeder Mensch möchte glücklich sein, überall auf der Welt. In Deutschland, ist mein Eindruck, nimmt das bisweilen absurde Formen an, und manche Menschen schaffen es vor lauter Dem-Glück-Hinterherrennen nicht, auch mal glücklich zu *sein*. Es gibt, gefühlt, eine Milliarde Ratgeber zum Glücklichsein, und die junge Schwester des Glücks ist die Achtsamkeit. Ich glaube, diese Bücher – »Sieben Wege zum Glück!«, »So finden Sie Ihr Glück!«, »Endlich glücklich!« – tragen nicht unbedingt zu mehr Glück bei. Aber soll jeder lesen, was er mag. Nervig wird es nur, und auch das kommt nach meiner Wahrnehmung immer öfter vor, wenn Menschen beginnen, ihren Weg zum Glück zum allgemeingültigen zu erklären, und alle anderen sollen dann ihrem Beispiel folgen. Vielleicht hat das auch mit dem Internet zu tun, wo das glückliche Leben instagramtauglich abgebildet und damit als für alle erstrebenswert dargestellt wird. Der Hugo am Strand, das siebengängige vegane Menü unterm Apfelbaum, die Spritztour mit dem sündhaft teuren Oldtimer über die Serpentinen. Dabei ist Glück relativ. Ich kenne zum Beispiel Autoren, für die ist es das reinste Glück, wenn ein kleiner lokaler Verlag ihr Manuskript als Broschur veröffentlicht. Und dann gibt es Autoren, die zutiefst unglücklich sind, wenn nicht der große Literaturverlag A ihr Buch rausbringt, sondern »nur« Literaturverlag B, der aber ihrer Meinung nach keinen so guten Ruf hat wie Verlag A.

Unterschiedliche Erwartungshaltungen sorgen für unterschiedliche Glücksmaßstäbe. Was zeigt: Menschen haben unterschiedliche Chancen im Leben. Ich bin gegen Gleichheit in allen Bereichen, Menschen sind unterschiedlich und sollen es auch bleiben, das macht ja das Menschsein und Leben und Gesellschaft aus. Aber ich bin sehr für Chancengleichheit. Bildung zum Beispiel ist eine der wichtigsten Voraussetzungen. Deshalb darf, finde ich, Bildung nicht an Vermögen geknüpft sein, sondern muss allen offen stehen. Die Fähigkeiten müssen entscheidend sein, nicht das Portemonnaie der Eltern.

Glück und Lebensqualität hängen miteinander zusammen, und da gibt es für mich im Wesentlichen vier weitere Faktoren neben Bildung: Sicherheit, Gesundheit und also medizinische Versorgung, Infrastruktur und hier insbesondere: Verkehr und Mobilität, und schließlich: Wohnen. Und auch wenn ich viel von sozialer Marktwirtschaft halte, finde ich, dass diese Bereiche nicht dem Markt überlassen werden dürfen. Damit Menschen glücklich sein können, muss der Staat, muss die Gemeinschaft dafür sorgen, dass es gute Bildungsmöglichkeiten gibt, dass es auch im ländlichen Bereich gute ärztliche Versorgung gibt, dass man sich sicher bewegen kann und vor Kriminalität und Gewalt geschützt ist, auch vor Angriffen von außen, dass es gute öffentliche Verkehrsmittel gibt, die die Menschen gerne nutzen und sich leisten können, und dass Menschen die Mieten bezahlen können und Wohnungen und Häuser keine Spekulationsobjekte werden, sprich: Firmen massenweise Immobilien aufkaufen und die Mieten nach oben treiben.

An der Ruhr hatte mir jemand erzählt, dass Deutschlands Städte in A-, B-, C- und D-Städte eingeteilt sind. Das ist eine Einteilung, die in der Immobilienbranche eine Rolle spielt. Es zählen Kriterien wie Einkommensniveau, Arbeitsmarktstabilität, Bildungseinrichtungen und Infrastruktur. A-Städte sind die für Investoren attraktivsten Standorte, D-Städte entsprechend die am wenigsten begehrten. In Deutschland gibt es nur sieben A-Städte – »und keine einzige davon liegt im Ruhrgebiet«, sagte mir der Gesprächspartner an der Ruhr mit einer gewissen Enttäuschung in der Stimme. »A-Städte repräsentieren die wichtigsten urbanen Zentren in Deutschland und spielen eine Schlüsselrolle auf nationaler sowie teilweise auch auf internationaler Ebene«, heißt es auf der Seite eines Immobilienmaklers. Die deutschen A-Städte sind, in alphabetischer Reihenfolge: Berlin, Düsseldorf, Frankfurt am Main, Hamburg, Köln, München und Stuttgart. Städte wie Bonn, die ich ganz hübsch und lebenswert finde, zählen aber nach Auswertung der genannten Kriterien zu den B-Städten. Mainz zum Beispiel oder Mülheim an der Ruhr sind demnach C-Städte, Bottrop oder Chemnitz, Hanau oder Kassel D-Städte. Für die Preisentwicklung von Immobilien mag das alles richtig sein, über Glück sagt das meiner Meinung nach wenig aus.

Wie gesagt: Auch in Kobern-Gondorf kann man glücklich sein, auch wenn dieser Ort in keiner der Listen auftaucht, weil er keine Stadt ist.

Allerdings sollte es so gerecht wie möglich zugehen, Menschen sollten die Möglichkeit haben, zu ihrem Arbeitsplatz zu kommen, ohne übertrieben hohe Kosten für lange Wege in Kauf nehmen zu müssen. Der Staat, die Politik versucht ja schon seit Jahren, entsprechende Ausgleiche zu schaffen: Pendlerpauschale et cetera. Andererseits trägt so etwas natürlich zu mehr Bürokratie bei.

Überbordende Reglementierung ist etwas, das Marcel und mich gleichermaßen nervt. Mein Eindruck ist, dass es in Deutschland schon ziemlich schlimm ist, was das angeht. Man merkt es daran, dass eine Regierung es als Ausweis ihres Erfolgs ansieht, wie viele neue Gesetze sie auf den Weg bringt und durchsetzt. Sprich: Wie viel mehr Reglementierung sie schafft. Wie viele Paragrafen und Verordnungen, wie viele neue Regeln und Vorschriften geschaffen werden. Jeder kleinste Kram muss geregelt sein, Formen, Normen, DIN-Maße. So viele Gesetze und Regelungen, wie es in Deutschland gibt, müsste in diesem Land eigentlich alles perfekt geregelt und organisiert sein und wie am Schnürchen laufen. Umso erstaunter ist man über das, was man bisweilen vorfindet. Das Leben lässt sich eben nicht zu hundert Prozent in Gesetzestexte pressen. Wenn du zum Beispiel in einem Park einen Hundert-Euro-Schein findest, ist genau geregelt, wie du zu verfahren hast. Ernsthaft. Behältst du ihn, auch wenn keine Menschenseele weit und breit zu sehen ist, und gibst ihn nicht zunächst in einem Fundbüro oder bei der Polizei ab, machst du dich der Unterschlagung schuldig. Nur: Wie viele Menschen handeln solch einer Regel entsprechend? Grundsätzlich sollten Gesetzgeber und Regelmacher sich immer fragen: Ergibt diese Regelung Sinn? Ist sie notwendig? Führt sie zu einer tatsächlichen Verbesserung von irgendetwas? Politischer Erfolg sollte sich nicht an der Zahl neu geschaffener Regeln bemessen, sondern an der Zahl abgeschaffter sinnloser Gesetze und Vorschriften. Zum Beispiel jener Regel, dass ein Mensch, der zugewandert ist und hier Chance auf eine Arbeit hat, diese Arbeit nicht machen darf und alle drei Monate persönlich bei der Ausländerbehörde vorsprechen und sich einen Stempel abholen muss, um sich überhaupt legal in Deutschland aufhalten zu dürfen.

Was Regelungen und Vorschriften angeht, wissen Marcel und ich, zu welchen Auswüchsen es bei der Bundeswehr kommen kann. Marcel sagt: »In den USA ist es aber viel schlimmer.« Er muss es wissen, er hat einen großen Teil seiner Dienstzeit dort verbracht. »Da sagt man dann: ›Das ist doch Unsinn, das so zu machen!‹, und als Antwort erhält man: ›I know, but the book says …‹ Das ist eine Formulierung, die kann ich nicht mehr hören: ›The book says …‹«

Wir reden lieber über Hunde. Und gehen den Berg hinauf, um einen Blick ins Moseltal zu werfen.

Wer sich ein wenig mit diesem Ort befasst, lernt die Sage vom »Tatzelwurm« kennen, einem Fabelwesen, halb Löwe, halb Lindwurm. Er lebte einst in den Stollen tief unter der Burg von Kobern-Gondorf, wie auf einer Tafel steht. Alle Menschen liebten ihn, doch wegen einer gemeinen Lüge wurde er »von den Bürgern gejagt und von Rittern verfolgt«. Eine hübsche Geschichte, die die Wanderung vor allem für Kinder spannender macht.

Oder man besucht die Matthiaskapelle, die wahrscheinlich in den Jahren zwischen 1220 und 1240 erbaut wurde, angeblich, um das Haupt des Apostels Matthias aufzubewahren. Diese Reliquie wurde bis 1347 hier gelagert, gelangte über Umwege 1427 in den Trierer Dom und ist seit 1927 in der Benediktinerabtei Sankt Matthias in Trier. Spannend, wie viel Geschichte selbst in kleinsten Orten steckt.

Am nächsten Morgen bringt Marcel mich zum Bahnhof nach Koblenz. Ich beschließe, einen kurzen Stopp an der Ahr zu machen, wo 2021 die Wassermassen über die Ufer traten, Menschenleben forderten und Häuser und Straßen zerstörten. Deshalb steige ich ein paar Kilometer vor Bonn aus dem Regionalzug, in Linz am Rhein, wo die Ahr in den Rhein mündet. Im Sommer 2021 gab es in mehreren Teilen West- und Mitteleuropas schwere Hochwasser, verursacht durch das Tiefdruckgebiet Bernd. Nahezu alle Nebenflüsse des Rheins waren betroffen, der Rhein selbst wegen des großen Abflusses aber kaum. Besonders heftig traf es in der Nacht vom 14. auf den 15. Juli 2021 das Ahrtal, hier fielen innerhalb von 24 Stunden mehr als hundert Liter Regen pro

Quadratmeter. In manchen Orten wurde der höchste Wert an Regenmenge aller Zeiten gemessen.

Ich überquere den Rhein mit einer Fähre von Linz nach Kripp – und sehe schon ein paar Kilometer weiter, in Sinzig, die ersten Folgen dieser Katastrophe. Kerzen am Wegesrand. Gedenken an die Opfer, Erinnern an die Toten. Hier und da noch Schäden an Brücken und Straßen, zwei Jahre später.

Ein älterer Herr kommt mir entgegen, ein Spaziergänger. Ich spreche ihn an. »Guten Tag, entschuldigen Sie, kennen Sie sich hier in der Gegend aus?«

»Kann man so sagen«, meint er.

»Ich bin nicht von hier und wollte nur wissen, wie das hier war, die Flutkatastrophe …«

»Tja«, sagt er und überlegt. »Was soll man sagen? Furchtbar war das.«

Und dann erzählt er, wie die meisten Menschen in der Nacht überrascht wurden vom Wasser. »Wir hatten ja vorher schon viel Regen, schön war das nicht. Aber niemand hat damit gerechnet, dass es so kommt.« In der Nacht sei das Wasser gestiegen und gestiegen, man habe nur ein Rauschen gehört, das immer lauter wurde. »Und dann war es stockdunkel, Licht ging ja nicht mehr, weil die Stromkabel weggerissen waren.« Im Dunkeln hätten sich viele Menschen auf die Dächer ihrer Häuser gerettet. »Ich selbst wohne etwas weiter weg vom Fluss, wir waren nicht betroffen. Aber viele Freunde von uns.« Die Menschen hätten um ihr Leben gefürchtet, denn das Wasser sei ja immer weiter gestiegen, und sie wussten nicht, ob jemand sie von ihren Dächern retten würde. »Oder ob die Häuser weggerissen werden. Weiter den Fluss rauf sind mehrere Gebäude eingestürzt, in Schuld …«

»In Schuld?«

»Ja, das ist ein Ort, der heißt so. Es sind am ganzen Flusslauf viele Straßen und Brücken weggespült worden. Viele Tote.« Er zeigt auf die Lichter am Wegesrand.

Ich weiß nicht, ob sie konkret an jemanden erinnern sollen. Jedenfalls lese ich, dass hier, in Sinzig, zwölf Bewohner einer Behinderteneinrichtung ums Leben kamen, weil die Menschen nicht rechtzeitig in

Sicherheit gebracht wurden. Insgesamt starben allein in Rheinland-Pfalz etwa 140 Menschen und waren etwa 20 000 Menschen von den Schäden betroffen, hatten also unmittelbar Eigentum verloren, etwa 3000 Gebäude wurden beschädigt, knapp 500 vollständig zerstört.

»Apropos Schuld: Geben Sie jemandem die Schuld an dieser Katastrophe?«

Der Mann zögert. »Es wurde viel geredet und diskutiert«, sagt er. »Bestimmte Politiker wurden beschuldigt, zu spät gehandelt zu haben. Manche sagen, die Wetterforscher hätten rechtzeitig gewarnt, die Politik hätte nur handeln müssen. Aber wissen Sie, wer ahnt denn, dass es so heftig kommt? Dass Häuser fortgespült werden und Menschen auf ihre Dächer steigen müssen? Dass die Keller volllaufen – okay. Aber das?« Er schüttelt den Kopf. »Man darf außerdem nicht vergessen, dass das mitten in der Pandemie passierte. Man muss den politischen Entscheidungsträgern zugutehalten, dass sie sich ohnehin schon in einer Ausnahmesituation befanden, als dann die nächste Ausnahmesituation kam. Ich persönlich mache deshalb niemanden verantwortlich. Aber ich habe auch gut reden, meine Familie und ich sind nicht betroffen.« Er finde es richtig, dass genau geschaut werde, »wer wann wo welche Fehler gemacht« habe und ob zum Beispiel zu spät Alarm ausgelöst wurde, ob man die Gefahr hätte voraussehen müssen und ob Warnungen ignoriert wurden.

»Ich sehe aber auch, dass es eine unglaublich große Hilfsbereitschaft gegeben hat. Zeitweise waren hier so viele Helferinnen und Helfer aus ganz Deutschland, aber auch aus den Nachbarländern, dass die Straßen, die noch intakt waren, verstopft waren, sodass Feuerwehr und Polizei nicht mehr durchkamen. Da wurden Helfer dann aufgefordert, wieder zu gehen.« Auch finanzielle Hilfe habe es gegeben, und die Solidarität der Menschen mit den Menschen aus dieser Region, vor allem im Ahrtal, sei groß gewesen. Alles in allem sei das eine »Katastrophe gewesen, wie wir sie noch nie erlebt haben und hoffentlich auch nie mehr erleben werden«, sagt er. »Aber der Klimawandel macht sich eben bemerkbar.«

Ich lese, dass das Ahrtal tatsächlich bereits mehrfach große Flutkatastrophen erlebt hat: in den Jahren 1601, 1804 und 1910. Ob es auch damals Solidarität über die betroffene Region hinaus gab? Kleinere »Hochwasserereignisse«, wie es die Behörden nennen, hat es hier im Lauf der vergangenen Jahrhunderte Dutzende gegeben.

Ich bedanke mich bei dem Mann für seine Gesprächsbereitschaft und fahre wieder zurück nach Linz am Rhein, um mit dem Zug weiter nach Bonn zu fahren, wo ich meine Radtour fortsetzen möchte.

Jede Jeck is anders

Mit dem Fahrrad in Köln, immerhin viertgrößte Stadt Deutschlands, anzukommen, ist ein Vergnügen. Schon von Weitem sieht man das Wahrzeichen der Stadt, den Kölner Dom. Und dann die Kranhäuser, diese Gebäude, die über den Rhein ragen und über die man sich streiten kann, ob sie schön oder hässlich sind. Teuer, so viel steht fest, sind sie jedenfalls. Nur reiche Firmen können sich dort Büros, nur Millionäre darin Wohnungen leisten. Es ist, glaube ich, sehr deutsch, so zu denken. Deshalb denke ich nun: Ach, wie schön für die, die dort leben! Sind sicher tolle Appartements. Zum Beispiel das von Lukas Podolski, der hier, glaubt man den Boulevardmedien, leben soll, 400 Quadratmeter, Riesenterrasse, spektakulärer Blick auf Köln vom 18. Stock aus – ich freue mich für ihn!

Es ist ungewöhnlich kühl für einen Sommertag, und ich denke an Heinrich Heine, der schrieb: »Unser Sommer ist nur ein grün angestrichener Winter.« Wie recht er doch hat! Aber ich habe trotzdem Lust auf ein Eis und freue mich deshalb, als ich in einem sehr chic wirkenden Stadtteil ein Eiscafé sehe. Junge Menschen gehen mit Babys in Tragegurten und Labradoren an den Leinen spazieren. Ich höre, wie ein Mann, schätzungsweise dreißig Jahre alt, »drei Bällschen Eis« und einen »Milschkaffee« bestellt in einem Singsang, den ich bemerkenswert finde. Ich muss ein Lachen unterdrücken, jedenfalls klingt das putzig.

Wenn man in Köln drei Bällschen Milscheis im Hörnschen isst, sonntags in die Kirsche geht, zum Mittag frichen Fich und friches Fleich auf den Tich bekommt und ein Milschbrötschen, heißt das Gesöff in Fingerhütschen dann in Wahrheit Kölch?

Anders als zum Beispiel in Norddeutschland, wo ich groß geworden bin, wird es in Köln nicht als unangemessen oder unhöflich gewertet, wenn man sich in einem Wirtshaus oder auch in einem Eiscafé bei jemandem dazusetzt. Trotz der niedrigen Temperaturen ist es voll, und so frage ich den Mann, ob an seinem Tisch noch Platz sei. »Aber klar doch!«, sagt er überschwänglich. »An so einem schönen Tag möchte man ja nicht alleine sein!«

Der Mann heißt Jonas, ist »Ur-Kölner«, wie er sagt, und ein redefreudiger, freundlicher Typ. Er fragt, ob wir uns duzen wollen, was ich gut finde, weil das respektvoll ist. Wir reden über Köln, über »rheinischen Humor« und das »Kölsche Grundgesetz«, zu dem »Et kütt wie et kütt« ebenso gehört wie »Et es wie et es« oder eben »Et hätt noch immer jot jejange«, und dass alles teurer werde seit der Pandemie und erst recht »seit dem Scheißkrieg der Russen in der Ukraine«, wie Jonas es formuliert. Irgendwann, wir haben schon eine Weile miteinander gesprochen, sage ich ihm, dass mir dieses Viertel, wo wir gerade sitzen, sehr gut gefällt.

»Chlodwigplatz, hmmm«, grummelt er.

»Findest du es hier nicht schön?«

Wieder grummelt er etwas Unverständliches vor sich hin. Als in dem Moment eine Frau auf einem Lastenrad vorbeifährt, nickt er in ihre Richtung und sagt: »Genau das stört mich.«

»Eine Fahrradfahrerin?«

»Nein.«

»Lastenräder?«

»Ja. Das heißt: nein. Nicht Lastenräder. Aber diese Mentalität.«

»Aber das ist doch immer noch besser, als mit dicken, stinkenden, viel mehr Platz und Ressourcen verbrauchenden Autos hier durch die Straßen zu walzen.«

»Aber nicht, wenn man damit durch die Gegend rollt und sich so aufführt, als wäre man der moralisch überlegene Mensch. Ich hab nix gegen Leute, die Lastenrad fahren. Ich hab auch nix gegen Leute, die sich vegan ernähren oder die nur im Bio-Supermarkt einkaufen oder die gendern. Aber wenn die dann so tun, als wäre man ein schlechterer Mensch, weil man Auto fährt, Fleisch isst, beim Aldi einkauft oder nicht gendert, dann geht mir das ganz gehörig auf den Sack.«

Mich wundert, dass ein relativ junger Mensch, der offensichtlich selbst in diesem Stadtteil lebt, so redet. Ich hätte solche Aussagen eher von älteren Leuten erwartet. Er erzählt, dass er vor ein paar Tagen zu einer Grillparty eingeladen habe, »da gab's natürlich auch Steaks und Würstchen, und du kannst dir nicht vorstellen, was ich mir von einigen Leuten, die ich eingeladen hatte, anhören musste«.

»Aber führen sich denn so viele Menschen so auf?«

Er schaut mich entgeistert an. »Aber jaaaaaa! Ständig! Überall! Und dann auch noch in den Medien! Vor allem aber hier!«

»Hier?«

»Ja, also jedenfalls in Cafés in dieser Gegend. Da gucken die einen manchmal schief an, wenn man Kaffee mit normaler Milch bestellt und ›normale Milch‹ sagt. Tja, Leute, Kuhmilch ist nun mal das, was seit Ewigkeiten für die meisten Menschen normal ist! Nur weil ihr selbst Hafermilch oder Sojamilch oder Mandelmilch oder Was-weiß-ich-Milch nehmt, müsst ihr andere Leute nicht schief angucken!«

Er sagt übrigens die ganze Zeit »Milsch«, nicht »Milch«, und ich muss einen nicht geringen Anteil meiner Konzentration darauf verwenden, nicht zu lachen.

»Dich stört aber vor allem, dass du korrigiert wirst, weil du zu Kuhmilch ›normale Milch‹ sagst?«

Er überlegt einen Moment. »Ganz genau. Wobei, auch hier ist es nicht diese Besserwisserei und Klugscheißerei an sich, die mich stört, sondern das, was da mitschwingt.«

»Nämlich? Moralische Überlegenheit?«

»Nein, das *Gefühl* von moralischer Überlegenheit! Mich stört die Mischung aus diesem Gefühl von moralischer Überlegenheit, das ständige Beleidigtsein und Sich-als-Opfer-Fühlen, also diese Befindlichkeiten, und die Unwissenheit dieser Leute.«

In dem Moment kommt eine junge Kellnerin vorbei. »Noch einen Milschkaffee«, bestellt Jonas. Er schaut mich fragend an. »Du auch?«

Ich nicke.

»Zwei Milschkaffee.«

»Aber mit normaler Milsch«, ergänze ich. Jonas merkt nicht, dass ich »Milsch« sage.

Die Kellnerin nickt nur und geht.

»Siehst du? Kein schiefer Blick!«, flüstere ich ihm zu. »Und was meinst du mit Unwissenheit?«

»Viele Leute glauben ernsthaft, sie würden die Welt retten, wenn sie Kaffee mit Hafermilch trinken. Oder wenn sie nur noch superteure Lebensmittel im Bioladen kaufen. Stell dir das mal vor: Sitzen im Café, trinken teuren Kaffee mit Hafermilch, den sich viele Menschen selbst bei uns nicht leisten können, und glauben, sie täten etwas Gutes, Sinnvolles!« Er lacht laut auf. »Und gleichzeitig denken die sich nichts dabei, wenn sie dann mindestens einmal im Jahr mit dem Flugzeug verreisen, Urlaub auf Bali, zwischendurch vielleicht auch noch mal nach Gran Canaria oder Teneriffa. Das rechtfertigen sie dann damit, dass sie ja kein Auto fahren. Dass da ein …«, seine Stimme wird jetzt ganz hoch, »… klitzekleiner Widerspruch vorliegt, kommt denen gar nicht in den Sinn. *Sie* machen natürlich alles richtig, und was nicht in *ihre* Ideologie passt, wird einfach ignoriert und sich wahrscheinlich gedanklich im Kopf zurechtgebogen.«

»Manche zahlen dafür aber mehr Geld, als Ausgleich für den CO_2-Ausstoß.«

Jonas lacht wieder laut auf. »Genau *das* meine ich mit Zurechtbiegen. Wat soll dat sein? Moderner Ablasshandel is dat! Was soll davon besser werden, wenn die mehr Geld zahlen? Abgas ist Abgas, da lügen die sich doch selbst in die Tasche! Das meine ich mit Unwissenheit: Haben keine Ahnung, aber tun so, als wären sie voll die Checker.«

Er lehnt sich zurück und trinkt das halbe Glas Milchkaffee auf einmal aus. Mit dem Handrücken wischt er sich über den Mund.

Ich frage ihn: »Machst du diese Menschen verantwortlich für den Aufstieg der AfD? Glaubst du, die Menschen sind so wütend über diese gesellschaftlichen Entwicklungen, dass sie Rechtsextremisten wählen?«

»Weißt du, ich kenne so viele Menschen, einfache Leute, die von der Welt und dem Wandel und den Zusammenhängen überfordert sind. Die Pandemie, Corona-Maßnahmen, die sie nicht verstehen, wieder Kriege, die Inflation. Das sind Menschen, die für Bauernfänger und deren vermeintliche Lösungen extrem empfänglich sind. Ich mache niemanden verantwortlich dafür, dass Leute die AfD wählen – außer die Leute selbst, denn für sein Wahlverhalten ist jeder selbst verantwortlich. Aber ich glaube schon, dass viele Leute wie die in diesem Viertel zur Entfremdung beitragen, dass die Gräben tiefer werden. Und die Menschen, die sich überfordert und orientierungslos fühlen, werden dann auch noch vorgeführt: ›Ah, guckt mal da, diese Idioten, die essen Fleisch, die machen Urlaub auf Mallorca, die gendern nicht!‹ Das ist doch scheiße.«

Solche Kritik höre ich von sehr vielen Menschen, auch wenn sie es nicht so geschliffen formulieren wie Jonas, der, wie er sagt, als Softwareingenieur in Köln arbeitet. Nur hätte ich sie nicht in diesem Stadtteil, von einem jungen Mann wie ihm erwartet. Jonas hätte ich vor unserem Gespräch eher als gut verdienenden, linken Hipster verortet – mein Vorurteil, offensichtlich. Seine Sichtweise ist wahrscheinlich auch unter jungen, gebildeten Leuten mit hohem Einkommen weiter verbreitet, als ich denke. Jonas sagt zum Abschied, ich dürfe ihn »bloß nicht identifizieren«, sonst habe er »ein Riesenproblem«. »Ziemlich viele in meinem Freundeskreis fänden das nicht gut, was ich sage. Was ja in Ordnung ist, können die sehen, wie sie wollen. Aber was nicht okay ist, dass ich dann eine Menge Ärger am Hals hätte deswegen.«

»Findest du, man kann seine Meinung nicht mehr offen sagen in Deutschland?«

»Wenn ich jetzt sage: Ja, ist schwierig geworden, zu sagen, was man denkt, dann stehe ich gleich in einer bestimmte Ecke. Aber …« Er denkt nach. »Ja, es stimmt jedenfalls, dass es Mut kostet, seine Meinung zu sagen, ohne gleich abgestempelt oder in ein rechtes Eck gestellt oder gecancelt zu werden.«

»Und wie, glaubst du, kann man das überwinden?«

»Indem man immer seine Meinung sagt, aber immer auch Leuten mit anderer Meinung zuhört und sich überlegt, ob sie nicht vielleicht recht haben. Wenn ja, muss man seine Position halt ändern und sich korrigieren. Und nicht darauf beharren, recht zu haben. Niemand hat immer recht.«

Ich verabschiede mich von Jonas und freue mich, ein so offenes Gespräch mit einem Menschen geführt zu haben, den ich heute per Zufall kennengelernt habe. Und der mir einiges zum Nachdenken auf den Weg gegeben hat. Seine Punkte, die er so wortreich zum Ausdruck gebracht hat, nämlich dass wir uns in einem Spannungsfeld befinden zwischen nachvollziehbaren Forderungen nach nachhaltigerem, umwelt- und klimabewusstem Konsum und einem Leben ohne Diskriminierung einerseits und einem Ausgrenzen und Niedermachen aller Menschen andererseits, die nicht so leben wollen, wie andere es für richtig halten, sowie die Widersprüche derer, die Maßstäbe für richtige Sprache und korrektes Verhalten formulieren, kann ich nachvollziehen. Ich teile die Kritik an einer scharfen Trennungslinie zwischen Gut und Böse, die, glaube ich, eher schädlich ist als sinnvoll. Ich halte aber auch für richtig, dass wir urteilen und beurteilen müssen zwischen Richtig und Falsch, Gut und Böse. Und ich halte für gut, dass wir unsere Worte und unser Handeln selbstkritisch betrachten und bereit sein müssen, all das bei überzeugenden Argumenten zu ändern. Aber so, wie es jetzt bisweilen geschieht? Das führt zu Abwehrreaktionen wie bei Jonas – und der ist noch einer, der reflektiert ist und keine Extremisten wählt, wie er mir zum Schluss versichert.

»Es trifft immer die Falschen«

Ich lege meinen letzten Abschnitt am Rhein zurück: von Köln nach Duisburg, wo ich vor einigen Tagen schon einmal war, am Ende meiner Tour die Ruhr entlang. Man sollte, wenn man eine Radreise macht, dafür sorgen, dass die Landschaft zum Ende hin immer schöner wird, damit die Reise eine Steigerung ist. Zwischen Köln und Duisburg kann man von Schönheit nicht reden, jedenfalls nicht ausschließlich. Hier und da ländliche Idylle, dörfliches Flair, aber die meiste Zeit fährt man an

Industrieanlagen und Werksgeländen vorbei, an viel befahrenen, mehrspurigen Straßen und auf unangenehm schmalen Radwegen, die zugleich Gehsteig sind. Hier ist Deutschland noch Autoland. Da, wo man durch ein enges Tal fährt, verstehe ich, dass man sich den Platz teilen muss: Schnellstraße, Eisenbahntrasse, Radweg. Aber da, wo Platz ist, würde ich mir mehr Raum fürs Fahrrad wünschen. Eigene Radwege sind immer besser als straßenbegleitende Spuren, die womöglich nicht einmal erhöht, sondern nur durch einen blassen Streifen abgetrennt sind. Dort mit dem Rad zu fahren, ist äußerst unangenehm. Aber klar, hier sind viele Industriestandorte, Neuss, Krefeld, Leverkusen. Hier wird gearbeitet, geschaffen, produziert. Die Dinge entstehen nicht von alleine. Schönheit ist da nicht von erstrangiger Bedeutung.

Hier und da dann aber doch Perlen. Ich bin zum ersten Mal in meinem Leben in Dormagen und mache kurz halt im Stadtteil Zons, der bis 1975 ein eigenes Städtchen war, von einer Stadtmauer, einer Befestigungsanlage aus dem 14. Jahrhundert, umgeben, und jetzt eben ein Ortsteil von Dormagen. Hübsch ist es hier. Mittelalterlich.

In Düsseldorf bin ich mit einem Bundespolizisten verabredet, den ich seit langer Zeit durch meine Arbeit als Journalist kenne. Er war oft mein Gesprächspartner und Informationsgeber. Da er offiziell nicht mit mir reden darf, soll ich ihn einfach Daniel nennen, sagt er. Daniel ist Ende vierzig, ein kluger, reflektierter Mann, mehr Feingeist als Haudrauf. Er hat mit Abschiebungen zu tun, keine sehr erfreuliche Arbeit. Ich weiß, dass er in der Region um Düsseldorf lebt, und nach meinem Gespräch mit Shamim, dem ja eine Abschiebung droht, kam mir die Idee, mit Daniel zu reden.

»Oje!«, sagt er, als ich ihm von dem Mann aus Bangladesch erzähle. »Es trifft immer die Falschen!«

Daniel ist ein Typ, der sich Kritik anhört, darüber nachdenkt und einräumt, wenn man recht hat mit der Kritik. Als ich ihm vor Jahren erzählte, dass in Zügen der Deutschen Bahn in grenznahen Regionen Menschen wie ich immer von der Bundespolizei kontrolliert werden, dass also Polizisten nach äußerlichen Merkmalen diskriminieren und Menschen mit dunklerer Hautfarbe rauspicken und kontrollieren, sagte er, das sehe er auch als ein Problem. Er stritt »racial profiling« nicht ab, versuchte mir aber zu erklären, dass es ja darum gehe, Menschen, die keine Papiere hätten und sich nicht rechtmäßig in Deutschland aufhielten, zu finden. »Da ergibt eine Kontrolle bei einer weißen Oma, die im Zug ›Frau im Spiegel‹ oder ›Bild der Frau‹ liest, wenig Sinn. Aber ich verstehe die Kritik: Immer kontrolliert zu werden, weil man braune oder schwarze Haut hat, ist nicht fair.« Man habe, erzählt er heute, »das Problem inzwischen erkannt. Jetzt werden alle kontrolliert.« Und tatsächlich, wenn ich jetzt mit dem Zug in grenznahen Regionen unterwegs bin, wird vorher immer der Zustieg von Bundespolizisten angekündigt, und alle Reisenden, wirklich alle, werden aufgefordert, Reisepass oder Personalausweis bereit zu halten. Die Polizisten gehen dann durch den Zug und werfen kurze Blicke auf die Papiere.

Ich finde, da ist aus der vielfach geäußerten Kritik etwas Besseres entstanden.

»Der Eindruck, dass es bei Abschiebungen die Falschen trifft, entsteht oft«, sage ich. »Woran liegt das? Warum werden Menschen, die hier friedlich leben, qualifiziert sind oder bereit, sich zu bilden, die hier arbeiten und ihren Beitrag zur Gesellschaft leisten, abgeschoben, während andere, auf die all das nicht zutrifft, bleiben dürfen?«

»Als Polizist habe ich das nicht zu kommentieren. Ich bin Beamter und zu politischer Zurückhaltung verpflichtet. Aber ich habe auch die Pflicht, Schaden von unserem Land abzuwenden, und ich sehe hier einen Schaden. Ja, ich teile diesen Eindruck. Beziehungsweise teile ich ihn nicht nur, sondern kann ihn aus meiner beruflichen Praxis bestätigen. Wir schieben die Falschen ab. Das heißt: Diejenigen, die wir abschieben, werden schon begründet abgeschoben, ›die Falschen‹ ist deshalb nicht die richtige Bezeichnung. Aber es sind oft Menschen, von denen man sich eigentlich wünschte, dass sie bleiben können. Familien, die integriert sind, mit Kindern, die zur Schule gehen und die dort gute Erfolge zeigen. Männer und Frauen, die arbeiten und Freunde hier gefunden haben und die Sprache lernen und ordentliche Mitglieder unserer Gesellschaft sind. Die sich einbringen. Aber das sind die, die nicht abtauchen. Die sich nicht verstecken. Die nicht gewalttätig werden und um sich schlagen und Beamte bedrohen. Und die kein Theater machen, wenn sie ins Flugzeug gebracht werden, sodass der Pilot sie wieder rauswirft, weil er das Hausrecht an Bord eines Flugzeugs hat. Sondern das sind Leute, die sich benehmen. Die trifft's dann halt. In der Regel sind das Leute, die von sich aus ausreisen, die also nicht polizeilich begleitet abgeschoben werden müssen.«

»Und wer sind die, die bleiben?«

»Aus meiner Erfahrung: die schwierigen Fälle. Aber die tauchen ab, entgehen ihrer Abschiebung ein Dutzend Mal oder halten sich einfach bei Freunden auf, weil sie wissen, dass wir in deren Wohnung nicht einfach reinkommen und sie rausholen dürfen. Oder sie werfen ihre Papiere weg und haben keine Dokumente. Diese Leute kennen ihre Rechte ganz genau …«

»… was ja auch in Ordnung ist …«, wende ich ein.

»… was ja auch in Ordnung ist …«, bestätigt Daniel, »aber sie tanzen uns auf der Nase herum und verhöhnen den Staat mit seinen demokratischen Regeln. Und wenn wir sie doch erwischen, werden sie gewalttätig, gegenüber meinen Kolleginnen und Kollegen, aber auch gegen sich selbst. Sie verletzten sich selbst, damit sie als nicht reisefähig erklärt werden und nicht abgeschoben werden können. Oder sie randalieren im Flugzeug und werden deshalb nicht mitgenommen.« Oft gebe es auch das Problem, dass man wegen der fehlenden Papiere nicht wisse, wohin man diese Leute abschieben könne, oder dass die Staaten, aus denen sie kämen, sie nicht mehr ins Land lassen würden. »Dann bleiben die bei uns, und ob das so in unserem Sinne ist … Ich weiß nicht.«

Es würden jetzt, berichtet Daniel, mehr Menschen abgeschoben, die kein Bleiberecht hätten, das sei dem politischen Willen geschuldet, auf den wiederum die Stimmung in der Bevölkerung Einfluss habe. »Ich persönlich halte es für richtig, dass diese Leute bessere Regeln erhalten, damit diejenigen, die bleiben sollen, auch bleiben dürfen, während diejenigen, die gehen sollen, auch einfacher abgeschoben werden können«, sagt Daniel. »Meine Meinung.«

Tatsächlich steigt derzeit die Zahl der Abschiebungen. Monate nach meinem Treffen mit Daniel in Düsseldorf teilt das Bundesinnenministerium mit, im Jahr 2023 habe es 16 430 Abschiebungen gegeben. Das seien 3500 mehr als im Jahr zuvor. Allerdings seien auch 31 330 geplante Abschiebungen gescheitert.

Ich sage Daniel, dass ich seine Äußerungen nachvollziehen kann. »Aber ich finde es problematisch, wenn jetzt politischer Erfolg daran gemessen wird, wie viele Menschen wir abschieben – je mehr, desto besser! Als ginge es nur darum, so viele wie möglich abzuschieben. Der Schritt zu ›die Ausländer‹ und ›die Flüchtlinge‹ und ›die Fremden‹, die alle raus müssen, ist nicht weit.«

Daniel nickt. »Sehe ich auch so.«

»Wir brauchen Regeln, deren Durchsetzung man sich nicht mit irgendwelchen Tricksereien entziehen kann. Und wir brauchen klarere Kriterien, nach denen Zuwanderung legal und ohne unüberwindbare Hürden machbar sein muss.«

Wieder nickt Daniel. »Sehe ich absolut auch so.« Und nach einer Pause: »Ich kann absolut verstehen, weshalb Menschen ihre Heimat verlassen und ihr Glück woanders suchen. Ich bin mir völlig im Klaren, dass es schneller, als uns lieb ist, uns selbst treffen kann. Dass auch wir uns auf den Weg machen und unser Glück woanders suchen. Ich kann dann nur hoffen, dass es dort, wohin wir gehen, bessere Regeln gibt als bei uns.«

Traurig eigentlich. Und traurig, das aus dem Munde eines Bundespolizisten zu hören, der täglich mit Abschiebungen zu tun hat.

Ich radele durch die Altstadt von Düsseldorf. In einer schicken Bar trinke ich ein Altbier, was lokaltypisch sein soll und angeblich tausendmal schmackhafter und besser und überhaupt: kultivierter als das Kölsch, jenes Bier, das in Köln in sehr viel kleineren Gläsern serviert wird. Ich erlaube mir da kein Urteil, koste, genieße und denke mir meinen Teil. Die Geschmäcker sind unterschiedlich. Die Gassen in der Düsseldorfer Altstadt gefallen mir, es gibt Kneipen, Cocktailbars, Tanzclubs, Tapas- und Sushi-Restaurants, Pizzerien, Gaststätten, die »rheinländische Fleischspezialitäten« anbieten. In Düsseldorf haben viele japanische Unternehmen ihre europäischen Repräsentanzen, entsprechend sieht man viele Japaner in der Stadt. Düsseldorf, Landeshauptstadt von Nordrhein-Westfalen, strahlt Wohlstand aus. Nach einer kleinen Pause radele ich das letzte Stück bis nach Duisburg. Es sind zwar nur noch knapp dreißig Kilometer, aber ich habe Respekt davor, denn meine Beine tun schon weh – das Faltrad ist eben kein Reiserad, das Treten ist deutlich anstrengender.

Aber dafür bin ich in Duisburg, der Stadt an Rhein und Ruhr, frei in der Wahl eines Zuges nach Hause. Ich brauche ja keinen Fahrradstellplatz. Mein Fahrrad ist zack, zack innerhalb weniger Sekunden nichts weiter als ein Stück Handgepäck.

Erkenntnisse am Rhein

Wenn mich jemand aus dem Ausland fragte, wo er Deutschland am besten kennenlernen könne, würde ich eine Reise entlang des Rheins empfehlen. Hier zeigt sich, wie Deutschland vor allem ist: eher ländlich als städtisch; mal flach, mal hügelig; landschaftlich oft schön, hier und da in der Ästhetik gestört durch Industrie und hässliche Architektur, dafür insgesamt wohlhabend; der Wohlstand jedoch ungleich verteilt; immer stärker migrantisch geprägt; auf Zuwanderung auch angewiesen, aber immer noch ahnungslos, wie man sie gestalten soll. Wenn ich auch hier sehe, an wie vielen Orten für die »digitale Zukunft« geworben wird, für »Glasfaser-Internet« und für »digitale Kompetenz«, die geschaffen werden soll, frage ich mich, ob dieser Zug nicht schon abgefahren ist, ob überhaupt der innere Wille zu Fortschritt stark genug ist, damit tatsächlicher Fortschritt stattfinden kann.

Am Rhein und an seinen Nebenflüssen sieht man, dass auch Deutschland betroffen ist vom Klimawandel. Aber dieses Thema wird, zumindest bei meinen zufälligen Begegnungen, so gut wie gar nicht angesprochen. Was wissen die Menschen darüber? Wie informiert sind sie? Hier und da trifft man auf Klimaaktivisten. Ebenso trifft man hier und da auf Menschen, die genervt sind von der Art des Protests. Aber wie ernsthaft, konstruktiv und mit Verstand befassen wir uns mit diesem Thema und bemühen uns um Lösungen? Immerhin: Die Sache mit der rheinischen Frohnatur stimmt. Die Menschen sind humorvoll, redefreudig, gastfreundlich. Und diese Sprache! Als hätten sie nie schlechte Laune! Und in diesem Singsang fragen sie einen aus, neugierig, und das ist gut, denn wer bereit ist, Neues zu erfahren, der ist ein Stück weit immun gegen Ressentiments.

Dafür, dass das Rheinische im Zuge der Wiedervereinigung an Bedeutung verloren hat und das politische Gewicht ein bisschen geschrumpft ist, dafür, dass das Katholische, das hier stark war, an Einfluss verloren hat in Deutschland wie überhaupt das Christliche, dafür sind die Menschen hier immer noch ziemlich gut drauf. Karneval gibt's immer noch, beliebt wie eh und je. Meine Sache ist das nicht, aber ich habe es bei meinen Reisen auch nicht über mich ergehen lassen müssen. Die Grundprinzipien, dass während dieser Zeit alle gleich sind, man miteinander feiert und einander duzt und dass mehr oder weniger alles sagbar und kritisierbar ist, zum Teil auch auf krasse Weise überspitzt – siehe viele Karnevalswagen! –, das gefällt mir. Auch wenn es entlang des Rheins Menschen geben soll, die mit Karneval, Fastnacht, Fasching oder wie auch immer man es nennen mag, nichts anfangen können, scheint mir das eine Sache zu sein, die die Menschen eint.

Menschen entscheiden sich für extremistische Sichtweisen nicht nur dann, wenn sie sich benachteiligt fühlen, sondern auch, wenn sie mögliche künftige Verluste befürchten. Hier, in diesem Teil Deutschlands, haben sie zumindest in politischer Hinsicht einen gravierenden Bedeutungsverlust erlitten. Wirtschaftlich geht es den Menschen vergleichsweise gut; zu verlieren gibt es einiges. Dafür geht es hier immer noch fröhlich und friedlich zu. Und auch nach der Flutkastastrophe gab und gibt es zwar Kritik am Krisenmanagement, daran, dass Warnzeichen ignoriert wurden und dass teilweise bis heute Hilfsgelder nicht ausgezahlt worden sind.

Aber Revolte? Gewaltausbrüche? Ewiger Ausnahmezustand?

Nichts davon.

Ich bin überzeugt, dass das eine Frage der Mentalität ist. Selbst in Ländern, wo es den Menschen faktisch gut geht, sie gesund sind, keinen

Hunger leiden, Sicherheit genießen, sind viele unglücklich und leben in Dauerangst vor dem Untergang. Sie sind sich ihres Glückes nicht bewusst. Jeder jagt seinen Zielen hinterher, die, zumindest in Wohlstandsgesellschaften wie unserer, weit über die bloße Existenzsicherung hinausgehen. Das ist auch am Rhein nicht anders. Allerdings, das ist mein Eindruck, geschieht das hier weniger grimmig und missvergnügt, sondern mit einer gewissen Demut.

Sind das die Nachwirkungen des Katholizismus, der hier mal bedeutend war? Ich weiß es nicht. In meinen Gesprächen jedenfalls hat niemand von sich aus die Kirche, das Christentum, den Katholizismus erwähnt.

Der britische Philosoph Bertrand Russell schrieb einmal über »Alltagsunglück« folgenden Satz: »Unglück solcher Art beruht, wie ich glaube, meist auf einer falschen Weltauffassung, falschen ethischen Begriffen und falschen Lebensgewohnheiten, die zur Vernichtung jener natürlichen Lebensfreudigkeit, jener Lust nach erreichbaren Freuden führen, von denen letzten Endes alles Menschenglück abhängt.«

Am Rhein haben sie das, glaube ich, verstanden. Zum Glück.

Ostsee
Anklam
Bugewitz
Ueckermünde
N
W
O
S
Stettin
Tantow
Schwedt
ODER
Seelow
Berlin
POLEN
Frankfurt/Oder
DEUTSCHLAND
Ratzdorf
Lutherstadt
Wittenberg
Cottbus
NEISSE
Görlitz
Dresden
Zittau
0
25
50 km
TSCHECHISCHE
REPUBLIK

GRENZFLÜSSE, GRENZERFAHRUNGEN | ENTLANG VON ODER UND NEISSE VON ANKLAM NACH ZITTAU

Going East

Dunkeldeutschland. Das ist das Wort, das ich oft höre, wenn es um Ostdeutschland und, vor allem, um die Regionen nahe der Grenzen zu Polen und Tschechien geht. Dunkeldeutschland. Ein Wort, das Gefahr und Düsternis und Rückständigkeit mitschwingen lässt und das eine Region bezeichnet, in der vermeintlich hinterwäldlerische Typen hausen. 1994 war es Kandidat für das »Unwort des Jahres«. Ursprünglich, noch vor der Wiedervereinigung, war das eine ironische Bezeichnung für die DDR, weil es dort weniger Straßenbeleuchtung als in der alten Bundesrepublik gab. Jedenfalls erzählt mir das jemand, es klingt plausibel, aber ob es stimmt, weiß ich nicht. Auch Bundespräsident Joachim Gauck verwendete dieses Wort: Er warnte 2015 in der Flüchtlingsdebatte vor einem »Dunkeldeutschland«. »Es gibt ein helles Deutschland«, sagte er, eines mit freiwilligen Helfern, und eben ein »Dunkeldeutschland«, das sich angesichts fremdenfeindlicher Übergriffe zeige.

In seiner heutigen Verwendung hat dieses Wort seinen Ursprung im Eindruck, dass es im Osten Deutschlands besonders viele Rechtsextremisten und Neonazis gibt. Nun ist das wahrlich kein rein ostdeutsches Problem, aber es ist vor allem ein ostdeutsches Problem. Gemessen an der Zahl der Straftaten in diesem Bereich in Relation zur Bevölkerung ebenso wie gemessen an den Wahlergebnissen oder an der Zahl seltsamer Gruppierungen und Netzwerke, die auf unterschiedliche Weise den Umsturz planen.

Und dennoch finde ich diese Bezeichnung unfair, weil sie all jenen, die nicht extremistisch sind, also der Mehrheit der Bevölkerung, unrecht tut.

Jedes Mal, wenn ich in den Osten reise, sagen mir Freunde, ich solle vorsichtig sein und aufpassen, man hoffe doch sehr, dass ich Personenschutz dabeihabe. Auch als ich erzähle, dass ich nun im äußersten Osten Deutschlands unterwegs sein werde, werde ich von solchen Warnungen nicht verschont.

Ich gebe zu: Als ich Anfang der Neunzigerjahre das erste Mal nach Ostdeutschland reiste, in Zeiten, als Deutschland vor allem im Osten rechtsextremistische Gewalttaten erlebte, hatte ich durchaus Vorbehalte. Später verstand ich aber, dass die rechtsextremen Strukturen und demokratiefeindlichen Netzwerke, die es dort gibt, und die Skinheads und Neonazis, die in manchen Orten ziemlich viel zu sagen haben, nicht bedeuten, dass ich mich dort nur von Schützengraben zu Schützengraben oder im Häuser- und Straßenkampf fortbewegen kann.

Ich bin überzeugt: Wer Vorbehalte hat vor dem anderen, wer warnt oder Sorgen hat, tut das, jedenfalls in den meisten Fällen, nicht aus böser Absicht. Sondern weil die vielen Vorfälle, über die dann – zu Recht! – berichtet wird, Grund zur Sorge bieten. Dass dann alles andere, auch das Gute, in den Hintergrund tritt, führt dazu, dass bei vielen das Bild entsteht, alles sei böse und schlecht. Das Problem ist nur: Wenn über alles andere, über die Engagierten – die, die gegen Extremismus und undemokratische Umtriebe und für Toleranz und Offenheit kämpfen – wenig bis nicht berichtet wird, entsteht auch bei diesen Menschen irgendwann Frust.

Und wenn dann all diesen Menschen das Gefühl gegeben wird, dass man sie für zurückgeblieben und minderbemittelt, für undemokratisch oder gar bösartig hält, darf man sich nicht wundern, wenn diese Menschen irgendwann sagen: Jetzt reicht's! Ohne euch! Wir machen unser eigenes Ding!

Das ergeht nicht nur Ostdeutschland so, sondern jeder Region, jedem Land in der Welt, das durch negative Schlagzeilen auffällt. Kriegsländern zum Beispiel. Oder von Diktatoren beherrschten Staaten. Zu

Recht wird über Gewalt und Unterdrückung berichtet, aber es gibt eben nicht *nur* Gewalt und Unterdrückung. Dass Menschen also so denken, hat auch mit Unkenntnis zu tun. Im Fall von Ostdeutschland zum Beispiel damit, dass es viele Menschen im Westen Deutschlands gibt, die keinerlei Bezug zum Osten des Landes haben und, was mich immer wieder ein bisschen erstaunt, noch nie dort gewesen sind. Umgekehrt höre ich das so gut wie nie: dass jemand, der aus dem Osten stammt, noch nie im Westen war. Das sagt einiges über unsere Gesellschaft aus.

Frust erzeugt Gegenfrust, Wut erzeugt Gegenwut, Hass erzeugt Gegenhass. Aus diesem Kreislauf müssen wir ausbrechen. Das geht zwar nicht, indem man über Kritikwürdiges hinwegsieht, indem man Dinge unter den Teppich kehrt oder so tut, als sei alles in bester Ordnung. Das geht aber auch nicht, indem man pauschal verdammt.

Auf die Tour entlang Oder und Neiße freue ich mich ganz besonders, weil tatsächlich auch ich diesen Teil Deutschlands am wenigsten kenne. Es ist echtes Grenzgebiet, politisch gesehen, der östliche Rand Deutschlands.

Ich entscheide mich, gegen den Strom zu fahren: von Anklam nach Zittau, von A bis Z, von Mecklenburg-Vorpommern durch Brandenburg nach Sachsen, von der Ostsee zur tschechischen Grenze. Der Oder-Neiße-Radweg ist insgesamt 642 Kilometer lang. Ein paar Kilometer lasse ich am Anfang weg – Usedom –, ein paar am Ende, nämlich etwa fünfzig Kilometer von Zittau bis zur Neißequelle im tschechischen Jablonec, das auch den deutschen Namen Gablonz an der Neiße trägt.

Im Regionalzug von Berlin nach Anklam komme ich mit drei Männern ins Gespräch, die in Anklam leben und eine »Männertour nach Berlin« gemacht haben, wie sie es nennen. Die Rede kommt auf lackierte Fingernägel bei Männern. Ihnen ist aufgefallen, dass in Berlin besonders viele Männer Nagellack tragen. Tatsächlich ist auch mir das aufgefallen. »Das ist doch krank!«, sagt einer. »Bescheuert!«, urteilt ein anderer. Ich persönlich finde es auch unattraktiv, wenn es das ist, was er sagen will, vor allem, wenn es schwarzer Nagellack ist, weil es so aussieht, als hätte man sich mit dem Hammer auf die Nägel gekloppt. Aber das ist ja eine

Frage des Geschmacks – jeder, wie er mag. Man mag es also wunderschön finden, cool, lässig, hübsch, sexy oder elegant, aber auch hässlich, unästhetisch, unsexy, albern und lächerlich, vor allem, wenn das eine Form von Protest sein soll – aber »krank« ist es gewiss nicht! Ich widerspreche den Männern deshalb, die Männer wechseln das Thema. Und ich nehme mir vor, mir wegen dieses Gesprächs auch einmal die Fingernägel zu lackieren. In Blau und Gelb. Aus Prinzip. Auch wenn ich's hässlich finde.

Ich gehöre nicht zu denen, die jedes Wort auf die Goldwaage legen und die Menschen immer gleich das Schlimmste, Übelste, Böseste unterstellen. Aber ich finde auch, dass wir auf unsere Worte achten sollten. Und ich bin hoffnungsvoll, dass Dinge sich zum Guten ändern können. Ich erinnere mich, dass in meiner Jugend, in den Neunzigerjahren noch, die Mehrheit der Bevölkerung in Deutschland Homosexualität für eine Krankheit hielt. Heute sagen mehr als achtzig Prozent, Schwule und Lesben sollen heiraten dürfen und Kinder adoptieren. Natürlich gibt es Diskriminierung, haben Homosexuelle es schwer, müssen Sprüche aushalten oder Gewalt. Aber die Lage hat sich insgesamt doch spürbar verbessert. Sie könnte sich auch für alle anderen Menschen verbessern, zum Beispiel für Männer mit Nagellack, wenn wir unsere Sprache und unser Denken ein kleines bisschen änderten. Das setzt voraus, dass wir bereit sind zu akzeptieren, dass nicht nur hinnehmbar ist, wer genauso denkt, redet, sich kleidet, aussieht, isst, trinkt, betet, liebt, sich benimmt wie wir. Sondern dass es für all das einen relativ breiten Rahmen gibt, innerhalb dessen Menschen sich bewegen können.

Anklam galt viele Jahre nach der Wende als »Stadt der fünf A«: Armut, Arbeitslosigkeit, Abwanderung, Alter = Anklam. Zeitweise, bis Anfang der Zweitausenderjahre, hatte diese Stadt die höchste Arbeitslosenquote in ganz Deutschland, jeder Dritte war ohne Job. Tausende Menschen zogen weg, insbesondere die Jungen. Hatte die Stadt 1990 noch etwa 14 000 Einwohner, wurde ihr für das Jahr 2030 eine Bevölkerung von rund 8000 Menschen vorausgesagt. In Anklam gab es viele Aufmärsche von Neonazis, die NPD erzielte hier hohe Wahlergebnisse, ihr Landesverband richtete in Anklam seinen Hauptsitz ein. Die »Zeit« nannte Anklam einmal »Hauptstadt Dunkeldeutschlands«. Nicht ohne Grund. Im Sommer 2010 zum Beispiel ließ die Stadt im Vorfeld zu einem NPD-Aufmarsch rund 200 Plakate mit der Aufschrift »Kein Ort für Neonazis in Anklam« aufhängen. Mehrere Tausend Euro kostete die Aktion. Über Nacht waren sämtliche Plakate verschwunden, sogar eines, das direkt vor der Polizeistation hing, außerdem ein Banner, das am Rathausbalkon angebracht war – und niemand wollte etwas gesehen haben. Es gab keinen einzigen Zeugen, Ermittlungen führten ins Nichts. Kein Ort für Neonazis? Von wegen. Zuvor hatten sich alle möglichen Einzelhändler geweigert, das Plakat ins Schaufenster zu hängen. »Nur, wenn alle es machen!«, sagten einige. Im Netz höhnten Rechtsextremisten, »engagierte Bürger« hätten »nahezu alle Hinterlassenschaften der demokratischen Provokation« beseitigt. Außerdem veröffentlichten sie ein Bild vom brennenden Banner vom Rathaus.

Inzwischen, so scheint es jedenfalls, hat sich ein guter Strukturwandel vollzogen, der Ort hat sich von einer schmuddeligen Hochburg der NPD zu einer schmucken Kleinstadt entwickelt. Zumindest oberflächlich betrachtet, geht es hier friedlich zu. Verdecken die schönen, sanierten Hausfassaden etwas? Ich weiß nicht, ob ich es während meiner Tour herausfinden werde. Klar ist, dass die Lage sich im Vergleich zu den Nachwendejahren und zur Jahrtausendwende deutlich entspannt hat. Und man scheint sich der Probleme bewusst zu sein: Ich entdecke einen »Demokratieladen«, wo es um »politische Bildung im ländlichen Raum« geht und der »eine Anlaufstelle für Begegnungen, Informationen und Unterstützung zu allen Fragen der Politik, Demokratie und politischen Bildung« sein will.

Im Schaufenster stehen Zitate.

»Demokratie kann man keiner Gesellschaft aufzwingen, sie ist auch kein Geschenk, das man ein für allemal in Besitz nehmen kann. Sie muss täglich erkämpft und verteidigt werden.« Heinz Galinski.

»Demokrat sein heißt, keine Angst haben.« István Bibó.

»Ohne die Erinnerung können wir unsere Demokratie nicht retten.« Hildegard Hamm-Brücher.

»Demokratie lebt vom Streit, von der Diskussion um den richtigen Weg. Deshalb gehört zu ihr der Respekt vor der Meinung des anderen.« Richard von Weizsäcker.

Aber man hört immer noch viele Menschen davon reden, dass »früher« alles besser gewesen sei. Mit »früher« meinen sie die DDR-Zeit. Da habe es noch Vollbeschäftigung gegeben, und jeder hatte Arbeit. Dass es sich nicht immer um sinnvolle, produktive Arbeit handelte, sehen viele nicht. Entsprechend wütend waren sie, als kurz nach der Jahrtausendwende Arbeitsbeschaffungsmaßnahmen wegfielen, die diesen Leuten noch das Gefühl von Beschäftigung gegeben hatten, und die Arbeitslosenquote auf mehr als dreißig Prozent stieg.

An Anklam sieht man das Auf und Ab der Zeiten: Im Mittelalter muss das eine ziemlich wohlhabende Stadt gewesen sein. Der große Marktplatz und die Kirche lassen erahnen, dass hier in vergangenen Jahrhunderten gute Geschäfte gemacht wurden und das Geld floss. Dann wieder machten Krieg und Krankheit den Wohlstand zunichte, die Pest, der Hansekrieg gegen Dänemark zum Beispiel. Seit Jahrhunderten spielt hier zudem die Produktion von Zucker eine Rolle: die Pommersche Zuckerfabrik Anklam aus dem 19. Jahrhundert, die in beiden Weltkriegen Schaden erlitt, in der DDR dann die VEB Zuckerfabrik Anklam und seit der Wiedervereinigung die Zuckerrübenverarbeitung unter internationalen Eigentümern, wo neben Zucker auch Bioethanol, Biogas und Futtermittel hergestellt werden.

Was ich nirgends gelesen habe in all den Jahren: dass Anklam heute eine Reise wert ist. Das erste Mal auf die Idee, dass diese Stadt touristisch interessant sein könnte, komme ich erst am Ortseingang. Da ist unterm Ortsschild ein weiteres Schild angeschraubt: »Staatlich anerkannter Tourismusort«. Außerdem ein Plakat: »Jesus Christus: Kehrt um zu Gott, und glaubt an das Evangelium! – Neues Testament kostenlos anfordern!« Und dann, ein paar Hundert Meter weiter: »Privater Kinderspielplatz! Nur für Bewohner der Wohnanlage. Ruhezeiten: Montag bis Freitag 12:00–14:00 Uhr und 19:00–08:00 Uhr, Samstag 12:00–14:00 Uhr und ab 17:00 Uhr, sonntags und feiertags ganztägig. Eltern haften für ihre Kinder. Benutzung auf eigene Gefahr. Hunde verboten! Rauchen verboten! Beim Spielen Helm und Schlüssel ablegen. Notrufnummer 110 oder 112. Bei Schäden an Spielgeräten: Telefon …« Nicht weit davon entfernt eine Tafel mit einem ellenlangen Text mit Infos zur Nutzung eines Parkplatzes, überschrieben mit »Allgemeine Geschäftsbedingungen«, darunter Dutzende Absätze, von der »Parkentgeltpflicht«, der »Höchstparkdauer«, den »Vertragsstrafen bei Verstoß gegen die AGB« bis zum Datenschutz – alles penibel geregelt.

Lockerheit scheint hier nicht so die Stärke zu sein.

Ich fahre zu einer Unterkunft, die ich im Netz gefunden habe und die gerade erst eröffnet hat: kleine containerartige Holzkisten, in denen man schlafen kann. Etwas abseits steht ein größerer Container mit Toiletten und Dusche, ein Gemeinschaftsbad für die Blockhüttenbewohner. Die Anlage befindet sich direkt am Wasser. Ein schöner Ort ist hier entstanden. Am Abend meiner Ankunft gibt eine Band ein Open-Air-Konzert für die Besucher: »Die Tüdelband« aus Hamburg, die ich bis dahin nicht kannte. Es ist das Duo Miriam »Mire« Buthmann und Malte Müller. Mit dabei ist ein extrem Hamburgisch sprechender Freund, der ihnen bei der Technik hilft. Ihre Lieder sind allesamt auf Plattdeutsch. Die Betreiber der Holzkisten haben eine Bratwurstbude aufgestellt, es gibt Würstchen und Bier. Zwei Dutzend Gäste sind da: ein paar Einheimische, die von dem Konzert erfahren haben, außerdem ein paar Übernachtungsgäste. Neben mir sind das ausschließlich Motorradfahrer – Männer Mitte fünfzig, von Beruf Lastwagenfahrer, Monteur, Schreiner, ein paar gemeinsam unterwegs, andere alleine.

Als die Musik anfängt, fühle ich mich sofort wie zu Hause. Die niederdeutsche Sprache, wie Plattdeutsch, Plattdütsch, Plattdüütsch, Plattdütsk, Plattdüütsk, Plattduitsk und so weiter genannt wird, ist mir sehr vertraut. Und an den verschiedenen Schreibweisen sieht man: Vun Dörp to Dörp ünnerscheedt sik de Spraak. Die einen schreiben so, die anderen so, hier ist mal ein O mit im Wort, während sie im Nachbardorf über diese Art, das Wort auszusprechen, die Nase rümpfen. Aber alles in allem kann man sagen: Man versteht einander. Auch hier in Mecklenburg-Vorpommern, wo man ebenfalls Plattdeutsch spricht. Regionalpatriotismus scheint auch hier verbreitet zu sein, mehrfach wird mir gegenüber betont, man befinde sich hier in Vorpommern, nicht in Mecklenburg, die Sprache, die Mentalität und überhaupt: der Typ Mensch sei hier ein völlig anderer als dort, und im Tonfall und in Gesichtsausdruck kommt deutlich zum Ausdruck, dass es da eine Hierarchie gibt und klar ist, wer über wem steht.

Einmal mehr wird mir bewusst, wie sehr Sprache Heimat sein kann. Wie sehr man sich darin zu Hause fühlen kann. Meine Heimat ist die deutsche Sprache, Plattdeutsch ist für mich Kindheit im Alten Land, wo in der Nachbarschaft viel Platt gesprochen wurde. Vor allem von den Älteren. Ich erinnere mich, dass jüngere Menschen nicht Platt sprachen und das eher als ungebildet galt – Platt ist die Sprache der Bauern, der Landbevölkerung. Wer gebildet ist oder auf sich hält, spricht Hochdeutsch, das war die Haltung, und wer Plattdeutsch sprach, war eben ein Bauerntrampel. Es war für mich eine Erkenntnis, dass andere durchaus stolz sind auf ihren Dialekt oder auf ihre sprachlichen Eigenheiten. Der Werbespruch der Baden-Württemberger lautete von 1999 bis 2021: »Wir können alles. Außer Hochdeutsch.« Fantastisch! Die Werbeagentur, die diesen Spruch ersonnen hatte, hatte ihn zuerst Sachsen angeboten, aber die Landesregierung in Dresden hatte abgelehnt. Dass Norddeutsche stolz auf ihr Platt wären, kann ich mir kaum vorstellen. Schade eigentlich! Dabei ist das so ein schöner Klang.

»All Welt leeg ünner uns, man so speelt dat Leven: Een weet nich, wat an'n Morgen kummt, jüst so is dat even.«

Die Lieder von »Die Tüdelband« sind wunderbar. Leicht, lustig einerseits, gedankenschwer, sozialkritisch gleichermaßen. Und dabei doch saukomisch, irgendwie. Zum Beispiel das Lied »Uwe«, das sie in Anklam nicht spielen – warum nicht? – und das ich später im Netz finde:

Ok op de Arbeit dink ik jümmer blots an Uwe:
Dat wi tosamen Foffteihn maken un noch ganz annere Saken.
Ji köönt nich glöven, wat he för'n smucken Kerl is.
Sien Moors wöör ik ok geern mal knöstern oder glieks ganz un gor utklöstern.

Un villicht kiekt he ok mol röver.
Denn wöör ik mi richtig een högen.
So'n Schietdreck, Uwe steiht op Jungs.
So'n Schietdreck, mien Uwe steiht op Jungs.

Wunderbar, oder?

Hier auf Hochdeutsch:

Auch auf der Arbeit denk ich immer nur an Uwe:
Dass wir zusammen Pause machen und noch ganz andere Sachen.
Ihr könnt nicht glauben, was er für ein hübscher Kerl ist.
Seinen Hintern würde ich auch gern mal durchkneten oder gleich ganz und gar auspacken.
Und vielleicht schaut er auch mal rüber.
Dann würde ich mich richtig freuen.
So ein Mist, Uwe steht auf Jungs.
So ein Mist, mein Uwe steht auf Jungs.

Ob so ein Lied vor dreißig Jahren möglich gewesen wäre? Ich glaube, eher nicht. Noch bis 1969 waren in der Bundesrepublik selbst einvernehmliche sexuelle Handlungen zwischen Männern strafbar, erst ab dann wurden sie straflos gestellt, die Handlungen blieben aber rechtlich eine Straftat; erst 1994 wurde der Paragraf 175 des Strafgesetzbuches ersatzlos gestrichen. Ein Gesetz, das bereits im Kaiserreich, in der Weimarer Republik, in Nazi-Deutschland und eben auch jahrzehntelang in der Bundesrepublik Deutschland galt. In der DDR war Sex unter Männern ab 1968 nicht mehr strafbar. Sozialforscher sagen, der Druck auf homosexuelle Männer sei im Westen Deutschlands immer größer gewesen als im Osten, der in dieser Hinsicht toleranter gewesen sei.

Thomas, der Betreiber der Holzhütten, hat ein altes Schiff, eine Art großes Hausboot. Die Vermietung der Holzhütten macht er, um Geld zu verdienen. Aber seine Leidenschaft, das klingt durch, als er sich während des Konzerts zu seinen Gästen setzt, ist ein anderes Projekt: Er überlässt dieses Schiff Künstlerinnen und Künstlern, die damit dann in der

Region herumschippern und an verschiedenen Orten auftreten können. Das Benzin müssen die Nutzer selbst bezahlen, ansonsten kostet es sie nichts. Thomas macht das aus Begeisterung für Kunst und Kultur. »Die Tüdelband« wird in den nächsten Tagen mit dem Kahn unterwegs sein und ein paar Konzerte geben, an Orten, an denen, vermute ich, nicht so viele kulturelle Veranstaltungen stattfinden.

Man darf die Übel dieser Welt nicht ignorieren. Anklam und Umgebung haben ein Problem mit Rechtsextremismus. Es gibt in dieser Gegend Dörfer, in denen Rechtsextremisten feiern, dass hier »keine Ausländer« leben. Es gibt Orte, die man als Hochburgen von Neonazis bezeichnen kann. Aber darüber vergessen wir schnell die guten Seelen, die ihr Herz am rechten Fleck haben, die gegen Extremismus kämpfen und die geben und teilen und helfen und die Welt ein Stück besser machen.

Zwischen Mate-Kombucha und Cola-Korn

Ich fahre den Oder-Neiße-Radweg Richtung Osten, Richtung Stettiner Haff. Zunächst werden meine Knochen ziemlich brutal durchgeschüttelt, der Radweg ist ein sogenannter Spurplattenweg, dadamm, dadamm, dadamm, und das mit den Sechzehn-Zoll-Rädchen meiner Orange. Die Alternative wäre, im Schlamm neben dem Weg zu fahren und alle paar Meter stecken zu bleiben. Aber dann: Was ich sehe, habe ich noch nirgendwo anders in Deutschland gesehen – eine Amazonaslandschaft. Moore, Sümpfe, Bodden, Flüsse, Pflanzen, die im Wasser stehen, Bäume, die aus Seen herauswachsen. Und Vögel, meine Güte, eine unglaubliche Vielfalt an Vögeln.

Weil ich Bilder aus Anklam gepostet habe, schreibt mir der Dortmunder Politikprofessor Dierk Borstel, sollte ich eine Einführung in die örtlichen Probleme oder auch nur eine traumhafte Führung im Naturschutzgebiet wünschen, könne ich seinen alten Freund Günther Hoffmann treffen. Dierk ist Rechtsextremismusexperte und kommt wie ich aus Hollern-Twielenfleth. Hoffmann wiederum kennt Dierk aus Studienzeiten, er hat mehrere Jahre in Anklam gelebt und geforscht und seine

Dissertation hier geschrieben. Über Anklam sagt er, dass er die Gegend sehr mag. Aber auch, dass hier fast jeder einen Rechtsextremisten in seinem Umfeld habe, in der Familie, im Freundeskreis, unter den Kollegen, in der Nachbarschaft. Und dass hier Kampf gegen Rechtsextremismus immer Streit im nahen Umfeld bedeute. Hoffmann könne mir da mehr erzählen, sagt er. Er beschreibt ihn als »bayerischen Anarcho mit enorm viel Humor und besten Kenner der Ecke«.

Hoffmann, der aus Garmisch-Partenkirchen stammt, erzählt mir, dass er nach der Wende mal einen Freund hier besucht habe, der sich damals in dieser Region günstig ein Haus gekauft habe. Er selbst habe damals in Berlin gelebt und als Produktionsleiter an verschiedenen Theatern gearbeitet. Spontan habe er sich in diese Gegend verliebt – und Ende der Neunzigerjahre gemeinsam mit seiner Familie sein Berliner Leben hinter sich gelassen und sei hierhergezogen. Ich kann das nachempfinden, die Dörfer und Straßen versprühen einen gewissen Charme. Gerade lässt Hoffmann am Dach seines Hauses etwas machen. »Hier, rund ums Stettiner Haff, leben 4,8 Menschen pro Quadratkilometer«, sagt Hoffmann. »Europaweit gibt es nur im Norden Finnlands noch weniger Menschen.« Ja, er habe sich lange Zeit gegen Rechtsextremismus engagiert. Er habe »sehr fragwürdige« Typen kennengelernt, auch in seinem näheren Umfeld. »Aber es gibt auch sehr freundliche Menschen.« Er formuliert es so: Man bewege sich »zwischen Mate-Kombucha und Cola-Korn«.

»War der Rechtsextremismus nie ein Grund für Sie, von hier wegzuziehen?«

Er schüttelt den Kopf. »Ich mag es hier.« Stattdessen suchte er immer das Gespräch. Manchmal den Streit.

»Soll man mit denen reden?«

Sein fragender Blick.

»Natürlich. Diese Menschen sind da, und die bleiben ja auch. Wir müssen einen Umgang finden.« Hoffmann meint damit nicht, ihnen nach dem Mund zu reden, sondern vielmehr zu widersprechen. Er scheint kein Typ zu sein, der sich anpasst oder verstellt. Mit seinem weißen Bart und dem Schäferhut mit breiter Krempe fällt er auf, geradezu ein Exot in dieser Region. Aber er hört den Leuten eben auch zu, versucht, ihre Punkte zu verstehen. In Bugewitz angekommen, trat er, der Fremdling, in die Freiwillige Feuerwehr ein und engagierte sich im Kreiselternbeirat. Er war eben nicht der arrogante Großstädter, der auf die ländliche Bevölkerung herabschaut, sondern bemühte sich, einer von ihnen zu werden, mitzumachen, teilzuhaben, nahbar zu sein. Es gelang ihm.

Hoffmann ist ein gutes Beispiel dafür, wie Miteinander funktioniert: Man muss anklopfen und bereit sein, einzutreten. Es muss einem aber auch jemand die Tür öffnen und bereit sein, einen einzulassen. Miteinander erfordert immer, dass beide Seiten willens sind, ein Miteinander zu gestalten. »Man muss einander kennenlernen«, sagt er.

»Glauben Sie, dass es auch jemandem wie mir, mit meiner dunkleren Hautfarbe und meinem ungewöhnlichen Namen, möglich wäre, hier in Bugewitz zu leben und sich wohlzufühlen?«

»Warum nicht?«, sagt Hoffmann. »Es würde vielleicht ein bisschen dauern, aber dann sollte es gehen.«

Hoffmann hat hier jahrelang in der politischen Erwachsenenbildung gearbeitet. Er organisierte Demos und Festivals, beriet die Landesregierung und Kommunen, engagierte sich in der Initiative »Bunt statt Braun« und leitete das Netzwerk »Anklam gegen Rechtsextremismus«. Vieles davon ist eingeschlafen, auch aus Angst, nicht bei Hoffmann, aber bei manchen Mitstreitern. Angst vor Rechtsextremisten ist ein großes Thema.

Denn mit dem Einsatz für Demokratie macht man sich hier nicht nur Freunde. Hoffmann bekam viele Anfeindungen, vor allem von der NPD, aber das schrecke ihn nicht ab. Ihm sei immer wichtig gewesen, die Demokratie zu verteidigen. »Demokratie«, sagt er, »lebt von Engagement und Courage.«

Man müsse die Chiffren kennen, die Rechtsextremisten nutzten, sagt er. »Ganz beliebt sind hier T-Shirts mit dem Aufdruck ›Opa war in Ordnung!‹ Sieht man hier nicht selten.« Der Spruch, an sich harmlos und gewiss in vielen Fällen richtig, denn sicher waren viele Großväter »in Ordnung«, steht für rechtsextremistische Geschichtsmanipulation. Anfang der Siebzigerjahre sah man Formulierungen wie »Unsere Väter waren keine Verbrecher«, heute eben »Opa war in Ordnung!«, es sind Parolen, mit denen Rechtsextremisten die Ära des Nationalsozialismus verharmlosen wollen, deutschlandweit, aber hier ganz besonders. »Das sind Gegenerzählungen zu der Sichtweise, dass wir aus der Befreiung vom Nationalsozialismus, aus der Geschichte lernen müssen.« Neonazis setzten Heldenstilisierung und Berichte von »Landsern« – rangniedrigen Heeressoldaten im Ersten und Zweiten Weltkrieg – dagegen, organisierten Aufmärsche und Rockkonzerte. Gerade die Musik mache sie bei jungen Leuten hier anschlussfähig.

Hoffmann engagiert sich nach wie vor politisch, widmet sich aber vor allem dem Naturschutz, arbeitet als Natur- und Wanderführer. »Ich bin damals viel raus in die Natur, um runterzufahren. Aber ich wusste nicht viel über Flora und Fauna. So kam ich dazu, mich damit zu beschäftigen.« Das Naturschutzgebiet Anklamer Stadtbruch, zwischen der Peenemündung in die Ostsee und dem Stettiner Haff, an der Grenze zu Polen, ist eines der letzten Wildnisgebiete in Deutschland. Es ist nahezu gänzlich unwegsam, nur zwei Rundwanderwege gibt es. Hoffmann auf seinem klapprigen Rad und ich mit meiner Orange fahren in die Natur hinaus. Wiesen, Schilfgürtel, Flachgewässer, Moorwälder, Weiden. Zwischendurch Baumgerippe, das gruselig wirkt.

»Oh, das sieht nicht gut aus«, sage ich.

»Im Gegenteil, das ist sogar sehr gut«, antwortet Hoffmann. »Früher gab es hier das Anklamer Torfmoor, das aber im Laufe der Zeit mithilfe von Entwässerungsgräben trockengelegt wurde, um die Fläche land- und forstwirtschaftlich zu nutzen. Torf wurde als Brennmaterial genutzt.« Hoffmann zeigt auf die Gräben, die heute noch an manchen Stellen zu sehen sind. »Aber was kaum thematisiert wird, ist, dass die Trockenlegung CO_2 freisetzte, mehr als der Flugverkehr. Es war also klar, dass eine Renaturierung ein großer Beitrag sein würde für den Klimaschutz.« Die Natur suchte sich einen eigenen Weg: Am 4. November 1995 führte ein Sturmhochwasser zu Deichbrüchen, die Region wurde überflutet. »Es hatte vorher immer wieder Diskussionen gegeben, das Land wieder zu befeuchten und das Moor zurückkehren zu lassen. Also machte man aus der Not eine Tugend und beließ es so. Man verzichtete auf eine neue Eindeichung und darauf, das Wasser abzupumpen, sondern entschied sich, das Moor zu renaturieren.« Die toten Bäume seien ein Zeichen dafür, dass dieses Vorhaben gelinge. Das »Totholz« sei »ökologisch wertvoll«, daher belasse man es in der Natur. Die Bäume seien infolge der Überflutung gestorben, allerdings überhaupt erst gewachsen, weil das Gebiet zuvor trockengelegt worden sei.

»Ehrlicherweise muss man aber auch sagen: Über Nacht war eine Menge Landwirtschaftsfläche weg, und man hatte die Menschen vor Ort nicht eingebunden in die Pläne und Entscheidungen. Viele Einheimische sind deshalb bis heute gegen den Amazonas des Nordens, obwohl er ein Naturparadies ist«, erzählt Hoffmann. Deswegen, aber auch, weil es eben nicht ihre eigene Idee war, sondern die von Leuten, denen sie möglicherweise politisch eher fern stehen. Auch das ist wichtig: Eine Idee ist vor allem dann eine gute Idee, wenn sie die eigene gute Idee ist …

Ich mag, wie er, wenn er von Konflikten erzählt, immer auch versucht, die Perspektive der anderen einzunehmen. Das nimmt dem Streit, den es ja gibt, eine gewisse Schärfe. Noch so eine gute Seele.

Ein Naturparadies ist es in der Tat: Hier fühlen sich Biber und Fischotter wohl, hier gibt es Seeadler, die größten Greifvögel Europas, und Kraniche, Sperlinge, Spechte und Meisen, Enten, Gänse und Schwäne. »An die 170 Vogelarten brüten hier«, sagt Hoffmann. »Die Artenvielfalt hat enorm zugenommen.« Auch an Insekten. Schmetterlinge, Falter, Libellen überall. Ich finde, diese Landschaft hat eine geradezu mystische Atmosphäre.

Dass Naturschutz auch ein politisches Minenfeld ist, sieht man hier in der Gegend neben der Kritik mancher am Naturschutzgebiet an einem anderen Thema, das die Gemüter auf merkwürdige Weise in ganz Deutschland erhitzt: dem Wolf. Hier in der Region gebe es Wölfe. »Den Status Wolferwartungsland haben wir längst hinter uns«, sagt er. Seine Kritiker, sagt Hoffmann, hätten einmal verbreitet, er habe heimlich vier Wölfe ausgesetzt. Er lacht ob der Absurdität dieses Vorwurfes. Die Gegner von Wölfen schüren gerne Ängste. »Einmal machte auf Facebook ein Bild von einer abgenagten Jägerleiche in Polen die Runde. Es stellte sich heraus: Es handelte sich um einen Wanderer, der an einem

Herzinfarkt gestorben war. Die Biss- und Nagespuren stammten von Füchsen und Ratten, nicht von Wölfen. Dennoch verbreitete sich dieses Bild vom Jäger, den angeblich die Wölfe gefressen hatten, rasant schnell in Jägerkreisen in Mecklenburg-Vorpommern.«

Im Netz finde ich aber auch Dinge, die sich über die Wolfskritiker lustig machen. Es kursiert ein Bild einer Frau, dazu das Zitat: »Als Wurstverkäuferin finde ich den Wolf gefährlich, da er viel Fleisch frisst und ich arbeitslos werden könnte.« Keine Ahnung, ob das echt ist. Es wirkt eher wie der Versuch, diese Gruppe lächerlich zu machen.

Offensichtlich fällt es den Menschen schwer, rational und klug über dieses Thema zu sprechen. Wie über so viele Themen.

Was hat ein Eis mit Freiheit zu tun?

Ich verabschiede mich von Günther Hoffmann und mache mich auf den Weg Richtung Südosten. Stettin, auf der polnischen Seite, soll sehr sehenswert sein, aber dafür möchte ich mir jetzt keine Zeit nehmen. Da der Oder-Neiße-Radweg lang ist, fahre ich, solange ich Kraft habe, weiter meine geplante Route. In Ueckermünde mache ich eine erste Pause, weil es wieder heiß ist und ich ständig Durst habe.

Schon wieder so ein hübscher Ort! »Seebad Ueckermünde«, so steht es an der Tafel. Der Ort hat einen liebreizenden Hafen, wie für eine Postkarte gemacht. An der Pier kann man gemütlich entlangschlendern, in einem der Cafés etwas trinken oder ein Eis essen. Ich lese ein paar Infos über Ueckermünde, dass diese Stadt eine mehr als 750-jährige Geschichte hat, die Ziegelindustrie eine große Rolle spielte – was man an den vielen Backsteinhäusern erahnen kann – und ebenso die Fischerei, was naheliegt bei der Küstenlage. Und ich erfahre, dass der Ort schwere Schicksalsschläge erlitt, zum Beispiel 1624 die Pest, die einen großen Teil der Bevölkerung dahinraffte, und 1631 ein großes Feuer. Seit 2013 ist Ueckermünde offiziell Seebad.

In der Innenstadt sehe ich einen Buchladen und eine Bücherei. Das kann kein schlechter Ort sein.

Ich lese Nachrichten im Netz. Weil darüber ganz besonders heftig debattiert wird, fällt mir ein Artikel aus der »Süddeutschen Zeitung« auf: eine Kolumne des 2015 aus Syrien geflüchteten Journalisten Mohamad Alkhalaf. Der Text ist mit der Frage überschrieben: »Ist Eisessen im Freien obszön?« Der Artikel wird so eingeleitet: »Darf man es anstößig finden, in der Öffentlichkeit eine Kugel Eis zu schlecken? Man darf, doch in München sollte man sich daran gewöhnen.« Alkhalaf beschreibt einen Ibrahim, der beim Anblick Eis schleckender Frauen »plötzlich unruhig« wurde. Alkhalaf nennt ihn einen »neu angekommenen Kumpanen«. Und er beschreibt, dass es um eine Frage der Gewöhnung geht: »Manchmal nimmt man die Dinge des Alltags fälschlicherweise als selbstverständlich hin. Es ist ja noch nicht lange her, da hätte mir diese Situation erhebliche Schwierigkeiten bereitet. Eine Frau, die in meiner Sichtweite an einer Kugel Eis leckt. Einige Jahre lang hat mir in solchen Momenten die Schamesröte die Wangen gefärbt.« Warum das so ist, schreibt der Journalist ebenfalls: »In Syrien habe ich es wie jeder Mann und jede Frau vermieden, in der Öffentlichkeit Eis zu essen, vor allem nicht in der Waffel. Es gilt als vulgäres, obszönes Verhalten. Früher kauften wir im Falle einer Speiseeisvertilgung eine große Box für die Familie, nahmen das Eis mit nach Hause, schlossen die Tür – und ließen es uns schmecken. In vielen konservativen Gesellschaften, dazu zählt Syrien in gewissem Sinn definitiv, wird – speziell von Frauen – erwartet, dass sie in der Öffentlichkeit eine zurückhaltende und respektvolle Haltung zeigen. Das Verzehren von Speiseeis und anderen Mahlzeiten, die als phallisch geformt angesehen werden könnten, würde als provokant oder anstößig empfunden werden. Eine Banane sollte deswegen vor dem Verzehr in Scheibchen geschnitten werden, für Karotten gilt Ähnliches, was schade ist, wo sie beim Reinbeißen so schön knacken. Bei der Gurke finde ich es weniger störend, die esse ich jedenfalls eher selten am Stück.«

Man kann erahnen, wozu solche Äußerungen in der heutigen Zeit führen. Rechtsextremisten greifen den Artikel auf. Alkhalaf und die »Süddeutsche Zeitung« werden im Netz bedroht und schimpft, ein »Taliban« würde dort schreiben, ein »Islamist«, der der »Islamisierung Deutschlands« das Wort rede.

Nun ist es so, dass ich ein gewisses Unbehagen nachvollziehen kann: Da kämpft man seit Jahrzehnten für Gleichberechtigung der Geschlechter (und ist in vielen Bereichen noch nicht am Ziel), und da kommen Leute aus islamisch geprägten Ländern und empfinden Unbehagen und finden »obszön« und »vulgär«, wenn Frauen an einer Kugel Eis lecken oder eine Banane am Stück essen! Da sollen die sich, wenn sie hierherkommen, bitte schön schnell dran gewöhnen! Diese Gedanken kann man sachlich und vernünftig formulieren. Aber sachlich und vernünftig ist all das, was ich im Netz lese, nicht. Da wird nur Hass ausgekübelt, von Rechtsextremisten und auch von ein paar aus dem linken Spektrum, die Alkhalaf vorhalten, er verbreite »Stereotype über Muslime«. Er wird auch persönlich angegriffen, weil er angeblich selbst ein Problem mit »phallischen« Lebensmitteln habe und Verständnis für seinen Freund Ibrahim zeige.

Meine Güte!

Wer den Text möglichst unaufgeregt, dafür aufmerksam liest, wird feststellen, dass der Journalist die Sache durchaus humorvoll angeht, ohne das Problem der kulturellen Unterschiede, die hier aufeinanderprallen, unter den Teppich zu kehren. Es ist ein kleiner, leichter Text, der nichts anderes tut, als zu beschreiben, wie die Reaktion des Neuankömmlings den Autor an etwas erinnert, nämlich daran, wie sehr er sich in seinen Jahren in Deutschland verändert hat. Und dass Veränderung möglich ist, zum Teil aber nicht so leicht von der Hand geht und mit Willensanstrengungen verbunden ist. Er schreibt zum Beispiel auch über »Erdäpfelkas-Eis«, »Obatzda-Eis«, »Bier-Eis« und »Weißwurst-Eis«. Und er macht, durchaus ernsthaft, deutlich, dass das Ankommen eben auch eine Frage der Gewöhnung und des Lernens und der Zeit ist, die das alles braucht. Und dass man am Ende Dinge dennoch unterschiedlich sehen darf, ohne einander gleich an die Gurgel zu gehen.

Im Internet springen sich die Leute oft verbal an den Hals. Öfter als im realen Leben jedenfalls. Zum Glück gibt es aber auch vernünftigen, legitimen Einspruch: Ich sehe viele Fotos von Frauen, die an einem Eis lecken. Das ist als Protest gemeint gegen all jene, die damit ein Problem haben. Finde ich okay. Ich würde mich auch ärgern, starrten mich

Leute entsetzt, schockiert oder angewidert an, nur weil ich an einem Eis leckte. Dann denke ich an meine pakistanische Verwandtschaft, die mit Würsten aller Art ihre Schwierigkeiten hat und sie, nicht nur wegen des ständigen Verdachts, da sei Schweinefleisch drin, sondern auch wegen ihrer Form als obszön empfindet. Niemals würden meine Verwandten freiwillig eine Bratwurst essen. Sie nehmen aber hin, dass ich das mit Appetit tue. Schade, dass der Artikel, der ein Angebot war, Annäherung zu schaffen und zu erklären, warum es mitunter ein bisschen dauert, von manchen Leuten genutzt wird, um einfach draufzuhauen. Da klopft jemand an, und die offene Tür wird zugeschlagen.

Ich schaue mich in Ueckermünde um. Sehr viele entspannte Menschen lecken an ihrem Eis. Niemand protestiert, niemand fällt vor Scham oder Schock um. Manche »Debatten«, man muss dieses Wort an dieser Stelle in Anführungszeichen setzen, finden nur im Netz statt. Man sollte sie vielleicht nicht zu ernst nehmen, bisweilen auch ignorieren. Mich stört in diesem Fall nicht die Debatte an sich. Das Thema – wie viele andere Themen auch – treibt die Menschen ja um, aus nachvollziehbaren Gründen. Mich stört, wie sie geführt wird: in welchem Ton, in welchem Geist. Nämlich so, dass sie nicht zur Lösung eines Problems führt, sondern es eher verschärft.

Zum ersten Mal auf dieser Reise entlang von Oder und Neiße stelle ich fest, dass ich bislang keinem einzigen Menschen begegnet bin, der nicht weiß ist. Normalerweise fällt mir so etwas nicht auf, weil ich erzogen worden bin in dem Bewusstsein, dass Hautfarben keine Rolle spielen. In meinem Leben spielten sie meist tatsächlich keine Rolle. Ich wuchs in einem überwiegend weißen Umfeld auf und hatte dennoch nicht den Eindruck, anders zu sein. Mein Umfeld hat mir dieses Gefühl nicht vermittelt. Deshalb störte mich auch nicht, wenn in Kinder- und Jugendbüchern oder in Filmen die Helden weiß waren – ich konnte mich trotzdem mit ihnen identifizieren, sogar mit einem weißen, rothaarigen Mädchen.

Erst jetzt, wo Identitätspolitik plötzlich ein Thema geworden ist und nach meinem Empfinden sehr oft darüber geredet wird, welche Hautfarbe, welche Religion, welches Geschlecht, welche sexuelle Orientierung ein Mensch hat und ob jemand vegan lebt oder nicht, spielt Zugehörigkeit zu einer Gruppe mit bestimmten Merkmalen eine immer wichtigere Rolle.

Ich weiß nicht, ob das gut ist.

Nach meinem Eindruck: nein.

Andererseits: Wahrscheinlich hatte ich nur Glück in meinem Leben. Für andere spielen Hautfarbe et cetera ständig eine Rolle, ob sie wollen oder nicht. Also thematisieren sie es selbst, um sich nicht unterdrücken zu lassen und die Deutungshoheit zu erlangen oder zu behalten.

Ich kann das ein Stück weit nachempfinden.

Trotzdem glaube ich immer noch fest daran, dass wir das Ziel verfolgen sollten, dass Hautfarbe, Religion, Geschlecht, sexuelle Orientierung in den meisten Lebenszusammenhängen eben keine Rolle spielen.

Zum Reden braucht es mindestens zwei

Ab jetzt geht es Richtung Süden, an der Grenze zu Polen entlang. Die Oder fließt hier noch auf polnischem Gebiet und ist ein paar Kilometer entfernt, man fährt durch eine sanft hügelige, zum Teil bewaldete Landschaft. Ich komme durch kleine Orte, die verlassen wirken. Seit Anklam fällt mir auf, dass hier Ruinen zwischen aufwändig sanierten, luxuriös wirkenden Häusern stehen. Die Kluft zwischen Arm und Reich ist manchmal sehr sichtbar, Verfall und Aufbruch nur ein paar Meter voneinander entfernt. Ich komme an einem Gebäude vorbei, an dem ein Banner hängt: »Die Heimat! Schützen und verteidigen! Darum: Sanktionen gegen dieses System, gegen Kriegsgewinnler und Spekulanten!«

Große Güte!

Wieder denke ich: Es gibt ja einiges zu kritisieren, an Krieg und den wirtschaftlichen Interessen, die damit zusammenhängen, von Rohstoffen bis Waffenhandel; überhaupt kann und darf man natürlich einiges an unserem Wirtschaftssystem kritisieren. Aber so? Was soll das bringen?

Auf dem Hof steht ein weißer Transporter mit Anklamer Kennzeichen. Im Nummernschild kommt »88« vor, Chiffre für den achten Buchstaben im Alphabet, also »HH« für »Heil Hitler«. Das glaubt mir kein Mensch!, denke ich. Wahrscheinlich wird man mir vorhalten, ich würde das nur schreiben, um Klischees zu bedienen und »den Osten« schlecht zu machen. Also krame ich mein Handy aus der Fahrradtasche und mache Fotos.

In dem Moment kommt ein junger, dicklicher Mann aus der Tür und geht zu dem VW-Bus. Ich weiß nicht, ob er gesehen hat, dass ich Bilder mache. Auf jeden Fall muss ich einen seltsamen Eindruck auf ihn machen, auf meinem Fahrrad mit der großen Tasche vorne, ich mit roter Regenjacke, Fahrradhelm und ziemlich langem Bart, weil ich unterwegs nicht dazu gekommen bin, ihn zu stutzen. Wie ein Typ vom Verfassungsschutz, der Rechtsextremisten überwacht und heimlich Fotos macht, sehe ich bestimmt nicht aus. Wie ein Talib aber auch nicht, der würde sicher nicht auf einem orangenen Klapprad unterwegs sein. Zu gern wüsste ich, was der Typ über mich denkt.

»Entschuldigen Sie, darf ich kurz …«

Er schaut mich nur eine Sekunde an, hebt abwehrend die Hand und gibt mir damit zu verstehen, dass er nicht mit mir reden will.

»Aber ich möchte nur …«

Er steigt in den Bus, schlägt die Tür zu und fährt davon.

Schade. Ich würde gerne mal mit Rechtsextremisten sprechen und in Erfahrung bringen, was die antreibt und wie sie denken. Ich meine nicht AfD-Typen, die in Teilen auch rechtsextrem sind, sich aber immerhin zu erkennen geben und teils die verbale Konfrontation suchen. Ich meine die, die nicht ohne Weiteres zu erkennen sind. Die im Untergrund aktiv sind, in irgendwelchen rechtsextremen Netzwerken. In Neonazi-Verbindungen. Aber anscheinend wollen die nicht mit mir reden. Ich glaube, für die ist jeder ein Feind, der nicht zu ihnen gehört. Meine offiziellen Anfragen als Journalist wurden früher jedenfalls nie beantwortet. Und gerade war ich ja auch nicht erfolgreich. Wobei beides natürlich verschiedene Gründe haben kann.

Ein paar Kilometer weiter eine Bruchbude. Im oberen Stockwerk hängt eine schwarz-weiß-rote Flagge mit Eisernem Kreuz aus dem Fenster. Daneben ein Transparent mit der Aufschrift: »Widerstand lässt sich nicht verbieten.«

Tja, Dummheit auch nicht.

Mir kommt der Schriftsteller Joseph Roth in den Sinn: »Die Dummheit ist unsterblich wie die Weisheit, die Hässlichkeit wird ewig leben wie die Schönheit. Man kann die Dummheit nicht töten, wohl aber auslachen.«

Ich wünschte, dass diese Menschen ihre Probleme vernünftig darlegten. Dass sie darüber sprächen und von mir aus auch wütend, verärgert, emotional, aber am Ende doch auf anständige Weise ihr Anliegen kommunizierten, mit dem Ziel, die Probleme zu lösen und nicht beleidigt und rücksichtslos jeden und alles niederzumachen. Ich kann verstehen, dass manche es hier schwer hatten oder haben. Dass es sich für einige wie das Ende der Welt anfühlte, weil Grenzregion, und weil das Verhältnis zu Polen, wenn auch damals »Bruderstaat« der DDR, gar nicht so brüderlich war, und weil diese Region auch heute aus deutscher Perspektive ab vom Schuss ist. Ich kann verstehen, wenn die Menschen sagen, sie litten unter Arbeitslosigkeit und Perspektivlosigkeit, unter niedrigen Einkommen und schlechter Infrastruktur in vielerlei Hinsicht. Aber so? »Widerstand« gegen »das System«? »Die Heimat! Schützen und verteidigen!«? Geht's noch? Verteidigen vor wem? »Den Ausländern«? Hier gibt's doch gar keine! Und wenn, nehmen die hier nun wirklich niemandem etwas weg!

Es gibt, finde ich, durchaus nachvollziehbare Kritik an deutscher Migrations- und Flüchtlingspolitik. Aber mein Eindruck ist, dass hier Typen, die in Autos mit »88« im Nummernschild herumfahren, Sündenböcke suchen für ihr eigenes Unvermögen.

Erst nach einigen Kilometern, bei Tantow, stößt der Oder-Neiße-Radweg an die Oder. Ab hier fahre ich nun an einem Deich entlang. Die Schönheit der Natur ist immer noch überwältigend, aber es fällt mir angesichts der Blödheit mancher Leute schwer, sie wahrzunehmen, geschweige denn sie zu genießen. Wenn man wenigstens miteinander reden würde. Ich würde ja zuhören. Aber es gibt hier offensichtlich kein Miteinander. Es ist nicht gewünscht.

In einem Ort kurz vor Schwedt sehe ich drei junge Männer, die ich als Hazaras aus Afghanistan einordne. Sie sind die ersten Menschen seit meinem Start in Anklam, die ich treffe und die ich als migrantisch bezeichnen würde. Ich spreche sie an, aber sie sprechen weder Deutsch noch Englisch, und auch mit Urdu, einer Sprache, mit der ich aufgewachsen bin und die viele Menschen aus Afghanistan durch lange Aufenthalte in Pakistan zumindest verstehen, können sie nichts anfangen.

»Afghanistan?«, frage ich.

Sie nicken.

»Hazara?«

Wieder nicken sie, jetzt lächeln sie, offensichtlich erfreut, dass jemand sie als das erkennt, was sie sind.

Aber mehr können wir uns aufgrund sprachlicher Hürden nicht unterhalten. Sie versuchen, mir etwas in ihrer Sprache zu erzählen, das ich zwar als Dari identifizieren kann, aber nicht verstehe.

Schade. Manche wollen nicht mit einem reden, andere wollen reden, aber ich verstehe sie nicht.

Meistens geht es darum, Anschluss zu finden, Beziehungen zu knüpfen, Freundschaften zu schließen. All das setzt Vertrauen voraus, den Willen, andere wahrzunehmen, sie mehr oder weniger zu akzeptieren, wie sie sind. Sie vielleicht zu kritisieren, wenn sie das Lecken einer Eiskugel obszön und vulgär finden, sie aber als Mensch doch nicht infrage zu stellen. Oder, umgekehrt, es seltsam zu finden, wenn Frauen mit ihren Zungen an Eiskugeln herumschlabbern, und für sich zu beschließen, es nicht so zu machen, gleichzeitig aber zu akzeptieren, dass es hier nun mal so ist. Wie soll das drei jungen Hazaras, die in Afghanistan von den Taliban aller Wahrscheinlichkeit nach verfolgt werden, in diesem Teil Deutschlands gelingen?

Schwedt, Innenstadt. Ich habe ein Hotelzimmer im vierten Stock, in der obersten Etage. Keine Klimaanlage, die Hitze staut sich unterm Dach. Ich öffne das Fenster. Eine Stimme hallt durch das Stadtzentrum.

»Heil Hitler! Sieg Heil!«

Wer auch immer das schreit, er schreit es fünf, sechs Mal.

Ich bin schockiert, aber das ist meine zweite Gefühlsregung –

meine erste ist wieder: Das glaubt mir kein Mensch! Das Gebrüll hallt durch die ganze Stadt. Ich stehe am Hotelfenster und versuche, das zu filmen, um den Ton festzuhalten. Ich sehe, dass immer mehr Menschen an anderen Fenstern stehen. Zwei, drei andere filmen auch. Ein Mann öffnet sein Fenster und brüllt über die Dächer: »Halt die Fresse, Arschloch!«

Und siehe da: Das Arschloch hält die Fresse. Es ist nichts mehr zu hören von ihm.

Was für eine groteske Szene.

Was ist das für ein Mensch, der »Heil Hitler! Sieg Heil!« brüllt? Was hat der für Eltern? In was für einer Familie ist der aufgewachsen? Hat der jemals so etwas wie Glück empfunden? Liebe? Hat er Zuneigung erfahren? Was hat ihn so verfallen und verkümmern lassen?

Ich verlasse das Hotel, weil ich einen Kaffee brauche. Oder vielleicht einen Schnaps? Ich gehe ins nächstbeste Café. Am Tresen bestellt eine junge Frau in Batikhose und locker sitzendem Batikoberteil bei einem jungen Mann einen Latte Macchiato. »Mit Hafermilch, bitte«, sagt sie.

»Ick kann dir jerne en Pott Haferschleim zum Kaffee bringen, wenn de ditt magst. Aber Latte mit Hafermilch, ditt hamwa nich.«

Die Frau zieht beleidigt ab.

Ich weiß, ich tue Schwedt unrecht, dieser Stadt, von der eine Urkunde aus dem Jahr 1265 erhalten geblieben ist, in der sie als »civitas Swet« erwähnt wird. Eine Stadt, die geografisch günstig liegt, die meiste Zeit Grenzstadt war und daher von Handel und Zöllen, von Reisenden und, kurioserweise, vom Tabakanbau lebte: Die Gegend, fand man vor Jahrhunderten heraus, eignete sich besonders gut für den Anbau dieser Pflanze, und so entstand hier ein kleines Zentrum der Tabakproduktion und -verarbeitung. Eine Stadt, die im Dreißigjährigen Krieg besonders Federn ließ.

Aber heute drängt mir diese Stadt mit aller Wucht ein Bild von sich auf, nach dem ich nicht gesucht habe. Als wolle sie alle Vorurteile bestätigen, um zu sehen, wie ich reagiere. Ich lese, dass diese Stadt im Zweiten Weltkrieg nahezu komplett zerstört wurde und in der DDR zu einem industriellen Zentrum heranwuchs, Chemie und Papier. Nach der Wiedervereinigung starben viele Wirtschaftszweige, die Bevölkerung schrumpfte entsprechend. Man muss sich das mal vorstellen: Anfang der Achtzigerjahre und noch bis zur Einheit 1990 lebten in Schwedt mehr als 50 000 Menschen. Jetzt sind es um die 30 000.

Von Anklam bis Schwedt, was könnte diese Gegend nicht alles sein? Prosperierende Region, die Touristen anlockt, vor allem Menschen, die Natur erleben wollen. Es könnten Orte sein, die Brücken schlagen zwischen Deutschland und Polen, zwischen West und Ost. Die Landschaften sind so schön, dass sie besungen werden müssten in der Literatur.

Es gibt viele Menschen, die sich für Kunst und Kultur, Toleranz und Verständigung einsetzen. Und die so freundlich und einladend wirken wie die Beine-Baumel-Bank, die hier jemand am Ufer aufgestellt hat: eine Bank so hoch, dass selbst ein hochgewachsener Mensch die Beine baumeln lassen kann.

Der Hugenottenpark erinnert daran, dass diese Stadt schon mal Menschen aufnahm, die flüchten mussten. Auch damals spielte Religion eine Rolle bei der Flucht, damals war es das Christentum. 1517 schlug Martin Luther seine 95 Thesen an die Schlosskirche zu Wittenberg und löste damit die Reformation aus, kurz danach kam es zu Repressalien gegen seine Anhänger und zu Fluchtbewegungen. Nach Schwedt kamen über die darauffolgenden Jahrzehnte viele Menschen aus Frankreich.

Eine große Geschichte: ein Ort, der Verfolgten Schutz bietet und ihnen Heimat wird.

Aber das Bild, das manche Leute hier heute abgeben, überschattet vieles.

Während ich weiter Richtung Süden fahre, werde ich diese dunklen Gedanken nicht los. Als ich ein Schild sehe, das ins nahegelegene Eberswalde weist, kommen noch düstere Erinnerungen aus der Vergangenheit hinzu.

Sofort ist ein Name da.

Amadeu Antonio.

Ein Mann, 1962 in Quimbele, Angola, geboren. Nach Ausbildungen in Portugal und in der Sowjetunion kommt er 1987 zusammen mit etwa hundert weiteren angolanischen Vertragsarbeitern in die DDR. Er möchte studieren, am liebsten Flugzeugbau, aber das klappt nicht. Stattdessen wird er zum Fleischer ausgebildet und arbeitet im Schlacht- und Verarbeitungskombinat Eberswalde. Dann: die Wende. Die Verträge mit den Herkunftsländern werden annulliert, Antonio wird arbeitslos. Für den jungen Mann und seine schwangere Freundin ist das Leben plötzlich nicht mehr einfach.

Am Abend des 24. November 1990, es ist ein Samstag und das wiedervereinigte Deutschland gut sieben Wochen alt, treffen sich mehrere Skinheads in Eberswalde in der Wohnung eines Neonazis. Später stoßen sie auf mehrere Dutzend Jugendliche, die aus einer Diskothek kommen. Ihr Ziel: »N**** klatschen«, wie es später einer der Neonazis im Prozess ausdrückt. Die Rechtsextremisten treffen auf Amadeu Antonio und auf zwei weitere Männer, die aus Mosambik kommen. Alle drei werden brutal zusammengeschlagen und mit Messern angegriffen. Den beiden Männern aus Mosambik gelingt es zu fliehen. Antonio liegt am Boden. Ein Täter springt ihm mit beiden Füßen auf den Kopf. Er erleidet schwerste Kopfverletzungen. Antonio, 28 Jahre alt, fällt ins Koma. Elf Tage später, am 6. Dezember 1990, stirbt er an den Folgen der Verletzungen.

Ich muss diese Daten und Fakten nicht nachschlagen. Sie haben sich in mein Hirn eingebrannt. Ich war sechzehn Jahre alt, der Mord an Amadeu Antonio einer der ersten aus rassistischen Motiven im gerade wiedervereinigten Deutschland. Zum ersten Mal in meinem Leben dachte ich: Jetzt musst du Angst haben in diesem – auch meinem – Land, weil du eine andere Hautfarbe hast! Du wirst hier von einigen als fremd wahrgenommen, obwohl du hier geboren bist und hier dein Leben verbracht hast! Und deswegen bist du für diese Menschen vogelfrei, frei zum Zusammengeschlagenwerden, frei zum Abschuss! Ich muss nicht nachlesen, dass sich damals mehrere uniformierte Polizisten in der Nähe aufhielten, die Tat mitbekamen, aber nicht eingriffen, nicht halfen, nicht die Gewalt beendeten. Ich muss auch nicht daran erinnert werden, dass auch Zivilpolizisten dabei waren, drei, um genau zu sein, und dass der eine seine beiden Kollegen zurückrief, damit diese nicht

»mit der Gruppe in Konflikt geraten«. Keiner der Polizisten wurde je juristisch zur Rechenschaft gezogen. Ich weiß noch, als wäre es gestern gewesen, wie schockiert ich war, als ich zwei Jahre später, 1992, in der Zeitung las, dass fünf Täter nur wegen »Körperverletzung mit Todesfolge« verurteilt wurden, zu maximal vier Jahren Haftstrafe, zum Teil sogar nur auf Bewährung.

Man muss sagen, dass es in Eberswalde viele sehr anständige Menschen gibt, die sich gegen Rassismus und für Vielfalt und Demokratie einsetzen. Menschen, die an Amadeu Antonio erinnern.

Vergessen werde ich nie, was dort passiert ist. Und wie diese Tat, die auf ewig mit dem Namen Eberswalde verbunden bleiben wird, mich, den Jugendlichen, politisiert hat.

Verbrannte Erde

Weiter südlich verlasse ich den Oder-Neiße-Radweg, um einen Abstecher nach Westen zu machen, zu den Seelower Höhen. Seelow liegt siebzig Kilometer östlich von Berlin am Oderbruch. Mit »Bruch« ist ein »Feuchtgebiet« gemeint, so benennt man also einen Naturraum, lerne ich. Ich möchte einen Blick werfen auf dieses Gebiet, wo vom 16. bis zum 19. April 1945 Zigtausende Soldaten fielen. Die Schlacht um die Seelower Höhen eröffnete die Schlacht um Berlin, etwa eine Million sowjetische Soldaten kämpften hier zusammen mit polnischen Soldaten gegen etwa 120 000 deutsche Soldaten. Ein solches Artilleriefeuer hatte es, wie Militärhistoriker sagen, noch nicht gegeben, noch nie war so viel Munition in so kurzer Zeit verschossen worden. Es war ein letztes Aufbäumen von Nazi-Deutschland und schließlich der Todesschlag gegen Hitlers Reich. Etwa 33 000 Soldaten der Roten Armee starben und ungefähr 12 000 deutsche Soldaten. Der Weg nach Berlin war nun frei, eine Woche später, am 25. April 1945, die deutsche Reichshauptstadt komplett umschlossen, eine weitere Woche später Adolf Hitler tot und wieder eine Woche später Deutschland besiegt und der Zweite Weltkrieg zu Ende.

Ich stehe da und blicke auf die Weiten, wo vor nicht einmal einem Jahrhundert Hunderttausende Soldaten gekämpft haben. Ohrenbetäubendes Artillerie- und Maschinengewehrfeuer. Handgranaten. Arme, Beine, Köpfe, zerfetze Körper, Hände, Füße, Stahlhelme, Schreie, Blut. Verwundete, die zurückgelassen werden, weil ihnen nicht mehr zu helfen ist und weil, kümmerte man sich um sie, man selbst dem Feind in die Hände fallen würde. Wie furchtbar. Eine der größten, blutigsten Schlachten des Zweiten Weltkriegs. Der Sieg über die Nationalsozialisten teuer erkauft, aber so wichtig. Gleichzeitig so viel sinnloses Sterben, das hätte verhindert werden können, wenn Hitler einfach aufgegeben hätte. Die Sinnlosigkeit des Krieges. Die Notwendigkeit der militärischen Verteidigung. Widersprüche. So friedlich liegen die Seelower Höhen jetzt da. Man kann sich die Hölle, die hier herrschte und die ihre Spuren hinterlassen hat in Form von menschlichen Knochen, die man noch lange Zeit später in der Erde fand, kaum vorstellen.

Ich fahre zurück zum Oder-Neiße-Radweg und weiter nach Frankfurt an der Oder. Man fährt jetzt die meiste Zeit an einem Deich entlang. Die Oder ist der Grenzfluss. Hier Deutschland, dort drüben Polen. Wunderbare Natur.

Wobei es, wie ich in Gesprächen mitbekomme, nicht immer gut bestellt ist um die Natur. In der Oder hat es in diesen Jahren ein Fischsterben gegeben, verursacht durch salzige Abwässer aus Bergwerken in Polen, aber auch durch Klimawandel und damit einhergehende Hitze, durch Staumaßnahmen und Niedrigwasser. Durch diese Umstände vermehrte sich die giftige Goldalge und führte zur Umweltkatastrophe. Alle möglichen Fischarten kamen ums Leben, Aal, Zander, Stör, sogar der Stör, dieser Fisch, den es schon gab, als der *Tyrannosaurus rex* lebte, ist jetzt vom Aussterben bedroht, außerdem Schnecken und Muscheln. Bilder von massenhaft toten Fischen schockierten die Öffentlichkeit.

Früher war hier Sumpfland, Jahr für Jahr trat die Oder über die Ufer und überflutete dieses Gebiet. Die Deiche bieten nun einen gewissen Schutz, bereits im 16. Jahrhundert wurden welche gebaut. Mit dem Hochwasserschutz stieg die Zahl der Bevölkerung, entstanden neue

Orte. Menschen aus ganz Europa migrierten über die Jahrhunderte in diese Region, die besagten Hugenotten aus Frankreich ebenso wie Zuwanderer aus dem Osten Europas. Dicht besiedelt war das Land hier aber nie.

Ich erinnere mich, dass ich 1997 in dieser Region war – als Bundeswehrsoldat, während einer Jahrhundertflut, zum Schleppen von Sandsäcken, zum Schutz der Deiche, die zu brechen drohten.

In der Innenstadt von Frankfurt komme ich zufällig ins Gespräch mit John. Sein Vater ist vor Jahrzehnten aus Angola in die DDR gekommen, hat eine Dresdnerin geheiratet, Johns Mutter. John selbst ist 1993 in Frankfurt an der Oder geboren, die DDR hat er also nicht erlebt. »Aber mein Leben lang erfahre ich Rassismus«, sagt er. »Vor allem von staatlicher Seite, von der Polizei und von Behörden, wenn ich zum Beispiel einen neuen Personalausweis beantrage.« Von der Polizei werde er immer kontrolliert, »unzählige Male« sei er in Geschäften verdächtigt worden, etwas gestohlen zu haben, »dabei habe ich noch nie etwas mitgehen lassen«, in Clubs komme er oft nicht an den Türstehern vorbei, da das hier in vielen Orten »in Nazihand« sei, wie er es formuliert.

»Warum ziehst du nicht woanders hin?«, frage ich.

»Weil das hier mein Zuhause ist.«

Er hat ja völlig recht. Warum sollte er wegziehen? Mit welchem Recht sagt man ihm, dem hier Geborenen, der hier aufgewachsen ist, hier zur Schule gegangen ist, hier eine Ausbildung gemacht hat und jetzt hier arbeitet, er gehöre nicht hierher? Schämt sich niemand für diesen offenen Rassismus? Was er mir erzähle, sagt er, sei »keine Einzelmeinung«, sondern eine Erfahrung, die sehr viele Menschen machten. »Alle, die irgendwie fremd aussehen, egal, ob Wurzeln in Angola, Mosambik, Vietnam, Kuba oder anderswo. Dabei sind wir alle von hier.«

Es ist ein kurzes, zufälliges Treffen, und John scheint es eilig zu haben. Es bleibt keine Zeit, ihm zu erklären, warum ich Leute anspreche und ausfrage. Wahrscheinlich hält er mich für einen seltsamen Typen. Kaum bin ich weitergefahren, kommt mir ein Kind mit seiner Mutter entgegen. »Guck mal, Mama, ein Clownfahrrad!«, sagt es und zeigt auf mich. Clownfahrrad finde ich gut! Viel besser als Faltrad und Klapprad!

An der Oder-Promenade komme ich an zwei Frauen vorbei, auch bei ihnen erregt mein Gefährt Aufmerksamkeit. »Was ist das denn für ein niedliches Fahrrad?«, fragt mich die eine.

Ich halte. »Das ist ein Faltrad. Oder ein Klapprad. Kann man beides sagen. Oder … Clownfahrrad.«

Die beiden scheinen von hier zu sein.

»Eine Frage: Was sollte man sich in Frankfurt eigentlich anschauen, wenn man die Stadt kaum kennt?«, erkundige ich mich.

»Den Bahnhof, damit man so schnell wie möglich von hier wegkommt«, sagt eine der beiden.

Die andere kichert. »Ja, würd ich auch sagen«, stimmt sie zu.

»Na, ich bin jetzt mindestens einen Tag hier. Was könnt ihr empfehlen?«

Sie zählen mehrere Sehenswürdigkeiten auf. Zur Insel Ziegenwerder solle ich fahren, mir die Friedensglocke anschauen, vielleicht noch die Sankt Marienkirche, das Rathaus und die Stadtbrücke. »Die Schönheit dieser Stadt muss man sich dazudenken«, sagt eine der Frauen. »Diese Stadt war sicher mal schön, bis zum Weltkrieg. Aber jetzt ist sie das ganz bestimmt nicht mehr.«

Die beiden stellen sich mir vor. Julia und Katharina sind beide Ende zwanzig, haben beide je ein Kind und sind beide in Frankfurt an der Oder geboren und groß geworden. Die Kinder sind gerade in der Kita, »und wir haben heute mal 'nen freien Tag«, sagt Julia, die selbst als Erzieherin arbeitet. Katharina ist Flugbegleiterin, »früher hat man ja Stewardess gesagt, finde ich eigentlich schöner als Flugbegleiterin«.

Beide sind nach der Wiedervereinigung geboren.

»Spielt in eurer Generation eigentlich eine Rolle, ob man aus dem Westen kommt oder aus dem Osten?«

»Hier in Frankfurt nicht, da sind wir ja unter uns. Aber wenn man in den Westen geht, schon«, sagt Katharina. »Ich komme beruflich viel rum in der Welt, und da schauen einen manche Kolleginnen aus dem Westen schon anders an, wenn sie mitbekommen, von wo man kommt. Oder sie fragen gleich, ob ich aus dem Osten bin.«

»Aber warum? Sprachlich hört man dir nichts an«, sage ich.

»Ich rauche. Mein Eindruck ist, dass das die meisten Kolleginnen aus dem Westen nicht tun. Jedenfalls nicht mehr. Ist, glaube ich, aus der Mode gekommen. Gesundheitsbewusstsein und so, ist ja auch richtig. Wenn man raucht, ist man verdächtig, ein Ossi zu sein. Apropos…« Sie kramt eine Schachtel Zigaretten aus ihrer Handtasche und zündet sich eine an.

»Und warum mögt ihr eure Heimatstadt nicht und ratet, so schnell wie möglich weiterzufahren?«

»Nee, ist schon in Ordnung hier«, sagt Julia. »Aber, na ja, viel los ist hier nicht. Und …« Sie zögert und schaut ihre Freundin an. »Es gibt schon 'ne Menge seltsamer Leute hier.«

»Was für seltsame Leute?«

»Na ja, im Kopf halt.«

»Du meinst Rechtsextremisten?«

»Die auch. Aber alle möglichen seltsamen Leute.«

»In der Corona-Zeit hat man das besonders deutlich gesehen«, sagt nun auch Katharina. Sie scheint die Meinung ihrer Freundin zu teilen. »Verschwörungstheoretiker, Coronaleugner, Klimawandelleugner, Reichsbürger, Leute, die sich die DDR zurückwünschen oder gleich den Anschluss an Russland, und ja, Rechtsextremisten und Neonazis und solche Bescheuerten.«

»Warum seid ihr hiergeblieben?«

»Tja …«, sagt Julia.

»Tja …«, sagt Katharina.

»Keine Ahnung«, sagt Julia.

»Wir haben's halt nicht weggeschafft«, sagt Katharina.

»Ach komm, du bist doch ständig unterwegs«, sagt Julia zu Katharina.

»Ja, nur so halte ich das aus«, sagt Katharina.

»Na danke«, sagt Julia. »Und ich bleib hier und hab zum Teil echt seltsame Eltern an der Backe.« Sie meint die Eltern der Kinder, die sie betreut. »Da hast du die ganze Bandbreite: von den klimabewegten laktoseintoleranten Veganern bis zu den patriotischen nationalstolzen ›Wir brauchen wieder einen starken Führer‹-Idioten.«

»Und die meisten eurer Schulfreunde? Sind die noch hier?«

»Ich würde sagen, mehr als die Hälfte ist weg«, sagt Julia.

»Ich schätze eher drei Viertel. Wer ist denn noch geblieben?«, sagt Katharina.

»Die meisten sind also in den Westen?«

Beide nicken.

»Darf ich etwas … Persönliches fragen?«

Beide schauen mich nur an. Ich fasse das mal als Zustimmung auf.

»Wenn man hier im Osten unterwegs ist, sieht und hört man vergleichsweise mehr Feindseliges gegenüber Fremden und Ausländern als im Westen. Die nähmen einem die Arbeitsplätze weg und so weiter. Aber sind die Menschen hier nicht auch wütend auf all diejenigen, die von euch in den Westen gegangen sind? Ich meine, man könnte denen ja auch vorwerfen, euch und Frankfurt an der Oder und überhaupt den Osten im Stich gelassen zu haben, anstatt hierzubleiben, mit anzupacken und das alles hier voranzubringen. Sehen die Menschen das hier nicht so?«

Die beiden überlegen.

»Ich glaube nicht. Kann ja irgendwie jeder verstehen, wenn Leute wegziehen von hier und ihr Glück suchen«, sagt Julia.

»Aber Neid ist da schon manchmal«, sagt Katharina. »Neid auf die, die woanders hingegangen sind und es jetzt vielleicht gut haben. Aber wütend, weil sie nicht hiergeblieben sind?« Sie schüttelt den Kopf.

»Aber warum verstehen die Leute dann nicht, dass auch andere Menschen, Ausländer eben, ihr Glück woanders suchen, oft sogar erzwungenermaßen, weil in ihrer Heimat Krieg herrscht oder die wirtschaftliche Lage derart schlecht ist, dass ihnen keine andere Wahl bleibt?«

»Tja …«, sagt Julia.

»Tja …«, sagt Katharina.

»Wenn doch so viele abwandern, auch hier aus Frankfurt an der Oder, müsste man doch froh sein über jeden, zumindest jeden Vernünftigen, der hierherkommt und eine Ausbildung hat oder willens ist, eine zu machen.«

»Tja…«, sagt Julia.

»Tja…«, sagt Katharina.

»Kann man denn mit all diesen seltsamen Leuten reden?«, frage ich.

»Reden schon. Die Frage ist nur, ob es etwas nützt«, sagt Katharina.

»Und? Nützt es etwas?«

»Nein«, sagt Julia. »Bei den meisten nicht.«

Vielleicht bin ich naiv. Zu glauben, dass man Menschen im Gespräch erreichen kann. Dass sie zugänglich sind für Argumente und Logik. Dass man mit Worten überzeugen kann. Dass man voneinander lernen und Positionen ändern oder sich zumindest annähern kann. Wahrscheinlich haben Julia und Katharina recht: Es gibt nicht wenige Leute, mit denen zu reden keinen Sinn ergibt. Was aber, finde ich, nie bedeuten darf, es nicht zu versuchen und pauschal von allen anzunehmen, dass Gespräch nicht lohnt. Was bleibt uns auch anderes übrig, als zu reden und es immer wieder zu versuchen? Und gegen alle anderen mit juristischen und politischen Mitteln vorzugehen?

Im Hotel in Frankfurt hängen hinterm Empfang drei Wanduhren, die die Zeiten von drei Städten anzeigen: London, Frankfurt an der Oder, Moskau.

Frankfurt hat, in kleinem Rahmen, etwas Internationales, diese Stadt schlägt eine Brücke zu Polen, auch durch die Europa-Universität Viadrina. In Frankfurt an der Oder studierte der Komponist Carl Philipp Emanuel Bach, ein Sohn von Johann Sebastian Bach, in Frankfurt wurde der Dramatiker und Lyriker Heinrich von Kleist geboren. Wie viel mehr könnte man aus alldem machen? Ich fahre in die Große Scharrnstraße, eine »spätsozialistische Fußgängerzone«, entstanden von 1986 bis 1988. Die Gebäude hier verbinden verschiedene Zeitabschnitte, Bauwerke aus den Anfängen des 20. Jahrhunderts bis hin zu Gebäuden aus den letzten Jahren der DDR. Schön finde ich diese Betonbunker und Plattenbauten zwar nicht. Aber dann denke ich daran, dass all das hier noch in meiner Kindheit und Jugend weit hinter dem Eisernen Vorhang lag und nun Teil unseres Landes ist. Und dass das ein Geschenk ist, trotz aller Schwierigkeiten. Es ist dieses Gefühl, das ich schon an der Elbe hatte: Ich bewege mich hier auf bis noch vor gar nicht so langer Zeit für mich unerreichbarem Gebiet.

Blühende Landschaften

Während meiner Deutschlandtour habe ich keine Hemmungen, Abschnitte mit dem Zug zurückzulegen und Strecken abzukürzen, damit ich genügend Zeit vor Ort habe. Aber die Verbindungen entlang von Oder und Neiße sind eine ziemliche Katastrophe. Es kann passieren, dass man erst einen Zug nach Berlin nehmen muss, um von dort dann an den Zielort zu kommen. Absurd. Das erinnert mich an manche Zugverbindung in Frankreich, wo man groteske Umwege über Paris in Kauf nehmen muss. Als ich das einigen Leuten hier erzähle, sagen sie, das sei in der Tat ein Trauerspiel. Selbst die Elektrifizierung der Strecken komme kaum voran, im Nachbarland Polen gehe es schneller. Ich weiß nicht, ob das stimmt, jedenfalls hört man einen gewissen Frust heraus.

Ich möchte also unbedingt nach Görlitz und nach Zittau, wo meine Tour auf dem Oder-Neiße-Radweg enden soll. Schon vorher, in Ratzdorf, etwa fünfzig Kilometer von Frankfurt, endet mein Weg an der Oder, hier mündet die Neiße in diesen Fluss.

Görlitz und Zittau möchte ich sehen, weil mich ein paar Wochen zuvor Bautzen fasziniert hat. Ich war dorthin eingeladen worden von einer Bürgerinitiative, »Bautzen gemeinsam«, einem Bündnis von Parteien, Vereinen, Kirchen und Gewerkschaften, in dem Menschen unterschiedlicher politischer Couleur für ein weltoffenes, tolerantes Bautzen arbeiten und unter anderem jeden Monat einen Redner oder eine Rednerin in den Dom St. Petri zu Bautzen einladen. Ich durfte dort zum Thema Streitkultur sprechen, über Streit und Humor, über besseres Miteinander und warum es so wichtig ist, auf seine Sprache zu achten und einander zuzuhören. Der Dom war proppenvoll, und ich wusste nicht, wie die Menschen mich empfangen, wie sie auf meine zum Teil durchaus scharfe Kritik an »Pegida« und Wutbürgertum reagieren würden. Die AfD wurde hier bei der Bundestagswahl 2021 mit mehr als dreißig Prozent stärkste Kraft, und der Verfassungsschutz beobachtet in Bautzen eine gut vernetzte rechtsextreme Szene. Menschen aus Bautzen erzählten mir, sie hätten Angst vor den Rechtsextremisten und würden sich nicht trauen, sich offen gegen sie auszusprechen, weil diese Leute sie bedrohten. Eine Frau, die sich kommunalpolitisch engagierte, berichtete, die »Spaziergänge« der Rechtsextremisten führten regelmäßig an ihrem Haus in einem etwas abgelegenen Wohngebiet vorbei, und man würde auf ihr Haus zeigen und sie eine »Verräterin« nennen. »Was bedeutet das für meine Sicherheit und die meiner Familie?«, fragte sie sich. Wieder andere sagten, sie schämten sich, aus Bautzen zu kommen. Es hätten, leider, sehr viele Menschen hier sehr viele Vorurteile gegenüber Fremden und Ausländern.

Bautzen hat sich seinen Ruf also durchaus selbst eingebrockt.

Der Dom St. Petri zu Bautzen ist eine der größten »Simultankirchen« Deutschlands, ein Gotteshaus, das von Katholiken und Protestanten gleichermaßen genutzt wird. Vor Jahren schickte hier ein katholischer Geistlicher seinem evangelischen Kollegen, dessen Gottesdienste stets nach der katholischen Messe stattfanden, eine Rechnung. Er solle sich bitte an den Kosten für den Weihrauch beteiligen, schließlich profitierten die evangelischen Kirchenbesucher auch von dem Duft, der ja noch lange in der Luft hänge. Der evangelische Pastor musste um Fassung ringen, als er die Rechnung in Händen hielt – was für eine Unverschämtheit! –, bis er das Datum sah: 1. April. Wo es solchen Humor gibt, können nicht alle Menschen schlecht sein.

Am Ende gab es gute Diskussionen, und auch die, die mich vielleicht kritisch sahen und nicht meiner Meinung waren, begegneten mir mit Wertschätzung. Ich wurde durch die Stadt geführt, zum Essen eingeladen und erlebte die freundlichsten und herzlichsten Menschen, die man sich vorstellen kann. Und ich fand Gefallen an den schönen Bauten in Bautzen. Meine Gastgeber sagten mir, wenn mir ihre Stadt gefalle, solle ich unbedingt auch mal nach Görlitz und nach Zittau fahren.

Und so strampele und strampele ich auf meiner Orange, immer die Oder entlang Richtung Süden.

In Görlitz, der östlichsten Stadt Deutschlands, bin ich verabredet mit Axel Krüger, einem Mann, der mir in Bautzen als Kontakt empfohlen wurde. Einem, der umtriebig sei und Görlitz bestens kenne, sagte man mir. Der kommunalpolitisch aktiv sei, aber keiner Partei angehöre.

Bevor er mich vom Hotel abholt, schlendere ich kurz durch die Innenstadt von Görlitz. Was ich sehe, hätte ich ahnen können nach all dem, was mir in Bautzen vorgeschwärmt worden war von dieser Stadt. Und doch: Rechtsextremisten sorgen hier immer wieder für Schlagzeilen, stören Sitzungen des Görlitzer Kreistags, gehen mit Gewalt gegen Menschen vor, schüchtern Kommunalpolitiker und alle ein, die sich zum Beispiel für eine Flüchtlingsunterkunft einsetzen. Ich hatte also trotz der Empfehlungen eher Tristesse erwartet. Stattdessen: aufwändig und liebevoll restaurierte Häuserzeilen und herausgeputzte Fußgängerzonen, großzügige Marktplätze, historische Bauten, Architektur gewordene Vielfalt und Schönheit. Was für eine Perle!

Ich treffe Krüger in der Hotellobby, wo er auf mich wartet. »Machen wir doch zuerst einen Rundgang durch die Stadt!«, schlägt er vor. Und dann führt er mich durch Görlitz wie einer, der das schon oft gemacht hat. Einer, der tatsächlich jede Ecke in dieser Stadt kennt und zu jedem Haus, jeder Straße, jedem Baum, jedem Stein etwas zu erzählen hat. Er erklärt mir, dass Görlitz Hochschulstandort sei, und zeigt mir den Vogtshof, nur ein Beispiel für den historisch-architektonischen Reichtum dieser Stadt: einst Sitz für die Beamten in der Oberlausitz, dann Kaserne, später Zuchthaus, heute Studentenwohnheim. Krüger schildert, wie seit der Wiedervereinigung vieles repariert, renoviert, saniert wurde. »Damals, nach der Wende, waren hier viele Häuser in einem verheerenden Zustand. Was hier seither gemacht wurde, ist schon beachtlich.« Er berichtet aber auch von baulichen Veränderungen, »die wir noch in DDR-Zeiten gemacht haben«. Er spricht von »wir«, und ich denke mir, okay, so alt wirkt der doch noch gar nicht, höchstens Ende fünfzig, aber wahrscheinlich war der schon zu DDR-Zeiten hier politisch aktiv und so ein Hundertzehnprozentiger, dass er hier Dinge bewegen konnte.

»Sie sind also hier in Görlitz geboren und aufgewachsen?«, frage ich.

»Ich?« Er lacht. »Nein, nein, ich komme aus Saarbrücken«, sagt er. Nach der Wende kam er nach Görlitz. »Ich hatte einen Beraterjob, und mir gefiel es hier. Mich reizte die Möglichkeit, an neuen Strukturen mitzuarbeiten und etwas Neues mitaufzubauen.« Der Beraterjob war irgendwann vorbei, aber Krüger blieb. Während man mit ihm durch die

Stadt schlendert, grüßen ihn viele, manche sprechen ihn an, halten ein Schwätzchen oder wollen irgendetwas von ihm wissen. In Görlitz ist Krüger bekannt.

Mitglied einer Gemeinschaft werden. Dazugehören. Akzeptiert werden. Mehr noch: anerkannt sein, respektiert, geachtet, geschätzt werden. Wie kann das gelingen? Oder besser: *Wem* kann das gelingen? Man könnte es sich einfach machen und sagen: Axel Krüger ist ein Mann, er ist weiß, er ist Deutscher, er spricht die Sprache. Er hat einen Namen, wie ihn auch jemand von hier haben könnte. Ja, ich bin mir sicher, dass jemand, der braune Haut hat wie ich oder schwarze und einen fremd klingenden Namen, es schwerer hat, in Görlitz anzukommen. Krüger hat aber auch einen Nachteil: Er ist Wessi. Schlimmer noch: Geschäftsmann aus Westdeutschland. Nicht wenige Ostdeutsche begegnen Westdeutschen, die in ihrer Region Geschäfte machen, mit Skepsis. Immer noch. Das ist jedenfalls mein Eindruck aus vielen Gesprächen, und die Vorbehalte kann ich teilweise nachvollziehen: Da fielen nach der Wende vergleichsweise reiche Leute aus dem Westen ein, kauften zum Beispiel Immobilien in den besten Lagen der Oststädte zu niedrigen Preisen, ja, klar, oft waren es Ruinen, aber dennoch, sie sanierten sie und vermieteten sie zu hohen Preisen.

»Alles Schöne hier gehört Wessis«, sagte mir eine in einem Dorf an der Oder. Klar, man könnte sagen: Marktwirtschaft. Daran wäre auch nichts auszusetzen, wenn gleiche Bedingungen geherrscht hätten. »Aber wir waren arm, hatten nichts, wussten nichts, natürlich waren wir die dummen Ossis, die von den Wessis über den Tisch gezogen wurden«, sagte sie. Bei vielen Menschen in Ostdeutschland entstand der Eindruck, ihnen sei das, was eigentlich ihnen gehöre, vor der Nase weggeschnappt worden. Dieser Eindruck hallt Jahrzehnte später immer noch nach. Dieses Gefühl des Bevormundetwerdens und des Entmündigtseins, wie es auch entstand, als die meisten wichtigen politischen Ämter und Unternehmensposten im Osten zuerst mit Westdeutschen besetzt wurden.

Krüger engagiert sich kommunalpolitisch, bei »Motor Görlitz«, einer »Stadtbewegung«. Das klingt, nun ja, gewöhnungsbedürftig, ist aber ein »parteiunabhängiges Netzwerk von und für engagierte Görlitzerinnen und Görlitzer«. Ziel dieser Bewegung, sagt Krüger, sei es, »die demokratische Beteiligung zu stärken«. Man sei »zukunftsgewandt, weltoffen und mitmenschlich« und wolle »Ideologien überwinden«.

Die schwierigere, aber wahrscheinlich zutreffendere Antwort auf die Frage, wie es Krüger gelingen konnte, in Görlitz anzukommen, ist: deutlich zu machen, dass man nicht hier ist, um abzugreifen und wieder abzuhauen, das Gespräch mit möglichst vielen Menschen vor Ort zu suchen und nicht nur zu behaupten, sondern auch vorzuleben, dass man sich gemein macht mit den Einheimischen, sich zu engagieren, nicht nur zu reden, sondern auch zuzuhören, andere ernst zu nehmen und gleichzeitig sich selbst als Teil des Ganzen zu verstehen. Ich glaube, Krügers »wir« bringt das auf den Punkt.

Tatsächlich lebt Krüger seit mehr als dreißig Jahren in Görlitz. Mehr als sein halbes Leben. Er wohnt zur Miete, gerade ist er in eine größere Wohnung umgezogen. »Man kann hier wirklich sehr schön leben. Zu Preisen, die im Vergleich zu anderen Städten, gerade im Westen, leistbar sind.« Dennoch stehe Wohnraum leer, »selbst toprenovierte Wohnungen«, sagt er. Görlitz steht auf der Liste der Städte, in die Menschen ziehen wollen, nicht gerade oben.

Irgendwie verwunderlich, wenn man über die kopfsteingepflasterten Plätze geht, wo Prachtbauten aus unterschiedlichen Jahrhunderten stehen. Schönheit müsste doch eigentlich anlocken, und auch die Natur drum herum ist prächtig. Görlitz gilt mit seinen mehr als 4000 Kultur- und Baudenkmälern als flächengrößtes zusammenhängendes Denkmalgebiet in Deutschland. Mehrere Hollywood-Produktionen wurden hier gedreht, »Grand Budapest Hotel«, »Der Vorleser« oder »Inglourious Basterds« zum Beispiel, es gibt Stadtrundgänge zu den schönsten Drehorten. Die Einheimischen nennen die Stadt manchmal auch »Görliwood«. »Weil Görlitz für jede gewünschte Epoche die richtige Kulisse bietet«, sagt Krüger.

Er erzählt, dass die Grundsubstanz deshalb so gut erhalten geblieben sei, weil die Russen am Ende des Zweiten Weltkrieges sich in dieser Region nicht um Städte wie Görlitz oder Zittau gekümmert, sondern versucht hätten, so weit wie möglich Richtung Westen vorzudringen. »Es gab ja diese Vereinbarung, dass die westlichen Alliierten und die Russen dort, wo man sich trifft, einen Strich ziehen, und das ist dann die Grenze. Es ging um Landgewinn. Ein Glück für uns, dass wir verschont wurden.«

Wieder dieses »wir«.

Dieses Glück hatten andere deutsche Städte nicht.

Ich sage: »Wie schön, dass es hier noch so viele Altbauten gibt und nicht nur diese furchtbaren Plattenbauten.«

Krüger schaut mich kurz an und sagt dann, ohne mir das Gefühl zu vermitteln, ich hätte keine Ahnung: »Ja, stimmt schon. Außerhalb des Stadtzentrums haben wir aber auch einige dieser neueren Gebäude. Und man darf nicht vergessen, welche Bedeutung die für die Menschen hatten und teilweise noch haben. In den Altbauten gab es in DDR-Zeiten oft kein fließend Warmwasser und keine Toilette, nur ein ungeheiztes Klo auf halber Treppe oder ein Plumpsklo draußen. In vielen Haushalten gab es zwar Duschen und Badewannen, aber das Wasser musste man vorher mühsam erhitzen. Manche gingen deshalb zum Duschen in öffentliche Einrichtungen.« Und während wir durch die Stadt spazieren, kommen wir an einem Gebäude vorbei, an dem steht: »Brausebad«. »Zum Heizen musste man Kohlen schleppen und einen Ofen befeuern. Die Plattenbauten waren dagegen modern, mit Fernwärme, einem Wasseranschluss – und es gab sogar IWC.«

»IWC?«

»Ja, ein Innen-WC. So nannte man das. Für die Menschen, die sich um eine Wohnung in einer Platte bewarben und teils jahrelang warteten, ging ein Traum in Erfüllung, wenn sie dort einziehen durften. Es war eine enorme Steigerung ihres Lebensstandards. Für Zigtausende war das ein schönes Zuhause. Und es war eine echte soziale Durchmischung, hier lebten Professoren, Verkäuferinnen, Soldaten der Volksarmee und Arbeiter alle Tür an Tür. Es gab Gemeinschaftsräume, die Leute hatten also durchaus auch miteinander zu tun.«

»Und wer lebt heute darin?«

»Die, die schon zu DDR-Zeiten darin wohnten und nicht umgezogen sind, aber auch andere. Die soziale Durchmischung in den ehemaligen Neubaugebieten ist auch heute nahezu ideal, sagen die Sozialforscher.«

Ich schaue mir später die Platten in Görlitz an. Und ich bin nach wie vor der Auffassung, dass das keine architektonischen Schönheiten sind. Aber ich verstehe jetzt, warum die Menschen sie schätzten. Und ich nehme mir vor, nicht mehr abschätzig über Plattenbauten zu reden, auch wenn ich sie, nun ja, auch in Zukunft nicht ästhetisch ansprechend finden werde. Manche ehemalige Bewohner sehen es ja selbst so und sind längst ausgezogen.

Wie aus nahezu allen ostdeutschen Gebieten sind auch aus Görlitz in den zurückliegenden Jahren und Jahrzehnten viele Menschen weggezogen. Auch hier gab es einen wirtschaftlichen Niedergang und ein Sterben von Industrie. Und doch hat man, zumindest oberflächlich betrachtet, den Eindruck: Wenn es irgendwo »blühende Landschaften« gibt, die Bundeskanzler Helmut Kohl 1990 versprochen hat, dann hier. Aber geht es den Einzelnen wirklich gut? Haben sie ein gutes Leben? Offensichtlicht sind viele Menschen unzufrieden.

Bemerkenswert ist, dass hier ab 1995 mehr als zwei Jahrzehnte lang ein anonymer Spender der Stadt zu Geld verhalf. Damals traf eine erste Spende über eine Million D-Mark ein, inzwischen sind es weit über zehn Millionen Euro. Auflage: Das Geld muss in die Bauten der Stadt fließen, in die Erhaltung der Baudenkmäler. Über eine Stiftung wurden die Mittel gerecht verteilt, die Geldquelle ist inzwischen versiegt, und viele Görlitzer sind dankbar für diese Hilfe, rätseln aber immer noch darüber, wer der mysteriöse Spender ist, ob es sich um jemanden aus Görlitz handelt oder welchen Bezug diese Person oder diese Gruppe zu Görlitz hat.

Seit Jahren ziehen auch in Görlitz Montag für Montag Rechtsextremisten durch die Stadt, hier drohte der erste AfD-Oberbürgermeister. Und neben dieser Partei gibt es mehrere Gruppierungen, die sich weit rechts organisieren, »Freie Sachsen« zum Beispiel oder »Jugend ohne Migrationshintergrund«. Seit den Neunzigerjahren höre ich immer wieder von Görlitz als Neonazi-Hochburg, an einem Haus sehe ich ein Transparent mit der Aufschrift: »Grenzkontrollen jetzt!«

Hier gibt es aber eben auch Menschen, die dagegen ankämpfen. »Motor Görlitz« zum Beispiel, aber auch eine Initiative, die sich »Görlitz bleibt bunt« nennt. Man will kein braunes Nest sein und veranstaltet

Gegendemos, Raves, Kundgebungen, Partys. Während ich in Görlitz bin, lese ich von neuen Übergriffen auf Migranten.

»Wie kommt es, dass die Menschen hier so sind?«, frage ich Krüger.

Er sagt, dass man solche Taten nicht entschuldigen könne. »Aber bei vielen herrscht die Angst, wieder in eine andere Welt gestoßen zu werden, in der sie sich nicht auskennen.« Die Debatten unserer Zeit überforderten nicht wenige. Ich muss an Wolfgang K. aus Magdeburg denken, der mir erzählte, wie ihm zweimal in seinem Leben der Boden unter den Füßen weggezogen worden sei. Und an die vielen Gespräche mit Menschen in Ostdeutschland, während meiner Fahrt entlang der Elbe und jetzt entlang Oder und Neiße, dass es nicht nur um das Abgehängtsein, um wirtschaftliche Not oder um die oft bemühten »Sorgen und Nöte« geht, sondern um das Gefühl, nicht ernst genommen, nicht gehört und pauschal als dumm und menschenverachtend hingestellt zu werden. Da fallen dann einfache Sätze von Rechtspopulisten auf fruchtbaren Boden. Solche Worte sind wie Balsam für die verletzten Seelen.

»Und woher rührt der Hass auf Migranten?«

»Es ist die grundsätzliche Angst vor Fremden und Neuem, vor Veränderung«, sagt Krüger. »Und dann muss man auch sagen, dass wir die Migration sehr deutlich sehen. Wir sind hier direkt an der Grenze, hier kamen und kommen sehr viele Menschen durch.«

Ich kann verstehen, dass es in diesem Teil Deutschlands, infolge der Geschichte, viele gekränkte Charaktere gibt. Aber das Problem ist, dass aus dieser Verletztheit heraus zum Teil engstirnige, gehässige Typen erwachsen sind, ewiggestrig und feindselig gegenüber jedem, der ihnen irgendwie fremd oder anders vorkommt.

Aber dann gibt es eben auch Menschen wie Krüger, der, wie ich später auf Facebook sehe, sich auf dem Markt an den Stand eines Blumenhändlers stellt, der Hüftprobleme hat und nicht so lange stehen kann; und der Geld sammelt für alle möglichen Menschen in Not und für soziale und kulturelle Projekte. Durch ihn lerne ich die freundliche, engagierte, weltoffene Seite von Görlitz kennen.

Es fällt manchmal schwer, das alles zusammenzubringen: diese Freundlichkeit und Herzlichkeit einerseits und diese Provokationen und diesen offen zur Schau getragenen Rechtsextremismus andererseits. Das Engagement für eine Bewerbung zur Europäischen Kulturhauptstadt zum Beispiel, gemeinsam mit der polnischen Stadt Zgorzelec, auf der anderen Seite der Neiße, gleichzeitig die hohe Zustimmung zur AfD, die europafeindlicher kaum sein könnte. Wie passt das zusammen? Was ist Kulisse, was ist echt? Aber dann fällt mir ein, dass ich es auch anderswo in der Welt ähnlich erlebe: Gesellschaften, die unglaublich gastfreundlich und einladend sind und die gleichzeitig Fanatismus und Feindseligkeit produzieren. Auch da wird, richtigerweise, wie ich finde, darauf hingewiesen, dass es falsch ist, einen Ort, eine Region, eine Gemeinschaft nur nach ihren schlechtesten Mitgliedern zu beurteilen. Dass es aber ebenso falsch ist, das Kritikwürdige auszuklammern oder kleinzureden und so zu tun, als sei das gar nicht so schlimm oder als gebe es all das gar nicht.

Vielleicht müssten die Menschen viel mehr auf Marcel Proust hören: »Die einzig wirkliche Reise besteht nicht darin, in neue Landschaften zu gehen, sondern das Universum durch die Augen eines anderen zu sehen.«

Nach einem Abendessen in Zgorzelec, am anderen Neiße-Ufer, verabschiede ich mich von Axel Krüger.

Am nächsten Morgen nehme ich mir vor, schnell zu frühstücken, noch einmal kurz durch die Stadt zu radeln und dann nach Zittau zu fahren, dem Ziel meiner Oder-Neiße-Tour.

Der Frühstücksraum des Hotels ist leer, nur ein Mann steht am Büfett. Ich sehe nur seinen Rücken, aber ist das nicht…?

»Herr Mansfeld?«

Der Mann dreht sich zu mir.

»Ja, das ist ja …«

»Also, das gibt's ja nicht!«

»Was für ein Zufall!«

»Na, das ist doch Schicksal!«

Erst bekomme ich von Hasso Mansfeld via Twitter genau in dem Moment eine Einladung, in dem ich am Rhein kurz vor Bingen stehe, seinem Wohnort. Und nun steht er hier in Görlitz vor mir.

Von nun an duzen wir uns.

In Zittau bin ich mit Kai Grebasch verabredet, dem Sprecher der Stadt, der mir ebenfalls in Bautzen als Kontakt empfohlen wurde.

Vorher gehe ich aber schnell noch etwas essen. Man lernt einen Ort immer auch über seine regionale Kost kennen. Ich bestelle eine Portion Teichlmauke, angeblich auch Timplmauke oder Titschlmauke genannt, Nationalgericht der Oberlausitz: Kartoffelbrei, in der Mitte kleingeschnittenes gekochtes Rindfleisch, übergossen mit Brühe, angerichtet mit Sauerkraut. Fantastisch! Gestern habe ich überhaupt zum ersten Mal von diesem Gericht gehört, heute esse ich es zum ersten Mal.

Der Kellner heißt Rainer und rollt das R wie ein Amerikaner. Hätte mir Axel Krüger nicht erzählt, dass viele Menschen in der Oberlausitz das R so seltsam aussprechen, hätte ich gedacht, der Typ will sich lustig machen oder ist womöglich tatsächlich aus den USA.

»Ja, wir klingen hier ein bisschen anders als der Rest von Sachsen«, sagt Rainer, als ich ihn auf das rollende R anspreche.

Rainer erzählt mir, viele Menschen würden versuchen, sich ihr Sächsisch abzutrainieren. »Das kommt ja außerhalb von Sachsen nicht gut an«, sagt er. »Aber wir sind stolz auf unser R!«

Ich denke an Freunde aus diesem Bundesland, die tatsächlich viel Mühe darauf verwenden, dass man ihnen nicht anhört, woher sie kommen. Ich muss an Norddeutschland denken, wo sich auch Menschen bemühen, das Plattdeutsche abzulegen, und an »Die Tüdelband«, die bewusst und erst recht Lieder auf Plattdeutsch singt. Ich finde, auch die Sachsen sollten selbstbewusst ihren Dialekt pflegen und sich doch noch diese »Wir können alles. Außer Hochdeutsch«-Haltung zu eigen machen.

Zittau liegt im Dreiländereck Deutschland-Tschechien-Polen. Kai Grebasch sagt, zu DDR-Zeiten sei hier so etwas wie das »Ende der Welt« gewesen. »Früher war hier die Grenze. Für Tschechien zum Beispiel brauchte man als DDR-Bürger ein Visum. Es gab wenig Kontakte dorthin. Vom Ort Seifhennersdorf, direkt an der Grenze zu Tschechien, zur tschechischen Stadt Liberec brauchte man damals über einen weit entfernten Grenzübergang etwa zweieinhalb Stunden. Heute fährt man nur zwanzig Minuten. Ein Ort, der zweieinhalb Stunden entfernt ist, ist kein Nachbar.«

Schon mehrere Menschen haben mir erzählt, während der DDR-Zeit hätten sie zwar nach Polen oder nach Tschechien schauen können, seien aber nie dort gewesen. Viel zu kompliziert sei es gewesen, von einem Land ins andere zu reisen. Man habe sich zwar »Bruderstaaten« genannt, aber von Brüderlichkeit sei nicht viel zu spüren gewesen.

Heute überquert man einfach die Brücke. Wobei in Görlitz neuerdings wieder ein Wachhäuschen auf der polnischen Seite steht, die polnische Regierung will damit offensichtlich ein Zeichen setzen. Bis heute, sagte mir einer, gebe es an der Grenze auf polnischer Seite Vorbehalte gegen Deutschland. Der Euro sei gut, aber die Deutschen nicht, das sei eine durchaus verbreitete Haltung.

Auch Zittau hat eine wunderschöne historische Altstadt: liebevoll wiederhergerichtete Häuser, ein Marktplatz wie eine Piazza, hier und da fast mediterranes Flair. Auch hier sieht man, dass diese Stadt im Zweiten Weltkrieg verschont wurde, und auch hier wurde Geld investiert, um sie nach der Wende wieder herauszuputzen.

Erkenntnisse an Oder und Neiße

Die Radreise entlang von Oder und Neiße lässt mich nachdenklich zurück. Der Radweg allein ist toll: eine Modellroute für das deutschlandweite Radfernwegenetz; es gibt überdurchschnittlich viele autofreie und asphaltierte Strecken, sodass ich selbst mit meiner Orange gut vorangekommen bin. Ich habe einige unglaublich freundliche, herzliche, zugewandte, weltoffene, wissbegierige Menschen kennengelernt. Aber auch ein paar Leute, die sich über Politik, Migration, über die Dinge allgemein undifferenziert äußern und dabei übersehen, dass Demokratie und gutes Zusammenleben aktive, engagierte, gut informierte Menschen braucht. Und nicht diese Haltung, dass »die Politiker« oder »die Mächtigen« oder »die da oben« oder »die Systemparteien« alles lösen sollen, während man selbst nur dasitzt als Konsument seines Lebens und sich ununterbrochen beschwert. Natürlich gibt es viel Kritikwürdiges, aber vielleicht sollte man auch einmal daran denken, dass das eine oder andere Problem an einem selbst liegen könnte. Und dass man selbst zur Lösung beitragen könnte, anstatt andere Menschen pauschal zu verachten. Man könnte differenziert kritisieren und zum Beispiel auch der Politik zugestehen, dass es da Menschen gibt, die ihre Sache anständig betreiben. Doch diese Leute gehen nicht einmal zur Wahl – oder wenn, dann um irgendetwas Radikales oder Extremistisches zu wählen, um es »denen« mal richtig zu zeigen.

Mein Eindruck ist aber auch, dass es selbst in Gegenden, in denen Rechtspopulisten hohe Wahlergebnisse einfahren, möglich ist, Menschen für die Demokratie zurückzugewinnen, wenn es gelingt, ihnen das Gefühl des Herabgesetztseins zu nehmen. Wenn man es schafft, ihnen zu vermitteln, dass es nicht in Ordnung ist, verbal um sich zu schlagen und für all ihre Verletzungen Sündenböcke zu suchen. Es muss gelingen, dass man Menschen für ihre bisweilen menschenverachtenden Äußerungen kritisiert, diese aber, wenn es oft nur eine unbeholfene Ausdrucksweise ist, nicht auf die Goldwaage legt und sofort mit dem großen Hammer draufhaut, sondern versucht, sie zu übersetzen, sprich: nicht gleich die schlimmstmögliche Interpretation anzunehmen.

In Weißwasser sagte mir eine siebzigjährige Frau, als sie erfuhr, dass ich viele Jahre für den SPIEGEL gearbeitet habe: »Der SPIEGEL ist besonders schlimm mit uns umgegangen damals, in der Wendezeit und in den Jahren danach! Kein Wunder, dass dieses Magazin hier im Osten nie Fuß gefasst hat!«

Das ist zwar ein ziemlich pauschaler Vorwurf, aber ich befürchte, sie hat recht. Im Februar 1990 zum Beispiel, noch vor der Wiedervereinigung, als sehr viele Menschen aus der DDR in den Westen kamen, sogenannte DDR-Übersiedler, schrieb der SPIEGEL über diese Menschen einen Artikel mit der Überschrift: »Wieso kommen die noch?« Darin heißt es, in Westdeutschland koche der Hass auf die DDR-Übersiedler hoch. »Die Staatenwechsler werden zunehmend als Konkurrenten auf dem Arbeits- und Wohnungsmarkt betrachtet. Vor allem in den Fluren der westdeutschen Sozialämter entlädt sich der Zorn auf die Zuzügler.« Ein Beamter wird mit den Worten zitiert: »Wir sind froh, wenn das Mobiliar heil bleibt.«

Die Worte, die den DDR-Bürgern entgegenschlugen, kommen einem bekannt vor, nur dass sie jetzt anderen entgegengeschleudert werden und manch ein ehemaliger DDR-Bürger mitmacht. Im Westen, heißt es im SPIEGEL nämlich, wären »viele heilfroh«, wenn die DDR-Übersiedler »endlich dahin zurückgingen, woher sie gekommen sind: Bei den Bundesbürgern macht sich zunehmend Angst breit, daß diejenigen, die nun Woche für Woche zu Tausenden mühelos die Grenzen passieren, das westdeutsche Sozialsystem sprengen und den Wohnungs- und Arbeitsmarkt zum Kollabieren bringen.« Die Zahlen der DDR-Zuwanderer würden »wie bedrohliche Wasserstandsmeldungen« berichtet, heißt es weiter in dem Artikel. Auch damals wurde also das menschenverachtende Bild von der »Flut« bemüht. Stadt für Stadt werden die Zahlen aufgeführt, wie viele Tausend Menschen neu hinzukommen, »trotz Aussicht auf Wiedervereinigung samt Währungsreform«. Diese Menschen, eineinhalb bis zwei Millionen, wie damals geschätzt wurde, ließen sich wohl nur noch in »Baracken-Ghettos am Rande der Großstädte« aufnehmen, wie ein Sozialdezernent zitiert wird.

»In Herne, bei einer Übersiedlerdiskussion, flogen letzte Woche Steine. In einem neuerrichteten Übersiedlerheim in Godorf bei Köln legten Brandstifter Anfang des Monats gleich zweimal kurz hintereinander Feuer. In Stuttgart brannten Übersiedlergegner ein Übergangsquartier bis auf die Grundmauern nieder.« Politiker im Westen warnten vor »Großstadtkriegen wie in den USA«.

Das muss man sich mal vorstellen: So wurde im wichtigsten deutschen Nachrichtenmagazin über DDR-Bürger geschrieben. Und so wurde im Westen über die Ostdeutschen gedacht. Nicht überall, aber doch vielerorts. Die Menschenfeindlichkeit bezog sich nicht auf die Hautfarbe, aber doch auf das wie auch immer geartete Fremde, das uns etwas wegnimmt, das Konkurrenz ist, das uns Geld kostet. Auch im Westen war die Mehrheit der Deutschen für eine Wiedervereinigung – aber die Ostdeutschen sollten bloß da bleiben, wo sie waren. Und das, was man über sie dachte, war nicht unbedingt immer freundlich.

Die Verletzungen von damals sitzen tief. Wir sollten uns daran erinnern, wenn wir dabei sind, heute schon wieder bestimmten Menschen solche Verletzungen zuzufügen. Und wir sollten, auch wenn es manchmal schwerfällt, an diese Verletzungen denken, wenn wir die Menschen beurteilen, die damals die Betroffenen waren.

Bei Treffen von Neonazis, von »Reichsbürgern« und anderen Extremisten war ich nicht dabei. Ich wäre hingegangen, wenn ich von solchen Treffen erfahren hätte. Auch wenn es wahrscheinlich nichts gebracht hätte, weil man nicht mit mir geredet hätte. Ich hätte es trotzdem versucht.

Wegen der Engagierten und Guten empfinde ich Zuneigung für die Region entlang von Oder und Neiße, die sich von Nord nach Süd doch verändert. Man merkt: Der Norden ist ärmer als der Süden, es gibt in den Stadt- und Ortsbildern ein Wohlstandsgefälle. Und ich gebe zu: Ich habe mich ein bisschen verliebt. Vor einiger Zeit schon in Bautzen. Und jetzt in Görlitz und Zittau.

Vor ein paar Jahren antwortete ich jemandem, der sagte, es nütze nichts, auf die Wählerinnen und Wähler der AfD zu schimpfen, sondern man müsse diese Leute »erreichen«, dass ich anderer Meinung sei. Ich schrieb, zwar sei nicht jeder, der diese Partei wähle, ein »Nazi«, aber jeder, der sie wähle, ebne wissend Rechtsextremisten den Weg an die Macht. Wer solche Leute wähle, teile ihre menschenverachtende Haltung, heiße sie gut oder nehme sie zumindest hin. Das sehe ich heute noch so.

Was ich nach der Reise entlang der Oder und der Neiße – und auch vorher schon entlang der Elbe – nicht mehr sagen würde, ist, dass man diese Wählerinnen und Wähler »ausgrenzen, ächten, kleinhalten und ihnen das Leben schwer machen« sollte. Ich hatte das mal so in einem Disput mit einem AfD-Verteidiger geäußert.

Die AfD ist in Teilen der Mitte der Gesellschaft angekommen, in manchen Bundesländern liegt sie in Umfragen gleichauf mit der Regierungs- und ehemaligen Volkspartei SPD, im Osten Deutschlands erreicht sie sogar den ersten Platz. Das ist beunruhigend, einerseits, da sie nach wie vor auch rechtsextremistische, rassistische, völkische, neonazistische Inhalte propagiert.

Andererseits, das muss man auch sehen, ist in den vergangenen Jahren innerhalb des demokratischen Spektrums am rechten Rand ein Platz frei geworden, durch das Verrücken der CDU/CSU weiter in die Mitte, wie es auch Herr K. aus Pirna formuliert hat – Ehe für alle, Aussetzen der Wehrpflicht, Atomausstieg, um nur drei Punkte zu nennen. Diesen Platz besetzt die AfD – nur eben in weiten Teilen über die Grenze der freiheitlich demokratischen Grundordnung hinaus, auf rechtsextremistischem Gebiet.

Es gibt die Menschenfeinde, die Gewaltbereiten, die Neonazis. Die muss man tatsächlich ächten und ausgrenzen und mit allen Mitteln, die uns der demokratische Rechtsstaat zur Verfügung stellt, bekämpfen.

Aber viele ticken eben nicht so, auch wenn sie diese Partei wählen und, teils sehenden Auges, teils unwissend, dem Unheil den Weg bereiten. In vielen Gesprächen habe ich mich überzeugen lassen, dass wir diese Menschen, jedenfalls so viele wie möglich, tatsächlich erreichen müssen. Dass wir herausfinden müssen, was so viele zu autokratisch denkenden Typen treibt. Und dass wir ihnen also zuhören und mit ihnen kommunizieren müssen, ohne herablassend zu sein. Wir müssen sie für die Demokratie einnehmen, nicht vor den Kopf stoßen. Darum geht es.

Darmstadt
Zwingenberg
Worms
Rhein
Ludwigshafen
Mannheim
Ladenburg
Heidelberg
N
W
O
S
Neckarsulm
Heilbronn
Karlsruhe
NECKAR
Ludwigsburg
Stuttgart
DEUTSCHLAND
Tübingen
Rottweil
0 5 10 15 20 25 km
Villingen-
Schwenningen

AM WILDEN WASSER | ENTLANG DES NECKARS VON VILLINGEN-SCHWENNINGEN NACH MANNHEIM

Schaffe, schaffe … unterwegs im Schwabenland

Baden-Württemberg war für mich als Kind ein fremder, exotischer Sehnsuchtsort. Ich war, wie viele Jungs, ein Autofanatiker, und aus Baden-Württemberg kamen, das wussten wir alle, Mercedes und Porsche. Außerdem hatte ich mal eine Reportage im Fernsehen gesehen, in der Kinder aus diesem Bundesland so »luschdig« sprachen, und sie erzählten, dass sie manchmal zum Einkaufen oder zu Tagesausflügen nach Frankreich, in die Schweiz oder nach Österreich fuhren. Für diese Kinder war die große weite Welt nicht nur erahnbar wie für mich in Hollern-Twielenfleth, wo man den großen Schiffen auf ihrem Weg Richtung Nordsee und Atlantik hinterherschauen konnte, wo aber das nächste Ausland das mindestens vier Autostunden entfernte Dänemark war. Für diese Kinder war die große weite Welt erlebbar.

Den Südwesten lernte ich erstmals kennen, als ich Mitte der Neunzigerjahre als Offiziersanwärter bei der Marine begann. Die Sehnsucht nach dem Meer treibt offensichtlich viele Menschen aus Süddeutschland in diese Teilstreitkraft; man trifft dort, jedenfalls nach meinem Gefühl, auf überdurchschnittlich viele Leute aus Baden-Württemberg, Bayern und Sachsen. Sascha Bühner zum Beispiel kam aus Ravensburg, und ich hatte ihn schon ein Jahr vor meinem Eintritt in die Bundeswehr in der Offizierbewerberprüfzentrale, kurz: OPZ, in Köln kennengelernt, wo wir gemeinsam ein dreitägiges Prüfverfahren durchliefen. Bühnerle, wie er genannt wurde, lud mich während meiner Marinezeit oft zu sich ein, und so fuhr ich immer wieder nach Ravensburg, lernte das gute Essen kennen, die Weinkultur, die Region um den Bodensee, auch den Schwarzwald.

Später, als ich begann, hauptberuflich als Journalist zu arbeiten, zog ich ins Schwäbische, nach Heilbronn, eine Stadt, die ich zum ersten Mal überhaupt bei meinem Vorstellungsgespräch sah. Manche Kolleginnen und Kollegen wunderten sich später, weshalb ich, der ich in Hamburg studiert hatte, kein Leben in einer Großstadt gewählt, sondern nach Heilbronn gezogen war, aber für mich war das ein Aufbruch in eine andere Welt. Während meiner Jahre bei der *Heilbronner Stimme* lernte ich den Südwesten Deutschlands kennen. Ich mag das Schwäbische sehr. Ein Freund sagte mir, als ich Heilbronn nach sechs Jahren etwas traurig wieder verließ, an mir sei »schon au a bissle a Schwob verlore gange«. Ich bin mir nicht sicher, ob das als Lob gemeint war, aber ich will es mal so verstehen.

Und doch gibt es, natürlich, Dinge, die ich nicht verstehe an Baden-Württemberg. Oder die ich nicht ganz so toll finde.

Um all das zu ergründen, beschließe ich, als nächsten Fluss den Neckar entlangzufahren, von der Quelle in Villingen-Schwenningen bis zur Mündung in den Rhein in Mannheim, fast vollständig einmal durch dieses Bundesland von Süd nach Nord. 368 Kilometer lang ist der Neckartal-Radweg.

Der Neckar, dessen Name auf die keltische Bezeichnung für »wildes Wasser« oder auch »wilder Geselle« zurückgeht, hat seinen Beginn am Fuße der Baar, einer Hochebene zwischen Schwarzwald und Schwäbischer Alb, der Wasserscheide zwischen Rhein und Donau.

Villingen und Schwenningen, lese ich, waren lange Zeit verfeindet. Erst 1972 schlossen sie sich zu einer Kreisstadt zusammen. Ich frühstücke in einem Café in der Innenstadt von Villingen, die sehr hübsch ist, mittelalterlich geprägt, mit Stadtmauer und Wehrtürmen, Brunnen, Giebeln, Erkern und Gässchen. Anschließend radele ich nach Schwenningen, das – wie soll man es formulieren? – nicht ganz so hinreißend ist.

Man muss Schwenningen zugestehen, dass es bis 1907 ein Dorf war und erst dann zur Stadt ernannt wurde.

Dafür befindet sich hier die Neckarquelle. Auf dem Weg dorthin komme ich an zwei Wegweisern für Radfahrer vorbei. Einer zeigt zur Nordsee, der andere zum Schwarzen Meer.

Die heutige Neckarquelle ist ein in Stein gefasstes Rinnsal. Im Zuge der Landesgartenschau 2010 wurde sie neu gestaltet, an historischer Stelle – schon 1581 errichtete Herzog Ludwig von Württemberg hier einen Stein mit der Inschrift »Da ist des Neccars Ursprung«.

Ich möchte ein Foto machen, da springt ein Mops in den nur wenige Zentimeter breiten steinernen Kanal und verstopft ihn.

»Mops bringt Neckar zum Versiegen« – der in Schlagzeilen denkende Journalist ist nicht rauszukriegen. Der Hund zappelt und kläfft, er steckt tatsächlich fest, wie ein Pfropf, und das Flüsschen staut sich an seinem Hintern. Sein Frauchen kommt angerannt und befreit ihn aus der misslichen Lage.

Entsprang die Ruhr an einer matschigen, rutschigen, irgendwie immer noch der Natur überlassenen Stelle, sieht die Neckarquelle typisch baden-württembergisch aus: ordentlich, modern, kühl, ein bisschen viel Beton. Man sieht: Da steckt Geld und Arbeit drin, da hat sich jemand Gedanken gemacht, vielleicht auch ein paar zu viele, da wurde jedenfalls nichts der Natur, dem Zufall oder sich selbst überlassen, sondern da wurde konzipiert und gemacht oder, um es in einem Wort auf Schwäbisch zu sagen: geschafft. Wahrscheinlich macht hier auch jemand Kehrwoche.

Ich radele durch das Schwenninger Moos, ein zum Naturschutzgebiet erklärtes Regenmoor auf der Baar – Robert Habeck würde sagen: »Wie geil ist das denn?!« Überhaupt ist die gesamte Region von der Neckarquelle bis Tübingen herrlich zu bereisen: viel Wald, hervorragende Radwege, hier und da Schotterpiste, was für meine Orange eine Qual ist mit ihren kleinen Rädchen, streckenweise fährt man auch an ruhigen Landstraßen. Und auf keiner meiner bisherigen Strecken habe ich so viele Kruzifixe, Marterl, Heiligenfiguren gesehen. Religion spielt hier wohl eine große Rolle. Oder zumindest die steinerne Vergewisserung.

In einem Ort steht ein »Mitfahrbänkle«, man kann sich hinsetzen und hoffen, dass einen jemand mitnimmt. Eigentlich praktisch, aber ich wette, die Taxifahrerlobby ist wieder dagegen. Dabei wäre es ökonomisch klug und fürs Klima super, wenn jeder, der ein Auto besitzt, seine Fahrten über eine App anbieten und Leute kostenlos oder für einen geringen Preis mitnehmen könnte. Man müsste natürlich dafür sorgen, dass Leute das nicht als Geschäftskonzept missbrauchen, sondern es eine echte Mitfahrzentrale bleibt. Auf dem »Mitfahrbänkle« jedenfalls hockt niemand, und es fahren durch diesen Ort auch nicht gerade viele Autos.

Ich mache halt in Rottweil, weil, so lese ich, dies die älteste Stadt Baden-Württembergs ist. Der Stadtkern ist ein 400 mal 400 Meter langes Quadrat, zwei Straßen durchkreuzen dieses Quadrat regelrecht und teilen die Innenstadt in vier Viertel ein. Mein Hotel liegt etwas außerhalb dieses Quadrats, es ist wahrscheinlich auch das älteste Hotel von Baden-Württemberg, jedenfalls hängt am Eingang ein Zettel mit der Info, ich möge eine dort angegebene Telefonnummer anrufen. Eine freundliche Frauenstimme nennt mir einen Code, den ich in einen sehr alten Schlüsselsafe neben dem Eingang eingeben soll. Darin befinden sich etwa ein Dutzend Schlüssel. Die Frau sagt mir, welchen ich nehmen soll. Damit komme ich ins Hotel und ins Zimmer. Am nächsten Morgen solle ich den Schlüssel einfach in den Briefkasten werfen.

Schon im letzten Hotel habe ich bis zur Abreise keinen einzigen Menschen gesehen, der dort arbeitete – hier ist es genauso. Schade, ich hätte mir gerne ein paar Tipps abgeholt zu Rottweil, von einem Menschen, nicht aus dem Internet.

Personalnot allenthalben.

Auch in Rottweil hängen in mehreren Geschäften Zettel, auf denen nach Mitarbeitern gesucht wird. Ein Käseladen weist die »sehr geehrte Kundschaft« darauf hin, dass man »wegen Personalmangel veränderte Öffnungszeiten« habe.

Ich suche ein Café, wo ich mich hinsetzen und meine Notizen schreiben kann. Ein Gasthaus heißt hier »Zum Mohren«, vermutlich gibt es Debatten darüber, ob man das nun umbenennen sollte oder ob das in

Ordnung ist. Und wie wahrscheinlich überall in Deutschland gibt es hier viele Vereine, Deutschland ist ein Vereinsland, in einem Schaukasten machen die Vereine auf sich und ihre Veranstaltungen aufmerksam, der Tennisclub, die »Königlich Privilegierte Schützengilde«, der Schneelaufverein, natürlich, wir sind im Süden der Republik, der Schwäbische Albverein, der Turnverein, der Verband der Kriegsversehrten. Bestimmt gibt es hier auch noch eine Freiwillige Feuerwehr. Mehr als in anderen Teilen der Welt sind Vereine in Deutschland der soziale Kitt, ist mein Eindruck.

Im Café komme ich, anstatt zu schreiben, ins Gespräch mit zwei älteren Damen. Sie haben sich fein gemacht, man sieht ihnen an, dass sie einen besonderen Tag feiern. Es stellt sich heraus, dass die beiden Frauen Freundinnen und Kolleginnen beim Textilhersteller Trigema sind, im etwa fünfzig Kilometer entfernten Burladingen. Beide hatten Firmenjubiläum und wollen das nun auch zu zweit mit einem Ausflug nach Rottweil feiern. Beide arbeiten in der Produktion. »Man könnte auch sagen: Wir sind Näherinnen«, sagt eine und lacht. Trigema ist jenes Unternehmen, dessen langjähriger Chef und Eigentümer Wolfgang Grupp jahrelang mit einem Schimpansen in der Fernsehwerbung auftrat, immer ziemlich steif und im Anzug, und sagte: »Ich werde auch in Zukunft dafür sorgen, dass wir in Deutschland produzieren und damit Arbeitsplätze sichern.« Die beiden Frauen haben ihr ganzes Berufsleben dort gearbeitet, von der einen arbeitete auch schon die Mutter dort, und beide haben Kinder im Betrieb.

»Was der Herr Grupp immer sagen tut, nämlich dass er für seine Mitarbeiterinnen und Mitarbeiter sorgt, stimmt«, sagt die eine.

»Man kann sich eigentlich sicher sein, dass die Kinder auch in der Firma schaffen können, wenn sie sich ein bisschen in der Schule anstrengen und einen Abschluss machen«, sagt die andere. »Es gibt ganze Familien, die bei uns schaffen.«

Die beiden sprechen wunderbares Schwäbisch.

Ich kenne viele Stimmen, die Wolfgang Grupp sowie seinen Sohn und seine Tochter, die das Unternehmen inzwischen übernommen haben, belächeln. Über ein halbes Jahrhundert hat Grupp in dem Unternehmen gearbeitet, 54 Jahre lang war er Geschäftsführer, eine Position, die er 1969 von seinem Vater übernommen hatte. Grupp hat keinen Computer, er liest bis heute keine E-Mails am Bildschirm, sondern lässt sie sich ausdrucken, er schreibt auch keine, sondern diktiert sie auf Band.

»Ist Herr Grupp nicht ein wenig … aus der Zeit gefallen?«, frage ich.

»Ha, ja, natürlich!«, antwortet eine. »Des isch halt no a Kaufmann alter Schule, aber au a bissle unkonventionell manchmal. Aber isch des denn schlimm?«

Nein, sagt die andere, im Gegenteil, ganz wunderbar sei das. Grupp sei ehrgeizig und verlange auch von seinen Mitarbeitern Leistungsbereitschaft und Ordentlichkeit und Pünktlichkeit, Arbeitswillen und Anstand. »Der ist heimatverbunden, bodenständig und, obwohl er Millionär ist und einen Hubschrauber hat, eigentlich ein ganz bescheidener Mensch.«

»Ha, so bescheiden isch der au nedde«, sagt die andere. »Sein großes Haus, das schicke Auto, Hauspersonal…«

»Ha, das hat der sich aber auch verdient!«

»Ja, das hat er!«

Gläubig sei er auch und ehrlich, sagt eine der Frauen nun. »Der gibt zu, dass er ein Egoist ist und in Wahrheit natürlich darauf aus, Geschäfte zu machen und Geld zu verdienen. Aber er sagt auch, dass das auf Dauer nur mit hoher Qualität zu machen ist und mit zufriedenen Mitarbeitern. Deshalb behandelt er uns anständig und bezahlt uns anständig, und das ist auch der Grund, weshalb oft auch die Kinder beim Grupp schaffen wollen.«

Früher, erzählen die beiden, habe es in der Region mehrere Bekleidungshersteller gegeben, gut zwei Dutzend. Heute existiere nur noch Trigema. »Die anderen haben alle Konkurs angemeldet«, sagt eine der beiden.

»Textilproduktion war ja mal groß in Deutschland. Das ist heute alles in Asien, in Bangladesch und Vietnam und Pakistan und so.«

Dieses Unternehmen schaffe es aber, dass junge Menschen in der Region blieben und eben nicht wegzögen »in die große weite Welt«. Und dass sogar Menschen aus anderen Teilen Deutschlands und aus dem Ausland nach Burladingen kämen. Grupp, sagen sie, sei zwar »ein Konservativer«, aber »kein Rechter«. »Bei uns arbeiten auch Ausländer aus allen möglichen Ländern.« Der Grupp kenne »wahrscheinlich alle Mitarbeiter mit Namen«, obwohl das Unternehmen mehr als tausend Menschen beschäftige.

»Na, alle bestimmt nicht!«, sagt die eine.

»Doch, doch!«, entgegnet die andere.

»Der ist wie ein strenger, aber gütiger Vater.«

»Ja, das trifft es genau.«

Am Abend schaue ich mir im Netz ein paar Videos über Wolfgang Grupp an. In einem Dokumentarbeitrag sagt er: »Ich war noch nie betrunken, auch als Student nicht. Ich könnte jederzeit Auto fahren, nach jeder Einladung.« Selbstbeherrschung und Selbstbestimmung scheinen ihm absolut wichtig zu sein. In einem anderen Beitrag über ihn sagt er, er wüsste eigentlich ganz gern, wann er sterben müsse. Er sei ein gläubiger Mensch und denke daher nicht viel ans Sterben, das bestimme eine andere Macht, aber schön wär's gewesen, wenn man sein Todesdatum wüsste. »Dann könnte ich mich darauf vorbereiten«, sagt er. Tatsächlich hat er schon ein Grab, und ein Grabstein mit seinem Geburtsdatum steht auch schon da. In Burladingen natürlich.

Ich kann schon nachvollziehen, dass viele Menschen in Deutschland ihn seltsam finden. Zum Beispiel, weil er den Leuten nach dem Mund zu reden scheint. Aber wahrscheinlich tut er es doch nicht, sondern tickt tatsächlich selbst so. Er ist häufiger Gast in Talkshows und hält lange Reden in Bierzelten. »Haben wir tatsächlich noch einen Rechtsstaat, oder ist der Anständige längst der Dumme?«, sagt er zum Beispiel. Das Publikum ist begeistert. Es gibt eine Szene von vor Jahren, da feiert seine Tochter ihren Geburtstag, vielleicht ihren sechsten oder siebten. Ein Butler serviert ihr ein Stück Kuchen, und der Vater, wie immer in Anzug und Krawatte, sagt zur Tochter: »Alles Gute zu deinem Geburtstag, gell? Viel Glück, dass du brav bleibst.« Und man denkt: große Güte!

Aber wenn man dann seiner heute erwachsenen Tochter in Interviews zuhört, findet sie nur lobende Worte für ihren Vater. Ihre Eltern hätten ihr nur gute Werte vermittelt. Und auch der Sohn sagt: »Ich bin ein Produkt meiner Eltern. Sehr viele Dinge, wie ich sie sehe, wie ich sie mache, habe ich von meinen Eltern gelernt.« Auch er spricht mit Bewunderung über seinen Vater. Beide, Bonita und Wolfang junior, haben ihren Vater in der Geschäftsführung beerbt.

Irgendwie seltsam: Ich habe zwei Näherinnen getroffen, die glücklich sind. Und es gibt einen Firmenchef, der glücklich ist. Und dennoch halten viele den Firmenchef für einen komischen Vogel. Jemand hat mal gesagt, er sei ein »Populist«. Nun ist Populismus ja nicht per se etwas Schlechtes – wenn man also so redet, dass das Volk einen versteht, oder? Wenn man natürlich nur so redet, wie das Volk es hören will, damit man Applaus bekommt, und auch wider besseres Wissen falsche Dinge behauptet oder wesentliche Aspekte verschweigt oder kleinredet oder übertreibt, dann ist Populismus natürlich kritikwürdig. Aber tut Grupp das? Sollten wir uns nicht wünschen, dass viel mehr Menschen wie Grupp sind?

Digitalisierung made in Germany

In Tübingen sagt man mir an der Rezeption freundlich, aber bestimmt, das Hotel sei ausgebucht.

»Aber ich habe doch über die App gebucht, hier ist meine Reservierungsbestätigung«, sage ich und halte der Frau mein Handy hin.

Sie schüttelt den Kopf. »Tut mir leid, das ist ein Fehler. Leider passiert das mit dieser App immer wieder. Wir haben leider kein … Warten Sie …« Sie tippt in ihrem Computer herum, »… nein, wir haben wirklich leider kein Zimmer mehr frei. Und Ihre Reservierung ist hier leider nicht drin.«

Wieder also klicke ich mich durchs Internet, auf der Suche nach einer Bleibe. Tatsächlich ist an diesem Tag in Tübingen kaum etwas frei. Ich finde ein ziemlich teures Hotel etwas außerhalb der Altstadt, oben auf dem Hügel, dort, wo lauter Institute und Firmen rund um »künstliche Intelligenz« ihren Sitz haben. Die Stadt lockt namhafte Wissenschaftler und Experten hierher, man will auf diesem Gebiet ganz vorne dabei sein, weltweit. »Innovation Campus Cyber Valley«, »Cyber and the City«, solche Begriffe und Namen wabern durch Tübingen. Nach da oben zum Hotel muss ich ganz schön strampeln mit meiner Orange und ihren sechs Gängen, aber was soll's? Es ist ja sonst nichts mehr frei.

Völlig verschwitzt komme ich an. Ich hatte ein großzügiges, durchaus luxuriöses Hotel erwartet, bei dem Preis, aber nun stehe ich vor einem zwar schicken, aber verschlossenen, mehr wie eine moderne Jugendherberge wirkenden Gebäude. Durch die Glastür sehe ich drinnen ein junges Paar. Die beiden scheinen Hotelgäste zu sein, sie haben zwei Koffer dabei. Wie sind die reingekommen? Ich winke, aber sie sehen mich nicht. Nun steht ein älteres Paar neben mir, auch die beiden wundern sich, wie sich die Tür öffnen lässt.

»Hier steht's«, sagt die Frau zu ihrem Mann und zu mir.

Wir lesen, dass uns ein »door code« geschickt worden sei. Den müssten wir an der Tür eintippen, dann kämen wir hinein.

Weder das Paar noch ich wissen von einem Türcode. Ich schaue in mein Postfach, und siehe da: In dem Moment habe ich eine E-Mail mit einer Zahlenkombination, meinem »Sesam, öffne dich!«. Ich tippe und öffne die Tür, die beiden Alten folgen mir einfach.

Ich schaue mich um nach einer Rezeption, aber da ist: nichts. Nur ein langer Tisch, darauf mehrere Tablet-PCs. An diesen Bildschirmen muss man sich selbst einchecken. Man kann es aber auch, liest man dort, mit dem eigenen Handy machen, denn auch dafür habe man eine Mail erhalten. Auf diese Weise erhalte man einen digitalen Schlüssel, mit dem man mit einem Wischen jedes Mal Eingangstür, Zimmertür und Tür zur Garage öffnen könne. Alternativ könne man sich aber auch an einem Automaten eine Schlüsselkarte erstellen lassen. Und, pling, siehe da, in dem Moment habe ich die Mail mit dem Knopf, um mich einzuchecken.

Das junge Paar, das schon vor uns drinnen war, ist fertig mit dem Einchecken. Die beiden machen sich auf den Weg in ihr Zimmer.

»Isch des geil!«, höre ich sie zu ihm sagen.

»Krass«, antwortet er.

»Furchtbar!«, sagt die alte Frau, als die beiden außer Hörweite sind. »Da muss man ja alles selbst machen!«, schimpft sie.

»Das ist die moderne Zeit, daran müssen wir uns gewöhnen«, beruhigt sie ihr Mann.

Die beiden sind überfordert. Ich helfe ihnen, und wir müssen das Einchecken dreimal von Neuem beginnen, weil zweimal das Computersystem abstürzt und einmal die Daten falsch eingetippt werden.

Am Ende sind wir alle eingecheckt und können auf unsere Zimmer gehen. Jemand, der hier arbeitet und den man um Hilfe bitten oder irgendetwas fragen oder bei dem man seinen Frust loswerden könnte, ist weit und breit nicht zu sehen.

Ich weiß nicht, ob es eine Altersfrage ist, wie man solch ein Hotel nun finden soll. Aber es rührt auf jeden Fall an der Kernfrage, wie wir leben wollen und was für eine Gesellschaft wir sein wollen. Dass Technik dem Menschen immer mehr Aufgaben abnimmt und ihm hilft – um es positiv zu formulieren – beziehungsweise immer mehr Menschen verdrängt – um es negativ zu sagen –, wissen wir spätestens seit der industriellen Revolution. Dass Technik aber auch Möglichkeiten und Welten eröffnet, wissen wir seither ebenso. Wenn ich etwas Großes, etwas Schweres transportieren möchte, verwende ich, wenn möglich, lieber eine Maschine, ein Fahrzeug zum Beispiel, anstatt mehrere Menschen zu bitten, das Ding zu tragen. Wenn ich etwas sehr Kompliziertes ausrechnen muss und es schnell gehen soll, benutze ich lieber den Taschenrechner, anstatt meinen Kopf zu bemühen.

Ich muss an Jamil denken, jenen alten Mann in Uniform, der in der pakistanischen Hauptstadt Islamabad in der Herrentoilette eines Luxushotels arbeitete, wo er ausschließlich dafür zuständig war, den Gästen mit einer Verbeugung ein frisches Handtuch aus Stoff zu reichen und vielleicht ein paar freundliche Worte zu wechseln. Ich kannte ihn, weil ich hin und wieder in einem Restaurant dort aß. Eines Tages erzählte er mir traurig, er werde demnächst entlassen, weil der Chef des Hotels entschieden habe, einen Handtuchspender mit Papierhandtüchern anbringen zu lassen. Er werde nicht mehr gebraucht. Ich verstehe die Entscheidung des Hotelmanagers, einerseits: Wozu einen Menschen beschäftigen – und bezahlen –, wenn dessen Arbeit von einer Maschine, in diesem Fall gar einem einfachen Gegenstand, erledigt werden kann? Andererseits: Mit dem Handtuchspender kann ich mich nicht unterhalten, der Handtuchspender erkundigt sich nicht nach meinem Wohlbefinden, und ich kann mich nicht nach dessen Wohlbefinden erkundigen, er lässt keine Grüße an meine Familie ausrichten und kennt nicht einmal meinen Namen, er ist nicht an mir als Mensch interessiert – anders als der Handtuchmann, der mit seiner Arbeit eine Familie ernährt.

Mir ist klar, dass technischer Fortschritt sich nicht aufhalten lässt. Das finde ich auch nicht erstrebenswert. Ich weiß auch, dass technischer Fortschritt oft ein Segen, manchmal ein Fluch ist.

»Künstliche Intelligenz«, das große Ding hier in Tübingen und wahrscheinlich für uns als Menschheit, wird Einzug halten in immer mehr Lebensbereiche. Hier und da wird sie uns Menschen verdrängen. Durch Selbstbedienungskassen in Supermärkten hatten und haben die Kassiererinnen Angst, ihre Jobs zu verlieren. Künstliche Intelligenz kann vielleicht Redakteure und Politiker, Manager und Beamte ersetzen.

Ich tippe bei »Chat GPT« ein: »Schreibe einen Reisebericht aus der Perspektive von Hasnain Kazim, wie er mit dem Fahrrad den Neckar entlangfährt.«

Das Programm spuckt mir aus: »Hasnain Kazim, ein bekannter Journalist und Autor, begibt sich auf eine abenteuerliche Fahrradtour entlang des malerischen Neckars. Die Sonne strahlt am Himmel, als er sein Fahrrad startklar macht und sich auf den Weg entlang des Flusses macht. Die sanfte Brise streicht durch sein Haar, während er die idyllische Landschaft um sich herum genießt. Der Neckar schlängelt sich majestätisch durch grüne Wiesen und dichte Wälder, und Hasnain Kazim taucht tief in die Schönheit der Natur ein. Das Plätschern des Wassers begleitet ihn auf seiner Reise, während er die historischen Städte und Dörfer entlang des Flusses passiert. (…) Diese Reise wird für immer in seinem Herzen bleiben und ihn mit unvergesslichen Erinnerungen bereichern.«

Diesen Text kann man jetzt natürlich belächeln. Aber dafür, dass solche technischen Möglichkeiten noch ganz neu sind, ist das schon beachtlich. Diesen Text hat also ein Programm geschrieben. Was wird »künstliche Intelligenz« dann erst in zehn Jahren können?

Es nützt nichts, Panik zu schieben und in Angst zu versinken. Wandel, auch technischer, ist Leben. Aber wir können diesen Wandel gestalten. Veränderung schwappt nicht wie eine Naturgewalt über uns, der wir komplett ausgeliefert sind, sondern wir können mitbestimmen, wie wir sie uns wünschen. Das mag nicht jedem gelingen und auch nicht einzelnen Akteuren, aber uns als Gemeinschaft sehr wohl. Wir können sagen: Dieses wollen wir, und jenes wollen wir nicht. Wir können sagen: Der Wetterbericht oder die Börsendaten oder die Fußballergebnisse von »künstlicher Intelligenz« geschrieben, das lassen wir uns gefallen, aber der politische Kommentar, die Handlungsempfehlung, der einordnende, bewertende, kritische Text muss von einem Menschen verfasst werden, möglichst von einem klugen, der etwas von seiner Sache versteht. Und man kann Selbstbedienungskassen boykottieren, wo es noch Alternativen gibt, man kann immer wieder kundtun, dass einem das Selbsteinchecken am Flughafen nicht passt, dass man einen Zug, der ohne Lokführer unterwegs ist, nicht für wünschenswert hält.

Über das Hotel, in dem ich keiner einzigen Mitarbeiterin, keinem Mitarbeiter begegne, in dem mein Handy zum Schlüssel wird und in dem ich mich selbst einchecken und später auch wieder auschecken muss, sage ich: Das mag seine Berechtigung haben angesichts des Personalmangels, aber als Standard möchte ich so etwas nicht haben. Da wünsche ich mir ein Hotel mit Menschen. Weil ich keine Gesellschaft möchte, in der ich mehr als nötig mit Computern kommuniziere. Ich bin dagegen, sich technischem Fortschritt zu verschließen, bin aber auch gegen Technikgläubigkeit, die jedes »Sie können sich ab sofort selbst online einchecken!« als große Errungenschaft feiert. Digitalisierung ist oft lebenserleichternd, manchmal Sparmaßnahme, aber sie sollte niemals Selbstzweck sein.

Dass es, Stichwort »Mitfahrbänkle«, immer noch keine vernünftige App gibt, über die jede Autofahrerin, jeder Autofahrer Menschen problemlos mitnehmen kann, kostenfrei oder zum Selbstkostenpreis, hat damit zu tun, dass Menschen, nämlich eine ganz bestimmte Lobby, das zu verhindern wissen; dabei wäre solch eine App wünschenswert. Wird ein Hotel, in dem einen schmierig betatschte Tablets begrüßen, auch deshalb nicht verhindert, weil Hotelmitarbeiter die Hotellobby offensichtlich nur als Raum, aber nicht als Interessenvertretung haben?

Streiten für die Demokratie

In Tübingen bin ich mit Boris Palmer verabredet, dem Oberbürgermeister der Stadt, mit dem mich inzwischen ein langjähriger Austausch verbindet. Einst habe ich mich oft mit ihm im Netz gestritten, in den sozialen Medien, später, auf seine Einladung hin, auf der Bühne in Tübingen, dann in einem Streitgespräch im SPIEGEL. Wir haben einmal für eine Woche unsere Facebook-Seiten getauscht, um die eigene Komfortzone zu verlassen und die *Bubble* des jeweiligen anderen kennenzulernen. Unsere Bilanz damals war, nun ja, ernüchternd.

Ich verfolge Palmers politische Arbeit aus der Ferne, sehe, was er Gutes für die Stadt erreicht, dafür zurecht gelobt wird und dafür zum Oberbürgermeister wiedergewählt wurde. Diesmal ohne Partei im Rücken, denn die Grünen und er, das passte am Ende nicht mehr zusammen; Palmer trat aus, was wohl auch manchen bei den Grünen erleichterte. Palmers Handeln während der Corona-Pandemie wurde weit über Tübingen hinaus gelobt. Ich sehe aber auch und werfe ihm vor, dass er immer wieder mit rassistischen Ressentiments spielt, sich bisweilen in der Wortwahl vergreift und die Kontrolle über sein ansonsten ziemlich scharfes Denken verliert.

Im Frühjahr 2023 nahm er in den Räumen der Johann Wolfang Goethe-Universität in Frankfurt am Main an einer Konferenz mit dem Titel »Migration steuern, Pluralität gestalten« teil. Als Palmer ankam, begrüßten ihn mehrere vor dem Gebäude demonstrierende Studierende mit dem Sprechchor: »Es gibt kein Recht auf Nazipropaganda!« Palmer stellte sich dazu und stimmte mit ein: »Es gibt kein Recht auf Nazipropaganda!«, denn das, so sagte er später, sehe er auch so. Die Studenten schwiegen kurz und nannten Palmer dann einen »Rassisten«. Palmer nutzte die relative Ruhe, um mit den Demonstranten ins Gespräch zu kommen, und fragte nach dem Grund für diese Beschimpfung. Man sagte ihm, der Grund sei, dass er das »N-Wort« ausspreche. In der darauffolgenden hitzigen Debatte sprach Palmer mehrfach das »N-Wort« aus. Die Studenten fühlten sich davon provoziert und brüllten ihn nieder. Davon wiederum ließ Palmer sich hinreißen, diese Empörung mit dem Anheften eines Judensterns zu vergleichen. »Ihr beurteilt Menschen anhand von einem einzelnen Wort. Das ist nichts anderes als der Judenstern. (...) Wenn man ein falsches Wort sagt, ist man für euch ein Nazi. Denkt mal drüber nach.« Später, während der Konferenz, sprach Palmer das Wort wieder mehrfach aus. Er sagte, das Aussprechen alleine mache noch niemanden zum Rassisten. Erst wenn man einen Menschen so bezeichne, sei das zu kritisieren. Der Kontext sei entscheidend.

Ich habe mal an einer Schule einen Vortrag über meine Erfahrungen mit Rassismus gehalten und aus meinen Büchern gelesen. Etwa 600 Schülerinnen und Schüler, volle Aula, aufmerksame Stimmung. Ich sprach vom »N-Wort«, und irgendwann meldete sich ein dreizehnjähriger Junge und fragte: »Entschuldigen Sie, was meinen Sie eigentlich mit ›N-Wort‹?« Da stand ich nun. Was sollte ich tun? Ich fragte die Schülerinnen und Schüler, wer denn alles nicht wisse, was mit »N-Wort« gemeint sei. Etwa ein Drittel meldete sich.

Also sprach ich es aus und ordnete es ein, ich war ja eh schon dabei. Ich erklärte, dass das ein Wort ist, mit dem Menschen lange Zeit beschimpft wurden, es ist ein abwertendes Wort. In Deutschland wurde es lange Zeit achtlos verwendet und war vielleicht nicht böse gemeint.

Als ich diese Geschichte mal auf einer Bühne erzählte, sagte mir die Frankfurter Politikerin Mirrianne Mahn, ich hätte ja auch sagen können: »Feger, nur mit N.« Ja, das stimmt. Kann man so machen. Meine Erfahrung ist nur, dass man ein Wort erst recht mystifiziert und andere dazu bringt, es zu Zwecken der Provokation zu benutzen, wenn man schon das reine Aussprechen zu einem bösen Akt erklärt. Ich bin davon überzeugt, dass man die gegenteilige Wirkung erzielt.

Insofern teile ich Palmers Sichtweise, dass das Aussprechen alleine noch keinen Rassisten macht. Und ich halte es für falsch, ihn deswegen als »Nazi« und in diesem Zusammenhang als »Rassisten« zu bezeichnen.

Das entwertet die Kritik an tatsächlichen Nazis und echten Rassisten. Ich verstehe auch, dass er sich gegen diese Zuschreibungen wehrt.

Seinen Vergleich allerdings, das sei wie das Anheften eines Judensterns, halte ich für empörend. Das relativiert die Verfolgung von Juden und den Holocaust. Ich frage mich, weshalb selbst intelligente Menschen wie Palmer es nicht kapieren: nie, nie, nie Vergleiche mit dem Holocaust, mit dem Dritten Reich, mit Hitler. Das ist eigentlich ganz einfach.

Dass Palmer das »N-Wort« allerdings so oft in den Mund nimmt, erinnert mich an Dreijährige in der Trotzphase, die es lieben, wieder und wieder »Pipikacka« zu sagen und sich freuen, wenn Erwachsene sich darüber ärgern. Den Kleinkindern sehe ich das nach. Bei einem erwachsenen Mann, der auch noch politische Verantwortung trägt, zweifle ich an seinem Verstand. Ich rate Palmer schon seit Jahren dazu, sich Hilfe in Sachen Emotionskontrolle und Kommunikation zu holen.

Manch einer versteht nun nicht, warum ich den Dialog mit Palmer führe. Warum ich weiter mit ihm rede. Weshalb ich ihn treffe. Er sei doch »in Wahrheit ein Rechter«, er könne doch »gleich zur AfD gehen, so, wie der tickt«. Und eigentlich, so schreibt mir jemand, den ich persönlich nicht kenne, könne ich »doch zugeben«, dass ich »genauso rechts« sei »wie der Palmer«.

Nun, zunächst einmal bin ich überzeugt, dass Palmer alles in allem vernünftige Ansichten hat und ein guter, kluger Politiker ist. Ja, er macht Fehler. Macht jeder. Und ja, er macht auch Fehler, bei denen ich mich wundere, warum er sie wieder und wieder macht. Andererseits ist er jemand, der zuhören kann, der sich Kritik zu Herzen nimmt, der, finde ich, glaubhaft vermitteln kann, dass er bereit ist, an sich zu arbeiten und sich zu ändern. Und der es aber auch vermag, Dinge dann im weiteren Gespräch zu präzisieren und mich zu überzeugen, denn auch ich und auch seine Kritiker liegen ja nicht immer richtig. Ja, natürlich, mit Extremisten kann man nicht reden, es wäre ein Irrtum zu glauben, man könnte sich mit ihnen kameradschaftlich an einen Tisch setzen und aufeinander zugehen und Missverständnisse klären. Das mag in Einzelfällen mit viel Mühe klappen, im Großen und Ganzen ist es mir noch nicht gelungen. Aber Palmer? Wenn der schon ein Extremist, ein »Nazi« sein soll, dann wären wir als Gesellschaft ja längst verloren. Meine Überzeugung ist: Das sind wir nicht. Und Palmer ist kein Extremist, kein »Nazi«. Abgesehen davon, hat es in einer Demokratie seine eigene Berechtigung und auch seine eigene Schönheit, jeder und jedem zuzuhören. Das ist mühsam, aber lohnend. Mir macht es Freude, mich an der Meinung anderer zu reiben und mich mit ihnen zu streiten. Manchmal höre ich, dass gesagt wird, man müsse andere Meinungen »aushalten« können. Aushalten? Das ist zu wenig! Sinnvoller Streit setzt voraus, den anderen, erstens, verstehen zu wollen, daran scheitert es meistens schon, und ihn dann, zweitens, auch tatsächlich zu verstehen, das heißt, den Inhalt seiner Argumentation zu erfassen, um dann sagen zu können: Ja, diese Meinung teile ich, oder nein, das sehe ich anders. Erst auf dieser Basis kann man ein Problem lösen. Ohne Willen zum Verständnis und dann tatsächlichem Verständnis geht es nicht. Und ich will mitnichten behaupten, dass es mir immer gelingt, nach diesen Grundsätzen zu leben. Aber ich möchte mich doch immer wieder daran erinnern und es versuchen.

Wir treffen uns in einem Café auf dem Marktplatz, mit Blick auf seinen Arbeitsplatz, das Rathaus. Es ist warm, man kann draußen sitzen. Palmer bestellt Kaffee und Wasser, ich ein Bier. Er wirkt aufgeräumt, eher zurückhaltend, mit sich im Reinen. Nach dem Vorfall in Frankfurt und der darauffolgenden, erwartbaren, meiner Meinung nach berechtigten, aber in Teilen maßlosen Kritik hatte Palmer angekündigt, eine »Auszeit« zu nehmen und sich »professionelle Hilfe« zu holen. Das hat er getan, keine Therapie, das hat er nach kurzer Überprüfung verworfen, sondern einen Coach.

»Mir geht's richtig gut«, sagt er jetzt. Den Fehler mit dem Vergleich mit dem Judenstern sehe er ein. »Hätte mir nicht passieren dürfen, aber jetzt sehe ich klar. Es gibt aus guten Gründen in Deutschland bestimmte rote Linien, zum Beispiel, solche Vergleiche nicht zu machen. Weil Leute, die so etwas machen, ja oft tatsächlich den Holocaust und die Nazigräuel relativieren wollen. Stichwort ›Vogelschiss in der Geschichte‹, und hinterher will man es ganz anders gemeint haben. Ich wollte und will nichts relativieren, schon gar nicht mit meiner Familiengeschichte, mein Vater hatte ja einen jüdischen Vater. Aber man kann in die Menschen nicht hineinschauen, und deshalb sehe ich ein, dass dieser Vergleich von mir falsch war. Würde ich nicht mehr machen.«

Er habe zwei Lehren gezogen, sagt er. »In den sozialen Medien dürfen nur noch bestätigte Kontakte kommentieren. Und außerdem stürze ich mich nicht mehr in jeden Streit.« Er habe gelernt, dass er eben nicht mehr jede Auseinandersetzung führen müsse. »Und bestimmte Wörter werde ich auch nicht mehr in der Öffentlichkeit sagen.« Das »N-Wort« zum Beispiel.

»Ich weiß, dass ich diesen Impuls habe, überzureagieren, und den musste ich in Griff bekommen.«

Nach diesem Gespräch sehe ich mich bestätigt darin, mit Palmer zu reden. Ich sehe bestätigt, dass er zuhören und Kritik annehmen kann. Und dass er jemand ist, der sich selbst reflektiert. So sehr man von Palmer lernen kann, wie man Dinge nicht machen sollte, so sehr kann man von ihm lernen, wie man sich korrigiert. Das erfährt man aber nur, wenn man versucht, ihn zu verstehen. Wenn man den Gesprächsfaden nicht abreißen lässt. Wenn man konstruktiv streitet.

Übers Kinderkriegen

Stuttgart durchfahre ich zügig. Ich mag diese Stadt, vielleicht auch wegen der Menschen, die ich dort kenne, aber es ist aus Radfahrersicht eben vor allem eine Autostadt. Autos, Autos, Autos. Die Infrastruktur ist aufs Auto ausgerichtet. Man fährt auf vielspurigen Straßen, die Abgase in der Nase, Autos und Lastwagen donnern an einem vorbei, es ist laut, und auch wenn Autos mit alten Dieselmotoren nicht mehr in die Stadt hineinfahren dürfen, weil vor ein paar Jahren sogenannte Umweltzonen vorgeschrieben wurden, riecht man doch, dass Stuttgart den Verbrennermotor liebt. Vor allem, wenn man mit dem Fahrrad unterwegs ist.

Man kann es ja irgendwie verstehen, immerhin haben Autos mit Verbrennermotor diese Stadt groß gemacht. Große Ingenieurskunst! Pionierarbeit! Erfindergeist! Und damit einhergehend: Arbeit, Wohlstand für viele, für manche gar Reichtum! Der Verbrennermotor: eine hochkomplexe Maschine, ein wundersames Kunstwerk! Und dann kommt plötzlich so ein E-Motor daher, kein Feuer, keine Einspritzung, keine vielfachen kleinen kraftvollen Explosionen, kein Drehmoment, nicht mal ein grandioses Zusammenspiel mit einem Getriebe, nichts! Ein E-Motor muss auf die, die für den Verbrenner stehen, wie eine Kränkung wirken. Aber die Wahrheit ist: Der E-Motor ist die Zukunft. Er ist leiser, ökonomischer, ökologischer, und er steht noch am Anfang. Wie gut wird er erst werden, wenn da so viel Entwicklungsarbeit drinsteckt wie in den heutigen Verbrennermotoren? Ich bin kein Experte auf diesem Gebiet, und natürlich kann man jetzt lange über Wasserstoff und E-Fuels und sonstige alternative Antriebstechnologien reden, aber: *The winner takes it all.* Und der Gewinner ist im Moment nun mal der E-Motor. Zumindest für eine gewisse Zeit wird er das Maß der Dinge sein. Allerdings beschleicht einen, während man durch Stuttgart radelt, das Gefühl, dass das noch nicht so ganz angekommen ist überall. Und dass dieses Nicht-wahrhaben-Wollen oder auch dieses Zu-spät-Erkennen für die deutsche Automobilindustrie, Rückgrat der Wirtschaft dieses Landes, gefährlich werden kann.

Am Rand von Stuttgart treffe ich auf eine Gruppe junger – und junggebliebener – Menschen, die mit Transparenten unterwegs sind und aussehen, als wollten sie zu einer Kundgebung. Es sind, wie ich bei näherem Hinsehen erkenne, Klimaaktivisten der »Letzten Generation«. Bekannt geworden ist dieses Bündnis, das sich zum Ziel gesetzt hat, Maßnahmen der Regierungen zur Einhaltung des Übereinkommens von Paris zum Schutz des Klimas mit Mitteln des zivilen Ungehorsams zu erzwingen, vor allem dadurch, dass Aktivisten sich mit Sekundenkleber auf Straßen kleben und damit den Verkehr behindern. Mal drangen sie auch auf Flugfelder vor, klebten sich auf die Startbahn und behinderten so den Betrieb des Flughafens. Für besonders große Aufmerksamkeit sorgten auch Aktionen, bei denen sie Kunstwerke, Bauwerke oder Denkmäler wahlweise mit Farbe, Tomatensuppe oder Kartoffelbrei beschmierten, bespritzten, übergossen, um auf diese Weise auf die Gefahren des Klimawandels hinzuweisen.

Ich teile die Sorgen all jener, die vor dem Klimawandel warnen. Als Journalist habe ich erlebt, welche Folgen er mit sich bringt: in Bangladesch zum Beispiel, wo der steigende Meeresspiegel und die damit verbundene Versalzung den Boden im Süden des Landes unfruchtbar machen, oder in Pakistan, wo die Menschen immer größere Hitze und Dürren und Flutkatastrophen in immer kürzeren Intervallen ertragen müssen. Weil ich mit eigenen Augen gesehen habe, welche Folgen der Klimawandel hat und weil ich seriösen und klugen Wissenschaftlerinnen und Wissenschaftlern in ihren Argumentationen folgen kann, dass der Klimawandel, zumindest aber die Beschleunigung des Klimawandels auch vom Menschen mitverursacht werden, bin ich dafür, dass wir unser Handeln, unseren Konsum und unsere Produktion überdenken und uns unserer Verantwortung bewusst werden. Ich bin vor allem dafür, dass wir alles unterlassen, das Leute davon abhält, sich klimabewusster zu verhalten. Die Aktionen der »Letzten Generation« halte ich in weiten Teilen für genau das: kontraproduktiv, bisweilen geradezu idiotisch, weil sie dazu führen, dass es die Überzeugungsarbeit, mehr Menschen für den Klimaschutz zu motivieren, unnötig erschwert und weil mehr Menschen Klimaschutz nach solchen Aktionen sicher nicht für eine notwendige, sondern für eine Sache durchgeknallter Typen halten.

Ich steige vom Rad ab, schließe mich dem Pulk an und frage eine junge Frau: »Wo geht's hin heute?«

»Demo in der Innenstadt.«

Sie trägt ein T-Shirt, auf dem steht: »No bun in this oven«, übersetzt: »Kein Brötchen in diesem Ofen«. Ist das der Name einer Band? Oder ein Modelabel?

»Was bedeutet das?«, frage ich und zeige auf ihr T-Shirt.

Sie schaut an sich herunter.

»Ach, das. Ich gehöre zur Childfree-Bewegung«, sagt sie.

An meinem fragenden Blick sieht sie, dass ich keine Ahnung habe.

»Das ist eine Bewegung von kinderlosen Menschen. Wir wollen das Leben ohne Kinder destigmatisieren. Es bleiben ja nicht nur Frauen mit Kinderwunsch kinderlos, sondern es gibt immer mehr Frauen, die sich bewusst dagegen entscheiden, Kinder zu bekommen.«

Ich kenne viele, die kinderlos bleiben. Manche sind verzweifelt deswegen und versuchen auf medizinischem Wege alles Mögliche, das zu ändern; andere fügen sich in ihr Schicksal. Weitere bleiben bewusst kinderlos, weil Kinder nicht in ihr Lebenskonzept passen, weil sie anstrengende, zeitraubende Berufe haben, weil sie viel in der Welt unterwegs sind, weil sie einfach keine Lust auf Erziehungsarbeit oder Familienleben haben, weil ihnen der Elterninstinkt fehlt, weil sie mit Kindern nichts anfangen können und so weiter. Es ist, zum Glück, eine individuelle Entscheidung, die jeder und jede selbst treffen darf.

Mir fällt ein, dass ich gelesen habe, dass manche Kinderlosigkeit auch als Beitrag zum Klimaschutz sehen. Und ich kenne Leute, die mir erzählen, ihre Kinder würden sie angesichts der Weltlage, der Kriege und des Klimawandels, fragen, ob sie überhaupt Kinder kriegen sollten. Das ist Ausdruck einer Hoffnungslosigkeit, die mir bisweilen größere Sorge bereitet als die Weltlage selbst.

»Du machst das aus Klimaschutzgründen?«, frage ich sie also, da sie hier ja gerade mit Klimaaktivisten unterwegs zu sein scheint.

»Ja, auch.«

»Ich kann es nicht verantworten, Kinder in diese Welt zu setzen«, stimmt nun eine andere Frau mit ein. Sie trägt, das sehe ich erst jetzt, ein T-Shirt, auf dem steht: »Fuck Pro Natalism«. Das andere T-Shirt, das mit dem Brötchen im Ofen, habe ich kapiert: Die junge Frau möchte kundtun, dass in ihr kein Kind entstehen wird. Aber dieses? »Natalism« muss ich später nachschlagen, ich weiß nicht, was das ist.

»Jedes Kind erhöht den CO_2-Fußabdruck. Wenn du ein Kind bekommst, trägst du damit stärker zum Klimawandel bei als ein Mensch ohne Kind.«

Einerseits, so mein Impuls, finde ich richtig, dass diese Frauen zu ihrer Entscheidung stehen: weil Kinderlosigkeit lange Zeit als Frevel galt, bisweilen heute noch gilt. Als erfülle eine Frau ihre gesellschaftliche oder sonstige Pflicht nicht, wenn sie keine Kinder zur Welt bringt. Dass Nachkommen prinzipiell nötig sind, um den Fortbestand der Sippe, der Gesellschaft, der Gemeinschaft, des Volkes, der Menschheit oder was auch immer sicherzustellen, ist gewiss richtig. Politik und gesellschaftliches Klima sollten daher kinderfreundlich sein, finde ich. Man kann aber nicht einer Frau oder einem Paar individuell vorwerfen, kinderlos zu sein. Genauso grotesk finde ich es allerdings, einer Frau oder einem Paar vorzuwerfen, Kinder zu haben.

Mich wundert bisweilen ohnehin, wie Kinder in Deutschland gesehen werden: als Kostenfaktor, als »Einzahler in die Sozialsysteme«, als »Projekt«. Da gibt es Leute, die das Kinderkriegen als Akt des Patriotismus fordern oder als Beitrag zum Erhalt des Rentensystems, dann wieder andere, die einem erzählen, Kinder zu bekommen, sei klimaschädlich und damit auch unsozial. Wahnsinn. Dass man vielleicht einfach nur Kinder hat, weil man Kinder liebt und weil sie Liebe schenken, scheint in den öffentlich geführten Debatten keine Rolle zu spielen. Oder dass man keine Kinder hat, weil man keine bekommen kann oder, aus individuellen Gründen, keine haben will.

All das würde ich sehr gerne mit den Frauen diskutieren, würde gerne mehr über ihr Denken erfahren, aber sie sind auf dem Weg zu ihrem Klimaaktivismus, und ich muss weiter Richtung Norden. Schade. Denn auch hier denke ich: Reden fördert Verständnis. Nicht zu reden und sich nicht auseinanderzusetzen mit dem anderen, vergiftet hingegen das Klima. Das gesellschaftliche, meine ich.

Natalismus beziehungsweise Pronatalismus, lese ich später, sei »eine Haltung, die im Privatleben kinderreiche Familien und auf der politischen Ebene das Wachstum der Bevölkerung befürwortet«. Das Gegenteil sei »Antinatalismus«. Die beiden Frauen waren also, wenn man das so sagen kann, »Antinatalistinnen«. Einige Staaten verfolgten eine »pronatalistische Politik«, um ein »Schrumpfen der Bevölkerung zu verhindern oder das Wachstum der Bevölkerung zu steigern«. Ich denke, die Bandbreite ist da ziemlich groß: von Anreizen wie Kinder- und Erziehungsgeld, um das Kinderkriegen aus finanzieller Sicht attraktiver – beziehungsweise weniger unattraktiv – zu machen, bis hin zu »Frauen, gebärt Kinder für unser Volk!«-Forderungen, wie wir sie aus der Geschichte – und leider auch aus der Gegenwart – zur Genüge kennen. Erst vor ein paar Jahren hat zum Beispiel der türkische Regierungschef Erdoğan seine

Bevölkerung aufgefordert: »Bevor es zu spät ist, sollte jede Familie mindestens drei Kinder haben. Je stärker unsere Bevölkerung wächst, desto mächtiger werden wir sein, verlassen Sie sich darauf.«

Abstecher in die Vergangenheit

Leider verfahre ich mich. Irgendwo muss ich eine Abbiegung verpasst haben, ich bin jetzt jedenfalls nicht mehr auf dem Neckartal-Radweg, sondern folge der Ausschilderung eines Radwegs Richtung Ludwigsburg. Die Richtung stimmt. Ich fahre auf einem Feldweg, Autos sind hier nicht unterwegs, dafür ein paar Radfahrer und Spaziergänger. Der Neckar ist weit und breit nicht zu sehen. Auf dem Handy sehe ich in der Navigationsapp, dass ich tatsächlich ein gutes Stück vom Weg abgekommen, aber dennoch in die richtige Richtung unterwegs bin.

Plötzlich tauchen rechts von mir hohe Mauern auf. Gigantische Betonwände, darauf Stacheldraht, mitten in landwirtschaftlichem Gebiet. Ein Bollwerk auf dem Acker, eine Festung auf dem Feld. Was ist das? Ich schaue in meine Navigationsapp, die gerade ohnehin irgendwie spinnt. Da ist nichts zu sehen als weiße Fläche, keine Beschriftung, keine Info.

Ein Paar kommt mir mit seinem Hund entgegen.

»Entschuldigen Sie, was ist das eigentlich für eine Mauer?«

»Stammheim«, sagt der Mann. »Justizvollzugsanstalt Stuttgart.«

Ah! Hier also! Am nördlichen Rand der Stadt, eigentlich schon in der Pampa. Wie oft habe ich Stammheim schon gehört, wie oft war es Thema in politischen Debatten und Teil der Popkultur?

Klar, die Rote Armee Fraktion, die RAF. Deutscher Herbst. Siebziger- und Achtzigerjahre. Westdeutschland im Ausnahmezustand. Entführungen, Geiselnahmen, Bombenanschläge, Morde. Die Ermordung von Generalbundesanwalt Siegfried Buback und von Dresdner-Bank-Vorstandssprecher Jürgen Ponto, die Entführung und Hinrichtung von Arbeitgeberpräsident Hanns Martin Schleyer. Die Entführung der Lufthansa-Maschine »Landshut«. Politischer Terrorismus. Das Vorgehen gegen politische und ökonomische Zustände, die man als ungerecht empfand, mit Mitteln der Gewalt.

Als am 13. Oktober 1977 das Lufthansa-Flugzeug, Flug LH 181 von Palma de Mallorca nach Frankfurt am Main, eine Boeing 737, von vier palästinensischen Terroristen entführt wurde, erlebten 86 Reisende, die meisten Deutsche, und fünf Besatzungsmitglieder ein Martyrium, das erst fünf Tage später mit der Befreiung in der somalischen Hauptstadt Mogadischu endete. Mit der Entführung sollten hier in Stammheim inhaftierte RAF-Terroristen freigepresst werden. Flugkapitän Jürgen Schumann wurde von einem der Entführer erschossen, drei der vier Terroristen wurden bei der Befreiungsaktion durch Beamte der GSG 9 getötet, einer Antiterroreinheit, die fünf Jahre zuvor, im September 1972 gegründet worden war, nachdem ebenfalls palästinensische Terroristen bei den Olympischen Spielen in München elf israelische Olympiateilnehmer ermordet hatten. Eigene Erinnerungen habe ich an die »Landshut«-Entführung nicht, ich war damals erst knapp drei Jahre alt, aber in der Maschine saß ein Vater mit seinem dreijährigen Sohn, der später mit mir zur Schule gehen sollte. Dieser Junge hat mir Jahrzehnte später gesagt, er halte sehr viel von der Haltung des damaligen Bundeskanzlers Helmut Schmidt, mit den Entführern nicht zu verhandeln, sondern mit aller notwendigen Härte zu antworten. Wäre die Befreiungsaktion der GSG 9 in Mogadischu gescheitert, wäre Schmidt als Kanzler zurückgetreten. Seine Position war, grundsätzlich nicht mit Terroristen zu verhandeln und nicht auf ihre Forderungen einzugehen, damit der Staat nicht erpressbar wird. Ich halte das, bei allem Risiko, immer noch für die bestmögliche Haltung.

Das Gefängnis in Stammheim wurde Anfang der Sechzigerjahre gebaut, Mitte der Siebzigerjahre kam eine Mehrzweckhalle dazu, eigens für die Prozesse gegen RAF-Terroristen, mit Stahlnetzen überspannt, um etwaige Befreiungsversuche mithilfe von Hubschraubern zu verhindern. Am 9. Mai 1976 nahm sich in diesem Gefängnis die Terroristin Ulrike Meinhof das Leben. Und in der Nacht nach der Befreiung der »Landshut« in Mogadischu begingen auch die RAF-Terroristen Andreas Baader, Gudrun Ensslin und Jan-Carl Raspe Suizid. Eine weitere, Irmgard

Möller, überlebte schwer verletzt. Das ging in die Geschichte ein als die »Todesnacht von Stammheim«.

»Wird dieses Jahr abgerissen, glaub ich«, sagt der Mann.

»Echt? Das Gefängnis kommt weg?«

»Nein, nur die Halle, wo das Gericht drin war«, sagt der Mann.

»Da haben sie lange herumdiskutiert. Das stand unter Denkmalschutz, aber da gibt es jetzt eine neue Halle, und nun muss die alte doch weichen«, sagt die Frau.

»Wahrscheinlich will man auch einen Schlussstrich ziehen unter die RAF«, sagt er.

»Ist ja auch gut so«, sagt sie.

»Na ja, die sind ja immer wieder mal Thema. Fahndung nach immer noch flüchtigen RAF-Mitgliedern, die inzwischen schon etwas betagt sind, neue Dokus und Spielfilme, irgendwelche Lieder, in denen die RAF vorkommt…«

»Ja, schlimm«, sagt sie.

Er nickt. »Ja, furchtbar.«

Wo Deutschland floriert

Es nieselt, außerdem bin ich müde. Ich beschließe, nur bis Ludwigsburg zu radeln und dann ein Stück mit dem Zug zu fahren, nach Heilbronn. Der Zug, eine Regionalbahn, ist voll. Mit einem normalen Fahrrad wäre ich nicht hineingekommen, zum Glück ist die Orange zusammengefaltet nicht größer als ein Handgepäckskoffer. Ich finde einen Platz, neben mir sitzt ein junger Mann.

»Nice bike«, sagt er. »Is it heavy?«

Wir kommen ins Gespräch. Er studiert Bioingenieurwesen in Schwenningen, dort, wo ich mit meiner Neckartour gestartet bin. Das Studium ist auf Englisch möglich, nur deshalb könne er in Deutschland studieren. Heute ist er bis zum Stuttgarter Hauptbahnhof gefahren, der ewigen Baustelle, und dort in diesen Zug umgestiegen. In Heilbronn hat er ein Bewerbungsgespräch.

»Warst du schon mal in Heilbronn?«

»Nein. Kenne ich nicht. Aber das ist mir egal. Ich gehe dahin, wo ich eine gute Arbeit finde.«

Ich muss an mein eigenes Vorstellungsgespräch denken und an meinen damit verbundenen ersten Besuch in der Stadt. Als Vorbereitung hatte ich noch Heinrich von Kleists »Das Käthchen von Heilbronn« gelesen, was mir aber, zumindest für das Bewerbungsgespräch, null gebracht hatte.

Er kommt aus Ahmedabad im indischen Bundesstaat Gujarat. Ahmedabad zählt mit schätzungsweise knapp acht Millionen Einwohnern zu einer der größten Städte Indiens. Aus Gujarat stammt auch Indiens Premierminister Narendra Modi. Er war Regierungschef dieses Bundesstaates, als es im Jahr 2002 nach einem Zugbrand zu von Hindunationalisten gesteuerten Pogromen gegen Muslime in Gujarat kam. Modi hatte eine zweifelhafte Rolle inne, aber politisch geschadet hat ihm das nicht, im Gegenteil, seit 2014 verfolgt er in ganz Indien eine ziemlich hindunationalistische Politik.

»Was hat dich denn, um Himmels willen, von Ahmedabad nach Villingen-Schwenningen verschlagen?«

Er lacht schallend. Dann zuckt er mit den Schultern. Keine Antwort.

»Und … gefällt es dir?«

»Oh ja, ich liebe es. Es ist so grün und so still. Wie in einem Wald. Ich komme mir vor, als würde ich in einem Wald wohnen. Ich bin ein richtiger Waldbewohner geworden.« Wieder lacht er sehr laut, und auch ich muss lachen.

Deutschland, ein Volk von Waldbewohnern. Aber klar, aus indischer Perspektive, insbesondere aus der Sicht indischer Metropolen, ist Deutschland ein einziger Wald.

Es sei ein Zufall gewesen, sagt er nun doch. Es habe die Möglichkeit gegeben, sein Studium, das er in Indien begonnen habe, in Deutschland fortzusetzen. Es wurde Deutschland beworben, wo genau, das spielte keine Rolle. »Jetzt bin ich nach ein paar Jahren in Schwenningen fast fertig und suche einen Job.«

»Und du willst in Deutschland bleiben?«

Er überlegt, dann sagt er: »Ich gehe dahin, wo ich etwas finde, das mich interessiert. USA, Kanada, Europa, Australien.«

Wie das mit einem Visum für das jeweilige Land sei, das müsse er dann noch klären.

»Für Deutschland hast du eins?«

»Nur für die Zeit des Studiums. Aber ich denke, wenn ich erst mal einen Job habe, bekomme ich eine Verlängerung.«

Ich wünsche es ihm. Bei der Art und Weise, wie manche deutschen Behörden arbeiten, bin ich mir da nicht so sicher. Sie schaffen es ja bisweilen, die klügsten Menschen zu verprellen, das haben wir gesehen. In Zeiten, in denen mehr als eine Million Stellen offen sind und Arbeitskräfte gesucht werden.

»Und zurück nach Indien?«

»Das ist auch eine Option, aber eigentlich möchte ich noch ein bisschen Auslandserfahrung sammeln.«

Irre. Ich denke an Menschen, die ich während meiner Deutschlandtour getroffen habe, die nicht einmal bereit sind, von einem Stadtteil in einen anderen zu fahren, um eine Arbeit zu haben, und hier ist einer, der geht von einem Ende der Welt ans andere und dann, wenn es nötig ist, noch weiter.

Er habe ein wenig Zeit gebraucht, sich an Deutschland zu gewöhnen, an die Art der Menschen, an die Sprache, die er mittlerweile »ein bisschen« beherrsche, *»little little«*, wie er ergänzend formuliert. »Jetzt möchte ich mich nicht schon wieder an etwas Neues gewöhnen. Deshalb wäre es ideal, in Deutschland zu bleiben.« Außerdem sei Deutschland von Indien nicht so weit entfernt wie Amerika oder Australien. Da könne man schneller mal nach Hause fliegen. Und von Heilbronn aus sei der Frankfurter Flughafen nicht weit.

»Na, dann wünsche ich viel Glück in Heilbronn!«

Heilbronn also. Eine der wohlhabendsten Gegenden der Republik. Ich fahre den Neckar entlang und bin auf dem Weg zu Sibylle und Siegfried Determann, die in Heilbronn einmal eine Buchhandlung betrieben haben und mit denen ich seit damals, als ich noch in dieser Stadt lebte und häufig ihre Regale durchstöberte, befreundet bin. Ich habe ihnen geschrieben, dass ich am Neckar auf Deutschlandtour bin, und sie haben mir sofort ihr Gästezimmer angeboten.

Heilbronn war, als ich im Jahr 2000 dorthin zog, eine ästhetisch eher unerfreuliche Stadt. Jetzt muss ich sagen, sie hat sich gemacht: neue Wohnhäuser, ja ganze Viertel neu, schöne Parkanlagen, hier und da die Straßen und Gehsteige und Fußgängerzonen schick gemacht. 2019 war hier die Bundesgartenschau, im Vorfeld hat man in dieser Stadt viel investiert und gestaltet und getan, Stadtplanung wie aus dem Lehrbuch, denn plötzlich floss eine Menge Geld in die darbende Infrastruktur. So entstanden zwei Seen, außerdem ein neues »Stadtquartier« genanntes Wohnviertel am »Neckarbogen«, mit Gebäuden, die mit diversen Preisen ausgezeichnet wurden – ein Stadtteil für etwa 3500 Menschen, allerdings vor allem für wohlhabende 3500 Menschen.

In Heilbronn ist man froh, dass die Pandemie erst 2020 und nicht schon 2019 begann. Andernfalls hätte sie all die Mühen zunichte gemacht. »Das wäre eine Katastrophe für uns gewesen«, höre ich nicht nur einmal.

Heilbronn wurde im Zweiten Weltkrieg stark in Mitleidenschaft gezogen. Häufig wurde es zum Ziel von Luftangriffen, in der Nachbarstadt Neckarsulm gab es kriegswichtige Industriebetriebe, die Menschen kannten das Leben im Bunker nur zu gut. Dann, am Abend des 4. Dezember 1944, gegen kurz nach neunzehn Uhr, griff die britische Luftwaffe die Stadt besonders heftig an, mehr als sechzig Prozent des Stadtgebietes wurden zerstört, darunter nahezu die gesamte historische Innenstadt. Ich kenne Bilder vom alten Heilbronn, man hat sie mir, als ich dort lebte, oft gezeigt, und ich habe auch in Archive geschaut: Heilbronn war, wie Magdeburg, wie so viele deutsche Städte, vor dem Zweiten Weltkrieg einmal eine Schönheit. Etwa 6500 Menschen starben an jenem verhängnisvollen Tag, davon mehr als tausend Kinder unter zehn Jahren. Das sind Schätzungen, genaue Zahlen sind nicht bekannt, da viele Menschen nahezu komplett verbrannten.

Noch bei der Umgestaltung Heilbronns im Vorfeld der Bundesgartenschau fand man bei Erdarbeiten mehrere Blindgänger aus jener Bombennacht.

»Die ganze Stadt brannte«, erzählt Siegfried Determann. »Es war ein Inferno, alles war zerstört.« Er selbst erinnere sich nicht daran, er war damals zwei Jahre alt, aber er kenne die Bilder und die Erzählungen aus der Familie und aus dem Freundes- und Bekanntenkreis. Aber doch, eine Erinnerung habe er: »Die Tannenbäume. Das waren Leuchtbomben, die abgeworfen wurden, um das Zielgebiet zu beleuchten und zu markieren. Das Bild habe ich im Kopf.« Und er erinnere sich an Bunker und Keller, an Schutt und Asche.

In den Nachkriegsjahren bekam Heilbronn das unscheinbare Fünfzigerjahre-Wiederaufbau-Antlitz, das so viele deutsche Städte ertragen müssen, inklusive fragwürdigem Brutalismus.

Ich versuche, ein Gespräch mit Dieter Schwarz zu arrangieren, Ehrenbürger von Heilbronn, Unternehmer und Eigentümer der Schwarz-Gruppe, zu der der Discounter Lidl und die Supermarktkette Kaufland gehören. Zu diesem Zeitpunkt, als ich in Heilbronn bin, gilt er als der reichste Deutsche, mit einem Vermögen von schätzungsweise vierzig Milliarden Euro. Aber Schwarz meidet die Öffentlichkeit, es gibt keine Filmaufnahmen und kaum Fotos von ihm, er gibt keine Interviews. Das weiß ich natürlich, insofern war schon klar, dass ich ihn nicht treffen würde. Dafür aber seinen Geist, der allgegenwärtig ist in Heilbronn. Schwarz oder, genauer, seine Stiftung finanziert ziemlich viel in Heilbronn.

Aber der Reihe nach.

Schwarz hat einst das Lebensmittelgeschäft von seinem Vater übernommen. Da, wo heute die Heilbronner Fußgängerzone ist, war vor gut hundert Jahren noch eine Filiale der »Lidl & Co. Südfrüchtenhandlung«. Später wurde das Unternehmen in »Lidl & Schwarz« umbenannt und entwickelte sich zum Lebensmittelgroßhandel für die Region Heilbronn, bevor man ins Discounter-Supermarktgeschäft einstieg, um Aldi Konkurrenz zu machen.

In der Anfangszeit von Dieter Schwarz hatte Lidl zwölf Filialen. Heute sind es mehr als zwölftausend Filialen in Europa und den USA, der Discounter beschäftigt bald eine halbe Million Menschen und ist damit der größte Discounter-Konzern der Welt. Lidl verfügt über eine

Marktmacht, die erheblichen Einfluss darauf hat, wie heute Lebensmittel produziert werden und was wir also essen und trinken.

Als Schwarz sich 1999 mit sechzig Jahren aus der Unternehmensleitung zurückzog, übertrug er einen Teil seines Vermögens auf die Dieter Schwarz Stiftung, die sich Förderung von Bildung und Forschung sowie Kunst und Kultur auf die Fahnen geschrieben hat.

Ich treffe jemanden, der Schwarz und seine Denkweise gut kennt. »Schwarz hat eine kaufmännische Ausbildung absolviert, aber nie studiert. Das scheint wie ein Stachel zu sein, zudem störte ihn, dass sein Heimatbundesland Baden-Württemberg nicht gerade durch glänzende Universitäten auffiel. Also beschloss er, sein Geld dort zu investieren, um das zu ändern.« So flossen viele Millionen zum Beispiel in die »Experimenta«, ein Museum, das als »Science Center« bezeichnet und als »Lern- und Erlebniswelt« angepriesen wird, in dem Menschen jeden Alters einiges über Naturwissenschaft und Technik lernen können. Experten sagen, es sei ein »Museum von Weltklasse«. Neben der Stadt Heilbronn hat Schwarz mit seiner Stiftung einen großen Teil finanziert. Und er hat sehr viel Geld in den Bildungscampus gesteckt, eine Ansammlung von Hochschulen und Forschungseinrichtungen auf einem Areal in Laufweite zur Innenstadt. Alles ist neu und modern, energiesparend und umwelt- und klimabewusst. Viele junge Menschen sind hier unterwegs, Menschen aus aller Welt. Der Bildungscampus, 2011 eröffnet, hat Heilbronn verjüngt und internationaler gemacht. Und automatisierter: Auf dem Campus gibt es einen kleinen Supermarkt, einen Selbstbedienungsshop. Ohne Personal, dafür mit vielen Computern. Kann man super finden oder furchtbar.

Obwohl es dieses Areal noch nicht lange gibt, stehen hier sehr große Bäume.

»Wie ist das möglich? So lange gibt's das hier doch gar nicht?«, frage ich den Schwarz-Kenner.

»Dieter Schwarz ist 1939 geboren. Er ist also Mitte achtzig. Und er möchte das, worin er investiert, gerne jetzt schon in voller Schönheit sehen. Deshalb hat er hier große Bäume hinpflanzen lassen.«

»Aber kleine Bäume kosten schon sehr viel. Das hier muss ja…«

»Ja. Genau. Aber er hat's ja. Und wenn er etwas will, dann ist es fast egal, was es kostet.«

Man hört in Heilbronn fast nur wohlwollende und lobende Worte über Schwarz. Ein »anständiger Kerle« sei das. Einer, der »viel für unsere Stadt getan hat«. Keine Skandale, keine Affären, seit 1963 mit derselben Frau verheiratet, ein makelloses Bild. »Ich sehe ihn ab und zu auf dem Markt«, sagt mir eine Geschäftsfrau. »Er kauft selbst ein.« Den Menschen gefällt, dass er lebe »wie ein normaler Mensch«, er trage »günschtige Anzüge von C&A«, habe keine Yacht und keinen Hubschrauber, wahrscheinlich auch kein allzu extravagantes Auto, jedenfalls wisse man nichts davon. Dass er sich insgesamt aus der Öffentlichkeit fernhält, hat, sagen Leute, die ihn kennen, wohl auch mit Angst vor Entführungen und Angriffen auf ihn oder seine Familie zu tun. Auch das verstehen die meisten Menschen in Heilbronn. »Der isch da ganz anders wie andere Milliardäre wie der Elon Musk oder der Jeff Bezos«, sagt ein Heilbronner.

Eine Studentin, die selbst aus Heilbronn kommt, sagt, sie finde »krass, wie viele junge Menschen aus anderen Ländern jetzt in Heilbronn studieren«. Auch von vielen älteren Leuten höre ich, die Stadt sei nicht nur durch die Bundesgartenschau, sondern auch durch den Bildungscampus »aufgeblüht«. Ich kann die Freude darüber nachvollziehen, denn ich kann mir schon gut vorstellen, wie sehr hier – wie an manch anderen Orten im Ländle – auch eine gewisse geistige Enge herrschte über lange Zeit.

Seltsamerweise erwähnt, wenn man mit Menschen in Heilbronn spricht, niemand die dunklen Seiten: die Arbeitsverhältnisse bei Lidl, die Beschwerden über Mobbing und autoritäre Betriebskultur, das Verhindern von Betriebsräten, die Überwachungsskandale, als 2008 der »Stern« aufdeckte, dass Mitarbeiterinnen und Mitarbeiter heimlich mit Kameras überwacht werden und dass Protokolle geführt werden, wer wie oft zur Toilette geht und wer mit wem womöglich ein Liebesverhältnis hat.

Von »Machenschaften« ist zu hören, wenn man sich außerhalb Heilbronns umhört, in Gewerkschaftskreisen, oder wenn man bestimmte Medien liest. Hier in Heilbronn feiert man eher das Mäzenatentum.

Auch, dass Dieter Schwarz viel in »künstliche Intelligenz« investiert und in diesem Bereich Experten nach Heilbronn holt, sehr zum Ärgernis von Tübingen. Die beiden Städte am Neckar machen sich in diesem Bereich gegenseitig starke Konkurrenz.

Ist Reichtum schlecht? Sind Milliardäre ein Fehler im System? Ich lese und höre solche Dinge bisweilen im politisch linken Spektrum. Richtig ist, dass niemand aus eigener Kraft, mit eigener Arbeit, sei es mit den Händen oder mit dem Kopf, Milliardär wird. Dazu braucht es immer Menschen, die für einen arbeiten – bei Schwarz, wie gesagt, fast eine halbe Million Menschen. Ab wann ist es, wenn andere für einen arbeiten, Ausbeutung? Wie hoch müssen Löhne und Gehälter sein, damit sie gerecht sind? Dass es Unterschiede gibt, finde ich nicht nur akzeptabel, sondern geboten: Menschen sind unterschiedlich, arbeiten unterschiedlich, leisten Unterschiedliches, also muss auch die Bezahlung unterschiedlich sein. Aber dann wieder sind die Unterschiede so absurd groß, dass es ungerecht ist. Andererseits, auch das gehört zur gesamten Betrachtung, ist es eine beachtliche Leistung, so viele Menschen dazu zu bringen, für einen zu arbeiten, ihnen entsprechende Jobs zu bieten, Löhne und Gehälter zu zahlen et cetera. Und Schwarz hat, im Vergleich zu heute, klein angefangen. Diese Leistung nicht zu sehen, halte ich für falsch.

Müssten die, die ihm geholfen haben, so reich zu werden, nicht deutlich stärker an den Einkünften beteiligt werden? Und ist es richtig, dass ein Milliardär steuersparend über eine Stiftung Dinge bestimmen kann, die die Allgemeinheit betreffen?

Das zu entscheiden, ist die Sache der Politik. Darüber muss gestritten werden.

Abgesehen davon, würde man Schwarz gerne fragen, was ihn treibt. Warum zum Beispiel ausgerechnet er, der nicht an einer Universität studiert hat, derart großzügig universitäre Einrichtungen fördert. Was er von der Ungleichheitsdebatte hält und ob er die Argumentation mancher nachvollziehen kann, es wäre besser, er zahlte mehr Steuern als Spenden für Kultur- und Bildungsprojekte. Angeblich, höre ich, findet er auch lobende Worte für sozialdemokratische Politik. Wie steht er also zu einer höheren Besteuerung von Vermögenden?

Aber ich kann ihn leider nicht fragen. Andere hingegen erzählen gerne, wie sie es sehen.

»Ich finde, der sollte mehr Steuern zahlen, dann kann die Stadt sich all die Dinge, die jetzt seiner Großzügigkeit zugeschrieben werden, selbst leisten«, sagt eine Händlerin in Heilbronn.

Eine andere erklärt: »Ich finde es besser so, wie es ist. Natürlich setzt er sich mit allem, was er hier in der Stadt macht, selbst ein Denkmal. Aber er bewegt viel und schnell. Würde das über Steuern gehen, dann würde das Geld viel ineffektiver genutzt, vieles würde wahrscheinlich versickern oder unnütz ausgegeben oder in den Händen von viel zu vielen Leute landen, und am Ende käme viel weniger raus als jetzt.« Der jetzige Weg, sagt sie, sei »vielleicht undemokratischer, aber sehr viel besser für die Stadt«.

Heilbronn ist eine Stadt, in der nicht nur dank Schwarz vieles richtig gemacht wurde, der es ziemlich gut geht und in der das Pro-Kopf-Einkommen so hoch ist wie nirgendwo sonst in Deutschland. Wobei das Einkommen von Dieter Schwarz die Statistik ein wenig verzerrt, aber dennoch.

Und trotzdem fährt die AfD hier hohe Ergebnisse ein, höher als im Durchschnitt Deutschlands. Hier, wo es sich nicht um eine abgehängte Region handelt, wo das Thema Flüchtlinge und Migration in keiner Weise politisch bedeutsam ist, jedenfalls nicht bedeutsamer als anderswo und sicher nicht so sehr wie in manchen Grenzregionen, wo Kindergartengebühren abgeschafft wurden, wo es Ganztagsschulen gibt und wo die Kriminalitätsrate so niedrig ist wie kaum woanders. Wenn Rechtspopulisten irgendwo keinen Erfolg haben dürften, dann in solch einer Stadt. Und dennoch fahren sie gute Ergebnisse ein.

Woran das liegt, kann mir niemand in Heilbronn erklären. »Da stoß ich an meine Grenzen«, sagt ein Geschäftsmann. »Ich weiß es nicht. Es ist beschämend und zum Verzweifeln«, sagt ein anderer. Manche verweisen auf den hohen Anteil an Russlanddeutschen, die hier leben und die Sympathien für die AfD hätten, andere sagen, in einer Stadt mit vielen wohlhabenden Leuten hätten viele eben auch viel zu verlieren, und diese Verlustangst sei möglicherweise eine Erklärung. Tja, die fetten Jahre sind möglicherweise vorbei. Aber wird deswegen jemand arm sein? Muss man deswegen Rechtsextremisten wählen? Werden hier dann plötzlich lauter Abgehängte und Chancenlose leben? Woher rührt diese permanente Angst vor dem drohenden Niedergang? Und warum war Heilbronn schon immer eine Hochburg von Rechtsextremisten, in den Neunzigerjahren zum Beispiel von den Republikanern, später von der NPD?

Heilbronn war außerdem Schauplatz eines von Rechtsextremisten verübten Mordes, der bundesweit Schlagzeilen machte: Am 25. April 2007 wurde die erst 22-jährige Polizistin Michèle Kiesewetter auf der Theresienwiese, einem Festplatz in Heilbronn, mit einem gezielten Kopfschuss getötet. Ihr Kollege wurde schwer verletzt. Die Ermittlungen erwiesen sich als dilettantisch und rassistisch: Lange Zeit ging man von einer Frau als Täterin aus, deren DNA über Jahre an mehreren Tatorten gefunden wurde – bis herauskam, dass es sich um Spuren einer Frau handelte, die an der Herstellung der bei der Spurensicherung verwendeten Wattestäbchen arbeitete. Lange Zeit fahndete man dann in Kreisen von Roma und Sinti und bediente dabei rassistische Muster: So wurde ein Verdächtiger einem Test am Lügendetektor unterzogen, und später wurde in den Akten festgehalten, der Mann sei »ein typischer Vertreter seiner Ethnie«, was bedeute, dass »die Lüge ein wesentlicher Bestandteil seiner Sozialisation« sei. Der Zentralrat Deutscher Sinti und Roma erstattete Anzeige. Erst später kam heraus, dass Kiesewetter Opfer des rechtsextremistischen Netzwerks »Nationalsozialistischer Untergrund«, kurz: NSU, geworden war. Auch bei den anderen Morden, die diese Rechtsextremisten zu verantworten haben, wurde schlampig und mit rassistischen Vorurteilen ermittelt: Jahrelang wurden die Täter mal »im Milieu«, mal »im familiären Umfeld« vermutet, es wurden immer wieder Verdächtige »südländischen Typs« gesucht, und auch die Medien machten mit und nannten die Taten zeitweise »Dönermorde«. Bei einem Mord in Kassel befand sich sogar ein Mitarbeiter des hessischen Verfassungsschutzes im Internetcafé, als der Mord geschah. Der Mann galt zeitweise als Tatverdächtiger, will aber von den Schüssen nichts mitbekommen haben.

Bevor ich Heilbronn verlasse, fahre in an der Theresienwiese vorbei. Am Tatort steht eine Tafel, die an Kiesewetter und an die anderen NSU-

Mordopfer erinnert, eine gemeinsame Erklärung der Städte Nürnberg, Hamburg, München, Rostock, Dortmund, Kassel und Heilbronn von April 2012. Alles Orte, an denen der NSU mordete.

Größter Arbeitgeber und wirtschaftliches Rückgrat der Region ist die Automobilindustrie. Audi hat ein großes Werk im benachbarten Neckarsulm, die Mitarbeiter nennen sich stolz »Audianer«. Ich fahre bei meinem Weg aus Heilbronn heraus, den Neckar weiter Richtung Norden entlang, an dem riesigen Werk vorbei. Ja, die deutsche Automobilbranche steht, soweit ich das als Laie und Leser verstehe, vor einschneidenden Umbrüchen und vor massiven Herausforderungen, die sie vielleicht nicht überleben wird, die sie zumindest schwächen werden. Das hat auch, muss man dazusagen, damit zu tun, dass manch einer in dieser Branche mit Betrügereien beschäftigt war, während anderswo an der Technologie der Zukunft gearbeitet wurde. So kann man natürlich auch sehenden Auges in den Abgrund steuern. Vor allem ist das ungerecht gegenüber all denen, die gewissenhaft ihre Arbeit machen und mit den kriminellen Machenschaften nichts zu tun haben. Wenig intelligent ist allerdings auch, wenn jetzt einige von ihnen Rechtsextremisten wählen, weil die versprechen, am Verbrennermotor festhalten zu wollen. Als ob die AfD eine globale Entwicklung aufhalten könnte.

Die bittere Erkenntnis ist: Selbst Wohlstand, Arbeit, Sicherheit, gute wirtschaftliche Entwicklung, gute Bildung, gute Infrastruktur in jeder Hinsicht können Unzufriedenheit und Ängste nicht verhindern und sind keine Garantie gegen extremistische Ansichten und das Wählen von Leuten, die demokratische Wege nutzen, um der Demokratie zu schaden. Selbst hier fallen Sprüche gegen »die Ausländer« und »die Fremden« auf fruchtbaren Boden. Dabei könnten Unternehmen wie Lidl oder Audi dichtmachen, gäbe es all die Mitarbeiterinnen und Mitarbeiter mit Migrationsgeschichte nicht.

Zum Bild gehört aber auch, was mir ein Audi-Ingenieur in Heilbronn erzählt hat, den ich zufällig getroffen habe und der Enkel von türkischen Gastarbeitern ist: dass auch Menschen wie er »die Schnauze gestrichen voll« hätten von den »viel zu vielen Migranten, die hier ohne Bildung ankommen, oft nicht mal lesen und schreiben können, aber ständig von Religion reden und alles hinterhergeschoben kriegen vom Staat, während meine Großeltern, meine Eltern und ich hart arbeiten mussten, um dahin zu kommen, wo wir jetzt sind. Und dann müssen wir aber alle leiden unter dem schlechten Ruf, den Migranten haben.«

Das, sagt er, finde er unfair. Auch er sei für Zuwanderung, »aber nicht so wie jetzt«. Das sähen übrigens die meisten Menschen mit Migrationshintergrund so, sagt er, Leute mit Wurzeln in der Türkei »und Russlanddeutsche sowieso, wobei manche von denen sich für deutscher halten als andere Einwanderer, nur weil sie weiß sind oder deutsche Vorfahren haben«.

Es ist das Gefühl von Kontrollverlust, das viele Menschen umtreibt. Egal, ob sie reich oder arm sind, Arbeit haben oder staatliche Hilfsleistungen beziehen. Ob sie gebildet sind oder nicht, in einem sicheren Umfeld leben oder nicht. Das Gefühl von Kontrollverlust lässt sie Extremisten wählen. Kontrollverlust, der zu Unsicherheit führt, die zu Wut führt, die zum Wählen von Extremisten führt, was irrational ist, weil dies die Situation dieser Menschen nicht verbessert, sondern verschlimmert, aber in ihrer emotionalen Lage sind sie nicht fähig oder nicht willens, das zu sehen.

Das Gefühl des Kontrollverlustes, ist mein Eindruck, rührt auch daher, dass in Deutschland häufig keine klaren politischen Entscheidungen getroffen werden, die dann auch gut und nachvollziehbar für möglichst viele begründet werden. Dass man unliebsame Entscheidungen vor sich herschiebt. Und wenn sie getroffen werden, dann werden sie schlecht kommuniziert. Oder man hat dabei tatsächlich nicht auf die Meinung vieler Menschen gehört.

Energiepolitik ist so ein Thema, das kommt mir in den Sinn, als ich Heilbronn verlasse und am dortigen Kohlekraftwerk vorbeiradele. Da verbrennt man Kohle, um Energie zu erzeugen, und produziert auf diese Weise unglaublich große Mengen an CO_2, was man aber angesichts der Klimasituation richtigerweise verhindern sollte.

Ich habe während meiner Tour durch Deutschland bis dahin einige Kohlekraftwerke gesehen, Atomkraftwerke, Windparks, Felder mit

Solarpanelen und natürlich, da ich entlang von Flüssen radele, Wasserkraftwerke. Egal, was es ist – es gibt laute Stimmen dagegen.

Ich selbst bin ja nicht weit vom Kernkraftwerk Stade aufgewachsen. Bin ich ein Kernkraftbefürworter? Nein. Ein Atomkraftgegner? Auch nicht. Jedenfalls nicht aus ideologischen Gründen. Aber ich verstehe die Bedenken, ich bin mir der Risiken bewusst, ich weiß von Tschernobyl, ich weiß von Fukushima, und die Frage nach dem Atommüll hat man, siehe Gorleben, auch noch nicht wirklich zufriedenstellend beantworten können. Wenn ich mir also aussuchen kann, ob ich neben einem Atomkraftwerk lebe oder lieber nicht, wähle ich: lieber nicht.

Oder Windkraft. Eine faszinierend einfache Technologie: eine Mühle. Und doch ausgeklügelt, dass so ein Ding Strom produziert. Aber dann höre und lese ich die Argumente dagegen: die Lautstärke! Die Gefahr für Vögel! Die Verspargelung der Landschaft! Sie sind ja so hässlich! Es gibt gesundheitliche Risiken für den Menschen! Und noch einiges mehr. Wieder: Finde ich Windkraft gut? Sie gehört zu den erneuerbaren Energien, daher: ja. Aber würde ich so ein Windrad vor meiner Haustür haben wollen? Hm.

Und Felder mit Solarpanelen? Auch so eine Sache, schließlich könnte man die Äcker oft klüger für die landwirtschaftliche Produktion einsetzen.

Die wenigsten kritischen Stimmen habe ich zum Thema Wasserkraft gehört, aber es gibt sie natürlich auch: schädlich für Fische, ein unüberwindbares oder tödliches Hindernis, Flächenverbrauch durch Stauraum, überhaupt: der starke Eingriff in die Natur, hoher baulicher Aufwand, die Zerstörung von Lebensräumen, die ökologischen Auswirkungen auf Flora und Fauna, bisweilen: notwendige Umsiedelung von Menschen, ja von ganzen Ortschaften.

Aber der Punkt ist: Irgendwo muss unser Strom herkommen. Er entsteht nicht von alleine. Politik muss den Spagat schaffen, einerseits Klimaziele zu verfolgen und damit erneuerbaren Energien den Vorrang zu geben, andererseits aber auch dafür zu sorgen, dass ausreichend Strom produziert wird, der dann auch leistbar für alle bleibt. Außerdem eine Unabhängigkeit zu gewährleisten, damit nicht das passiert, was 2022 geschehen ist, nach dem kriegerischen Angriff Russlands auf die Ukraine: nämlich dass Wirtschaftsminister Robert Habeck, ein Grüner, Kernkraftwerke länger laufen lassen, alte Kohlekraftwerke wieder in Betrieb nehmen lassen und beim Emir von Katar um Gas betteln muss.

Auch wenn Deutschland bislang relativ unbeschadet durch diese Krise gekommen ist, merken die Menschen doch: So, wie wir es bisher gemacht haben, ist es nicht wirklich gut. Sie merken auch: Es wird in diesem politischen Bereich wie in so vielen anderen ideologisch argumentiert und gehandelt und für eine bestimmte Klientel Politik gemacht, anstatt das Wohl möglichst aller im Sinn zu haben.

Ein Tummelfeld für Lobbyisten, klar, es geht ja um viel Geld. Aber woher dieser ideologische Eifer? Warum geht es so oft in erster Linie darum, das Richtige zu glauben, auf der richtigen Seite zu stehen, recht zu haben, anstatt sich eines Themas unvoreingenommen anzunehmen, Vor- und Nachteile abzuwägen, das dann auch klug, also umfassend und wahr einerseits, verständlich und nicht unnötig verkomplizierend andererseits, den Menschen zu erklären und auf ihre Stimmen zu hören, sie also mitzunehmen? Warum wird jemand, der sagt, er sei gegen Atomkraft, aber in dieser Zeit sei es vielleicht doch klug, die Laufzeit zu verlängern, fertiggemacht, als habe er sich eines nicht hinnehmbaren Verbrechens schuldig gemacht? Wie kommt man darauf, beim Thema nukleare Sicherheit schon die Frage, ob aus technischer Sicht ein Weiterbetrieb möglich und vertretbar wäre, als Blasphemie zu sehen, als Verrat an einer Ideologie?

Ich mache nur eine kurze Etappe von Heilbronn, ich fahre bis in das Dorf Zwingenberg, direkt am Neckar gelegen. Dort lebt das Journalistenpaar Diana Michnay und Stefan Winterbauer. Ich kenne beide vom Lesen, habe sie aber persönlich noch nicht getroffen. Sie wurden mir als Kontakt auf dem Weg entlang des Neckars empfohlen, und sie bieten mir ihr Gästezimmer an, obwohl ihr Sohn zu Besuch ist, er studiert in Köln. Auch Diana und Stefan stellen fest, dass sich immer mehr Wut breit macht und immer mehr Menschen Rechtspopulisten und Rechtsextremisten hinterherlaufen.

»Ich erschrecke manchmal, wenn ich Leute reden hören, die ich gut kenne und von denen ich solche Töne nie erwartet hätte«, sagt Stefan.

»Manchmal merke ich aber auch an mir selbst, dass ich konservativer werde und manche Dinge doch sehr kritisch sehe«, sagt Diana. Vielleicht auch, weil Themen, die tatsächlich behandelt werden müssten, wie Rente und dass bald die Babyboomer allesamt in den Ruhestand gehen, es allenthalben noch mehr an Personal fehlen wird, oder Pflege von Alten oder bessere Kinderbetreuung, weil also all diesen wichtigen Themen nicht die Aufmerksamkeit zugemessen werde, wie es nötig wäre. Vielleicht auch hier: das Gefühl des Kontrollverlustes, weil man den Eindruck hat, dass sich nicht genug um das gekümmert wird, um das sich gekümmert werden müsste.

Zum Glück haben Diana und Stefan zwei wunderbare Hunde, die zwar die Probleme nicht lösen, aber die Welt erträglicher machen.

Wahlkampfversprechen

Ich verlasse das erste Mal auf dieser Tour Baden-Württemberg, der Neckar macht einen Schlenker durch Hessen. An diesem Tag finden in Hessen Landtagswahlen statt. Der Wahlkampf ist vorbei, die Plakate hängen noch. Die SPD wirbt mit »Zeit für 7500 neue Ärztinnen«. Ach so. Aber was kann die SPD in Hessen genau dazu beitragen, dass so viele neue Ärztinnen kommen? Kann sie das überhaupt beeinflussen? Der FDP-Kandidat schreibt: »Feuer und Flamme für Hessen«. Wie schön für ihn. Ich bin auch »Feuer und Flamme« für verschiedene Orte und Regionen und Länder. Na und? Bei der CDU steht einfach nur der Name und »CDU« unter dem Potraitfoto, sonst nichts. Was können die Menschen inhaltlich erwarten? Man weiß es nicht. Bei den Grünen lese ich: »Entschieden für Hessen« und »Mut zu machen«. Na dann.

Die AfD wiederum wirbt zum Teil mit Sprüchen, denen jeder, wirklich jeder zustimmen würde (»Wohnraum bezahlbar machen«), denen manche widersprechen würden, ich zum Beispiel (»Kreuz-Pflicht für

Hessen!«), oder die, typisch AfD, auf niedere Instinkte zielen und Sündenböcke suchen (»Abschieben schafft Wohnraum«). Inhaltlich legt sie sich auf den Plakaten stärker fest als die anderen, was, glaube ich, problematisch ist aus Sicht der anderen.

In einem Dorf sehe ich eine Frau, die aussieht wie Annegret Kramp-Karrenbauer. Sie ist dabei, SPD-Plakate abzuhängen. Auf dem Plakat, das sie auf einen Handkarren wirft, steht: »Zeit für 25 000 neue Pfleger«.

»Ah«, bemerke ich, »ich hab schon das mit den neuen Ärztinnen gesehen.«

»Ja, Ärzte haben wir auch. Und Lehrer.«

»Aber sagen Sie, die neuen Lehrerinnen, Ärzte, Pfleger, woher sollen die denn kommen?«

Sie hört auf, am nächsten Plakat zu hantieren, und schaut mich durchdringend an. »Sind Sie nicht Buchautor? Warten Sie … Has… Kazenin …«

»Hasnain Kazim, ja, das bin ich.«

»Ach, das ist ja eine Überraschung! Ich hab ein Buch von Ihnen gelesen!«

Sie fragt, was ich hier mache, und ich erzähle ihr von meinen Fahrten durch Deutschland.

»Na, dann müssten Sie doch wissen, woher die kommen sollen! Sie mit Ihrer Einwanderungsgeschichte sowieso …«

»Wirklich?«

»Zuwanderung! Wir brauchen viel mehr Zuwanderung!«

»Das schreiben Sie aber nicht auf Ihre Plakate …«

»Die Leute wollen das nicht hören oder missverstehen das. Aber die Wahrheit ist: Wir kommen gar nicht drum herum!«

»Ich bin grundsätzlich für Migration, wir sind faktisch schon lange ein Einwanderungsland. Aber brauchen wir nicht erst mal ein funktionierendes System, um die Zuwanderung zu steuern? Meiner Meinung nach müssen wir vernünftige Kriterien aufstellen und die dann auch konsequent durchsetzen.«

Sie schaut mich an, als hätte ich etwas Ungehöriges gesagt.

»Ständig höre ich von Politikerinnen und Politikern, Migration sei gar keine große Sache, die werde aufgebauscht. Aber überall im Land begegne ich dem Thema: Leute, die sich überfordert fühlen, von Problemen, Flüchtlinge unterzubringen, ja, auch von steigender Kriminalität, die dann kleingeredet wird; und von Flüchtlingen und Migranten wiederum höre ich, wie schwer sie es haben, dass sie nicht arbeiten dürfen, von der Mühsal auf den Behörden, den Schikanen … Das kann man doch alles besser machen! Besser für alle Seiten!«, sage ich.

»Es wäre schon viel gewonnen, wenn wir alle Neuankömmlinge in menschenwürdige Wohnungen setzen und ihnen Zugang zum Arbeitsmarkt ermöglichen würden. Bis sie eine Arbeit haben, brauchen sie zumindest so viel Geld, dass sie menschenwürdig leben können. Ich denke mal, die allermeisten sind traumatisiert, man müsste die alle regelmäßig zum Therapeuten schicken.«

Uff. Das ist Stoff für ein mehrstündiges Gespräch.

»Also, gerade was Flüchtlinge angeht, ist die Herausforderung ja, dass sie erst einmal ausgebildet werden müssen. Zumindest viele. Und nicht wenige von ihnen müssten sogar erst alphabetisiert werden. Ich sage nicht, dass das ein Kriterium wäre, Flüchtlinge aufzunehmen. Flucht ist Flucht, Krieg ist Krieg, Verfolgung ist Verfolgung. Ich sage nur: Es ist nicht so, dass das Problem, dass wir neue Ärzte, Pfleger, Lehrer brauchen, mit Geflüchteten mal eben so zu lösen ist.«

»Weiß ich doch selbst, ich bin ausgebildete Krankenschwester«, wirft sie ein.

»Und was Sie sagen zu Wohnungen, Arbeit, Therapie – da haben Sie in der Theorie völlig recht. Ich bin mir sicher, dass Ihnen kaum jemand widersprechen wird, dass eine ordentliche Wohnung, ein Arbeitsplatz und, wenn nötig, eine Therapie beim Ankommen, beim sich Einfinden und Integrieren helfen würden. Aber es kommen ja zeitweise einige Hunderttausend Menschen pro Jahr nach Deutschland. Wie soll das funktionieren? Woher soll das Geld dafür kommen? Und selbst wenn man es lockermacht und woanders einspart, was glauben Sie, wie das ankommt bei den Rentnern und Geringverdienern und Hilfsempfängern hier, die gerade so über die Runden kommen? Klar, man mag das als Neid und Missgunst abtun, aber ich kann diese Menschen schon verstehen. Die haben zum Teil jahrzehntelang in die Sozialkassen eingezahlt. Und dann kommen da andere und bekommen, ohne auch nur je einen Cent eingezahlt zu haben, vergleichbare Leistungen? Das ist politisch schwer zu vermitteln, jedenfalls nicht der Mehrheit. Glaube ich jedenfalls. Schauen Sie sich den Wohnungsmarkt an in Deutschland: Gerade im preiswerten Bereich ist der stark umkämpft. In den meisten Orten ist es schwer, eine leistbare Mietwohnung zu finden. Arbeit? Gut, da haben wir wirklich großen Bedarf in fast allen Bereichen. Aber wenn es dann mal wieder anders sein sollte, was nicht absehbar ist, heißt es: ›Die Ausländer nehmen uns unsere Arbeitsplätze weg!‹ So geht das nicht! Und Therapie?« Ich muss lachen. »Wissen Sie, wie lange man auf einen Termin bei einem Therapeuten warten muss? Wie sollen die sich um Hunderttausende von Flüchtlingen kümmern, Woche für Woche?«

Mein Gott, jetzt klinge ich schon wie Friedrich Merz mit seiner Zahnarztgeschichte.

»Aber nichts machen und sagen ›Grenzen dicht!‹, kann ja wohl auch keine Lösung sein!«, entgegnet sie.

»Absolut! Da stimme ich Ihnen zu hundert Prozent zu. Deswegen sage ich ja: Wir brauchen Kriterien.«

»Sagen Sie bloß nicht, dass Sie für Obergrenzen sind!«

»Doch, natürlich, was denn sonst? Natürlich brauchen wir die. Aber ohne das als Wahlkampfthema zu missbrauchen. Was wir brauchen, ist eine echte, konstruktive, für uns alle gewinnbringende Debatte, kein Wahlkampfgetöse in Form von Scheindiskussionen, wo dann Ausländer, ob Kriegsflüchtlinge oder hochgebildete Zuwanderer, als Sündenböcke für alles Mögliche herhalten müssen. Die Wahrheit ist aber: Natürlich kommen nicht nur nette Menschen. Natürlich machen sich auch Islamisten, Taliban-Anhänger, Muslimbrüder und so weiter auf den Weg. Leute mit Weltbildern von vorvorgestern. Und natürlich gibt es Leute, die im Westen nicht nur eine Chance für sich, sondern gleichzeitig auch einen Feind sehen. Das muss man doch alles auch angehen, ohne in rechtsextreme Denkmuster zu verfallen. Wobei das Nachdenken und Sprechen darüber an sich eben nicht rechtsextrem ist.

Ständig lese und höre ich, dass Diversität gefeiert wird. Ehrlich gesagt, finde ich das schon schwierig. Echte Diversität hieße, wir schließen die also alle mit ein: die Radikalen und die Extremisten. Aber das kann's ja wohl nicht sein! Man muss schon sagen: Diversität an sich ist kein Wert! Sondern gestaltete Diversität ist das, was wir anstreben sollten.«

Sie sagt nichts mehr. Wahrscheinlich habe ich sie plattgeredet. Egal.

»Na, war jedenfalls nett, Sie kennengelernt zu haben!«, sage ich. »Ich fahre dann mal weiter. Muss noch nach Mannheim.«

»Darf ich noch ein Selfie machen?«, fragt sie.

Malerische Zustände

Das Wort »malerisch« oder, bildungsbürgerlich und mit Anspruch: »pittoresk« würde ich aus jedem Text streichen und »Klischee!« an den Rand schreiben. Aber die Wahrheit ist: Weite Teile der Strecke nach Heidelberg, Heidelberg selbst, und weiter nach Mannheim – Mannheim selbst dann eher weniger – sind: äußerst malerisch. »Romantisch« würde ich Schreibern auch um die Ohren hauen, aber was soll ich sagen? Der Neckar fließt romantisch dahin. Überhaupt: So viele Burgen und Schlösser und Wäldchen! In Zwingenberg das Schloss Zwingenberg. Das wunderschöne Eberbach mit seinem Fachwerk und dem Lindenplatz. Die Klosterkirche in Hirschhorn. Und so viel mehr.

In Heidelberg erreicht mich die Nachricht, dass die Terrororganisation Hamas in Israel eingedrungen ist und dort ein Massaker angerichtet hat. Und ich lese und sehe Bilder, dass dieser Terror an manchen Orten in der Welt gefeiert wird, unter anderem in Berlin-Neukölln, wo eine pro-palästinensische Gruppe in der Sonnenallee Süßigkeiten verteilt. »Es lebe der Widerstand des palästinensischen Volkes. Verteilen von Süßigkeiten auf der Sonnenallee in Berlin zur Feier des Sieges des Widerstands«, steht unter einem Foto, das diese Leute auf Instagram posten.

Ich könnte kotzen.

Es ist Thema überall. In Heidelberg, in einem Restaurant in der Innenstadt, unterhält sich eine Gruppe etwa siebzigjähriger Menschen, ob man den Ausruf »Allahu Akbar!« – »Gott ist am größten!« – nicht am besten verbieten beziehungsweise unter Strafe stellen sollte.

Große Güte.

Dabei kann ich mir vorstellen, woher der Gedanke rührt. »Allahu Akbar« ist ein ziemlich geläufiger Ausspruch unter Muslimen. Menschen murmeln es vor sich hin, wenn ihnen etwas gelungen ist, wenn sie etwas geschafft haben, wenn sie irgendwo ankommen, wenn sie Glück gehabt haben, wenn sie Gottes Hilfe erbitten oder einfach nur so, als Ausruf. Aber leider ist es auch ein Spruch, den religiös motivierte Terroristen schreien, bevor sie sich – und oft auch andere – in die Luft sprengen oder bevor sie andere Menschen umbringen. Und jetzt, nach dem Terroranschlag der Hamas in Israel, hört man dieses »Allahu Akbar« überall – in den Nachrichtenbeiträgen aus unterschiedlichen Ländern, aber auch von Feiernden in Deutschland. Es ist nicht als friedliche Geste gemeint, sondern als Schlachtruf. Ich kann verstehen, dass das nicht gerade auf Sympathien stößt. Aber mir fehlt gerade die Lust, mich in dieses Gespräch am Nachbartisch einzumischen. Wäre ich Muslim, würde ich denen wahrscheinlich versuchen zu erklären, was dieser Spruch bedeutet. Und wäre ich Muslim, würde ich Leuten, die das als Kampfparole verwenden, gehörig meine Meinung geigen.

Ich esse auf, zahle und mache einen Rundgang durch das schöne Zentrum von Heidelberg. Meine Güte, sind hier viele Touristengruppen unterwegs! Aus allen möglichen Ländern! Mein Rad schiebe ich, in den engen Gassen gäbe es sonst Kollisionen. Ich freue mich über das Treiben, über die vielen Menschen auf den Plätzen, in den Straßen, in den Geschäften, denn ich denke daran zurück, wie es in den Jahren 2020, 2021 und zum Teil auch noch 2022 in Deutschland und eigentlich überall in der Welt aussah: keine Touristen, kaum Menschen, wenn überhaupt, mit Maske, viele verängstigt. Ich erinnere mich an die vielen Mahnungen und düsteren Prophezeiungen, die Welt würde »nie wieder so sein« wie vor der Pandemie. Jetzt gehe ich durch Heidelberg und denke: doch. Corona hat Spuren hinterlassen, Menschen mit Langzeitfolgen dieser Krankheit, auch psychischen Schäden, viele haben ihre wirtschaftliche Existenz verloren, zahlreiche Menschen sind gestorben. Für entsprechend Betroffene ist nichts wie vorher. Und doch wirkt die Welt im Großen und Ganzen, zum Glück, wieder wie früher.

Auf der Zieletappe nach Mannheim komme ich durch Ladenburg, wo Carl Benz, der unabhängig von Gottlieb Daimler den Benzinmotor erfand, seinen Lebensabend verbrachte und 1929 starb. Es gibt hier das Automuseum Dr. Carl Benz, wo man, wenn man sich für Autos interessiert, Oldtimer bewundern kann.

In Mannheim schließlich stößt der Neckar auf den Rhein, drüben, am anderen Ufer, ist Ludwigshafen, man sieht dort am Horizont das BASF-Werk. In Mannheim selbst fallen einem die Straßen auf, die den Stadtkern in Quadrate zerteilen. »Quadratestadt« heißt Mannheim deshalb auch, wobei es sich weniger um Quadrate als um Rechtecke unterschiedlicher Größe handelt, aber das anzumerken, ist vielleicht ein bisschen kleinkariert. Die historische Innenstadt von Mannheim stammt aus dem 17. Jahrhundert, der Begriff der »Quadrate« findet sich wohl erstmals schriftlich überliefert in einem Ratsprotokoll von 1676. Die Planquadrate bilden also das Zentrum, weshalb Mannheims Viertel wie bei einem Schachfeld jeweils mit einem Buchstaben und einer Zahl benannt sind. Ich kenne das aus der pakistanischen Hauptstadt Islamabad, wo es genauso gehandhabt wird. Und das Schachfeld wird von einer Ringstraße eingegrenzt, was ich wiederum aus Wien kenne.

Erkenntnisse am Neckar

Am Neckar kann man in unsere Zukunft sehen. Man begegnet hier einigem, das uns in den kommenden Jahren sowohl zu verbinden als auch zu trennen vermag: Der technologische Fortschritt wird sichtbar wie nirgends sonst in Deutschland, allem voran die »künstliche Intelligenz«; die Digitalisierung, die uns enorm voranbringen, aber in mancherlei Hinsicht auch zurückwerfen kann. Man erlebt hautnah, wo der Fortschritt den Menschen nutzt, das Leben leichter macht, neue Berufe schafft, einerseits, dass er aber auch das Miteinander unpersönlicher macht oder sogar verunmöglicht und mancherorts Menschen ersetzt, außerdem, dass manche diesen Fortschritt bejubeln, andere ihn furchtbar finden.

Am Neckar fällt besonders ins Auge, wie wichtig und stark und mächtig die Automobilindustrie für Deutschland ist, wie sehr sie den Takt angibt, wie vielen Menschen sie Arbeit gibt, Wohlstand schafft sowie Städtebilder und Infrastruktur bestimmt. Allerdings wird auch deutlich, wie schwer sich diese Branche, aber auch die Politik und wir als Gesellschaft uns mit Veränderungen tun, wie sehr wir glauben, es würde ewig so weitergehen wie bisher und man sei gefeit vor größeren Umbrüchen. Und man realisiert, dass wir zurückfallen werden, wenn wir diese Veränderungen nicht annehmen und nicht mitgestalten. Wer aufhört zu strampeln, fällt zurück. Das gilt nicht nur beim Fahrradfahren.

Dass Arbeitskräfte fehlen und überall Personal gesucht wird, dass Firmen schließen, Geschäfte ihre Öffnungszeiten reduzieren, Unternehmen ihr Angebot einschränken müssen, fällt längst überall in Deutschland auf. Mein Eindruck ist, dass man es in Baden-Württemberg besonders deutlich sieht. Nirgendwo sonst haben mir so viele Menschen erzählt, dass sie dringend Fachkräfte brauchen, sonst könnten sie den Betrieb einstellen oder zumindest nicht mehr fortführen wie bisher.

Gleichzeitig zeigt das Beispiel der Hotels, die das Einchecken und Auschecken digitalisieren, dass man Personal durch Technik ersetzen kann. So war das schon immer bei technologischem Fortschritt: die Industrialisierung zum Beispiel machte viele handwerkliche Berufe unnötig, weil

Dinge nun maschinell hergestellt werden konnten; andererseits entstanden viele neue Beschäftigungsfelder. Ich lerne, dass wir, mehr als in früheren Zeiten, Einfluss nehmen können, wie die Dinge sich entwickeln, indem wir uns einmischen, unsere Wünsche und unsere Kritik artikulieren, sagen, ob es uns gefällt oder nervt, dass wir im Hotel keinem Mitarbeiter und keiner Mitarbeiterin begegnen. Das wird nicht zuletzt durch die große Plattform möglich, die das Internet uns allen bietet.

Am Neckar erkennt man auch, was Wohlstand bedeutet. Dass es hier viele – zum Teil auch namentlich kaum bekannte – Firmen gibt, die in ihren Spezialbereichen Weltmarktführer sind, was Wohlstand für einen Großteil der Beschäftigten bringt.

Man sieht aber auch die vielen Risse und Brüche, die unsere Gesellschaft durchziehen. Wie sagenhaft reich einige wenige sind und wie viele Menschen an diesem Wohlstand nicht teilhaben. Man kann am Neckar die Ungleichheit studieren, die ich prinzipiell für richtig halte, denn wir Menschen sind nun mal unterschiedlich, leben unterschiedlich, leisten Unterschiedliches. Man kann und sollte aber darüber nachdenken, wie man Chancengerechtigkeit und soziale Sicherheit schafft und Aufstiegsmöglichkeiten, die jeder und jedem offenstehen. Man kann, wenn man sich anschaut, was der Milliardär Dieter Schwarz in Heilbronn mit seiner Stiftungsarbeit schafft, darüber streiten, ob das gut ist oder ob es besser wäre, solche Menschen höher zu besteuern.

Man kann sehen, wie schwer wir uns damit tun, grundsätzlich umwelt- und klimaunfreundliche Industrien so umzugestalten, dass sie wirklich umwelt- und klimafreundlicher werden und gleichzeitig weiterhin Wohlstand sichern. Es gibt Menschen, die nur den Wohlstand in Gefahr sehen, und andere, die nur den Klimaschutz im Sinn haben und nicht verstehen, wie hoch die sozialen Kosten und wie gravierend die gesellschaftlichen Verwerfungen sein werden, wenn wir uns nicht wenigstens um Lösungen bemühen, die auch auf diese Aspekte Rücksicht nehmen. Wir schaffen es nicht, eine vernünftige Einwanderungspolitik zu gestalten, obwohl wir dringend Arbeitskräfte benötigen – hochqualifizierte vor allem, aber auch wenig ausgebildete, denn es fehlt in allen Bereichen.

Vor allem aber sieht man am Neckar, wie brüchig unsere Demokratie ist, wenn selbst in Regionen, wo es den Menschen gut geht, Extremisten Erfolg haben. Einst linksextreme Terroristen, wie mir in Stammheim vor Augen geführt wird, heute – und schon seit Jahren – Rechtsextremisten, wie die Wahlerfolge der NPD und derzeit der AfD zeigen. Wie wichtig es also ist, zu verinnerlichen, dass Demokratie nicht selbstverständlich ist, sondern dass wir uns immer wieder neu dafür einsetzen müssen.

FRANKREICH
Freiburg
Villingen-Schwenningen
Donaueschingen
Stuttgart
SCHWEIZ
Wilflingen
W
N
S
O
Ulm
DONAU
Nürnberg
Donauwörth
Augsburg
DEUTSCHLAND
Ingolstadt
München
Regensburg
ÖSTERREICH
Passau
0 25 50 km

ZU BESUCH BEI IHRER MAJESTÄT

ENTLANG DER DONAU VON DONAUESCHINGEN NACH PASSAU

Wer den Hirsch beim Röhren stört

Die Donau ist mit gut 2800 Kilometer Länge der zweitlängste Fluss Europas, nach der Wolga. 674 Kilometer davon verlaufen durch Deutschland. Innerhalb Deutschlands nimmt die Donau ebenfalls den zweiten Platz ein, hinter dem Rhein, der die längste Strecke durch Deutschland fließt. Die Donau ist der südlichste Fluss, den ich während meiner Deutschlandtour entlangfahre, die Reise führt mich durch Baden-Württemberg und Bayern. Die Donauquelle liegt nicht weit von der Neckarquelle entfernt.

Bisher hatte ich Glück: Bei meinen Touren hat es kaum geregnet. Nun ist es anders. Es schüttet wie aus Eimern. Daher lege ich am Bahnhof in Donaueschingen mein Regenzeug an und radele zu meiner Unterkunft. Das Hotel mit seinem riesigen Speisesaal und einem Innenteich mit zum Teil unglaublich großen Kois in ziemlich flachem Wasser könnte so auch in Kairo oder Bagdad stehen. Der Typ an der Rezeption ist ein Iraker.

»Ah, Herr Kazim! Sind Sie Iraker?«

»Nein, wie kommen Sie darauf?«

»Kazim ist ein sehr irakischer Name.«

Ich lache. Und sage ihm, dass es diesen Namen auch in der Türkei gibt, dort vor allem als Vornamen, in Südasien, in Indien, Pakistan, Bangladesch, bis hin nach Indonesien. »Ich bin Deutscher. Meine familiären Wurzeln liegen in Pakistan und Indien.«

Er fragt, ob ich Muslim sei.

Ich ignoriere die Frage, weil ich sie nicht mag. Religion und Glaube sind Privatsache; natürlich kann man darüber reden, von mir aus kann man auch danach fragen, aber es gibt kein Recht auf eine Antwort. Eigentlich, finde ich, gehört es sich nicht, sich nach der Religion zu erkundigen. Egal. Wie gesagt, ich antworte einfach nicht. Er wirkt nun ein bisschen irritiert, hakt aber nicht weiter nach.

»Ich gebe Ihnen ein Upgrade«, sagt er. »Eine Suite für Sie!«

Als ich die Suite betrete, falle ich fast um vor Schreck: An den Wänden hängen drei Hirschköpfe an einer jagdgrün gestrichenen Wand, direkt über dem Bett. Bei näherem Hinsehen erkenne ich, dass es sich um Plüschtiere handelt. Eine Persiflage auf Jagdtrophäen, obwohl das Zimmer ansonsten völlig unironisch im Stil der Achtzigerjahre eingerichtet ist, Schrank, Bett, Schreibtisch, Kofferablage, ein Traum in Eiche rustikal. Dieses Jagdzimmer war nun das Letzte, was ich nach der pompösen Empfangshalle und dem irakischen Rezeptionisten erwartet habe.

Ich mache ein Foto von den drei Köpfen über dem Bett, poste es auf Facebook und schreibe darüber: »Sehr geschmackvoll, mein Hotelzimmer…« Die meisten, die das lesen, verstehen die Ironie, den Humor. »Friedhof der Kuscheltiere«, schreibt jemand darunter. Ein anderer wünscht mir: »Schöne Träume!«

Ein ehemaliger SPIEGEL-Kollege allerdings, einst Chef des Kulturressorts und begnadeter Schreiber, wirft mir vor, ich würde alles Deutsche hassen. Ich befürchte, er meint das nicht ironisch.

Dafür gibt es aber auch diese Reaktionen:

Im Forsthaus kniet bei Kerzenschimmer
die Försterin im Herrenzimmer.
In dieser wunderschönen Nacht
hat sie den Förster umgebracht.

Es sind Verse aus Loriots Adventsgedicht.

Jemand anderes postet ein Gedicht von Robert Gernhardt:

Der Förster, der grad Möhren dörrte
und dabei ein Röhren hörte,
sprach: »Wer den Hirsch beim Röhren stört,
der eben in den Föhren röhrt,
dem schlag ich meine Möhren
achtkantig um die Ohren.«

Wunderbar! Poesie und Humor können so wohltuend sein!

Loriot wäre gerade hundert Jahre alt geworden, es gibt über ihn viele Sendungen und Texte in diesen Tagen. Loriot fehlt, sein Humor fehlt, gerade in schweren Zeiten wie diesen, und ich schlafe ein mit seinem wunderbaren Gedicht im Kopf, das er den fiktiven Dichter Lothar Frohwein in seinem Film »Pappa ante portas« vortragen lässt und an das ich seit Jahrzehnten denke, wenn ich auf heitere Gedanken kommen möchte:

Melusine
Kraweel, Kraweel!
Taubtrüber Ginst am Musenhain!
Trübtauber Hain am Musenginst!
Kraweel, Kraweel!

Tauet, Himmel, den Gerechten

Auch am nächsten Tag regnet es und regnet, es scheint, als wolle es gar nicht mehr aufhören. Als aber gegen Mittag dann plötzlich der Himmel aufbricht und die Sonne durchdringt, starte ich. Der Radweg ist nass und glänzt im Sonnenlicht. Ich fahre zur Donauquelle im Donaueschinger Schlosspark. Sie sieht aus wie ein überdimensioniertes Auge. Ich erinnere mich an einen Spruch, den ich mal in der Schule gelernt habe: »Brigach und Breg bringen die Donau zu Weg.« Wo sind Brigach und Breg? Ah, ein paar Hundert Meter weiter fließen sie zusammen.

Die Quelle der Donau ist, wie so viele Quellen, nicht ganz unumstritten. Laut einer Infotafel suchte aber schon der spätere römische Kaiser Tiberius in diesen Gefilden ›die Quellen der Donau‹ – und wurde fündig.

Es ist der Beginn des internationalsten Flusses der Welt: Die Donau durchfließt von hier bis zum Schwarzen Meer, in das sie mündet, insgesamt zehn Länder – so viele wie kein anderer Fluss auf der Erde.

Glücklich über den plötzlichen Sonnenschein starte ich Richtung Osten. Mein Ziel ist Passau, kurz dahinter ist die Grenze zu Österreich.

Ein paar Kilometer hinter Donaueschingen ein Warnschild: »Hochwasser«. Drei Meter weiter ist der Radweg zur Hälfte abgesperrt und ein »Durchfahrt verboten!«-Schild angebracht. In radfahrerischer Selbstüberschätzung denke ich: Damit kann ich ja wohl nicht gemeint sein!, und radele selbstbewusst an der rot-weiß-roten Absperrung vorbei. Von Hochwasser weit und breit keine Spur.

Doch die Freude währt nicht lange. Noch ein paar Kilometer weiter, und der Radweg führt in einen See. Ach was, das wird schon gehen, das ist doch nur eine Pfütze! So tief kann das doch gar nicht sein! Und guck mal, da hinten ist das doch schon wieder vorbei, da führt der Radweg weiter!

Tja.

Das Wasser ist zu tief. Die Donau ist, infolge der heftigen Regenfälle in den zurückliegenden Tagen, über die Ufer getreten. Es gibt kein Durchkommen. Ein Boot wäre jetzt praktisch!

Mithilfe meines Navis und der Beschilderung suche ich nach einem anderen Weg Richtung Ulm. Statt an der schönen Donau fahre ich nun auf schmalen Radwegen an vielbefahrenen Autostraßen. Zu allem Übel fängt es wieder an zu regnen.

Hier stehen noch mehr Kruzifixe, Marienfiguren, kleine Altäre als am Neckar. Je weiter südlich, desto religiöser? Ich komme an einem Stein vorbei, auf dem Psalm 23 geschrieben steht: »Der Herr ist mein Hirte, mir wird nichts mangeln. Er weidet mich auf einer grünen Aue und führet mich zum frischen Wasser. Und ob ich schon wanderte im finstern Tal, fürchte ich mich nicht – denn Du bist bei mir.«

Ein schöner Spruch, finde ich. Wenn man an Gott glaubt, erinnert er daran, dass man sich nicht ständig sorgen muss um dieses oder jenes, sondern dass die Dinge schon gut gehen werden. Dass man also Gottvertrauen haben soll. Aber auch wenn man nicht gläubig ist, kann man sich ruhig einmal daran erinnern, dass man zwar nicht unbekümmert bis zur Verantwortungslosigkeit, aber auch nicht sorgenvoll bis zur Handlungsunfähigkeit durch die Welt gehen sollte. Dass das Leben es mit uns, alles in allem, schon meistens gut meint. Und dass jedes Tal, durch das man geht, irgendwann auch durchquert ist.

Glaube ich an Gott? Ja. Das hat allerdings, muss man heutzutage dazusagen, nichts mit Zugehörigkeit zu einer Glaubensgemeinschaft zu tun. Für mich ist das eine zutiefst private, individuelle spirituelle Angelegenheit. Zwar habe ich muslimische, genauer: schiitische Wurzeln und bin, da meine Eltern, nachdem sie nach Deutschland gekommen waren, konvertiert sind, christlich, genauer: evangelisch-lutherisch erzogen worden. Eine Zeitlang wollte ich sogar evangelischer Pfarrer werden und habe bei einem gejobbt. Aber irgendwann in meiner Jugend empfand ich, dass zu viele Kräfte an einem zerren. Muslim, Christ, was soll das? Mit neunzehn Jahren entschied ich mich, aus der Kirche auszutreten. Seither bin ich konfessionslos. Das heißt nicht, dass ich Atheist bin. Ich glaube schon, dass es etwas gibt, das größer ist als wir Menschen und das über uns steht. Dieser Glaube ist bei mir nicht unerschütterlich, aber er ist da.

Wo ich entlang der Donau wie schon an anderen Flüssen, in anderen Teilen Deutschlands – allerdings so gut wie gar nicht im Osten – Hinweise auf christliche Religiosität gesehen habe, frage ich mich, während ich dahinradele: Wo ist das Christentum in Deutschland eigentlich geblieben? Wo ist die Kirche? Ich sehe diese kleinen Zeichen, sehe Kirchen und Kapellen in nahezu jedem Dorf, und immer wieder lese und höre ich vom »christlichen Abendland« und von »unseren christlichen Werten«. Gleichzeitig erfahre ich, wie immer mehr Menschen aus der Kirche austreten, und bei der katholischen Kirche höre ich immer wieder von Missbrauchsvorwürfen. Ich halte die Kritik für richtig, ebenso die Forderung, dass das aufgeklärt und juristisch verfolgt werden muss. Die Aufklärung kann nicht »intern« erfolgen, sondern da müssen unabhängige, kritische Leute ran. Andererseits kann es doch nicht sein, dass man eine Institution wie die Kirche, dieser Größe, auf diese Taten reduziert. Und dennoch: Wo ist die Kirche eigentlich? Müsste sie nicht viel stärker sein, Halt und Orientierung bieten und Antworten auf so viele Fragen in Zeiten von gesellschaftlichen Umwälzungen, von Zuwanderung, von Corona, von Kriegen?

Andererseits bin ich ja froh, dass Religion keine tragende Rolle mehr in Deutschland spielt. In manchen islamischen Ländern zum Beispiel, wo ich einige Jahre gelebt habe, bestimmt Religion alle Bereiche des Lebens. Religiöse Regeln aber sind nicht verhandelbar, auch nicht auf demokratischem Wege. Und so sind dort, wo Religion das Maß aller Dinge ist, die Übergänge zu autoritärem Herrschen verwischt. Selbst eigentlich gute Aspekte einer Religion haben ihre Schattenseiten, wenn sie zur Staatsdoktrin werden: So ist das religiös verpflichtende Almosengeben von existenzieller Bedeutung, denn es gibt kein staatliches Sozialnetz. Keine Sozialhilfe, kein Bürgergeld, keine Grundsicherung, keine Rente, nichts. Einerseits gut, dass religiöses Handeln, in diesem Fall eine der fünf Säulen des Islam, Hilfe ist. Andererseits ermöglicht dies Staat und Politikern erst recht, sich aus der Verantwortung zu stehlen.

Wie gut, dass Kirche und Staat getrennt sind! Das Modell der vom Staat eingetriebenen Kirchensteuer irritiert mich bis heute. Ich bin froh, dass man lebensnotwendige Hilfen bekommt, ohne gläubig oder Mitglied einer Glaubensgemeinschaft zu sein oder sich zu einem Gott bekennen zu müssen. Ich bin froh, dass man glauben kann, was man mag. Oder auch nichts glauben kann. Und dass man das auch äußern kann, ohne dass einem schwerwiegende Konsequenzen daraus erwachsen. Das ist nicht überall auf der Welt so. Ich weiß aus Erzählungen von Älteren, dass das vor gar nicht mal so langer Zeit in Deutschland sehr wohl ein Problem sein konnte. Und dass die Frage, ob man katholisch oder evangelisch ist, keine Petitesse war. Dass Partnerschaften zwischen Katholiken und Protestanten als problematisch, ja ungehörig angesehen wurden.

Ich sehe aber auch, was die Kirchen in Deutschland leisten. In der Kinderbetreuung und Bildungsarbeit. In der Hilfe für Menschen mit Behinderung. Für Obdachlose. Für die Integration von Zugewanderten. In der Flüchtlingshilfe. In der Altenpflege. In der Krankenbetreuung. Auch in Deutschland ist es so, dass einiges zusammenbräche, zögen sich die Kirchen zurück. Ich finde, auch das muss man sehen, wenn man Kirche beurteilt. Vielleicht funktioniert all das nur, eben weil der Staat die Kirchensteuer eintreibt?

Ich glaube jedenfalls, alles in allem täte es dem Miteinander in Deutschland gut, führte man »christliche Werte« nicht nur im Munde – oder schriebe sie auf irgendwelche Steine –, sondern lebte sie auch. Nächstenliebe. Barmherzigkeit. Dankbarkeit. Bereitschaft zu teilen. Genügsamkeit. Großzügigkeit. Und so weiter.

Glauben kann man nicht vorschreiben, sondern nur vorleben. Ebenso seltsam ist die Vorstellung, sagen zu können, eine Religion gehöre zu Deutschland oder nicht, so wie in der alle paar Quartale stattfindenden Diskussion, ob »der Islam« zu Deutschland gehöre. Hat das Christentum Deutschland geformt? Sicher. Man schaue nur in die Geschichte, betrachte, wie alleine schon die Luther-Bibel die deutsche Sprache prägt, sehe die vielen Kirchen in nahezu jedem Dorf, befasse sich mit der Kultur dieses Landes. Die Musik! Die Malerei! Die Literatur! Die Architektur!

Der Islam hat Deutschland nicht so geprägt, Muslime in nennenswerter Zahl leben ja noch nicht so lange hierzulande.

Und?

Wenn wir möchten, dass das Christliche weiter eine stärkere Rolle spielt, steht es uns ja frei, in die Kirchen zu gehen, christlich inspirierte Kunst zu erschaffen, das Christentum zu leben. Einfach nur dazustehen und zu sagen: »Dieses und jenes gehört nicht zu uns!«, ist so absurd wie sinnlos. Im Artikel vier des Grundgesetzes heißt es nämlich im ersten Absatz: »Die Freiheit des Glaubens, des Gewissens und die Freiheit des religiösen und weltanschaulichen Bekenntnisses sind unverletzlich.« Und im zweiten Absatz steht: »Die ungestörte Religionsausübung wird gewährleistet.«

So gesehen gehören alle Religionen zu Deutschland.

Oder keine.

Das ist aber, wie gesagt, eine andere Frage als die, welche Religion Deutschland geprägt hat.

Wälder, Wurst und Grünkohl

Alles Glauben und Beten hilft jetzt aber nichts, es hört nicht auf zu regnen. In einem Dorf erfahre ich von den Einheimischen, dass die Donau zu dieser Jahreszeit oft den Radweg überschwemme, sodass der nicht befahrbar sei. »Haben Sie sich nicht vorher informiert?«, fragt mich einer.

Jaja, reiben Sie es mir ruhig unter die Nase.

Ein Stückchen fahre ich noch. Im nächsten Ort nämlich, in Wilflingen, lebte der deutsche Schriftsteller und Publizist Ernst Jünger lange Zeit. »Sie sehen, dass ich es vorziehe, eher in einem Dorf als in einer Großstadt zu wohnen«, sagte er anlässlich seines hundertsten Geburtstages in einem Gespräch, das in dem Band »Die kommenden Titanen« erschien. »Ich habe beide Erfahrungen gemacht: Ich habe in Berlin und Paris gelebt, 2 Hauptstädte von unvergänglichem Zauber. Um aber Ruhe und die für die geistige Tätigkeit nötige Konzentration zu haben, ist das natürliche Umfeld des Landes günstiger. Ich lebe deshalb seit fast einem halben Jahrhundert in Wilflingen und fühle, daß meine Wurzeln hier sind.« Ein Mann, dessen Werk von seiner Teilnahme als Soldat am Ersten Weltkrieg geprägt wurde, der, obwohl kein Mitglied der NSDAP und ein Gegner deren »Rassenlehre«, wie ich lese, nach dem Zweiten Weltkrieg manchen als intellektueller Wegbereiter des Nationalsozialismus galt und deshalb abgelehnt wurde, ein umstrittener Mann also, der 1998 im Alter von fast 103 Jahren im benachbarten Riedlingen starb. Ein Schriftsteller, von dem ich bislang kein einziges Buch gelesen habe, nicht aus einer bewussten Entscheidung heraus, sondern einfach, weil es sich noch nicht ergeben hat.

Ein älteres Ehepaar steht vor dem Jünger-Haus, das eine Gedenkstätte und ein Museum ist.

»Geschlossen!«, sagt er.

»Wann wird geöffnet?«, fragt sie.

»In zwei Stunden. Mittagspause.«

»Na, dann können wir doch noch ein wenig spazieren gehen.«

»Zwei Stunden lang?«

»Warum nicht? Oder wir kehren irgendwo ein und trinken einen Kaffee.«

»Kaffee hatte ich heute schon.«

Sie gehen weg, und ich bekomme nicht mit, wie sie sich entscheiden.

Eigentlich wäre ich auch ganz gerne ins Jünger-Haus gegangen. Wenn ich schon nichts von ihm gelesen habe, könnte ich mich hier ein bisschen informieren. Aber zwei Stunden in Wilflingen zu verharren, ist mir dann doch zu lang. Auch wenn ein Zitat von Jünger auf einer Tafel vor dem Haus verlockt zu verweilen: »Das Dorf hat mir sogleich gefallen. Seine Lage inmitten der weit gebreiteten, fruchtbaren Felder, Obstgärten und Wiesen, die Freundlichkeit der Bewohner, die damals sämtlich noch Bauern waren, behagte mir sehr. Viele Reisen haben die geruhsamen Tage unterbrochen, während deren ich hier gelebt und geschafft habe. Neben der guten Nachbarschaft hat mich während dieser Jahre besonders die Nähe der großen Wälder erfreut, die ich oft und nach jeder Richtung hin durchstreift habe.«

Ich fahre also ein bisschen mit der Orange durch Wilflingen und kann nachempfinden, warum Jünger sich diesen Ort als Lebensmittelpunkt ausgesucht hat. Ich mag das Landleben. Als Kind war es großartig, als Jugendlicher öde, als Erwachsener aus beruflichen Gründen kaum möglich, jetzt kann ich es mir wieder vorstellen, auch wenn ich die Stadt ebenso schätze. Den schlechten Ruf, den das Land bei manchen Städtern hat – hinterwäldlerisch, rückständig, dumm, rechts –, finde ich ungerecht. Angesichts von Wohnungsnot würde ich ja, wenn ich etwas zu sagen hätte, viel mehr dafür tun, das Leben auf dem Land wieder attraktiver zu gestalten.

Ich nehme mir vor, demnächst mal ein Buch von Ernst Jünger zu lesen.

Vom Fahren am Rande von Autostraßen habe ich genug, und wieder fängt es an zu regnen. An einem kleinen Bahnhof besteige ich einen Zug nach Ulm. Während der Fahrt sehe ich, dass das eine gute Entscheidung war: Weite Teile der Strecke entlang der Gleise, dort, wo der Donau-Radweg entlangführt, stehen unter Wasser.

In Ulm schaue ich mir am nächsten Tag, nun wieder bei Sonnenschein, den Dom an, der Ulmer Münster heißt oder, genauer, Münster Unserer Lieben Frau in Ulm. Es ist eine evangelische Kirche. Im Internet finde ich die Information, dass der 1890 vollendete 161,53 Meter hohe Kirchturm der höchste der Welt ist (!).

Welche Schönheit! Man sieht, wie reich Ulm in der Vergangenheit war. Und dass dieser Ort ein Umschlagplatz war: Die Schiffer transportierten von hier Waren aller Art weiter ostwärts, die Donau hinab, nach Wien und weiter bis zum Schwarzen Meer. Für die Transporte nutzten die Schiffer sogenannte Ulmer Schachteln, hölzerne Kisten, deren Rücktransport sich nicht lohnte und die deshalb in Wien zerlegt und als Brennholz weiterverkauft wurden. Die Donau war auch der Weg vieler Auswanderer aus Schwaben, die ihr Glück im Osten suchten.

Ich komme am »schiefen Metzgerturm« vorbei, direkt hinter der Stadtmauer an der Donau gelegen. Er ist etwas nach Nordwesten geneigt, nicht ganz so wie der Schiefe Turm von Pisa, aber doch mit dem bloßen Auge erkennbar schief. Der Legende nach versteckten sich dort einst dicke Metzger aus Angst vor Strafe, weil sie immer kleinere Würste produzierten, aber zum selben Preis verkauften. Als der zornige Bürgermeister in den Turm trat, drängten sie sich demnach in eine Ecke – und der Turm neigte sich leicht.

Ein Wurstskandal prägt seit Jahrhunderten das Ulmer Stadtbild! Ich mag solche Geschichten.

Auf einem Bauernmarkt entdecke ich an einem Gemüsestand frischen Grünkohl. Ein Kilogramm für fünf Euro. In Norddeutschland kostet er höchstens halb so viel, aber ich bin ja froh, dass es nun auch in Süddeutschland Grünkohl gibt. Ich weiß, dass diese Köstlichkeit hier noch nicht so richtig angekommen ist, dass sie hier nicht goutiert wird, und wenn, dann in neumodischen Getränken, als *Kale Smoothie* oder *Green Smoothie*. Als ich in Heilbronn lebte und ein paar schwäbische Freunde zum Grünkohlessen einlud, war die Freude verhalten, der

Appetit höflich, das Lob nicht überschwänglich. Ich mache deshalb ein Foto vom Grünkohl auf dem Ulmer Markt und poste es im Netz, dazu den Satz: »Ich bin froh, dass man in Bayern endlich deutsche Leitkultur lernt, sich integriert und unsere Kultur akzeptiert.« Prompt schreibt auf Twitter ein einstiger Kulturchef der »Berliner Zeitung«, politisch im linken Spektrum zu verorten, darunter: »Ethnonationalistisches Gelaber als ›Witz‹, wie lustig.«

Wie lustig: Irgendwie scheinen ehemalige Kulturressortleiter deutscher Medien, ob politisch rechts oder links, meinen Humor nicht zu mögen.

Überhaupt: Ganz weit rechts und ganz weit links (übrigens auch: ganz weit religiös) hat Humor keinen Platz.

Humor, das lerne ich auf dieser Fahrt, hält die deutsche Gesellschaft nicht zusammen. Religion auch nicht. Und auch Grünkohl nicht – oder wenn, dann nur den Norden.

Are you a refugee?

Der Regen hat immer noch nicht aufgehört. Wieder bin ich an einer Landstraße unterwegs. Lastwagen donnern an mir vorbei, gefühlt nur ein paar Zentimeter weit weg, brettern ungebremst durch Pfützen und spritzen mich voll. Rücksichtslose Trottel!, denke ich. Zu allem Übel geht es jetzt auch noch bergauf. Die Orange ist mit ihren sechs Gängen nicht für solche Fahrten gemacht, ach, was wünschte ich mir ein vernünftiges Reiserad in diesem Moment!

Ein Kastenwagen, ein alter, rostiger Peugeot, überholt mich, blinkt plötzlich rechts und bremst.

»Naaaa, where are you going? You want a ride in my car? It goes a lot … bergauf … here.«

Eine Frau, bunte Kleidung, das graue Haar zu einem Dutt geknotet. Ich bin ein bisschen irritiert. Will die sich lustig machen über mich? Kennt die mich? Aber der Regen wird nicht weniger, und das Bergauffahren und die dicht an mir vorbeifahrenden Autos machen wirklich keine Freude.

Also sage ich einfach: »Das wäre nett!«, nicke, steige ab, nehme meine Fahrradtasche ab, falte das Fahrrad schnell zusammen und sehe sie dann fragend an.

»Ah, you can make it small!«, sagt sie und lacht, während sie aus dem Wagen springt, den Kofferraum öffnet und auf mein Fahrrad und die Tasche zeigt. Ich verstaue alles und setze mich, völlig durchnässt, auf den Beifahrersitz.

»Yes, sure …«, sage ich.

»Are you …«, sie fährt jetzt wieder los und hat den Scheibenwischer viel zu langsam eingestellt, man kann kaum etwas sehen durch die Windschutzscheibe, aber das scheint sie nicht zu interessieren, sie schaut lieber zu mir herüber, »… a refugee?«

Hat sie mich gerade gefragt, ob ich ein Flüchtling bin? Was denkt die? Dass ich mit dem Klapprad durch den Hindukusch gefahren bin, bis hierher? Ich bereue schon, eingestiegen zu sein. Als wir Kinder waren, wurde uns eingebläut, wir sollten nicht zu Fremden ins Auto steigen. Warum bloß habe ich das vergessen?

»Ähm … Ich hab Ihnen gerade schon auf Deutsch geantwortet, wir können also auch ruhig Deutsch reden. Nein, ich bin nicht auf der Flucht. Ich bin einfach nur mit dem Fahrrad auf Reisen.«

Sie schaut mich an, und ich denke, bitte schau doch lieber auf die Straße, während du fährst, aber sie kann eh nichts sehen, weil es so stark regnet und sie keine Veranlassung sieht, die Wischfrequenz des Scheibenwischers zu erhöhen. Plötzlich bricht sie in ein irres Lachen aus. Eine Mischung aus Maschinengewehr und Operngesang, ganz hoch.

»Sorry, sorry, sorry. Ich dachte schon, was ist das denn für ein komischer Flüchtling auf so einem …« Wieder schaut sie mich an, anstatt auf die Straße zu blicken. »… lustigen Fahrrad. Der arme Kerl, dachte ich, ist hier in der Provinz gestrandet, im Regen, und hat kein ordentliches Fahrrad. Aber du bist ja …«

Wieder lacht sie irre. Ich bin mir nicht sicher, ob ihr das nun peinlich ist, was angemessen wäre, oder ob sie einfach nur einen Knall hat. Und oh Gott, hoffentlich ist das keine von diesen Tanten, die meinen, jedem, der braune Augen und schwarzes Haar hat, einen Teddy in die Arme drücken zu müssen. Natürlich sind mir solche Leute viel lieber als jene, die mich am liebsten sofort wegen meiner braunen Haut aus dem Land werfen, abschieben, »remigrieren« würden, aber dieses Erdrücken durch Umarmung geht mir auch auf die Nerven, und Fetischisierung ist beides.

»Entschuldigung. Ich bin Lotte. Kannst ruhig du sagen.«

Ich schlucke meine Bedenken runter und auch meine Abneigung, Leute zu duzen und mich von Leuten duzen zu lassen, die mir nicht geheuer sind.

»Ich bin Hasnain«, sage ich.

»Hasan?«

»Nein, Hasnain.«

»Ah, okay, gut.«

Lotte sagt, sie lebe hier in der Region, »Ewigkeiten schon, hier bin ich geboren, hier werde ich sterben«. Sie sei Bäuerin, lebe mit ihrem Mann ganz in der Nähe, »keine Kinder, dafür eine Menge Viecher«, und habe einen landwirtschaftlichen Betrieb, »klitzeklitzeklein, aber reicht«. Sie schlägt vor, ich solle doch erst einmal zu ihr mitkommen, mich »ein bisschen aufwärmen und warten, bis der Regen aufhört«, und dann könne ich weitersehen.

Da sitze ich nun, in ihrer Küche. Sie macht mir einen heißen Kakao. »Magst etwas essen?« Ich verneine. »Ich mach uns eine Kleinigkeit!«, sagt sie.

Sie wühlt in ihrem Kühlschrank und hantiert dann an ihrem Gasherd. Es fängt an, nach gebratenem Speck zu riechen. Ob ich Fleisch esse und ob Speck in Ordnung ist, fragt sie nicht. Nach ein paar Minuten häuft sie mir Bratkartoffeln mit Speck auf einen Teller und stellt ihn vor mir hin. Sich selbst gibt sie eine kleinere Portion auf und setzt sich mir gegenüber. Es schmeckt wunderbar.

»Wo kommst du eigentlich her?«, fragt sie nun.

Ah, schon wieder diese Frage!

»Aus Norddeutschland.«

Ihr fragender Blick.

»Aus der Nähe von Hamburg. Genauer gesagt: aus dem Alten Land.

Das liegt vor den Toren Hamburgs, an der Elbe. Niedersachsen. Das Dorf, in dem ich aufgewachsen bin, heißt Hollern-Twielenfleth.«

»Wie?«

»Hollern-Twielenfleth.«

Sie lacht laut auf. »Das klingt ja lustig.«

Sie fragt nicht weiter nach. Kein »Aber woher kommst du wirklich?«.

Dass Lotte nun nicht weiter nachbohrt, finde ich gut. Ich erzähle es ihr von mir aus. Dass meine Familien ursprünglich in Indien beheimatet waren, 1947, nach der blutigen Teilung des Subkontinents nach dem Ende der britischen Kolonialherrschaft nach Pakistan zogen und das Land mitaufbauten. Und dass meine Eltern dann vor vielen Jahren nach Deutschland kamen, eher durch Zufall, wo ich dann geboren wurde.

»Und du? Kommst du hier aus der Region?«

»Ich bin in der Nähe geboren und aufgewachsen, ja. Bin nicht weit gekommen«, sagt sie und lacht. »Aber mich stört das nicht. Ich bin glücklich hier. Ich glaube, woanders würde ich immer Heimweh bekommen und mich hierher wünschen.«

Ich erzähle ihr, dass ich in unterschiedlichen Ländern gelebt habe, in Pakistan, in der Türkei, in Österreich.

»Wow«, sagt sie. »Und wo fühlst du dich zu Hause?«

»Eigentlich immer dort, wo ich gerade lebe. Im Moment in Wien. Ich habe übrigens nirgendwo länger am Stück gelebt als in Wien, außer in meiner Kindheit in Hollern-Twielenfleth.«

Wieder lacht sie über den Namen.

»Wien ist schon mein Zuhause jetzt«, sage ich.

»Na, ich könnt das nicht, immer umziehen. Und in der Stadt leben könnte ich auch nicht. Ich bin hier verwurzelt.« Ihr Mann, sagt sie, komme auch aus der Gegend. »Aber der wollte auch nie weg. Wir haben ja den Hof geerbt, und für uns kam nie infrage, das alles aufzugeben.«

Ich denke, ich kann sie verstehen. Mein Weg wäre das nicht, aber ich kenne viele Menschen, die ihr Leben an einem Ort verbringen. Oder die vielleicht in die nächste größere Stadt ziehen, aber keinen Kilometer weiter. Menschen, die ein paar Kilometer entfernt von einem Fluss leben, diesen Fluss aber im Laufe ihres Lebens nur ein paarmal sehen. Menschen, deren Leben nicht darin besteht, ständig Neues zu entdecken, zu neuen Ufern aufzubrechen, sondern das einmal Erlernte zu wiederholen, Tag für Tag, und es auf diese Weise absichtlich oder unabsichtlich zu perfektionieren. Mein Eindruck ist, dass das viele Menschen zufrieden und glücklich macht. Weil es zu einer gewissen Verwurzelung beiträgt, einer statischen Ausgeglichenheit. Weil es ein statisches Leben ist. Ich verstehe die Sehnsucht danach. Genauso verstehe ich die Sehnsucht derer, die in statischen Verhältnissen leben, nach einem dynamischen, wechselvollen Leben. Auch so ein Leben, das ständig Neuigkeiten sammelt, kann Zufriedenheit schaffen, auch aus solch einem Leben lässt sich Kraft schöpfen. Man sehnt sich oft nach dem, was man nicht hat. Und jeder wird auf andere Weise glücklich. Manche ändern ihr Leben, wenn es sie nicht glücklich macht. Andere verharren in ihrem Unglück.

Jetzt freue ich mich, Lotte kennengelernt zu haben. Anfangs war sie mir nicht gerade sympathisch, als sie mich für einen Flüchtling hielt und das so unsensibel äußerte und dabei so seltsam lachte. Auch dass sie »Hasan?« fragte … Aber sie hat doch, das muss ich sagen, ein großes Herz. Sie hat mich in ihrem Auto mitgenommen, mich verköstigt, und nun fährt sie mich noch ein Stück die Donau entlang, Richtung Donauwörth. Lotte mag ein wenig taktlos sein, unbeholfen in ihrer Wortwahl, aber sie hat, scheint mir, das Herz am rechten Fleck, sie ist freundlich und meint es gut mit ihren Mitmenschen, auch wenn sie einem manchmal gehörig auf die Nerven gehen kann. Sie ist hilfsbereit und großzügig. Auch wenn sie einen Knall hat, jedenfalls einen kleinen.

Am nächsten Tag fahre ich ein Stück die Donau entlang, zum Glück ist der Weg wieder befahrbar. Mit Lotte habe ich die Grenze von Baden-Württemberg zu Bayern überquert, nun radele ich also im Freistaat Bayern. Auch hier: ein Kreuz nach dem anderen, eine Marienfigur nach der anderen, ein Marterl nach dem anderen. Sind die Menschen hier gläubiger als anderswo? Oder ist das nur Zier, nur Show, um zu zeigen:

Seht her, wie moralisch tadellos wir sind! Wie fromm, wie gläubig, wie gut! Sollen diese Markierungen Orte der Einkehr ausweisen? Oder sind sie Zeichen der Selbsterhöhung? Vielleicht sind sie auch eine Art der Opfergabe, denn manche sind sehr kunstvoll gearbeitet und scheinen kostspielig gewesen zu sein. Ich finde sie durchaus schön, frage mich aber doch, was die Menschen, die dafür verantwortlich sind, damit bezwecken wollten.

Herausforderungen des Miteinanders

Es fängt schon wieder an zu regnen, und ich treffe auf Leute, die mir sagen, es gebe in meiner Richtung wieder Stellen, die derzeit nicht befahrbar seien. Ich suche also den nächsten Bahnhof und fahre mit dem Zug bis nach Ingolstadt.

In einer Regenpause fahre ich ein bisschen durch die Gegend, um etwas von der Stadt zu sehen. In der Nähe des Neuen Schlosses sehe ich fünf junge Männer, alle etwa Anfang zwanzig. Sie tragen weiße Sneakers, Jeans und dicke Jacken und unterhalten sich auf Arabisch, jedenfalls glaube ich, dass es Arabisch ist. Zwei junge Frauen, blond beide, sind gerade an ihnen vorbeigegangen.

Ich weiß nicht, was sie sagen, aber sie machen Bemerkungen über die Frauen, vielleicht kommentieren sie ihr Aussehen, ich verstehe ihre Sprache nicht, aber sie reden sehr laut und sehr offensichtlich über die zwei und lachen laut. Die beiden Frauen bemerken das, es ist ihnen unangenehm, und sie gehen schnell weiter.

Die Männer lachen noch lauter.

Ich bleibe stehen und denke mir: Du kannst jetzt nicht einfach weiterfahren. Dann denke ich: Doch, kannst du. Nachher tun die mir noch etwas an, und was soll ich mich da jetzt einmischen? Und dann: Nein, das geht so nicht. Ständig höre und lese ich, dass Ausländer, Flüchtlinge, Migranten, was weiß ich, Frauen belästigen, und dann sehe ich so eine Szene und fahre einfach weiter? Nein.

Ich gehe auf die Männer zu und sage: »Sagt mal, was soll das?«

Die fünf verstummen.

»Habt ihr nichts Besseres zu tun, als hier herumzusitzen und Frauen zu belästigen? Schämt ihr euch nicht?«

Sie schauen zu Boden.

Ich weiß nicht, ob sie mich verstehen, aber mein Ton scheint deutlich genug zu sein.

Schließlich traut sich einer, etwas zu sagen.

»Wir belästigen niemanden.«

Ah, sie verstehen mich.

»Ihr redet doch über die Frauen dort. Seht ihr nicht, dass denen das unangenehm ist, wie laut und offensichtlich ihr über sie redet? Und dass ihr sie anstarrt?«

»Ist okay«, sagt ein anderer.

»Nein, das ist überhaupt nicht okay.«

»Ist okay, machen wir nicht wieder.«

»Überlegt doch mal, wie das auf die Frauen wirken muss, wenn ihr hier steht und Sprüche über sie macht. Das ist doch nicht in Ordnung!«

»Machen wir nicht wieder«, sagt jetzt ein anderer.

Sie machen nicht den Eindruck, als wollten sie sich länger mit mir unterhalten. Vielleicht ist ihnen die ganze Sache unangenehm. Vielleicht verstehen sie mich auch sprachlich nicht wirklich gut. Wahrscheinlich gehe ich ihnen einfach auf die Nerven.

Mir egal.

Ich beschließe, ein Gespräch zu versuchen. Ich frage nach ihrer Herkunft und was sie hier machen, und sie beginnen dann doch zu erzählen. Etwas holprig, aber mit gutem Willen. Sie kommen aus unterschiedlichen Teilen Syriens, einer aus Damaskus, einer aus Aleppo, einer aus Dair az-Zaur, zwei aus Homs. Sie alle haben vor einigen Jahren ihre jeweilige Heimat verlassen, sind zunächst vor Krieg und Gewalt in die Türkei geflüchtet, haben einige Monate, teils sogar Jahre dort verbracht, bevor sie mithilfe von Schleppern die Ägäis überquert haben und nach Deutschland gekommen sind.

Bei allen sind die Ersparnisse ihrer Familien für die Schlepper draufgegangen, und als sie das erzählen, frage ich mich, warum man nicht viel mehr Energie und Ressourcen darauf verwendet, diesen Typen das Handwerk zu legen. Schlepper sind die, die bestimmen, wer zu uns kommt und wer nicht, und Schlepper sind die, die die Ärmsten der Armen um das Hab und Gut ihrer gesamten Familien berauben.

Kennengelernt haben sie einander erst in Deutschland.

Der eine würde gerne eine Ausbildung machen. Der andere gleich in einen Job einsteigen, in Syrien hat er schon als Tischler gearbeitet, sagt er. Drei sagen, sie wüssten noch nicht, was sie machen wollen – sie wollen erst einmal Klarheit über ihre Zukunft haben. Alle fünf warten noch auf ein dauerhaftes Bleiberecht in Deutschland. Mit Syrien als Herkunft haben sie gute Chancen.

Sind das bösartige Menschen? Ich glaube nicht. Das sind junge Männer, vielleicht spätpubertär. Gestrandete Typen, ohne Familie in der Nähe, in einem fremden Land, ohne Ahnung, wie manche Dinge hier laufen, bestenfalls Vorstellungen, aus Filmen und Serien, dem Internet und was sie von Freunden und Bekannten gehört haben, die vielleicht schon hier sind – die Überforderung durch neue Freiheiten. Das entschuldigt kein Fehlverhalten, erklärt es aber.

Diese Männer hier haben irgendwelche Sprüche geklopft, die Frauen eingeschüchtert, aber sie haben sie nicht bedroht, schon gar nicht haben sie ein Verbrechen begangen, das sollte man vielleicht auch sagen, bevor man sich wieder empört und bevor man sie im Kopf pauschal mit denen, die vergewaltigen und mit dem Messer zustechen – ja, diese Typen gibt es leider auch –, in dieselbe Schublade steckt.

Haben Frauen zurecht Angst vor solchen Männern? Ich glaube schon. Denn oft genug bleibt es ja leider nicht bei Worten, es gibt nun mal Übergriffe, aber schon die Worte und das Lachen und das Anstarren sind einschüchternd und inakzeptabel. Ich weiß aus vielen Gesprächen in unterschiedlichen Ländern, welch wirre, falsche, teils gefährliche Vorstellungen Männer von Frauen in westlichen Ländern haben. Männer aus Gesellschaften, in denen sie kaum Frauen sehen, und wenn, dann nur verhüllt. Wo die Vorstellung herrscht, dass die Sichtbarkeit von Haar gleichzusetzen ist mit sexueller Freizügigkeit.

Ich frage mich ja, ob die Männer in solchen Gesellschaften sich nicht schämen, dass ihnen damit im Grunde attestiert wird, sich nicht unter Kontrolle zu haben. Was ist das für ein Benehmen?

Jedenfalls verstehe ich, einerseits, wenn Frauen sagen, sie fühlten sich an bestimmten Orten in Deutschland nicht mehr wohl. Und wenn dann mit Zahlen gegengehalten wird, es habe ja gar nicht so viele Übergriffe gegeben, argumentiert das an der Realität vorbei: Angaffen und Sprüche und einschüchterndes Verhalten finden keinen Eingang in Statistiken.

Andererseits nutzen manche politischen Kräfte dieses Thema, um Stimmung zu machen, indem sie übertreiben. Aber wollen wir unsere Grundhaltung, nämlich Menschen zu helfen, die vor Krieg und Gewalt flüchten, generell über Bord werfen?

Es gibt Menschen in Deutschland, die sagen: Wenn wir weniger Menschen ins Land lassen, haben wir weniger Probleme. Die Logik ist natürlich bestechend: Wer nicht in Deutschland ist, kann in Deutschland nichts machen, weder etwas Schlechtes noch etwas Gutes. Aber abgesehen davon, dass wir ja unbedingt Leute brauchen, die zu uns kommen, man sieht es an nahezu jedem Schaufenster, an jeder Ladentür an den Zetteln, auf denen um Personal geworben wird: Wollen wir uns wirklich mit einer Mauer umgeben?

Wieder andere wollen die Herausforderungen nicht wahrhaben und fordern offene Grenzen, am besten gar keine Grenzen. Entweder sie sagen, es gebe das Problem gar nicht, oder sie behaupten, es sei ja völlig normal, wenn mit steigender Zuwanderung auch die Zahl der Übergriffe entsprechend zunehme, man dürfe aber nicht eine bestimmte Gruppe verantwortlich machen.

Ich bin gegen Abschottung, gegen eine »Festung Europa«, wie manche Rechtspopulisten es formulieren, aber ich bin auch gegen offene Grenzen und erst recht gegen Grenzenlosigkeit, auch wenn das eine fantastische Vorstellung ist: Jeder darf überall hinreisen, eine Welt ohne Schranken und Zäune und Mauern und Gräben! Nur ist das eine naive Vorstellung, ähnlich dem Pazifismus, dem ich auch als Utopie viel abgewinnen kann, den ich in der Realität aber für naiv, ja gefährlich halte. So funktioniert die Welt leider nun einmal nicht.

War mein Gespräch mit diesen fünf Typen nun übergriffig? Manche werden das so sehen. War es riskant, gefährlich? Klar, sie hätten auch anders reagieren können. Hätte ich sie auch angesprochen, wenn sie weiß gewesen wären und Deutsch gesprochen hätten? Vielleicht wäre meine Reaktion eine andere gewesen. Ist das diskriminierend? Ja, sicher. Dennoch sehe ich eine Notwendigkeit, sich gesondert um junge Männer aus Gesellschaften, in denen ein anderes Frauenbild und ein anderes Verständnis von »Ehre« herrschen, zu kümmern. Das alles ist eine Herausforderung, ein Spagat, den unsere gesamte Gesellschaft schaffen muss. Einerseits nicht wegschauen, nicht Probleme ignorieren, nicht so tun, als gäbe es sie nicht, andererseits nicht diskriminieren, nicht ungerecht werden, nicht mit zweierlei Maß messen.

Ich finde aber auch, dass wir uns im Umgang mit Menschen immer wieder sagen müssen: Meist obsiegt das Gute. Manchmal nicht. Auch die Zahlen, die Statistiken zeigen es: Kriminalität nimmt, alles in allem, ab. Aber wir Menschen neigen dazu, das Schlechte stärker wahrzunehmen. Wir sollten viel mehr an das Gute im Menschen glauben, an Offenheit und Toleranz und daran, dass man Menschen in Not – und dazu zählen nun einmal Menschen, die vor Krieg und Gewalt flüchten – helfen soll, ohne die Vernunft zu vergessen und ohne Menschen zu überfordern. Wir müssen menschenfreundlich, aber unmissverständlich formulieren, wie wir uns Gesellschaft vorstellen. Ich höre es schon: Manche werden sagen, die Grenzen seien einzig allein das Grundgesetz und die Gesetze. Ja und nein. Es gibt einiges im menschlichen Miteinander, das nicht gesetzlich geregelt ist – zum Glück. Und doch gibt es auch nicht gesetzlich festgeschriebene Regeln.

Man darf zum Beispiel an einem öffentlichen Platz stehen und die Menschen, die dort vorbeigehen, betrachten. In manchen islamischen Gesellschaften schützen Frauen sich vor Blicken, indem sie sich vollständig verhüllen, verstecken. Ich persönlich finde das nicht schön, und in unserer Gesellschaft sieht man das Gesicht eines Menschen.

In Deutschland haben wir alle paar Monate wieder eine »Kopftuchdebatte«. Nun ist es so: Auch nicht-muslimische Frauen haben in Deutschland vor nicht allzu langer Zeit Kopftuch getragen. Heute tun es vor allem Musliminnen. Wir haben, siehe Grundgesetz, Religionsfreiheit. Man kann das Kopftuch mögen oder auch nicht, Tatsache ist: Mein persönlicher Geschmack ist irrelevant für die Entscheidung, wie jemand anderes sich kleidet. Das wiederum bedeutet nicht, dass ich meine Meinung darüber nicht äußern darf. Natürlich kann ich äußern, dass ich das Kopftuch sehr schön oder sehr unattraktiv finde. Spielt nur letztlich keine Rolle, wie ich es finde. Und es stellt sich die Frage, ob es konstruktiv und dem gesellschaftlichen Miteinander förderlich ist, seine Meinung zu äußern. Ja, bisweilen ist es ein Symbol der männlichen Unterdrückung der Frau. In vielen Fällen, sagen mir Musliminnen, ist es einfach eine Frage der Gewöhnung oder ein modisches Accessoire und eine freie Entscheidung der Frau. Etwas anderes ist, so sehe ich es, wie gesagt, die Vollverhüllung. Denn bei uns kann man einen Menschen erkennen. Auch von einem Motorradfahrer erwarten wir in dem Moment, in dem er von seinem Gefährt absteigt, dass er den Helm abnimmt. Da ist mir egal, ob eine Frau das aus freiem Willen trägt oder nicht – ich finde Vollverschleierung nicht akzeptabel. Gleichzeitig ist das aber kein Problem, das man im Wahlkampf zum Hauptthema machen sollte, weil es, erstens, bei uns ein überschaubares Problem ist, und, zweitens, weil es dann missbraucht wird, um pauschal über »die Muslime« herzuziehen.

Ich verabschiede mich von den fünf Männern, sie nicken freundlich und sagen: »Tschüss!«

Deutsche Päpste, deutsche Helden – und Heldinnen

Weiter geht es in Richtung Regensburg. Ich fahre durch einige Dörfer, überall: Kirchtürme. Architektonisch ist Deutschland ein sehr christliches Land. Wie bereits festgestellt, hat jeder noch so kleine Ort ein Gotteshaus, manche sogar zwei. Viele sind in gutem Zustand. Auch wenn die Menschen sonntags nicht mehr in die Kirche gehen, investieren sie viel Geld in den Erhalt dieser Gebäude. Dort, wo Geld fehlt, wird gesammelt und gespendet. Auf diese Weise sind viele wunderschöne Kirchen, ist viel sakrale Kunst, sind viele beeindruckende Orgeln erhalten geblieben und wiederhergestellt worden. Dabei verlieren die Kirchen seit Jahren schon Mitglieder in hohen Zahlen. Die Katholiken wegen diverser Missbrauchsskandale, die Protestanten vor allem, weil sich ihre Kirche nach Ansicht der Unzufriedenen politisch zu einseitig positioniere, und beide Konfessionen, weil ihre Weltbilder vielen Menschen nicht mehr zeitgemäß erscheinen. Müssten sie nicht gerade jetzt, in Zeiten der Krise, der Bedrohung, der Ungewissheiten unglaublichen Zulauf haben? Was machen sie falsch? »Du bist sündig!« und »Jesus Christus ist für deine Sünden gestorben!« kommt offensichtlich nicht mehr so gut an, und wer mag schon, noch ohne irgendetwas gesagt oder getan zu haben, als »Sünder« bezeichnet werden?

Aber Menschen brauchen etwas, woran sie sich festhalten können. Gerade in schwierigen Zeiten. Eine Erzählung, die das Leben ordnet, die einen Rahmen bietet und Regeln schafft. Deshalb sind Menschen in Krisenzeiten so empfänglich für radikale Ideologien und extremistische Sichtweisen. Man müsste viel stärker mit zuversichtlichen, menschenfreundlichen, jedenfalls nicht dauerdüsteren Erzählungen dagegenhalten.

Regensburg, diese Stadt gewordene alte Schönheit, scheint mir wie eine Ansammlung von Kirchen. In den Souvenirshops gibt es überall Tassen und Bilder von Papst Benedikt XVI., bürgerlich: Joseph Alois Ratzinger. Ratzinger wurde zwar in Marktl am Inn geboren, im Landkreis Altötting, etwa 130 Kilometer von hier entfernt, aber in Regensburg hat er an der Universität Dogmatik und Dogmengeschichte gelehrt, diese Stadt machte er zu seiner Heimat. Und sein älterer Bruder Georg Ratzinger leitete die Regensburger Domspatzen.

Schon Goethe schrieb über Regensburg: »In der Stadt steht Kirche gegen Kirche.« Herausragend natürlich: der Dom, dessen Bau schon im 8. Jahrhundert begonnen wurde. Mitte des 13. Jahrhunderts begann man an selber Stelle mit einem Neubau, bis weit ins 19. Jahrhundert werkelte man daran, weil zwischendurch immer wieder das Geld ausging.

Es ist ein winterlich kühler Tag im November, trotzdem laufen hier viele Touristen herum, vor allem Japaner, Chinesen und Inder. Ich fragte mich schon, wer sich die Ratzinger-Tassen kauft, jetzt sehe ich es: sie! Lustige Vorstellung, dass irgendwo in Kyoto, Chongqing und Jaipur Shintoisten, Buddhisten, Hindus, Muslime und Atheisten ihren Tee aus Joseph-Ratzinger-Tassen trinken.

Jeden Moment rechne ich damit, dass mir Gloria von Thurn und Taxis begegnet. Die kommt doch von hier und macht ja seit Jahrzehnten mit schrägen Aussagen von sich reden.

Hinter Regensburg ein Tempel der anderen Art: die Walhalla. Die Gedenkstätte auf dem Bräuberg im bayerischen Markt Donaustauf wurde von König Ludwig I. von Bayern in Auftrag gegeben, ein Ehrentempel für »rühmlich ausgezeichnete Teutsche« und für bedeutende Persönlichkeiten »teutscher Zunge«. Benannt ist das am 18. Oktober 1842 eröffnete Gebäude nach der nordischen Mythologie: Walhalla war der Ort Odins, an dem sich die gefallenen Helden versammelten. Ähnlich dieser Erzählung versammeln sich hier Helden der deutschen Geschichte. Die deutschsprachigen Kleinstaaten suchten nach der Auflösung des Heiligen Römischen Reichs Deutscher Nation im Jahr 1806, »Teutschlands tiefste Schmach«, wie Ludwig es formulierte, nach einer positiven gemeinsamen Identität. Dass dann ein Gebäude ausgerechnet nach dem Vorbild des Parthenon auf der Akropolis erbaut wurde, mutet, nun ja, ein wenig schräg an.

Ludwig wollte in der Walhalla marmorne Büsten von deutschen Helden ausstellen. »Kein Stand nicht, auch das weibliche Geschlecht nicht, ist ausgeschlossen«, formulierte er die Kriterien. »Gleichheit besteht in der Walhalla; hebt doch der Tod jeden Unterschied auf.« Aber »teutscher Zunge zu seyn, wird erfordert, um Walhallas Genosse werden zu können«, denn die Sprache sei »das große Band, das verbindet, wäre jedes andere gleich zernichtet; in der Sprache währt geistiger Zusammenhang«. Finde ich einleuchtender als alles andere, was ich bisher aus Politik, Kultur, Gesellschaft zu »Leitkultur« beziehungsweise einigendem Band in Deutschland gelesen und gehört habe: die Sprache! Unsere Sprache! Ich glaube ja, sie ist wichtiger, als manchen von uns bewusst ist. Und selbst jenen, die sich sonst nicht viele Gedanken um Sprache machen, ist sie wichtig, andernfalls würden sie Debatten über Sprache, wie man reden und welche Worte man nicht mehr aussprechen soll, nicht so aufregen.

Bei der Eröffnung der Walhalla sagte Ludwig: »Möchte Walhalla förderlich sein der Erstarkung und der Vermehrung deutschen Sinnes! Möchten alle Deutschen, welchen Stammes sie auch seien, immer fühlen, dass sie ein gemeinsames Vaterland haben, ein Vaterland, auf das sie stolz sein können, und jeder trage bei, soviel er vermag, zu dessen Verherrlichung.«

In Bayern, scheint mir, hatten sie es schon immer mit der »deutschen Leitkultur«. Vielleicht liegt das daran, dass sie so anders sind als der Rest von Deutschland. König Ludwig redete davon, Markus Söder redet davon. Nur gefunden hat sie bisher niemand. Mal ist von »christlich-abendländischer Kultur« die Rede, manchmal etwas verwegen von »christlich-jüdischer Kultur«, die aber nur dann Erwähnung findet, wenn es darum geht, sich von Muslimen abzugrenzen, dann wieder nennt jemand das Grundgesetz als »unsere Leitkultur«.

Hier und da mag ja überall etwas dran sein, aber so richtig funzt das nicht. Warum soll zum Beispiel ausgerechnet das Grundgesetz »Leitkultur« sein? Ich bin froh um unsere Verfassung, keine Frage, aber was unterscheidet sie im Wesentlichen von der französischen, finnischen, portugiesischen oder britischen Verfassung? Ich könnte auch mit der schwedischen oder mit der österreichischen Verfassung gut leben. Besser – und treffender – wäre es, die Werte zu benennen, um die es geht. Die Franzosen haben das mit »Freiheit, Gleichheit, Brüderlichkeit« schon ganz gut hingekriegt. In Deutschland habe ich ähnliche Dreiklänge gelesen, ich glaube, die SPD hat daraus mal »Freiheit, Gerechtigkeit, Solidarität« gemacht, na ja, warum nicht. Fakt ist: Es geht um Werte und Prinzipien, und die sind keineswegs beliebig. Demokratie natürlich. Freiheit, und das ist ein großes Wort, weil es so vieles umfasst, von Meinungsfreiheit über Religionsfreiheit bis zur Freizügigkeit, also das Recht, seinen Wohnsitz frei zu wählen. Gerechtigkeit. Gleichheit vor dem Gesetz (und nur darum geht es, wir Menschen sind nun einmal nicht alle gleich!). Rechtsstaatlichkeit. Schutz von Minderheiten. Schutz vor staatlicher Willkür und vor inneren und äußeren Feinden. Recht auf Bildung und auf gesundheitliche Versorgung, eine vernünftige Verkehrsinfrastruktur, ein ordentliches Dach überm Kopf, überhaupt: menschenwürdige soziale Absicherung. Das sind Dinge, für die sich zu kämpfen lohnt und die wir verteidigen müssen.

Der Mensch, sagen Forscher, kann nicht glücklich werden ohne Sinn. Die Suche nach Glück treibt den Menschen an und damit die Suche nach Sinn. In Regensburg sehe ich ein Plakat, das für einen Kurs »Wege zur Achtsamkeit, Wege zum Glück!« wirbt. Die neuen Wege scheinen nötig zu sein, wenn man bedenkt, was an den Häusern an dieser Region geschrieben steht. Zum Beispiel: »Der Herr hatte sie fröhlich gemacht.« Oder: »Seid allezeit fröhlich.« Es sind Sprüche aus der Bibel.

Der Regen lässt nicht locker, und ich bin nun auch noch erkältet und schnupfe vor mich hin. Deshalb beschließe ich, die Tour hier zu beenden und das letzte Stück bis Passau mit dem Zug zu fahren.

Ich setze mir eine Maske auf und besteige eine Bahn. Auf einem Viererplatz sitzt ein älteres Paar, er: grüne gefütterte Winterjacke, darunter »Popeye«-T-Shirt, Jeans und Turnschuhe, sie: blondierte Haare, riesengroße Yves-Saint-Laurent-Brille, Jacke im Leopardenmuster, goldene Rolex, ebenfalls Jeans und Turnschuhe. An der Brust baumelt, ebenfalls riesengroß, ein glitzerndes Kreuz. Mann und Frau sitzen sich gegenüber, und schon äußerlich erkennt man, dass sie zusammengehören. Sie hat die Beine auf den Nebensitz gelegt, die Füße ragen in den Gang. Als ich vorbeimöchte, macht sie keinerlei Anstalten, die Füße zurückzuziehen. Da denke ich mir: Neben die setzt du dich jetzt und redest mal mit ihr!

»Ist da noch frei?«

»Oh Mann! Muss das sein! Nein, eigentlich nicht!«, grummelt sie.

»Eigentlich doch!«, sage ich fröhlich, verstaue Rad und Tasche hinter dem Sitz und bleibe stehen. Ächzend nimmt sie die Beine vom Sitz.

»Wo fahren Sie hin?«

Sie schüttelt nur den Kopf.

»Also, ich fahre bis Passau. Wunderschöne Stadt! Kennen Sie das?«

Sie sagt kein Wort und tut so, als höre sie mich nicht. Auch der Mann schaut weg, eher betreten als verärgert. Bei ihr hingegen ist nichts als kleinbürgerlicher Groll zu spüren. Ich frage mich, warum manche Leute so sind. Klar, das Leben ist nicht immer einfach, es hat seine Tiefen. Aber muss man immer wütend durchs Leben gehen? Ich entdecke diese Wut überall: bei Alten, die eigentlich ein ziemlich gutes Leben in Frieden und Wohlstand hatten und haben; bei jungen Migranten, die wütend sind über die Zurücksetzungen und Ungerechtigkeiten, die sie erfahren haben, die sich inzwischen aber in ihrer Wut ergehen, denen von Wohlmeinenden eingeredet wird, ihre Wut sei völlig okay, und bei denen manchmal außer Wut kaum noch etwas anderes ist; bei jungen und mittelalten weißen Deutschen, die einem erzählen, sie hätten es nicht mehr so gut wie ihre Elterngeneration, und man denkt dann: Na ja, so schlimm ist es auch wieder nicht.

Vielleicht haben die beiden aber auch einfach nur Sorge, weil ich eine Maske trage. Das tut außer mir sonst niemand. Erstaunlich – und ich finde auch: erfreulich –, ein paar Jahre nach der Pandemie, während der es sich anfühlte, als würden wir nie mehr ohne Maske und Angst vor Ansteckung durch die Welt gehen.

»Ich bin übrigens nur ein bisschen erkältet, deshalb trage ich die Maske. Damit ich niemanden anstecke. Also keine Sorge.«

»Brauchen Sie von mir aus nicht zu tragen«, sagt die Frau nun. »Eh alles Quatsch.«

»Wie meinen Sie das?«

»Das mit Corona. Ist doch eh alles Quatsch. Ich bin geimpft und hab immer Maske getragen, und trotzdem: zweimal Corona. Ist doch alles Quatsch.«

Dann kramt sie eine »Bunte« und eine »Bild« aus einer Tasche, reicht die »Bild« ihrem Mann und steckt ihre Nase demonstrativ in das Magazin. »Annalena Baerbock – Ihre bittere Familien-Tragödie«, ist der Titel. Etwas kleiner angekündigt: »Ehe-Aus!«, zu Oliver und Amira Pocher.

Und irgendwas von »bewegender Lebensbeichte« bei Schwedens Kronprinzessin, aber sie dreht sich jetzt so, dass ich es nicht mehr lesen kann. Meine Güte, was die Leute interessiert!

Was ist das Kreuz an ihrem Hals? Ein Glaubensbekenntnis? Ein modisches Accessoire? Oder der Versuch einer Abgrenzung?

Ich gebe es auf, mit ihr zu reden. Niemand ist verpflichtet, mit anderen zu reden oder anderen zuzuhören. Aber schade. Ich hatte gehofft, etwas zu lernen von ihr. Ich habe festgestellt: Wenn man sich auf andere einlässt, auch wenn sie noch so anders sind, ist das oft eine erfreuliche, manchmal sogar inspirierende Erfahrung.

Wieder sehe ich aus dem Zugfenster, dass Teile des Donau-Radwegs unter Wasser stehen. Gut, dass ich dort nicht auf der Orange unterwegs bin!

Erkenntnisse an der Donau

Wer sind wir? Wer waren wir? Wer wollen wir sein? Die Antworten auf diese Fragen hängen nicht unwesentlich davon ab, woran wir glauben, welche Werte wir vertreten, wofür wir uns engagieren. Die vielen Kruzifixe und religiösen Symbole, die mir während meiner Tour entlang der Donau begegnen, lassen mich darüber nachdenken.

Natürlich, das Christentum hat Deutschland geprägt. Es hat den Menschen Werte vermittelt, Orientierung gegeben und Halt geboten. Es hat aber auch, man schaue nur mal ein paar Jahrzehnte zurück, eingeengt, abgeschnürt, die Luft zum Atmen genommen. Manches, was als »Werte« verkauft wurde, waren in Wahrheit Machtinstrumente.

In dieser Hinsicht finde ich gut, dass Religion keinen großen Einfluss mehr hat auf unsere Gesellschaft. Ich kann die unterschiedlichen Gründe für Kirchenaustritte durchaus nachvollziehen. Es gibt viel berechtigte Kritik. Allerdings auch manche, die ich ungerecht und pauschalisierend finde. Aber wie auch immer, das sind individuelle Entscheidungen, und jeder Mensch darf sie für sich treffen. Und doch, finde ich, fehlt uns immer mehr etwas, das uns auch in geistlicher, spiritueller

Hinsicht zusammenhält oder zumindest verbindliche Werte gibt, die wir als Allgemeinheit akzeptieren.

Natürlich, wir haben das Grundgesetz, wir haben Grund- und Menschen- und Freiheitsrechte. Oft genug stehen sie im Konflikt miteinander. Religionsfreiheit und Meinungsfreiheit zum Beispiel. Da prallt dann der Blasphemievorwurf des einen auf das Recht des anderen, seine Meinung frei zu äußern. Oder die Einschränkung von Grundrechten während der Coronapandemie, denn ja, selbstverständlich haben wir da Einschränkung von Rechten – Bewegungsfreiheit, das Recht, sich zu versammeln, das Recht, seiner Arbeit nachzugehen und zum Beispiel Handel zu betreiben et cetera – erlebt. Es waren aber, finde ich, demokratisch legitimierte Einschränkungen, die getroffen wurden, um größeres Unheil zu vermeiden. Rückblickend betrachtet, waren manche Entscheidungen sicher falsch, zu scharf oder unnötig. Man würde es jetzt anders machen.

Wie wichtig wären, in solch turbulenten Zeiten, in denen so vieles infrage gestellt wird, in denen Gewissheiten verloren gehen und neue Regeln nötig sind, Menschen, Organisationen, Instanzen, die Orientierung geben? Die uns Anleitungen bereitstellen, aber auch die Sicht des Gegenübers mitdenken, die erklären und verbinden? Die Kirche leistet das – leider – nicht mehr. Das ist erstaunlich, denn gerade in Zeiten von Pandemie, von wirtschaftlicher Unsicherheit, von Krieg in Europa, von Flucht, von gesellschaftlichen Umbrüchen und den damit verbundenen Ängsten müsste doch die Stunde der Kirchen schlagen. Aber vielen Menschen in Deutschland bieten sie, das ist jedenfalls mein Eindruck, in diesen Zeiten keine Antworten auf die drängenden Fragen. Ich glaube zwar nicht, dass Religionen allzu sehr Rücksicht auf den Zeitgeist nehmen und jeder Mode hinterherlaufen müssen, aber ich denke doch, dass sie zeitgemäße Antworten geben sollten, um die Massen zu überzeugen. Ich befürchte, die Kirchen tun das nicht – oder kommunizieren es jedenfalls nicht so, dass es bei den Menschen ankommt.

Da nützen auch all die aufgestellten religiösen Symbole entlang der Donau nichts. Politik leistet das auch kaum noch, ebenso wenig die zivilgesellschaftlich Engagierten und Aktivisten. Man setzt sich zwar für das ein, was man für richtig und geboten hält, aber Kritik daran wird viel zu oft reflexhaft abgelehnt und zurückgewiesen, ja nicht einmal angehört, anstatt sich auf die Suche nach Lösungen zu machen, die auch die Kritiker einbindet. Vielleicht fehlt das Personal dafür, die charismatische Figur, der möglichst viele bereit sind zu folgen, weil sie glaubwürdig und überzeugend und über jeden Zweifel erhaben ist. An der Donau habe ich sie jedenfalls nicht gefunden. Auch nicht in der Walhalla.

Postludium, natürlich!

Wenn man durch ein Land reist, um es zu erkunden, besteht die Gefahr, dass man nur sieht, was man sehen will. Dass man mit vorgefertigten Bildern startet, mit Vorurteilen im Kopf, was insoweit normal ist, als man immer irgendeine Vorstellung von den Dingen und Zuständen hat, man betritt ja keinen bis dahin weißen Fleck auf der Karte, sondern hat etwas gelesen, gesehen, gehört. Das ist eine Gefahr, der Journalismus und auch Wissenschaft ausgesetzt sind, weshalb journalistische und wissenschaftliche Texte immer kritisch zu lesen sind.

Ich habe subjektive Eindrücke gesammelt und dem Zufall allergrößten Raum gelassen. Mein Text ist daher noch kritischer zu lesen. Es ist klar, dass ich bestimmte Dinge nicht gesehen habe, nicht sehen konnte. Ich interessiere mich zum Beispiel nicht für Fußball, und das, obwohl Fußball in Deutschland eine wichtige Rolle spielt. Also habe ich so manches, das in Deutschland womöglich von großer Bedeutung ist, völlig unterbewertet. Jemand, der sich für Fußball begeistert, hätte sicherlich andere Dinge gesehen als ich. Und als jemand, der mit dem Fahrrad unterwegs war, sehe ich das Land gewiss anders als jemand, der es mit dem Auto bereist oder ausschließlich mit dem Zug.

Zusätzlich prägen natürlich Erziehung, Herkunft, Leben.

Meine Eltern kamen vor meiner Geburt nach Deutschland, sie wollten zuerst gar nicht bleiben, sondern waren auf ihrem Auswanderungsweg nach England oder in die USA. Dann verliebten sie sich in die Menschen, fanden Freunde, wurden in Familien aufgenommen, mochten das Land, schlugen Wurzeln, blieben.

Ein halbes Jahrhundert später bin ich mit dem Fahrrad durch dieses Land gefahren, das sie sich ausgesucht haben. Wenn ich alle Strecken zusammenrechne und davon die Abschnitte abziehe, die ich mit dem Zug zurückgelegt habe, dann wieder Umwege und Abstecher hinzurechne, bin ich knapp 3000 Kilometer durch Deutschland geradelt. Ich habe Dutzende Städte gesehen, zig Dörfer besucht und Hunderte Menschen gesprochen.

Ich finde, Deutschland ist eines der besten, lebenswertesten, vielfältigsten Länder, mit bisweilen verschlossenen, manchmal schroffen, tatsächlich aber auch mit den freundlichsten, bodenständigsten Menschen, die ich kenne. Die meisten freuen sich über ein Gespräch und öffnen sich einem gegenüber, wenn man sich selbst offen und aufmerksam zeigt. Sie freuen sich durchaus über humorvolle Bemerkungen, auch wenn Humor nicht unbedingt die größte Stärke der Deutschen ist. Und sie nehmen einem im Gespräch von Angesicht zu Angesicht ein falsches Wort, einen blöden Witz, eine starke Zuspitzung nicht krumm – anders als im Netz, in der Politik, in den Medien, wo Wörter bisweilen auf unerbittliche Weise auf die Goldwaage gelegt und einem auch noch Jahre später nachgetragen werden. Im wahren Leben lassen die Menschen gerne mal fünfe gerade sein. Die meisten verfügen dabei über einen funktionierenden moralischen Kompass, sind anderen gegenüber zugewandt, hilfsbereit und lehnen Gewalt von jeder Seite ab.

Es geht uns, das ist mein Eindruck nach meiner Deutschlandtour, gesamtgesellschaftlich in allen wesentlichen Lebensbereichen gut. Jedenfalls im Vergleich zu den meisten anderen Gesellschaften dieser Welt. Egal ob Gesundheitssystem, Bildung, Sicherheit, Wohnen, Verkehrsinfrastruktur – im Großen und Ganzen funktionieren sie ordentlich. Bei genauerem Hinsehen erzählen einem die Menschen natürlich von vielen Problemen, von Dingen, die eben nicht rund laufen, von steigenden Preisen und fehlendem Personal. Ich finde das richtig. Man muss Probleme und Herausforderungen benennen, nur Dinge, die man identifiziert und kritisiert, kann man auch verbessern.

Mein Eindruck aus vielen Gesprächen ist aber auch, dass die Menschen in Deutschland nicht mehr zu schätzen wissen, was wir haben, wie gut es uns letztlich geht und wie schützenswert vieles ist. Jeder scheint sich als Opfer zu sehen, als Benachteiligter, als irgendwie Zukurzgekommener, und dann wird geschimpft und gepöbelt. Am schlimmsten ist es im Netz und im Auto, alles ist ungerecht, alle anderen sind schuld, die ganze Welt ist gegen einen, alles Idioten! Im Netz und im Auto scheint eine seltsame Seite des Menschen zum Vorschein zu kommen. Immer in Wut! Und dann lese ich auch noch in vielen Artikeln, wie wichtig Wut sei und dass Leute bestärkt werden in ihrer Wut. Ich finde das furchtbar. Ja, klar, Wut gibt es, und die muss manchmal raus. Aber sie sollte doch nie treibende Kraft im gesellschaftlichen Miteinander sein. Dieses oft wütende, fast immer humorlose Miteinander tut unserer Gesellschaft nicht nur nicht gut, es spaltet und löst kein einziges Problem. Im Gegenteil, es führt zu verhärteten Fronten und lässt konstruktive Lösungen noch weiter wegrücken.

Leben ist Veränderung, auch für eine Gesellschaft. Mein Eindruck ist, dass die meisten Menschen durchaus offen sind für Veränderungen. Aber ich habe auch während meiner Reisen durch Deutschland gelernt, dass es vielen Menschen zu schnell geht, dass Veränderung oft mit harschen Worten eingefordert und jeder, der Kritik daran äußert, diskreditiert wird. Dass Menschen je nach ihrer Lebenslage, der Region, in der sie leben, ihrem politischen Standort und so weiter unterschiedlich viel Veränderung abverlangt wird. Und dass in Deutschland in Zeiten, in denen Religion keine große, bindende Rolle mehr spielt und es auch sonst nichts gibt, das eine große Klammer bildet, diverse politische Veränderungen moralisch aufgeladen zur Ideologie erkoren werden, was selbst denen, die Veränderung wollen, aufstößt. So erkläre ich mir in vielen politischen Bereichen die Aussagen vieler Menschen, die sagen: »Ja, Veränderung, schon klar, aber doch nicht so!«* Man kann natürlich darüber streiten, wie schnell schnell genug ist und wie tief-

* Mehrere Menschen sagten, sie hätten Sympathien für »Fridays For Future« und deren Engagement für Klimaschutz gehabt, aber seit Greta Thunberg und viele andere Aktivistinnen und Aktivisten dieser Gruppe sich für »Free Palestine« einsetzten und durchaus antisemitische Sprüche von sich gäben, habe man den Eindruck, dass es nicht um Klimaschutz, sondern um Macht, auf jeden Fall um Aufmerksamkeit und politische Einflussnahme und um identitätsformende Gruppenbildung gehe. Und das habe die Sympathie schrumpfen lassen.

greifend Veränderungen sein müssen. Aber wenn von »Revolution« die Rede ist und von »Systemänderung« und jeder und jede, die Kritik übt oder auch hier und da Nein sagt, gleich als Feind gilt, dann gehen die meisten Menschen nicht mit.

Ich habe gelernt: Man sollte Informationen aus dem Internet, je nach Quelle, kritisch beurteilen. Man kann dort zwar unglaublich viel Kluges, Spannendes, Neues lesen, sehen und hören. Es gibt dort aber auch unfassbar viel desinformativen, propagandistischen oder auch einfach kenntnislosen Schrott. Wissensfreie Meinung. Dummheit betritt laut und stolz die Bühne und lässt sich auch noch feiern.

Wenn ich im Netz die vielen rassistischen, ausländerfeindlichen, menschenverachtenden Kommentare lese, die pauschal alles niedermachen, was als fremd wahrgenommen wird, wundere ich mich manchmal, wie Deutschland je das »Land der Dichter und Denker« werden konnte, Wirtschaftswunder, Exportweltmeister, Land großer Kunst und großer Ingenieursleistungen. Diese Typen jedenfalls haben nichts dazu beigetragen, aber es scheint wie so oft zu sein: Einige wenige ziehen den Karren aus dem Dreck, den andere hineingefahren haben.

Und wenn ich dann lese, was Islamisten online von sich geben, wie das Kalifat auch in Deutschland gefordert wird, nicht ironisch, sondern ganz im Ernst, wie verlangt wird, man solle die Scharia als oberstes Gesetz betrachten, unabhängig von deutschen Gesetzen, die ja alle weltlich seien, und wenn ich lese, wie da Typen fordern, Frauen und Mädchen sollten sich züchtig kleiden und, überhaupt, nicht so benehmen und verhalten »wie die Deutschen«, dann frage ich mich: Wie kommt es, dass diese Leute in unserem Land leben?

Und wenn ich schließlich lese, dass manche im Namen des Klimaschutzes allen Ernstes so tun, als wäre »für Demokratie keine Zeit« mehr und als müsse man über die Köpfe der Menschen hinweg »radikale Veränderungen im Leben aller« erzwingen, verstehe ich, wenn Leute reagieren, indem sie sagen: »Nö.«

Aber auch im realen Leben sollte man nicht alles unkritisch hinnehmen, was man sieht und hört und erfährt. Ich hatte während meiner Deutschlandtour sicher Begegnungen mit rechtsextremistisch oder islamistisch oder auch linksextremistisch denkenden Typen. Ich würde nicht sagen, dass eine unmittelbare Machtübernahme durch irgendeine dieser Gruppen droht. Aber ich würde die Gefahren, die von diesen Gruppen – in unterschiedlichem Maße – ausgehen, auch nicht unterschätzen, nur weil sie jenseits des Internets nicht so wahrnehmbar sind. Das sage ich als jemand, der zur Genüge mit Extremisten aller Art zu tun hat. Natürlich gibt es sie. Natürlich sind sie eine Gefahr, oft genug leider eine tödliche, wenn wir an Morde und Terroranschläge der Vergangenheit denken.

Ich muss aber auch sagen, dass ich mich während meiner Reisen durch Deutschland nirgendwo, wirklich nirgendwo unsicher gefühlt habe.

Tatsächlich habe ich die erhoffte Freiheit wiederentdeckt: loszufahren ohne konkretes Ziel, ohne Termine, ohne Zeitdruck, fast alles dem Zufall überlassend. Ich konnte meiner Neugier nachgehen: Wohin führt dieser kleine Seitenweg? Was ist denn dort hinter der Mauer? Nanu, das ist aber ein lustiges Haus, wohnt da jemand? Einfach mal jemanden ansprechen, fröhlich irgendwo klingeln und fragen, spontan mit jemand Fremdem Zeit verbringen und diesen Menschen kennenlernen – das funktioniert sehr gut in Deutschland! Das ist für mich eine durchaus überraschende und neue Erkenntnis, da hat sich etwas zum Guten verändert. Überraschend, weil ich in Zeiten, in denen Rechtsextremisten in Umfragen blendend dastehen und seit Jahren schon in Wahlen erschreckend gute Ergebnisse einfahren und in denen Menschen durch Städte »spazieren«, wie sie es nennen, und zum Teil menschenverachtende Parolen rufen, Feindseligkeiten erwartet hätte.

Ich erinnere mich an das Jahr 2002, als ich zu Recherchen in der Uckermark unterwegs war. Es gab Orte, da saßen Neonazis, wie man sie sich klischeehaft vorstellt – kahlrasierter Schädel, Bomberjacke, ausgewaschene Jeans oder Cargohose, Springerstiefel mit weißen Schnürsenkeln –, auf den Dorfplätzen und schauten mich feindselig an. In einem Ort namens Potzlow, Brandenburg, kamen sie bedrohlich auf mich zu und gaben mir unmissverständlich zu verstehen, dass ich verschwinden solle, sonst setze es Prügel. Ich war dort, weil kurz zuvor, am 13. Juli 2002, der 16-jährige Marinus Schöberl von drei Rechtsextremisten ermordet worden war, nachdem sie ihn zuvor stundenlang grausam gequält hatten. Es genügte, dass Marinus Schöberl blondierte Haare hatte, um mit dieser Andersartigkeit den tödlichen Hass dieser Typen auf sich zu ziehen. Am Ende sprangen sie dem am Boden Liegenden mit ihren Stiefeln auf den Kopf. Ich war damals vor Ort, um über diese Tat zu berichten.

Auch an anderen Orten erlebte ich damals Feindseligkeiten, wütende Blicke, Leute, die mir vor die Füße spuckten. In Sachsen-Anhalt erlebte ich, wie mir ein Gastwirt sagte, ich solle lieber gehen, sonst bekäme er Probleme mit den einheimischen Rechtsextremisten. Was für ein furchtbares Land!, dachte ich damals.

Heute: nichts dergleichen. Höchstens die üblichen Unfreundlichkeiten, meist aber nette Leute. Ich gebe mich nicht der Illusion hin, dass es nicht auch heute noch hier und da gefährlich werden kann. Dass Menschen einem aggressiv begegnen und sogar gewalttätig werden. Ich bin mir sicher, dass viele Menschen, die in irgendeiner Form als »anders« wahrgenommen werden, abweichend von einer wie auch immer gearteten Norm, Schwierigkeiten bekommen können. Ich mache mir nichts vor. Ich weiß, dass es in unserem Land extremistische Strukturen gibt. Dass Leute vom »Umsturz« träumen, vom »starken Führer«, der »endlich mal aufräumt«. Und dass diese Leute heute nicht mehr mit Glatzkopf, Bomberjacke und Springerstiefel auf irgendwelchen trostlosen Plätzen hocken, sondern sich in Anzug und Krawatte in Parlamente wählen lassen. Von diesem Extremismus, teilweise in durchaus machtvollen Netzwerken organisiert, geht in Deutschland immer wieder Gewalt aus.

Ich weiß auch, dass es islamistische Netzwerke gibt, auch von diesen Leuten geht Gewalt aus. Während meiner Deutschlandtour hatte ich den Eindruck, dass viele Menschen in Deutschland finden, die Gefahr, die von dieser Gruppe ausgehe, werde unterschätzt. Und dass diese Gefahr, aus Angst, als »ausländerfeindlich« oder »rassistisch« zu gelten, seltener angesprochen werde. Eine Frau in Wiesbaden sagte mir, man erinnere »zurecht Jahr für Jahr der Ermordeten von Hanau«, die 2020 von einem Rechtsextremisten erschossen wurden. »Say their names«, so lautet der Spruch, der aus den USA stammt und verwendet wird, um die Namen der Opfer rassistischer Gewalt in Erinnerung zu halten, und der in Deutschland vor allem mit den Opfern von Hanau in Verbindung gebracht wird. Aber ihrer Ansicht nach werde der Opfer des islamistischen Terroristen vom Berliner Breitscheidplatz, der 2016 mit einem gestohlenen Sattelzug in eine Menschenmenge auf dem Weihnachtsmarkt fuhr, »nicht mit dem gleichen Engagement gedacht«.

Ich hörte während meiner Reise aber auch Stimmen, die sagten, es werde »übertrieben über jeden islamistischen Idioten« berichtet, aber »rechtsextremistische Taten wie die des Terrornetzwerks NSU bleiben jahrelang unentdeckt und werden dann noch als ›Dönermorde‹ den Ausländern in die Schuhe geschoben«, wie mir eine Frau in Wittenberg an der Elbe sagte.

Manche taten kund, sie empfänden, in Deutschland habe es einen »Rechtsruck« gegeben. Ich glaube, das stimmt: das Aufkommen der AfD, die Verschiebung des Sagbaren zugunsten menschenverachtender Äußerungen, Pegida, die Wahlerfolge von Rechtspopulisten und Rechtsextremisten, viele rechtsextremistisch motivierte Verbrechen.

Andere störten sich an einem »Linksruck« in Deutschland, und auch da ist etwas dran: die Durchsetzung des Themas Klimawandel im öffentlichen Bewusstsein (halte ich für wichtig) auf zum Teil undemokratische, zum Teil gewaltvolle Art und Weise durch Festkleben auf Straßen und Flughäfen und durch Beschmutzen von Kunst- und Bauwerken (kritisiere ich), die Diffamierung von Menschen als »Klimaleugner«, wenn sie über unterschiedliche Lösungsmöglichkeiten nachdenken und darauf hinweisen, dass manche geforderte harte Maßnahme möglicherweise nichts am Problem ändern wird. Und unabhängig davon, wie man politisch dazu steht, ist zum Beispiel die Union, immerhin die am längsten in Deutschland regierende Partei, in den zurückliegenden Jahren faktisch politisch nach links gerückt. Tatsache ist, dass der rechte Rand der Union nicht mehr so von ihren eigenen Leuten besetzt wird wie noch in den Achtzigerjahren. Dass dort also, innerhalb des demokratischen Spektrums, Platz freigeworden ist, den nun die AfD besetzt, die jedoch leider in vielen Bereichen die Grenze des Demokratischen immer wieder überschreitet.

So jedenfalls, ist mein Eindruck, sehen das sehr viele Menschen in Deutschland. Und für viele, ich würde sagen: die meisten, ist die AfD daher unwählbar, andere, leider nicht wenige, sehen über diese Grenzüberschreitungen hinweg oder sind sogar der Auffassung, das seien gar keine.

Natürlich ist Deutschland divers. Menschen sind nun einmal verschieden, und die Regionen Deutschlands sind verschieden, landschaftlich, klimatisch, kulturell, sprachlich, von der historischen Erfahrung her, politisch. Der größte Unterschied, der mir während meiner Deutschlandtour aufgefallen ist, ist ein naheliegender: Der viel größere Teil ist ländlich geprägt, und wenn man durchs Land fährt, bekommt man in den Gesprächen mit Menschen vom Land ein anderes Gesellschaftsbild als das, welches die meisten Medien wiedergeben. Diskurs in Deutschland ist insgesamt eher akademisch und hauptstädtisch geprägt. Ich glaube, diese Unwucht ist ein wesentlicher Grund für die Unzufriedenheit vieler Menschen.

»Man hört uns nicht!«

»Man nimmt uns überhaupt nicht wahr!«

»Die halten uns für dumm!«

»Die Probleme, um die es sich ständig in den Medien dreht, haben mit uns nix zu tun!«

Solche Sätze habe ich oft gehört. Unabhängig davon, ob und inwieweit man ihnen zustimmen mag, sollte das zu denken geben. Ich glaube, mehr Gespräch, mehr Austausch, mehr Offenheit für andere Sichtweisen würden helfen. Ein homosexueller Mann in Köln sagte mir zum Beispiel, er würde das Leben, das er in Köln führt, niemals in dem Dorf leben können, in dem er groß geworden sei, nämlich offen schwul, mit einem Mann verheiratet. Da wäre er »fertiggemacht« worden, die Leute hätten »getratscht, mich gemieden und mich weggeekelt«. »Kein Wunder, dass Leute in ländlichen Regionen sagen, LGBTQ-Themen hätten nichts mit ihnen zu tun, das spiele in ihrem Dorf keine Rolle.«

Ob diese Themen aber zu viel in den Medien vorkämen, wie mir ein paar Menschen in unterschiedlichen Dörfern sagten? »Sicher. Das Pendel schlägt jetzt vielleicht weit aus, aber das ist gut, damit wir eine neue Mitte finden.« Andererseits: Ich habe auch in Dörfern schwule und lesbische Paare kennengelernt, die sich dort durchaus wohlfühlen – und akzeptiert. Es ändert sich etwas. Manchen geht es zu langsam, anderen zu schnell, aber immerhin.

Einen ebenfalls großen Unterschied stelle ich fest zwischen West und Ost: in der politischen Sichtweise, in der Beurteilung der Lage, des eigenen Lebens, der Weltpolitik. Die jahrzehntelange Teilung Deutschlands hat Spuren hinterlassen, die im vierten Jahrzehnt nach der Wiedervereinigung nicht verschwunden sind. Nirgendwo habe ich in Gesprächen so viel Zustimmung zur AfD gehört wie im Osten, entlang der Elbe und von Oder und Neiße.*

Mein Eindruck ist, dass man Menschen, die Rechtspopulisten wählen, zurückgewinnen kann für einen demokratischen Weg. Ich habe festgestellt, dass man, wenn man das Gespräch sucht, durchaus auch den Streit, dabei aber nicht draufhaut und von oben herab redet, sondern mit Respekt und dem Willen, dem anderen auch zuzuhören und seine Worte zu bedenken, eine gute Chance hat, Leute für die Demokratie einzunehmen und vom Wählen undemokratischer Kräfte abzubringen. Wenn jede, jeder diese Gespräche in ihrem, seinem Umfeld suchte, wäre viel gewonnen.

Überrascht hat mich, dass das Thema Corona kaum mehr eine Rolle spielte. Rückblick: Zu Beginn der Pandemie, im Jahr 2020, hieß es, nichts werde mehr so sein wie vor der Pandemie. Man gehe in eine neue Zeitrechnung: vor der Pandemie und nach der Pandemie. Heute ist fast alles wieder so, wie es vor der Pandemie war. Zum Glück. Ich habe kaum Menschen mit Maske gesehen. Kaum jemand hat das Thema von sich aus angesprochen. Ja, ich habe ein paar Menschen getroffen, die sich

* An dritter Stelle folgt dann der Neckar, wo, in Baden-Württemberg, viele Leute mir sagten, sie würden die AfD wählen oder zumindest ihrer Politik in Teilen zustimmen.

das Händeschütteln abgewöhnt haben und lieber auf kontaktlose Weise grüßen; ich finde das, ehrlich gesagt, gar nicht so schlecht. Und ja, nicht wenige leiden unter Langzeitfolgen einer Infektion. Aber dass sich unser aller Leben als Gesellschaft grundlegend verändert hat? Nun, bei meiner Deutschlandtour hatte ich jedenfalls nicht den Eindruck. Hier und da erwähnten Menschen die Freiheitseinschränkungen, die es während der Pandemie gab. Die meisten hatten und haben Verständnis dafür, denn es war eine Ausnahmesituation, in der niemand von uns wusste, welche Folgen diese Krankheit haben würde. Die meisten sagten aber auch, im Rückblick empfänden sie viele Einschränkungen als »zu hart« oder sogar »unnötig«, und sie würden so etwas wie einen »Lockdown« nicht mehr mittragen. Manche beklagen den Umgang mit Leuten, die Bedenken gegen eine Impfung hatten oder Probleme mit der Maske. Ich glaube, alles in allem hilft auch hier: reden, aufarbeiten, Fehler identifizieren und zugeben, Lehren für die Zukunft ziehen.

Demokratie bedeutet Diskurs, bedeutet, dass wir miteinander reden, bedeutet, dass wir versuchen, herauszufinden, wie der andere etwas gemeint hat, bedeutet auch, dass wir auf Fehler hinweisen und eigene Fehler akzeptieren.

Womit ich bei der Frage wäre: Was hält Deutschland zusammen? Was macht unsere Gesellschaft aus? Das habe ich die Menschen, denen ich begegnet bin, immer wieder gefragt – und nie eine eindeutige Antwort erhalten. Wenn doch, dann wurden immer Zweifel hinterhergeschoben. Oder die Antwort durch mein Nachhaken wieder zurückgezogen.

»Das Grundgesetz.«

»Unsere Sprache.«

»Unsere Werte.«

»Unsere Demokratie.«

»Unsere Küche.«

»Unsere Art zu leben.«

»Das Christentum.«

»Unsere Offenheit und Vielfalt.«

»Unsere Geschichte.«

Ich habe mich oft lustig gemacht, wenn irgendwelche Politikerinnen und Politiker von einer »deutschen Leitkultur« sprachen, an die man sich zu halten habe. Tatsächlich lässt sich diese »Leitkultur« nicht in einen Begriff fassen, nicht einmal in einen Satz.

Aber die meisten Menschen empfinden doch ein einigendes Band – oder mehrere –, etwas, das Deutschland ausmacht und die Gesellschaft zusammenhält. Ich bin nach meiner Deutschlandtour überzeugt, dass es die Summe der genannten Dinge ist: natürlich unser Grundgesetz, aber das alleine reicht nicht, denn, ganz ehrlich: so viel anders sind die Verfassungen von Frankreich oder Dänemark oder Finnland oder Österreich auch nicht; unsere Werte, die darin enthalten sind, darunter Meinungs- und Pressefreiheit, aber auch Religionsfreiheit; natürlich unsere Sprache, die, wie ich eindrucksvoll erlebt habe, sehr unterschiedliche Ausprägungen hat; natürlich unsere Küche, man muss sagen: unsere Küchen, denn auch die sind regional sehr unterschiedlich, und auch hier lohnt es sich, das, was man nicht kennt, mal auszuprobieren*; das Christentum, natürlich hat es Deutschland geprägt, und wir sollten das nicht dazu missbrauchen, uns über andere zu stellen oder künstliche Grenzen aufzubauen, denn ja, auch das Christentum lässt ja Vielfalt zu und propagiert Nächstenliebe und Brüderlichkeit und Demut; und, natürlich, unsere Geschichte, die heldenhafte genauso wie die böse, sie soll uns im guten Sinne Lehre sein für unser heutiges und künftiges Leben.

Unsere Art zu leben ist, glücklicherweise, sehr vielfältig – die einen so, die anderen so, wieder andere noch ganz anders. Es ist an uns, das, was und wie wir sein wollen, zu tun, zu fördern, zu pflegen, anstatt nur das, was wir nicht wollen, zu bekämpfen, zu verdammen, zu dämonisieren.

Auf meiner Deutschlandtour habe ich gelernt: Es ist möglich.

Deshalb bin ich, auch wenn raue Zeiten sind, zuversichtlich.

* Ich habe schon vor ein paar Jahren erstmals Saumagen probiert, den ich davor immer mit Helmut Kohl verbunden hatte, dessen Leibgericht er war, und den ich wegen der Bezeichnung eher, nun ja, abstoßend fand; aber es ist ein äußerst schmackhaftes Essen, wirklich!

Danksagung

Mein Dank gilt allen, die zur Entstehung dieses Buches beigetragen haben. Vor allem den tollen Menschen von Penguin Random House: Karen Guddas, Stefanie Leimsner, Frauke Müller und meiner Lektorin Elisabeth Schmitten. Ganz besonders danke ich den vielen Menschen, die mir während meiner Deutschlandtour aus ihrem Leben erzählt, von ihren Sorgen und Nöten, aber auch von ihren Träumen und Wünschen berichtet und mir oft sogar ihre Türen geöffnet haben – ich habe viel von euch gelernt! Danke auch an meine Familie, die mich hat machen lassen – und die oft auf mich verzichtet hat.

Bildnachweis

Alle Fotos © Hasnain Kazim, ausgenommen S. 4 und S. 16 sowie Umschlagabbildungen © Peter Rigaud

Zitatnachweis

S. 102 Hasnain Kazim auf dem Fahrrad: ES WAR EINMAL EIN STOLZES HUHN, im Februar 2023

S. 218f. Die Tüdelband, UWE, Abdruck mit freundlicher Genehmigung

S. 308 LORIOT: ADVENT aus: LORIOT: DRAMATISCHE WERKE, Copyright © 2016 Diogenes Verlag AG Zürich

S. 308 Robert Gernhardt, ANIMALEROTICA aus Robert Gernhardt, F.W. Bernstein: BESTERNTE ERNTE. GEDICHTE, Fischer Taschenbuch 1997 (1976)

S. 309 aus: LORIOT: PAPPA ANTE PORTAS, Copyright © 1991 Diogenes Verlag AG Zürich

RUHR
Bochum
Dortmund
Essen
Fröndenberg
Duisburg
Arnsberg
Krefeld
Hattingen
Schwerte
Olsberg
Herdecke
Meschede
Kassel
Düsseldorf
Winterberg
Dormagen
Köln
Aachen
Troisdorf
Bonn
Rhein
Westerwald
Ahr
BELGIEN
Sinzig
Schuld
Eifel
Koblenz
Kobern-Gondorf
Taunus
RHEIN
Wiesbaden
Frankfurt/Main
Eltville
Rüdesheim
Mainz
Bingen
LUXEMBURG
Darmstadt
Zwingenberg
Worms
Mannheim
Ludwigshafen
Ladenburg
Heidelberg
Neckarsulm
Heilbronn
Karlsruhe
NECKAR
Ludwigsburg
Stuttgart
Neckar
FRANKREICH
Tübingen
Rhein
Schwäbische Alb
Ulm
Schwarz-wald
Rottweil
Villingen-Schwenningen
Wilflingen
Freiburg
Donaueschingen
SCHWEIZ